货币的反噬

管涛 刘立品 付万丛 魏俊杰 ◎著

中国出版集团
中译出版社

图书在版编目（CIP）数据

货币的反噬 / 管涛等著 . -- 北京：中译出版社，
2025.2. -- ISBN 978-7-5001-8090-6（2025.3 重印）
Ⅰ．F830
中国国家版本馆 CIP 数据核字第 2024PM9979 号

货币的反噬

HUOBI DE FANSHI

著　　者：管　涛　刘立品　付万丛　魏俊杰
策划编辑：于　宇　方荟文
责任编辑：方荟文
营销编辑：钟筏童
出版发行：中译出版社
地　　址：北京市西城区新街口外大街 28 号 102 号楼 4 层
电　　话：（010）68002494（编辑部）
邮　　编：100088
电子邮箱：book@ctph.com.cn
网　　址：http://www.ctph.com.cn

印　　刷：山东新华印务有限公司
经　　销：新华书店
规　　格：710 mm×1000 mm　1/16
印　　张：25
字　　数：336 千字
版　　次：2025 年 2 月第 1 版
印　　次：2025 年 3 月第 2 次印刷

ISBN 978-7-5001-8090-6　　　　定价：89.00 元

版权所有　侵权必究
中　译　出　版　社

自　序

奔跑在悬崖边上的"威利狼"

本书是我对过去十多年尤其是 2020 年以来美国联邦储备系统（简称"美联储"）大放水的系统反思。通货膨胀归根结底是货币现象。当十多年的货币大放水遭遇财政刺激、供给侧冲击，高通胀回归也就难以避免了。这正是本书取名为《货币的反噬》的由来。鉴于人类历史上鲜有从零利率、低利率成功退出的案例，在始于 2022 年初的本轮紧缩周期回归中性利率之前，任何结论都不宜下得太早。

一、同样的量化宽松，不一样的后果

2008 年 9 月全球金融海啸爆发后，美联储三次降息，就将联邦基金利率由 2% 降至 0—0.25%，并启动了三轮量化宽松（QE）。从 2008 年 11 月底起第一轮 QE 到 2013 年底，美联储资产规模由 2.11 万亿美元骤升至 4.03 万亿美元。2014 年初，美联储启动缩减购债，同年 10 月停止购债，2015 年底首次加息，2017 年 10 月正式缩表。到 2018 年底，累计九次加息 225 个基点至 2.25%—2.50%，美联储资产规模由 2015 年初的峰值 4.52 万亿美元降至 2019 年 8 月底的低点 3.76 万亿美元。2019 年中起，美联储连续三次降息并重新扩表，宣告货币政策正常化操作半途而废。到 2019 年底，联邦基金利率降至 1.50%—1.75%，美联储资产规模重新增至 4.17 万亿美元。

2008 年危机之后，美国经济在美联储推出及退出 QE 的过程中一直表现低迷。2009—2019 年，美国年均经济增长 1.93%，较危机爆发前的 2003—2007 年平均增速低了 1.05 个百分点。即便如此，直到 2020 年初新冠疫情暴发前夕，美国仍在经历第二次世界大战（简

称"二战")后最长的经济景气周期,而且美元对内通胀、对外贬值的情形并未出现。同期,美国居民消费价格指数(CPI)和核心CPI分别年均增长1.57%和1.83%,较危机前5年趋势值分别低了1.31个和0.21个百分点。洲际交易所(ICE)美元指数经历了初期的贬值后,自2011年4月起开启了持续至今的超级强美元周期。

2020年初突如其来的新冠疫情引爆了全球公共卫生危机,导致经济大停摆、金融大动荡。2020年3月,美股遭遇了十天四次熔断。在此背景下,美联储自2020年3月初起两次紧急降息,将联邦基金利率降至零利率区间,并于3月底启动无限QE。同时,特朗普政府推出了三轮财政刺激措施,直接给企业补贴、给家庭发钱。2021年美国经济重启后,拜登政府又推出了第四轮财政刺激措施。

为应对2008年金融危机,2009—2011财年[①],美国联邦赤字率平均为8.95%。但2011年7月美国国债(简称"美债")上限谈判陷入僵局,8月美债信用降级,美国财政政策开始退坡,2012财年联邦赤字率降至6.68%,2013—2019财年联邦赤字率平均为3.49%。所以,上一次美联储放水中后期缺乏财政支出的配合,大量过剩流动性流向海外,特别是新兴市场和发展中国家。

2020年公共卫生危机爆发后,美国政府推出了史无前例的财政刺激,2020—2021财年联邦赤字率平均为13.56%,为二战以来最高。而且,与上次QE不同,这次无限QE践行了"只做不说"的现代货币理论(MMT),即政府扩张赤字花钱,央行无限印钞买单。2008年12月(美联储启动第一轮QE次月)到2013年12月(美联储缩减购债前夕),美联储持有美债资产新增额相当于美国新增国债余额的27.0%;2020年4月(美联储启动无限QE次月)到2021年10月(美联储缩减购债前夕),该比例高达63.2%。

这次美国却再没有了上次的幸运,财政货币"双刺激"叠加供给

---

① 美国财政年度(财年)为上年的10月1日到本年的9月30日。

冲击，一如20世纪70年代滞胀时期的高通胀也就不请自来了。由于这次美联储放水基本是"自产自销"，过剩流动性并未流向海外，推高了广义货币供应量（M2）环比和同比增速。2008年开始的三轮QE，美国M2季调环比最多稍高于2%，季调同比仅有3个月增速超过10%；2020年以来的无限QE，M2季调环比最高达到6%以上，季调同比有24个月增速为两位数，最高达到26.9%。

面对空前的流动性泛滥，前期美联储错判了通胀形势，炮制了"暂时论"和"见顶论"。这或许是当时出于对通缩的担忧不得已而为之，是基于职业而非专业的选择性误判。2021年3月起，美国CPI通胀超过2%，2022年6月同比增速高达9.1%，刷新1982年1月以来的纪录。2021年，美国CPI与核心CPI通胀分别为4.7%和3.6%，分别较上年跳升了3.5个和1.9个百分点；2022年，美国CPI和核心CPI进一步升至8.0%和6.2%。美联储青睐的个人消费支出（PCE）与核心PCE通胀也于2021年3月起持续爆表，2021年平均通胀分别为4.2%和3.6%，2022年进一步升至6.5%和5.2%，远高于2%的中长期均衡目标。

通胀"暂时论"和"见顶论"破产后，美联储启动了四十年一遇的激进紧缩。上次正常化操作分缩减购债、停止购债、加息、缩表"四步走"，循序渐进；这次却是四步并作三步走，2021年11月启动缩减购债，2022年3月停止购债并开始加息，同年5月启动缩表。与上次渐进式的正常化操作相比，这次美联储的操作严重落后于市场曲线，因而更显得疾风骤雨。到2023年底，美联储累计十一次加息525个基点至5.25%—5.50%，其中2022年6—11月连续四次加息75个基点；美联储资产规模由2022年3月底的峰值9.01万亿美元降至2023年底的7.71万亿美元。2022年12月起，美国M2季调同比增速转为持续负增长，为二战后首次，直至2024年4月起重新转正。

在美联储追赶式加息的推动下，美国反通胀取得积极成果。到2023年12月，美国CPI和核心CPI同比通胀分别回落至3.4%和3.9%；PCE和核心PCE通胀分别为2.6%和2.9%，低于2023年12

月经济预测摘要（SEP）预期的 2023 年底分别达到 2.8% 和 3.2% 的水平。通胀回落过程中，美国经济保持了较强的韧性。2023 年，美国实际国内生产总值（GDP）增长 2.9%，较 2022 年高出 0.4 个百分点。2023 年全年，美国实际失业率平均为 3.63%，与 2022 年基本持平，也远低于美国国会预算办公室（CBO）预估的 4.4% 的自然失业率。这些均指向美国实际经济增速高出潜在增速，存在正产出缺口。2022 年 10 月公布的美联储 9 月议息会议纪要指出，由于生产率持续令人失望的增长以及当年劳动力参与率的缓慢增长，美联储工作人员对美国潜在产出的预估大幅下调，这导致美国经济出现了低增长、低失业、高通胀的局面，这是美国通胀韧性较强的根本原因所在。

二、美国经济的超强韧性既是成绩也是问题

美联储前副主席詹姆斯·布拉德（James Bullard）研究指出，20 世纪 60 年代以来到本次紧缩前，美联储有十一次紧缩周期，只有三次实现了"软着陆"，即便不算上 2020 年初因新冠疫情引起的短暂经济衰退，也有七次是"硬着陆"。而本轮美联储的激进紧缩，除在 2023 年 3 月初由硅谷银行倒闭引发了美国中小银行动荡，且被美国监管机构采取果断措施迅速平息外，至今未对美国经济和金融运行产生根本性影响。到 2023 年 10 月底，虽然美国经历了 8—10 月连续 3 个月的"股债双杀"，但道琼斯工业平均指数与上年底基本持平，标普 500 指数和纳斯达克综合指数则分别上涨了 9.2% 和 22.8%。2023 年 6 月议息会议点阵图显示年内仍有两次加息，之后长期美债收益率飙升收紧了金融条件，起到了类似加息的效果。在 2023 年 11 月议息会议释放"12 月有可能再度暂停加息"的信号后，美国又出现了"股债双升"行情。到 11 月底，全球资产价格定价之"锚"——10 年期美债收益率由 5% 附近快速滑落至 4.3% 左右，市场开始交易美联储加息结束且 2024 年转向降息，这轮紧缩周期即将结束，美国经济却可能实现"软着陆"甚至"不着陆"。当月，美国三大股指均上涨了 10% 左右，

当月涨幅均刷新了过去一年来的纪录。12月议息会议暗示加息结束并于2024年考虑降息，当月10年期美债收益率进一步下滑至3.9%左右，三大股指进一步上扬，道琼斯工业平均指数更是创历史新高。

2020年6月的陆家嘴论坛上，时任银保监会主席郭树清先生在致辞时明确对主要央行无底线的印钞行为表示不解，并点出了超级货币宽松的三个"痛点"：一是实体经济尚未重启，股票市场却高歌猛进，这种情况很难让人理解；二是尽管目前主要经济体物价上涨还不明显，但鉴于国际供应链恢复还需要较长时间，要素成本会进一步上升，加之各国持续刺激需求，通胀可能卷土重来；三是要考虑大规模刺激政策如何退出，进入的时候各方欢欣鼓舞，退出的时候可能十分痛苦。至今，尽管美国高通胀回归被完美地预见，中小银行动荡也部分应验，但退出的痛苦似乎仍不明显，美国资产价格依然高高在上。

2021年9月15日，博鳌亚洲论坛副理事长周小川在博鳌亚洲论坛经济学家圆桌晚宴主旨演讲中直言，人们高度关注美联储的举动以及出自美国的现代货币理论的讨论，即通过大量印钞支持赤字财政或许不会有副作用。中国有个说法，叫"天上掉馅饼"，意思是一种幻想。会不会"天上掉馅饼"？人们将要亲身经历和观察这一重要且事关全球经济的宏观经济现象。2023年6月26日，国际货币基金组织（IMF）第一副总裁在欧洲中央银行论坛上坦言，现在投资者似乎对通胀路径过于乐观，且不认为紧缩政策会对经济增长造成太大打击，这两种情况不太可能同时出现，尤其是如果高利率持续的时间比目前预期的更长的话。然而，迄今为止，美联储紧缩的后果却好似"万花丛中过，片叶不沾身"，表明世上好像确有这种"不劳而获"的事情。

如前所述，过去十一轮紧缩周期只有三次"软着陆"，其中最典型的是20世纪90年代中期：1994年2月—1995年2月，美联储累计七次加息300个基点至6%；1995年7月—1998年11月，联邦基金利率有降有升，小幅波动；1999年6月—2000年5月又转向紧缩，累计加息六次共185个基点至6.5%。结果，1994—2000年，美国经济年均增长 4.04%，较 1989—1993 年平均增速高了 1.71 个百分点；CPI 和核心 CPI 通胀年均分别为 2.56% 和 2.53%，较 1989—1993 年平均通胀分别低了 1.52 个和 1.75 个百分点。全球化和技术进步被认为是让当时美国经济"软着陆"气运加身的主要原因。当前却是安全高于效率的经济逆全球化或者说碎片化时代，同时尽管区块链（blockchain）、比特币（bitcoin）、元宇宙（metaverse）、人工智能（AI）等概念层出不穷，但大多转瞬即逝，对技术进步的驱动力至今乏善可陈。

本轮美联储紧缩伴随个人消费强劲、劳动力市场趋紧，但这是美国经济没有陷入衰退的表现而非原因。根据旧金山联储的研究成果，美国高通胀是供给冲击和需求拉动的混合型通胀：2022 年，PCE 和核心 PCE 通胀的主要影响因素一半来自供应链中断、俄乌冲突以及劳动力市场紧张的供给侧冲击，三分之一来自需求过热；2023 年的主要影响因素反转为一半来自需求过热，近三成来自供给冲击。2023 年，美国实际 GDP 增长 2.9%，远高于潜在增速；12 月，美国失业率从低点 3.4% 反弹到 3.7%，但仍远低于 4.4% 的自然失业率，当月职位空缺数/失业人数为 1.44 倍，远高于疫情前 5 年 0.93 倍的均值。

实际上，美联储主席杰罗姆·鲍威尔（Jerome Powell）已多次表示，要让抗通胀取得决定性胜利，需要容忍一段时期美国实际经济增速低于趋势值。2023 年 11 月 9 日，他在 IMF 研究年会上坦承，经济增长"好于预期"可能会影响抗击通胀的效果，并需要"通过货币政策作出回应"。此前的 8 月 1 日，纽约联储前主席比尔·达德利（Bill Dudley）撰文指出，评估美国经济"软着陆"的可能性要考虑目前 3.6% 的失业率是否与 2% 的通胀目标相符，除非 3.6% 的失业率成为新常态，否则美联储还需要额外的紧缩。他还警告称，尽管最近的经济数据稍显乐观，但美国经济尚未走出困境，"硬着陆"可能只是被推迟而不能避免。11 月议息会议之后，他又再度撰文指出，美联储的暂停可能会导致严重错误，如果货币政策不够紧缩，通胀预期可能上升，鲍威尔可能重蹈 20 世纪 70 年代滞胀的覆辙。12 月议息会议之后,他又进一步批评鲍威尔转向是一次重大的赌博,在降低衰退概率的同时显著提升了"不着陆"的风险。他称鲍威尔更像伯恩斯而非沃尔克。伯恩斯领导下的美联储在抗通胀问题上左右摇摆,是20世纪70年代美国滞胀的重要原因。

三、美联储依然面临紧缩过度或紧缩不足之风险

逻辑比结论更重要。2022年10月,我在参加一个研讨会时曾经提示,货币政策紧缩或将导致债券市场面临较大的估值调整压力。结果,2023年3月硅谷银行倒闭,让美国中小银行债券投资巨额浮亏问题暴露在大众眼前。

2023年2月底,美国前财政部长劳伦斯·亨利·萨默斯(Lawrence Henry Summers)接受媒体采访时表示:"人们可能对当前的经济强度过度解读。""当你稍微看得长远一点,你就会发现有些事情让人非常担忧,甚至会出现类似'威利狼'的情况。""威利狼"是一个卡通人物,他借此表达对美国经济可能随时掉下悬崖的担忧。也就是说,在跑向悬崖的过程中,掉下悬崖前都是安全的,一旦跑过某个临界点,就可能是自由落体。

不清楚美国经济是不是那只奔跑在悬崖边上的"威利狼"。显然,即便美联储连续跳过加息也不意味着未来不再加息,即便美联储不再加息也不意味着马上会降息,即便美联储降息也不意味着限制性的货币政策立场会立即转向。高利率水平、高债务杠杆、高资产价格,这意味着当前面对的是不同于过去十多年的新范式。在限制性货币政策立场逆转之前,很难讲美国已经完全逃脱了高利率对美国经济和金融的负面冲击。因为即便资产价格出现泡沫,泡沫破灭也不是一蹴而就的,当年日本的股市和房地产泡沫、美国的互联网和房市泡沫都持续了几年甚至十几年。同时,从金融动荡到金融危机也不是一蹴而就的,也有所谓的"二遍铃"效应,从起初金融机构零星失败到大面积倒闭、金融市场功能瘫痪,往往历时数年甚至更长时间。

对于调控和监管部门的平衡术也不能期望过高。前期，美联储担心通货紧缩的风险，崇尚货币宽松"做多比做少好"，选择性地忽视通胀风险，导致高通胀卷土重来。此后，美联储担心通胀变得根深蒂固，转而推崇货币紧缩"做多比做少好"。2023年11月议息会议上，美联储宣布加息过度与不足的风险更加接近均衡。结果，市场报以"股债双升"，导致金融条件重新变得宽松。到11月24日，圣路易斯金融压力指数和芝加哥联储调整后的全国金融条件指数分别较10月的"前低"反弹了1.03倍和85.1%。故鲍威尔于11月9日站出来给市场"泼冷水"，警告如果未来有必要进一步收紧政策，"我们绝不会犹豫"。可见，"治未病"是难度极大的活儿，市场很可能最终会将美联储逼向"治已病"的墙脚。况且，金融风险往往存在于"黑暗的角落"，监管者只能对已知的潜在风险加强监测，难以对未知的风险进行提前防范。

资产价格波动放大将会成为新常态。市场参与者希望从政策制定者那里获得确定性。在过去的十几年间，主要央行采取的策略是提高透明度、发布经济预测并释放前瞻指引来管理市场预期，确保走在市场曲线前面。然而，在当下高度不确定的宏观环境之中，甚至处在潜在宏观范式转变的转折点上，央行在经济预测上屡屡犯错，难以给出可靠的前瞻指引，只能宣称自己依赖数据、边走边看。对此，市场也只能在不同的猜测之间来回切换。最终无论哪方正确，双方向经济现实靠拢的过程总是颠簸的。近年来，美联储货币政策大收大放对应着美债收益率大起大落。2022年以来，衡量美债波动率的MOVE指数均值为121个基点，是2015—2019年平均水平65个基点的1.9倍；衡量风险资产波动率的VIX指数均值为22%，是2015—2019年均值15%的1.4倍。从这个意义上讲，作为安全资产的美债价格波动放大程度甚至超过了风险资产。

从以往的紧缩周期看，即便是加息最快时期过去、加息终点已至，高利率维持更久后可能引发的经济金融风险也不容小觑。如20世纪

90年代中期那轮美联储紧缩,虽然美国经济引以为傲地实现了"软着陆",但联邦基金利率维持在5%以上将近4年时间(1994年11月—1998年11月),这引爆了东南亚货币危机,之后演变为席卷全球新兴市场的1998年亚洲金融危机。而且,1999—2000年美联储再度加息,联邦基金利率维持在6.5%的水平将近7个月时间,在2000年下半年引发了美国互联网泡沫破裂,美国经济也于2001年第一季度陷入衰退。再如2004—2006年的加息周期,美联储连续加息十七次累计425个基点,利率维持在5.25%的水平长达15个月。2007年2月,时任美联储主席本·S.伯南克(Ben S. Bernanke)在国会听证时还表示美国经济有望实现"软着陆",结果年内美国次贷危机日渐升温。当年9月和10月,美联储连续降息75个基点,直至2008年9月雷曼兄弟倒闭,全球金融危机全面爆发,美联储在年底紧急降息至零利率区间。

"硬着陆"至今仍是市场预期中的小概率事件,前述潜在的风险大概率永远不会发生,这也是美国近期"股债双升"的底气所在。然而,在"软着陆"的基准情形之外,2024年10月底IMF更新《世界经济展望》,将2024年美国经济增长预测值较上次调升0.2个百分点至2.8%,远高出美国1.8%的潜在增速,加之9月美国CPI通胀超预期反弹,而就业市场依然保持韧性,显示美国经济有"不着陆"迹象,这意味着美联储未来将更迟更少地降息,高利率对美国和世界经济金融的考验仍将持续。继2024年9月启动本轮降息周期,且首次就超常规降息50个基点后,美联储于11月继续降息25个基点。但本次利率政策声明中删除了"委员会对通胀率持续向2%迈进的信心增强"的表述。同时,鲍威尔在会后的新闻发布会上再次强调,美联储正努力在过快行动从而可能破坏我们在通货膨胀方面取得的进展与过慢行动从而导致劳动力市场过度疲软的风险之间取得平衡。

四、本书的结构及致谢

本书共有九章。前四章主要探讨了美国本次高通胀的成因,美联储紧缩对美国金融市场及金融体系的影响；后五章主要讨论了美联储紧缩对中国经济的溢出影响，以及中国稳增长的政策应对。其中，本书仍用了两章篇幅回顾2022年以来境内外汇市场发生的一些重大变化及相关热点问题，可以帮助有兴趣的读者持续地了解我们的汇率观点。由于本书主体部分成稿于2023年11月，故书中有部分数据截至2023年9月底，但不影响相关结论。另外，由于本书出版周期较长，在即将出版时，我们又增补了一些市场的最新变化。

本书是我同研究助理刘立品、付万丛、魏俊杰共同完成的，基本每章内容都有大家的贡献，所以没有刻意区分每位作者具体负责哪几章内容。书中部分章节也有殷高峰博士和付昊天博士研究生的贡献，在此表示感谢。全书由我负责总撰。

本书成稿要再次感谢中银证券和中国银行的领导和同事，给我创造了一个集中精力做自己喜欢的事情的宽松环境。2023年因为疫情解封，线下活动增多，我经常奔波各地，但也多了与企业和投资者面对面的机会，掌握了更多一手材料，同时也有机会不断印证或修正自己的观点，完善研究框架、丰富研究内容、拓宽研究视角。

感谢中译出版社的老师们。继《汇率的逻辑》出版后，乔卫兵社长又鼓励我再出新书，这才有了时隔两年第二本书的面世，这是我们合作出版的第六本书。本书的问世也离不开出版社编辑于宇、方荟文和钟筏童老师的付出，对此我由衷地表示感谢。

最后，感谢我的父母、妻子和孩子。家和万事兴。对此，我深以为然。去年暑假，儿子们终于回家团聚了。两年多不见，俩人都长成大小伙子了。老大上大学一年级了，只是他没有子承父业。

管 涛

2024年11月12日

于北京家中

目　录

第一章
如期而至的高通胀回归

第一节　市场流动性的三大去向　·003

第二节　本轮全球通胀仍是货币现象　·007

第三节　高通胀或将成为现代货币理论的"试金石"·013

第四节　鲍威尔的"沃尔克时刻"·017

第五节　关于美股财富效应和投资效应的简单测算　·021

第六节　鲍威尔更像是伯恩斯而非沃尔克　·032

第二章
美联储与美股震荡

第一节　美联储与资产价格波动　·039

第二节　2020年3月初美联储紧急降息解读　·044

第三节　2021年3月美股巨震凸显美联储的两难处境　·048

第四节　重估美联储紧缩引发2023年9月美股巨震　·052

第五节　金融市场的好消息恐是美联储的坏消息　·057

第三章
美联储与美元周期

第一节　美元周期的界定与两轮美元周期　·067

第二节　第三轮超级美元周期的演进及其原因分析　·075

第三节　2023年7月中旬美指大跌不等于新一轮"微笑美元"开启　·085

第四节　美联储加息的尽头会是美元贬值吗　·091

第五节　关注超级美元周期滋生的新美元泡沫　·099

第四章
关注金融危机演变的"二遍铃效应"

第一节　金融危机不是一蹴而就的　·107

第二节　激进的货币紧缩是本次美国银行业动荡之源　·112

第三节　高利率环境下银行业动荡的进一步演变路径　·118

第四节　2022年外资买卖和持有美债的真相　·128

第五节　上一次美国经济"软着陆"的尽头　·131

第五章
再次"赶考"，中美货币政策重新错位

第一节　前两次中美货币政策分化对中国经济的影响及启示　·139

第二节　中美货币政策再错位下的人民币汇率演进逻辑　·145

第三节　中国外汇储备的充足性问题研究　·158

第四节　央行上缴结存利润蕴含的三重含义　·172

第五节　美联储货币政策调整对中国境内债市的溢出影响分析　·177

第六节　当前人民币汇率是反弹还是反转　·185

第六章
人民币国际化的机遇与挑战

第一节　2021年对人民币入篮5年来国际化进展的试评估　·193

第二节　从2022年特别提款权份额新定值看人民币国际化的机遇与挑战　·199

第三节　理性看待人民币国际化　·203

第四节　人民币资产的风险属性辨析　·209

第五节　2023年中国汇市印象　·222

第六节　从货币的功能看数字货币与货币国际化的关系　·226

第七章
人民币汇率与中国股市和外贸进出口

第一节　2022年人民币整数关口附近的"股汇共振"　·245

第二节　人民币汇率波动对上市公司盈利的影响分析　·251

第三节　从2023年9月中旬A股与人民币汇率走势的背离说起　·264

第四节　美股调整对A股的传导机制研究　·268

第五节　人民币汇率变化对中国外贸进出口的影响分析　·277

第八章
透视中国物价走势

第一节　高度关注短期问题长期化的风险　·297

第二节　如何看待疫后中外宏观杠杆率的变化　·304

第三节　1998—2002 年通货紧缩趋势的成因、应对及启示 • 308

第四节　关于人民币汇率对中国物价走势的传导效应研究 • 314

第五节　美英企业纾困计划的经验与启示 • 331

第九章

中国经济的波浪式复苏

第一节　2023 年恢复性的消费反弹 • 347

第二节　当前与亚洲金融危机时期宏观形势的比较 • 353

第三节　两次内外部冲击的政策应对比较 • 358

第四节　中国经济稳增长的机遇与挑战 • 364

第五节　理性看待中美经济总量对比的波动 • 370

后　记　*患得患失的美联储* • 375

第一章。

如期而至的高通胀回归

2008年全球金融危机以来，发达国家采取超宽松的货币政策却没有带来通胀，全球反而进入"低利率、低通胀、低增长"的"三低"格局，学界一度认为货币数量与通胀理论失联。各国央行此前也并不担忧大规模量化宽松会招致高通胀，反而更担心陷入日本化的通缩陷阱[①]，非常规货币政策工具逐渐常规化[②]。为应对此次公共卫生危机，美联储更是史无前例地实行了零利率加无限量宽。当累积多年的宽流动性遇上复苏强劲的需求和供给侧冲击，通胀便不再缺席。2022年，60%的发达经济体通胀率已经超过了5%，过半数的新兴经济体通胀率在7%以上。同年，美国也遭遇了四十年一遇的高通胀，并于3月启动了追赶式加息，到2023年底累计加息十一次，达525个基点。

[①] Summers L H. Have we entered an age of secular stagnation? IMF fourteenth annual research conference in honor of stanley fischer, Washington, DC[J]. IMF Economic Review, 2015, 63(1): 277–280.

[②] Speech by Mr Claudio Borio, Head of the Monetary and Economic Department of the BIS, at "The ECB and Its Watchers XXI", 30 September 2020, Frankfurt.

第一节 市场流动性的三大去向

通常来讲,央行释放的市场过剩流动性有三个去处:一是流入实体经济,变为全面的物价上涨;二是流向金融市场,如股市、楼市、债市、另类资产(如艺术收藏、虚拟资产),推高资产价格;三是进入信贷市场,变成僵尸企业[①]贷款(见图1-1)。

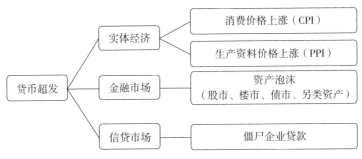

图1-1 市场流动性的三大去向

资料来源:作者整理。

一、进入实体经济

我们利用世界银行1980—2020年的统计数据,通过计算150个国家和地区40年间的平均广义货币增速、广义货币与实际GDP增速差、广义货币与名义GDP比值、广义货币与名义GDP比值变化率以及消费者价格通胀率,剔除如委内瑞拉、津巴布韦等国恶性通胀[②]的极端情况,来衡量各类货币指标对通胀的解释程度。结果显示,广义货币与实际GDP增速差和消费者价格通胀相关性最强,其次为广义货币增速,广义货

---

① McGowan等(2017)将僵尸企业定义为存活10年以上、在过去3年中营收负增长且利息保障倍数低于1的企业。详见 McGowan M A, Andrews D, Millot V. Insolvency regimes, zombie firms and capital reallocation[R]. Paris: OECD Publishing, 2017.

② 恶性通胀按照广泛定义为每月通货膨胀率在50%以上,年化通胀率在129%以上。

币/名义 GDP 变化率与通胀的相关性最弱,甚至在发达国家呈现负相关,发展中国家的相关性整体高于发达国家。拟合度最好的广义货币与实际 GDP 增速差,与发展中国家 CPI 通胀相关性高达 0.88(见图 1-2)。由此,从长期视角来看,货币数量与通胀的正相关关系基本成立。

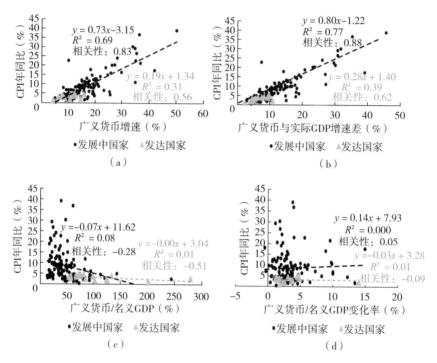

图 1-2　各类货币指标与通胀的关系

资料来源:世界银行,作者整理。

最典型的就是 20 世纪 80 年代拉美国家的高通胀。众多拉美国家曾因经济内外失衡,在债务危机爆发后货币发行失控而陷入恶性通胀。该地区在 20 世纪 80 年代按 GDP 加权通货膨胀率年平均接近 247%,在 1990 年达到峰值 2915%[①],其中阿根廷、巴西和秘鲁在 1989 年和 1990 年

---

① 包括阿根廷、玻利维亚、巴西、智利、哥伦比亚、墨西哥、秘鲁、乌拉圭等 8 个拉美国家,使用 GDP 不变价美元加权计算。

M2同比增速飙升，都曾有四位数的通货膨胀率，最高的秘鲁M2同比增速高达6385%，通胀率一度爆表达到7481%。

二、进入金融市场

最具代表性的是20世纪八九十年代的日本资产泡沫。在二战后的20年间，日本走上了经济高速发展的快车道。20世纪80年代起，日本大力推行资本账户开放，放松金融管制。自1985年签署《广场协议》以来，日元大幅升值。为维持出口竞争力，日本央行采用扩张的货币政策，1986—1990年M2同比年平均增速达到10.4%，月度增速最高为13.2%，远超同期名义GDP 6.4%的年均增速。

但是，大量流动性没有进入实体经济，而是涌入了股市及房地产市场。同期，日本年均CPI同比增长仅为1.56%，通胀非常温和。仅用1986—1989年4年时间，东京房价指数上涨了138%，日经指数从1986年初的13024点飙升至1989年底的38915点，年均复合收益率为31.5%。由于流动性进入金融市场而非实体经济，日本货币流通速度放缓。到1990年底，日本货币流通速度为0.89次/年，较1984年底下降了16.4%。

直至1989年，日本央行急速转向采取紧缩性措施，在不到一年半的时间内大幅上调官方贴现利率350个基点，从1989年4月的2.5%至1990年8月的6.0%，利率大幅上升；M2月同比增速也骤降至1992年的最低点-0.5%，信用收缩，资产泡沫终被刺破，日本经济陷入连续几个"失去的十年"。

另一个案例是2008年危机后的美国金融市场繁荣。为应对2008年金融危机，美联储采取了超宽松的货币政策，而其后的十多年间通胀水平没有抬升，大量流动性流向了金融市场，推高了股市、房市价格。由于金融危机后美联储的宽松政策主要依靠扩张资产负债表规模提供流动性，从2008年11月开启第一轮量化宽松，美联储资产负债表规模与标普500指数明显呈同向变动。至2019年12月底，美联储资产负债表规模扩张了4.6倍，美国标普500指数上涨了3.6倍，美国20个大中城市标普房价指数上涨了 1.5 倍。这一时期，由于大量流动性没有进入实体经济，M2 扩张倍数低于美联储资产负债表扩张规模，美国的货币流通速度也逐年下降，M2 流通速度由 2007 年底的 1.98 次/年降至 2019 年底的 1.42 次/年，下降了 28.3%。

三、进入信贷市场

日本资产泡沫破裂后的经济停滞就是一个绝佳的研究样本。20 世纪 90 年代后期资产泡沫破裂后，日本消费投资需求不足，经济整体低迷。为提振经济，日本央行自 1999 年 2 月起实行零利率加一系列量化宽松货币政策，20 年来资产负债表扩张近 7 倍，而 M2 仅扩张 1.7 倍，且经济一度陷入通缩。1999—2013 年，日本股市、房市等资产价格也没有明显上涨。直至 2013 年安倍政府推出"三支箭"，实施量化质化宽松（QQE）并大量购买股票 ETF，日本股市与央行资产负债表规模增速才大体一致，但日本同期房价、CPI 与 M2 扩张速度仍远低于央行资产负债表规模增速。

究其原因是，日本泡沫破裂后，私人部门被迫开始去杠杆，将收入优先用于储蓄及还债，而不是消费和投资，造成资产负债表衰退。[①] 日本央行只能不断宽松货币政策来提振需求，然而，此时的经济已掉入流动性陷阱，货币政策失效。即便部分流动性进入信贷市场，也流向了众多僵尸企业，1991—2001 年，日本僵尸企业平均比例达到 16.1%。

当超发的流动性变成僵尸企业的无效信贷，货币流通速度下降，虽然的确不会产生通胀或者资产泡沫，但其经济可能陷入越宽松越通缩甚至长期停滞的泥潭。到 2019 年底，日本 M2 流通速度为 0.54 次/年，较 1990 年底下降了 39.8%。

---

① Koo R. The world in balance sheet recession: causes, cure, and politics[J]. Real-World Economics Review, 2011, 58(12): 19–37.

第二节 本轮全球通胀仍是货币现象

一、从全球范围看，M2 和 CPI 具有较高的相关性

对美国、德国、英国、韩国等 20 个主要经济体的 CPI（定基指数）和 M2 取自然对数后进行相关性分析显示，在全球通胀开始上升的 2021 年，除中国、日本为弱正相关外，其他 18 个经济体的正相关性都在 0.78 以上，其中除南非、印度、马来西亚和泰国外，其他 14 个经济体的相关系数都在 0.9 以上。2020 年初至 2022 年底，除日本为弱正相关外，其他 19 个经济体均为较强的正相关，相关系数都在 0.7 以上。其中，韩国、俄罗斯、土耳其、南非、巴西和阿根廷等 12 个经济体的相关系数都在 0.9 以上，呈现高度的正相关（见图 1-3）。

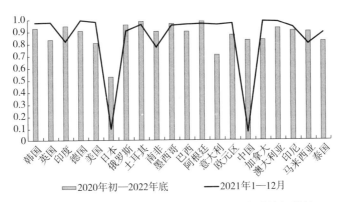

图 1-3　部分主要经济体 CPI 与 M2 环比变动的相关性

注：(1) 欧元区为调和 CPI（HICP）；(2) 巴西为广义全国消费物价指数（IPCA）；(3) 澳大利亚 CPI 为季度数据。
资料来源：万得，作者整理。

通过分析 M2 与 CPI 月度同比平均增速，可以看出 2021—2022 年各国平均 CPI 增速显著上升。与 2009 年相比，这次 M2 与 CPI 趋势线更为陡峭，斜率更大，相关系数也从 2009 年的 0.14 上升至 2022 年的 0.52。如果进一

步将2021年各国M2、CPI与金融市场发展程度对比,可以看出2021年金融市场发展程度较低的新兴市场国家此轮通胀水平更高,包括俄罗斯、巴西、墨西哥等(见图1-4)。自新冠疫情暴发以来,主要新兴经济体也采取了"双刺激"措施,相比发达国家,新兴经济体金融市场吸收流动性有限,大量的流动性流向实体经济。这也是新兴经济体的通胀来得比发达经济体更快,俄罗斯、巴西、墨西哥、南非等主要新兴经济体央行更早加息的重要原因。但2022年以来,随着金融资产吸收流动性的能力逐渐逼近临界点,更多流动性溢出到实体经济领域,即便是金融市场较为发达的发达经济体,其通胀也出现抬升。

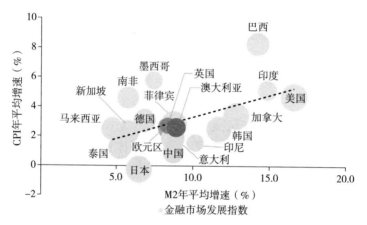

图1-4 2021年部分主要经济体M2、CPI与金融市场发展程度

注:此处使用IMF编制的金融市场发展指数(Svirydzenka, 2016)[①],该指数从深度、广度和效率三个维度来构建,由此对比衡量各国金融市场发展程度。图中圆形越大,代表该国金融市场越发达。

资料来源:万得,IMF,作者整理。

进一步使用各国2007—2022年M2与CPI月度同比数据做格兰杰因果检验,模型原假设为M2不是CPI的格兰杰原因,结果显示,无论是

---

① Svirydzenka K. Introducing a new broad-based index of financial development[R]. IMF Working Paper, WP/16/5, 2016.

美国、英国等发达国家，还是土耳其、阿根廷、印度尼西亚等发展中国家，2019—2022年均在5%的显著性水平下拒绝原假设，表明M2是CPI的格兰杰原因（见表1-1）。尤其与2008年金融危机期间及其后的9年间相对比，模型显著性明显上升。

表1-1 主要经济体M2与CPI月同比增速的格兰杰因果检验结果

原假设：M2不是CPI的格兰杰原因				
国家/地区	选取滞后阶数	2007年1月—2009年12月	2010年1月—2018年12月	2019年1月—2022年12月
美国	3	1.32 (0.2824)	1.37 (0.3174)	2.52 (0.0129)
欧元区	3	0.53 (0.6653)	0.35 (0.7864)	0.86 (0.4697)
日本	2	0.46 (0.6367)	2.62 (0.0777)	0.4 (0.6712)
韩国	3	4.56 (0.0108)	1.36 (0.2579)	2.58 (0.0662)
土耳其	4	2.49 (0.0713)	6.44 (0.0001)	14.37 (0.0000)
阿根廷	4	2.59 (0.0634)	1.95 (0.1111)	2.41 (0.0652)
南非	2	2.13 (0.1532)	2.66 (0.0747)	3.43 (0.0416)
中国	4	0.57 (0.6896)	3.25 (0.0149)	1.15 (0.3490)

注：括号上方数字为F值，括号中数字为P值。
资料来源：作者整理。

二、2008年危机美联储放水未导致高通胀的原因分析

一是美联储印钞不等于M2高增长。2007年之前，美联储的资产负债表长期维持在不超过万亿美元规模，与名义GDP之比略高于6%。2008年金融危机爆发后，美联储通过三轮量化宽松，使资产负债表迅速扩张。到2014年底，美联储总资产达到4.50万亿美元，较2007年底增长4.05倍，

年均增长26%，与名义GDP之比由6.2%升至25.6%。而2008—2014年，美国M2增长56%，年均增长6.6%（2020—2021年年均增长18.8%），仅略高于2002—2007年年均增长5.4%，与名义GDP之比上升14.9个百分点。

这一时期，美国M2增速远低于美联储扩表速度，主要是因为美国银行体系缺乏信贷（包括债券投资）投放的动力，这导致同期法定存款准备金虽然仅增长2.41倍，但超额准备金推动整个存款准备金结存增长60.34倍。其结果是，基础货币增长3.70倍，与美联储扩表速度大体相当，货币乘数却由8.96倍降至2.99倍，下降了67%。2008年初—2014年底，美联储总资产月均环比增长1.9%，M2增长0.5%，CPI增长0.1%，后二者正相关性高达0.935。

二是通胀指标中没有直接包含资产价格变动。明晟公司编制的MSCI股票指数显示，从2009年第一季度末的低点到2014年底，全球指数平均上涨106%，其中，发达国家指数累计上涨111%，新兴市场指数上涨72%，美国指数上涨159%。根据世界交易所联合会的统计，同期美国国内股票市值增长1.60倍，与年化名义GDP之比上升81.2个百分点。由于资产价格上涨没有包含在通胀指标中，故零利率、宽流动性导致的美国通胀压力实际被大大低估。由于这些流动性没有进入实体经济，美国货币流通速度由2007年底的1.98次/年降至2014年底的1.54次/年，下降了22%。

三、当前美国正面临货币大放水造成的通胀反噬

首先，这次美联储放水势头更猛。2020年第一季度，面对突如其来的疫情冲击，美联储两次紧急降息到零利率并启动无限量宽。到2021年底，美联储总资产达到8.76万亿美元，较2019年底增加4.59万亿美元，与名义GDP之比为38.1%，上升18.6个百分点。而上次危机应对，7年间美联储总资产增加3.61万亿美元，与名义GDP之比上升19.5个百分点。

2020年和2021年两年，美联储总资产扩张1.10倍，M2增长41%，美联储从扩表到M2增长的传导效率远高于上次。同期，美联储总资产月均环比增长3.1%，M2增长1.4%，对应着CPI月均环比增长0.3%，后二

者正相关性达到 0.833。但由于这次 M2 增速 2.69 倍于上次，故仍拉高了 CPI 增速。考虑到上次货币政策正常化于 2019 年以重启降息和扩表为标志半途而废，故美联储货币超发的历史应该追溯到十多年前。自 2008 年初至 2021 年底，美国 M2 和 CPI 月环比增速的正相关性高达 0.983；M2 月均环比增长 0.6%，CPI 月均环比增长 0.2%。

其次，美国金融市场吸收过剩流动性的能力趋于减弱。这次流动性驱动的美股自 2020 年 3 月底开始止跌反弹，屡创历史新高。到 2021 年底，美国国内股票市值与名义 GDP 之比为 227.2%，较 2019 年底上升 68.6 个百分点（较 2020 年第一季度末低点上升了 102.9 个百分点），而上次危机应对中 7 年才上升 14.2 个百分点。其中，2020 年第一季度至 2021 年第一季度，该占比上升了 52.1 个百分点，季均 10.4 个百分点；2021 年第二季度至 2021 年底上升了 16.5 个百分点，季均 5.5 个百分点。由此可见，2021 年第一季度之前，金融市场对流动性的吸收能力要远强于 2021 年第二季度之后。

这对应着，2020 年初至 2021 年第一季度，美联储扩表 85%，基础货币增加 70%，银行体系存款准备金增长 119%，导致货币乘数下降 24%，拖累 M2 仅增长 30%；M2 月均环比增长 1.8%，CPI 月均环比增长 0.2%；货币流通速度由 2019 年底的 1.42 次/年降至 2021 年第一季度的 1.13 次/年，下降了 21%。所以，同上次危机应对类似，美联储印钞没有在 2020 年立即显现为通胀压力。

然而，2021 年后三个季度，美联储扩表 14%，基础货币增加 10%，存款准备金增长 13%，货币乘数下降 1%，M2 增长 9%；M2 月均环比增长 0.9%，CPI 月均环比增长 0.6%，货币流通速度维持在 1.12 次/年左右的水平。恰恰是 2021 年 4 月以来，美国各项通胀指标持续爆表，到年底创下过去三四十年来的新高。

最后，当前美国金融资产吸收流动性的能力或逼近临界点。一方面，虽然美股 2021 年以来还在刷新历史纪录，但主要是几家头部公司的贡献。2021 年，纳斯达克综合指数上涨了 27%，其中指数权重排名前十的科技公司贡献了 114% 的涨幅。另一方面，目前市场上频现泡沫破灭后期才会出现的"疯狂投资者行为"。荷兰郁金香泡沫巅峰时期，荷兰人年均收入只有 150 荷兰盾，但一株名为"永远的奥古斯都"的郁金香售价却高达 6700 荷兰盾。今天则更加登峰造极。有人一掷万金买入虚拟资产或数字资产，仅仅是把"大富豪游戏"中的场景换了身元宇宙或非同质化代币（NFT）的"马甲"。同当年的荷兰郁金香一样，大家都不是为了买入持有，而是为了转让获利。

四、主要结论

通过分析流动性的三大去向可以发现，长期的宽流动性会招致多方面的严重经济后果。流入金融市场、信贷市场的流动性不会带来传统意义上的通胀，但无论是实体通胀抑或是过高的资产价格，都是流动性过多的表现形式。

货币超发不一定造成通胀，但通胀归根结底仍是货币现象。美国过去十多年极度宽松的货币金融条件埋下了此次高通胀的隐患。虽然自 2008 年金融危机之后发达国家通胀整体低迷，即便实行大规模量化宽松，通胀也没有明显起色，但是低通胀环境不能被当成理所当然。此次为应对公共卫生危机所采取的空前财政货币"双刺激"，带来了复苏强劲的需求，又遇上供给侧冲击、能源价格高企等触发条件，通胀便席卷而来，其持续时间也超乎市场和美联储预期。

从流动性的去向分析可以得出为何 2020 年美国股市、房市屡攀新高，而通胀水平尚未抬升，金融市场与实体经济一度出现背离。因为货币政策传导至实体经济存在时滞，而金融市场却可以在短期内吸收大量流动性，迅速表现为估值扩张。2021 年下半年，随着金融资产吸收流动性的能力逐渐逼近临界点，更多流动性溢出到实体经济领域，美国实体通胀压力愈演愈烈。

任何选择都各有利弊。美联储现在针对通胀采取行动并非其前期做错了，只是不同时期的主要矛盾不同，政策的利弊权衡及取舍不同。早在 2020 年 10 月，鲍威尔曾在全美商业经济协会主办的线上活动中明确表示，在应对疫情冲击的早期阶段，政策干预的风险是不对称的，政策支持过多造成的风险要小于支持过少的风险，即使最终证明实际行动超出了需要，那也不会白费力气，因为经济复苏将更快、更强劲。言下之意，为实现正产出缺口，就要付出通胀的代价，因为通缩是央行更大的敌人。

第三节　高通胀或将成为现代货币理论的"试金石"

2020年，主要经济体采取超级宽松的政策措施，应对新冠疫情大流行的冲击。在此背景下，现代货币理论（MMT）再度引起市场热议。MMT的核心观点是，只要政府以本币举债且无通胀压力，就可以通过财政扩张赤字、央行印钞买单的方式刺激经济。然而，2021年4月以来，美国主要通胀指标持续走高，CPI和PCE都刷新了近30年来的最高纪录，工业品出厂价格指数（PPI）也创下十多年来的新高。2021年9月，中国人民银行原行长周小川在博鳌亚洲论坛经济学家圆桌论坛上指出，随着一些国家物价指数上升和资产价格屡创新高，人们将密切关注美联储的举动及对MMT的讨论，以验证是否真有通过大量印钞支持赤字财政却无副作用这种"天上掉馅饼"的美事儿。高通胀或将成为MMT的"试金石"。

一、这次美国疫情应对比上次更像践行现代货币理论

2008年应对金融危机，美国是以货币政策为主、财政政策为辅。当时，美联储施行"零利率+三轮量化宽松"，直到2014年初才启动缩减购债，2015年底第一次加息，逐步退出量宽。到2014年底，美联储资产负债表总资产与名义GDP之比为25.7%，较2007年底高出19.5个百分点，之后逐步回落，到2019年底降至19.4%；2008—2014年，美国M2年均增长6.6%，较同期名义GDP年均增幅高出3.8个百分点，M2与名义GDP之比上升了15.2个百分点。

相对而言，在2008年的危机应对中，美国财政刺激的力度较小，退出

也比较早。2009—2011 财年，美国联邦财政赤字率平均约 9.0%，2012 财年起赤字率开始明显回落，2015 财年低至 2.4%，到 2019 财年反弹至 4.6%。

2020 年，为应对突如其来的新冠疫情冲击，美国却是财政货币宽松"火力全开"。到 2020 年底，美联储总资产与名义 GDP 之比为 34.5%，一年就增长了 15.2 个百分点；到 2021 年底进一步升至 37.1%，又升了 2.6 个百分点。同期，M2 增长 24.8%，增速为 1959 年有数据以来最高，较名义 GDP 增速高出 25.8 个百分点；M2 与名义 GDP 之比一年就升了 18.6 个百分点，到 2021 年 9 月底升至 91.7%，又升了 1.5 个百分点。

2020 财年，美国联邦政府赤字 3.13 万亿美元，较上年增长 2.18 倍，赤字规模为二战后最高；赤字率为 14.9%，较上年上升 10.2 个百分点，赤字率也刷新了战后纪录。2021 财年，美国联邦政府赤字 2.77 万亿美元，略低于上年，赤字率为 12.2%，为二战后次高。

为应对全球金融危机，2008—2014 年，美联储扩表 3.61 万亿美元。其中，净增持美债 1.7 万亿美元，占美联储扩表的 47.3%，相当于同期美债新增额的 19.4%。这次公共卫生危机爆发后，到 2021 年 10 月底（启动缩减购债前夕），美联储较 2019 年底扩表 4.39 万亿美元。其中，净增持美债 3.32 万亿美元，占美联储扩表的 72.4%，相当于同期美债新增额的 58.2%。

由此可见，这轮美联储迅猛扩表主要是通过购买美债，而美联储在无限量宽框架下购进美债，又贡献了同期美债新增额的一半以上。尽管美联储主席鲍威尔在 2019 年 2 月曾质疑 MMT，呼吁美国政府减少支出或增加收入，并表示美联储的作用不是为具体政策提供支持，但这次美国政府大撒钱，美联储不论是主动还是被动，都给政府赤字融资提供了重要的实质性帮助。这很像是"只做不说"的 MMT。

二、财政货币"双刺激"本身是此次高通胀的重要推手

上次美国出现两位数的大通胀，是在 20 世纪七八十年代的经济滞胀时期，究其原因主要是货币超发和供给冲击（1973—1974 年和 1979—1980 年两次石油危机）。

2008年危机时期，美国只有货币超发，没有供应短缺的冲击，故美国上次逃脱了通胀陷阱，2010—2019年CPI年均增速仅有1.8%。但这次新冠疫情大流行引发的公共卫生危机，却是货币超发和供给冲击同时存在，财政货币"双刺激"更是火上浇油。

从货币的角度看，短期内这次美联储货币放水的力度远超过2008年危机时期。尤其是上次危机释放的大量流动性并未完全回收，因为美联储的货币政策正常化到2018年底就半途而废，2019年就转向三次降息并重启量宽。加上这一波大放水，美国金融条件处于20世纪70年代以来的低位，处于极为宽松的状态。通胀归根结底是货币现象。当前流动性泛滥，给高通胀提供了温床。

从财政的角度看，这次美国政府救助的方式与上次危机应对不同。2008年危机时期，财政救助主要是向重要金融机构和企业注资，收购有毒资产，遏制市场流动性危机蔓延。而这次特朗普和拜登政府实施了多轮财政救助计划，不少资源用于直接给住户发钱。2008—2014年，美国个人总收入中，转移支付收入平均占比17.3%，较2007年上升2.8个百分点；2020年，该项占比为21.5%，较2019年提高4.4个百分点；到2021年末，该占比升至21.7%。

新冠疫情暴发初期，经济大封锁、供需两端同时大幅收缩造成了通缩压力。随着疫苗接种普及和疫情防控常态化，需求端由经济衰退的通缩力量快速切换至经济重启的通胀力量，但供给收缩的通胀压力却未显著改善。特别是美国补助家庭的政策稳住了消费需求，但缺乏有效的复工复产组织力，加剧了供需失衡。

为弥补国内供需错配的缺口，美国不得不扩大商品进口，贸易逆差重新走高。2020年，美国商品贸易逆差为9129亿美元，较2019年增长6.5%，与名义GDP之比为4.3%，较2019年上升0.3个百分点，占比为2013年以来最高；2021年，美国商品贸易逆差为1.08万亿美元，同比增长18.7%，与同期名义GDP之比为4.6%，同比上升0.3个百分点。

三、高通胀将增加美国"双刺激"政策的复杂性

2021年第三季度,美国经济环比折年率增长3.3%,远低于第二季度的6.2%。但当年11月美联储议息会议仍如期宣布将于月内启动缩减购债计划,这在很大程度上反映了通胀持续高企给美联储带来的压力。同期,英国经济环比增长1.7%,也是较上季度增速有较多回落,但由于英国通胀压力小于美国,故英国央行爽约了11月议息会议的加息决定,导致短期内英镑兑美元汇率受到重挫。

在2021年11月议息会议后的新闻发布会上,美联储主席鲍威尔坦承,"全球供应链问题很复杂",但"终将回归常态",只不过"时间点高度不确定"。他还强调,一旦为情势所迫,美联储会毫不犹豫地加息。市场解读,这反映了美联储在"通胀暂时论"上立场松动,因为通胀是不是暂时性的,在很大程度上取决于疫情走向。如果疫苗接种取得进展,供应限制得到缓解,预计将支持经济活动和就业的持续增长,通货膨胀则将相应回落,但如果不是这种情况呢?

IMF在2021年秋季的《世界经济展望》中指出,如果疫情导致的供需失衡比预期的时间要长(包括供给潜力的破坏比预期更为严重),那么通胀风险就可能变成现实。这时,央行可能需要通过收紧货币政策来遏制价格压力。因为如果等到就业形势好转后再收紧货币政策,通胀可能会以自我实现的方式上升,这会损害货币政策的公信力并增加不确定性。而这种怀疑情绪将影响私人投资,拖累就业复苏步伐。

显然,美联储加息将增加政府融资成本,影响政府债务的可持续性。而更为严重的后果是,如果"通胀暂时论"被证伪,也就意味着美联储的行动落后于市场曲线,这将加剧货币紧缩预期。对此,美联储在2021年11月发布的半年度《金融稳定报告》中警告称,对通胀加剧和货币紧缩的担忧已成为市场最关心的问题。如果投资者风险情绪恶化、遏制新冠疫情的进展令人失望,或者经济复苏停滞,资产价格仍容易大幅下跌。鉴于财产性收入是美国居民个人收入的重要来源,由此引发的负财富效应对美国

经济的负面影响将不容低估。

第四节 鲍威尔的"沃尔克时刻"[①]

2022年3月3日，美联储主席鲍威尔在出席参议院银行委员会的半年度听证时重申，支持本月议息会议宣布加息25个基点。他表示，鉴于俄乌局势的不确定性，美联储需要谨慎行动，同时承诺美联储会不惜一切代价稳定物价。面对40年来最严重的通胀局面，美联储即将迎来第二个"沃尔克时刻"。

一、沃尔克反通胀的"一招鲜"

20世纪70年代末80年代初，美国陷入通货膨胀、经济停滞的滞胀困境。如1979年，美国CPI较上年上涨11.3%，核心CPI上涨9.8%，分别较上年涨幅高出3.7个和2.4个百分点；但经济增长3.2%，较上年增速回落2.3个百分点，为1976年以来最低。

在此背景下，保罗·沃尔克（Paul Volker）出任第六任美联储主席，任期为1979年8月6日—1987年8月11日。在他上任前的1979年7月，美国CPI同比上涨11.3%，核心CPI上涨9.6%；而在他离任前的1987年7月，二者分别上涨3.9%和4.0%。沃尔克因其不计代价地运用高利率"驯服"高通胀而一战成名，成为鲍威尔口中"那个时代最伟大的经济公仆"。1979—1982年，日均联邦基金利率维持在10%以上，4年平均为13.3%，远高于1970—1978年年平均为6.7%的水平。1981年7月22日，隔夜联邦基金利率达到不可思议的22.4%。

利率持续高企导致了美国经济衰退、工人失业。1980年，美国经济负增长0.3%，这直接断送了吉米·卡特（Jimmy Carter）总统的连任梦。1981年经济反弹2.5%，1982年又负增长1.8%。当时，愤怒的人们冲向

[①] 管涛.美联储货币政策面临"走钢丝"[N].上海证券报，2022-03-07.

街头，美联储华盛顿总部经常遭遇各种抗议示威，甚至沃尔克的人身安全也受到威胁。直到 1982 年底，CPI、核心 CPI 涨幅分别降至 3.8% 和 4.5%，联邦基金利率降至峰值时的一半，但失业率仍有 10.8%，远高于 1979 年 7 月 5.7% 的水平。从那以后，美国享受了近 40 年的低通胀红利，直至 2021 年通胀卷土重来。

有意思的是，尽管沃尔克也对外承诺"不管对利率有什么影响，坚决控制货币供应量的增长"，但这一时期美国的 M2 增速并没有大的变化。从美国 M2 与年化名义 GDP 之比看，到 1982 年底为 57.2%，较 1979 年 6 月底仅上升了 0.3 个百分点；到 1987 年 6 月底为 58.6%，较 1979 年 9 月底也仅上升了 1.6 个百分点。可见，为了控制通胀，沃尔克时期保持了 M2 增速与名义经济增速的基本匹配。

二、鲍威尔加息的首要挑战就是增长和就业

2021 年 4 月以来的通胀数据持续爆表，迫使美联储改口"通胀暂时论""通胀见顶论"，加快货币紧缩进程，加息和缩表均已提上议事日程。到 2022 年 1 月，美国 CPI 和核心 CPI 分别同比增长 7.5% 和 6.0%，PCE 和核心 PCE 分别同比增长 6.3 和 5.4%，均创下 40 年来的新高。不少美国人由此认为，拜登政府在处理经济问题上不及格，民意调查结果显示，拜登支持率创下 37% 的新低。

控通胀已成为美国政府也是美联储的头等大事。2022 年 3 月初，鲍威尔虽然承认俄乌局势带来了不确定性，但依然表示撤出疫情期间支持政策的必要性没有改变，支持 3 月开启加息周期，同时对在通胀过热情况下以更大幅度加息持开放态度。由此可见，俄乌冲突只会影响美联储紧缩的节奏和力度，但不会影响美联储退出货币宽松的方向。

当然，用高利率来反通胀，鲍威尔首先要有沃尔克的勇气，冒着经济衰退、失业激增的风险。事实上，从实际经济增速相对潜在经济增速的偏离看，1979—1982 年，美国都是负产出缺口。故即便美国仅有 1979 年和 1982 年经济负增长，但失业率依然高企。现在，美国潜在经济增

速已从 20 世纪七八十年代的 3% 左右降至 2% 左右，长期自然失业率也由 6% 左右降至 4.5% 左右。根据 IMF 等国际组织的预测，2022 年美国经济增长预测值为 3.7%—4.0%，高于同期 2.1% 的潜在增速。同时，到 2021 年第四季度，美国平均失业率为 4.2%，也低于同期长期自然失业率 4.5%。这正是当时市场预期美联储加息条件成熟的重要原因。鲍威尔在前述听证会上也坦承"我们本应该早一些行动"。

但从沃尔克时期的经验看，货币紧缩后，前述"安全垫"可能迅速消失。实际上，自 2021 年 11 月美联储正式启动缩减购债以来，5 年期、10 年期美债与 2 年期美债收益率的差值均趋于收敛。到 2022 年 2 月，月均差值分别较 2021 年 11 月收敛了 32 个和 55 个基点。市场已开始交易，加息之后美国经济陷入衰退，美联储可能在一两年之内又会重启降息。

三、高债务杠杆和高资产价格是另两头"拦路虎"

相较于沃尔克的处境，鲍威尔还面临两个更加头疼的问题。

一个是高债务杠杆。20 世纪 70 年代的高通胀主要是受 1973—1974 年和 1979—1980 年两次石油危机的影响。当时，美国宏观杠杆率变化不大。到 1979 年 6 月底，美国宏观杠杆率为 135.2%，仅较 1973 年 9 月底（第一次石油危机爆发前夕）上升了 0.6 个百分点。反倒是沃尔克离任时的 1987 年 9 月底，宏观杠杆率为 175.3%，较 1979 年 6 月底上升了 40.1 个百分点，其中政府部门杠杆率为 53.5%，上升了 17.3 个百分点。鲍威尔面对的美国债务泡沫则要大得多。到 2021 年底，宏观杠杆率为 278.3%，较 2019 年底跳升 22.6 个百分点，较 2008 年 9 月底更是跳升 43.3 个百分点。其中，政府部门杠杆率为 116.7%，较 2019 年底和 2008 年 9 月底分别跳升 16.8 个和 55.1 个百分点。

现代货币理论的一个重要前提条件是，在无通胀或低通胀情形下可以维持零利率或者低利率，政府可以低成本为赤字融资，由央行印钞买单。但是，若迫于通胀压力快速加息，大幅推高政府融资成本，则政府债务可持续性堪忧。

2021 年底，美债余额与名义 GDP 之比为 128.8%，较 2008 年底上升 56.3 个百分点，但美国联邦政府利息支付成本由 3.9% 降至 1.8%。1994—2021 年，美债利息成本与年均 10 年期美债收益率相关性高达 0.971。2021 年，日均 10 年期美债收益率较上年提高了 56 个基点，增长 63%；2022 年前两个月，日均 10 年期美债收益率较 2021 年第四季度又上升了 31 个基点，增长 20%。若受通胀上行、紧缩预期影响，美债收益率持续飙升，则意味着美国政府"寅吃卯粮"的好日子就要到头了。

另一个是高资产价格。沃尔克反通胀期间，美国爆发了 20 世纪 80 年代的储贷危机，但其根本原因并非房地产泡沫破灭，而源于储贷机构过于单一的业务模式、风险的高度集中和资产负债久期错配，20 世纪 70 年代的高利率是诱因。这一时期，美国房地产市场表现强劲。1975 年第二季度—1979 年第四季度，美国联邦住房企业监督办公室（OFHEO）房屋价格指数累计上涨 64%；1980 年初—1995 年底危机处置期间，该指数进一步上涨了 95%。当时，美股的泡沫也不严重。1977 年初—1982 年底，标普 500 席勒市盈率基本不到 10 倍，处于历史低位。

现在的情形则不然。由于新冠疫情应对下的大水漫灌，美国不论股价还是房价均处于历史高位。到 2021 年底，美国 OFHEO 房屋价格指数较 2019 年底涨了 25%，较 2006 年底（次贷危机之前）涨了 47%。到 2022 年 2 月，标普 500 席勒市盈率为 35.80 倍，较 2019 年底上升了 18%，较 2009 年 3 月的低点上升了 1.69 倍，处于 1910 年初以来的 96.8% 分位。

对标普 500 席勒市盈率、月均联邦基金利率和月均 10 年期美债收益率取自然对数后做相关性分析显示，1958 年 7 月—2022 年 2 月，标普 500 席勒市盈率月环比变动与联邦基金利率月环比变动的相关性为 –0.447，与 10 年期美债收益率月环比变动的相关性为 –0.622。对房屋价格指数和相关利率做类似处理后做相关性分析显示，1975 年第一季度到 2021 年第四季度，美国 OFHEO 房价指数季度环比变动与联邦基金利率季度环比变动的相关性为 –0.690，与 10 年期美债收益率季度环比变动的相关性为 –0.831。由此可见，利率变动对股价和房价都有预期中的影响，而且全球无风险收益之"锚"——10年期美债收益率变动的影响力更大。

综上，虽然当前美国通胀尚未达到20世纪七八十年代滞胀时期的两位数水平，但鲍威尔面临的挑战并不比沃尔克少。货币紧缩力度小了，可能不足以遏制形成"通胀—通胀预期"和"工资—物价上涨"的两个"通胀螺旋"；紧缩力度大了，又可能会扼杀经济复苏和/或刺破资产泡沫。要在物价稳定、经济复苏、金融稳定之间"走钢丝"，这可不是一件轻松惬意的活儿。

第五节 关于美股财富效应和投资效应的简单测算

资产价格走势（即财富效应）事关美国居民部门资产负债表韧性。在证券市场发达的美国，股市一直被称为经济的"晴雨表"。美股涨跌如何从财富效应、投资效应两个角度影响美国经济走势？本节拟对此进行探讨。

一、美股价格与经济表现密切相关

关于股市与经济增长的关系，一直以来都是学术界争论的热点。在证券市场发达的美国，股票市场在其经济发展过程中扮演着重要角色。

（一）美股表现与宏观经济形势基本一致

经济扩张期伴随美股持续上涨。按照美国国民经济研究局（NBER）对美国经济周期的划分标准，20世纪90年代、2002—2007年、2009—2019年以及2020年中以来均对应美国经济扩张期。在这四轮经济扩张期内，道琼斯工业平均指数、标普500指数和纳斯达克综合指数均出现了明显上涨：1991年第二季度到2001年第一季度分别上涨了239%、209%和282%；2002—2007年分别上涨了32%、28%和36%；2009年第三季度到2019年分别上涨了238%、251%和389%；2020年第三季度到2022年分别上涨了28%、24%和4%。

经济衰退期伴随美股大幅下跌。受互联网泡沫破灭、次贷危机和新冠疫情影响，美国经济先后在2001年第二季度到第四季度、2008年到

2009年第二季度、2020年上半年陷入衰退。第一轮衰退期间，标普500指数累计下跌1%，道琼斯工业平均指数和纳斯达克综合指数先跌后涨，累计分别上涨1%、6%；第二轮衰退期间，道琼斯工业平均指数、标普500指数和纳斯达克综合指数分别下跌了36%、37%和31%；在第三轮衰退期间，三大指数则分别下跌了10%、4%和12%（见图1-5）。

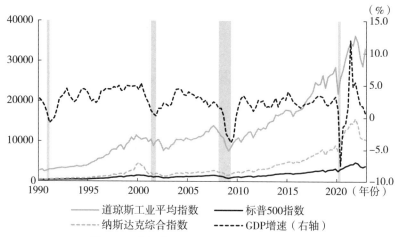

图1-5 美股表现与宏观经济形势基本一致

注：灰色区域为NBER划分的美国经济衰退期。
资料来源：万得，NBER。

计算得到，1991—2022年道琼斯工业平均指数、标普500指数和纳斯达克综合指数季度均值同比增速与美国实际GDP同比增速的相关系数分别为0.6011、0.5736和0.4435，且统计上显著。这表明美股表现和美国经济增长相关性较强，美股确实扮演着美国经济"晴雨表"的角色。

（二）股票价格与经济表现之间的关系分析

股票价格与经济表现之间之所以会存在如此紧密的联系，Fama（1990）[1]提出了三种可能的解释：一是有关未来实际活动的信息可能会在

---

[1] Fama E F. Stock returns, expected returns, and real activity[J]. The Journal of Finance, 1990, 45(4): 1089–1108.

其发生之前很早就反映在股票价格上,这意味着股票价格是经济表现的领先指标;二是股票价格和经济表现可能受到相同因素影响,例如贴现率下降可以同时导致股价上涨和投资产出增加;三是股价上涨意味着财富增加,进而导致消费需求或者商品投资需求增加。

关于股票价格对于经济增长的影响,现有研究大多集中于分析股市的财富效应和托宾 q 效应上。因此,我们通过检验美股价格和消费、投资的内在联系来分析美股和美国经济增长之间的关系。

二、美股存在正财富效应但有所减弱

(一)股市财富效应的理论分析

股市财富效应研究的是居民持有的股票资产价格变化对消费水平的影响。一般而言,居民持有的股票价格上涨会通过增加消费进而达到刺激经济增长的效果。凯恩斯的绝对收入假说认为,消费主要取决于当期收入,但该理论忽略了非人力财富(non-human wealth)的存在。而莫迪利安尼等人提出的生命周期理论和弗里德曼提出的持久收入假说则认为,资产财富变动也会对家庭消费产生影响。Ando 和 Modigliani(1963)[1]的实证研究更是明确指出了资产财富和消费需求之间存在关联性。

(二)美股财富效应的经验证据

从历史经验来看,20 世纪 90 年代美股持续上涨伴随居民消费率的显著上升,成为验证美股正财富效应存在的重要证据。

1990—2000 年,美国三大股指进入加速上升期,道琼斯工业平均指数、标普 500 指数和纳斯达克综合指数分别上涨了 310%、300% 和 561%。受股市上涨影响,美国家庭财富实现了快速增加,股票资产占家庭财富净值比例也在明显上升。2000 年底,美国家庭财富净值较 1990 年初增长了近 22 万亿美元,其中股票资产价值增长了 9.3 万亿美元,家庭

---

[1] Ando A, Modigliani F. The "life cycle" hypothesis of saving: Aggregate implications and tests[J]. The American Economic Review, 1963, 53(1): 55–84.

财富净值占可支配收入比例由 516% 上升至 591%，股票资产价值占家庭财富净值比例由 9.8% 上升至 25.7%。同期，美国居民消费率也出现显著上升，由 1990 年初的 88.2% 升至 2000 年底的 91.4%。[①] 结合消费支出占美国 GDP 比重约为 65% 的事实[②]，股市的持续繁荣成为刺激消费增加，进而推动当期经济增长的重要原因。

（三）美股财富效应的简单测算

为测算美股对于消费的影响大小，我们选取消费率为被解释变量，分别以家庭财富净值/可支配收入、股票资产价值/可支配收入、房地产净值/可支配收入为解释变量进行简单的回归。样本期间为 1980 年第一季度至 2007 年第四季度。

从回归结果来看，两个模型调整后的 R^2 分别为 0.85 和 0.86，拟合程度较好。家庭财富净值、股票资产价值和房地产净值（相对于可支配收入的倍数）对消费率的作用系数分别为 0.039、0.039 和 0.055，这表明家庭财富增长对消费率上升确有支撑作用，并且股市的正财富效应小于房地产的正财富效应（这正是 21 世纪初美国纳斯达克泡沫破灭的负面影响小于 2006 年美国房地产泡沫破灭的主要原因）（见表 1-2）。而金融危机之后，美国家庭财富净值增加了近 55 万亿美元，股票资产增值了 24 万亿美元（2009—2019 年），但实际居民消费率并未明显上升，显著偏离拟合值（见图 1-6 和图 1-7）。

表 1-2　美国居民消费率计量结果
（1980 年第一季度—2007 年第四季度）

解释变量	模型 1	模型 2
家庭财富净值/可支配收入	0.0387665 （0.000）	—
股票资产价值/可支配收入	—	0.0391512 （0.000）

① 消费率=个人消费支出/个人可支配收入。在国民收入核算账户中，可支配收入不包括资产增值，因此当资产持续增值引发消费增加时，会导致统计上的消费率出现持续上升。
② 1990—2000 年美国个人消费支出占 GDP 比重均值为 65%。

续表

解释变量	模型1	模型2
房地产净值/可支配收入	—	0.0553555 （0.000）
常数项	0.6808589 （0.000）	0.7976906 （0.000）
Adj R^2	0.8490	0.8575
Prob>F	0.0000	0.0000

资料来源：作者整理。

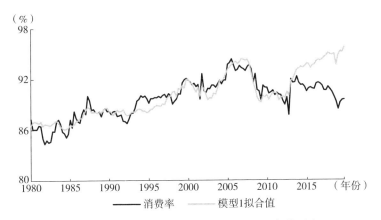

图1-6　美国消费率的实际值和模型1拟合值对比

资料来源：万得。

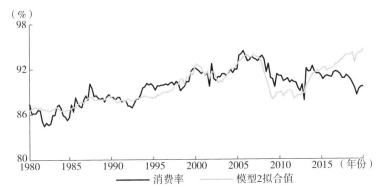

图1-7　美国消费率的实际值与模型2拟合值对比

资料来源：万得。

家庭财富增长但消费支出受限的原因在于居民部门去杠杆。除了资产增值带来的财富效应,影响居民消费能力的因素还包括债务水平。2007年次贷危机爆发之前,受低利率刺激、房价上涨以及抵押贷款快速增长影响,美国居民部门杠杆率持续上升。次贷危机之后,居民部门又开始持续去杠杆,其杠杆率从2007年末的98.6%下跌至2019年末的75.6%。同期,美国非金融企业部门杠杆率先降后升,而政府部门则在持续加杠杆,总体杠杆率依然上升了24.7个百分点。

鉴于居民债务水平对消费存在影响,我们将消费率对股票资产价值/可支配收入进行回归,并将居民部门杠杆率水平作为控制变量。同时,为了检验次贷危机前后股票财富效应是否发生变化,我们增加了时间虚拟变量(2008年之后取值为1,其他时间取值为0)与股票资产价值的交互项。从回归结果来看,股票资产价值系数显著为正,但虚拟变量与股票资产价值的交互项系数却显著为负。这表明次贷危机之后,股市财富效应依然存在但有所减弱(见表1-3)。

表1-3 美国居民消费率计量结果
(1980年第一季度—2019年第四季度)

解释变量	回归系数	标准误差	t值	$P>|t|$
股票资产价值/可支配收入	0.024209	0.002212	10.94	0.000
居民部门杠杆率	0.089389	0.0065446	13.66	0.000
(股票资产价值/可支配收入)*dv	−0.0110468	0.0012875	−8.58	0.000
常数项	0.8121094	0.0037157	218.56	0.000
Adj R^2	0.8320	Prob>F	0.0000	—

注:dv为时间虚拟变量,2008年之后取值为1,其他时间取值为0。
资料来源:作者整理。

美股财富效应减弱的原因还在于美国家庭财富分布不平等加剧。从美国家庭财富净值分布情况来看,在20世纪90年代、2000—2007年以及2008—2019年的三个时间段内,美国前10%的家庭持有的财富净值在逐步增加，而其余90%的家庭持有的财富占比则在依次减少。金融危机之后，前10%的家庭持有了近70%的财富净值。从美国家庭持有的股票资产情况来看，美国前10%的家庭持有的股票资产比例较金融危机前均有增加，其持有的股票资产占比约为86%，而其余90%的家庭持有的股票资产占比则下降为14%。可见，金融危机之后，包括股票资产在内的家庭财富虽然实现了较快增长，但巨大的资产增值却只被少数富有家庭享受。而由于富有家庭的边际消费倾向相对较低，因此同等程度的总量财富增长会带来更少的消费支出。

三、美股投资效应较为显著

（一）股市投资效应的理论分析

股票价格投资需求效应研究的是股票价格变化对企业投资的影响。关于股票价格投资需求效应的研究主要以托宾q理论为基础。该理论揭示了股票价格和投资支出的内在联系，即如果企业股票价值与股票所代表的资产重置成本的比值（托宾q）相对较高，则意味着企业会通过新建的方式扩大生产规模，导致投资支出增加；反之，企业则会通过并购的方式扩大生产规模，但不增加投资支出。[1]因此，理论上，股票价格和投资支出的关系应表现为高股价导致高投资支出。

（二）美股投资效应的经验证据

从历史经验来看，20世纪90年代美股持续上涨伴随投资大幅增长，成为验证美股托宾q效应存在的重要证据。受信息及通信技术革命驱动，20世纪90年代的美国步入新经济时代。在三大股指持续上涨期间，美国托宾q值出现大幅上升[2]，而q值上升又进一步导致企业投资支出增加。1990—2000年，美国股票市值增长了159.7%（其中TMT股票市值

---

[1] Tobin J. A general equilibrium approach to monetary theory[J]. Journal of Money, Credit and Banking, 1969, 1(1): 15–29.

[2] Smithers A, Wright S. Valuing Wall Street[M]. New York: McGraw-Hill, 2000.

增长了233.7%），实际投资增长了97.9%[①]。从纳斯达克综合指数和信息技术领域投资增速情况来看，二者在20世纪90年代保持了高度一致性（见图1-8）。

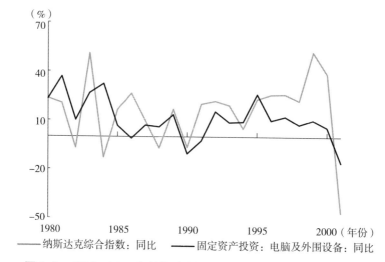

图1-8　1980—2000年纳斯达克综合指数与信息技术领域投资增速
资料来源：万得。

（三）美股投资效应的简单测算

为测算股价对私人投资的影响，我们进行了实证分析，具体步骤如下：（1）进行协整检验，以分析变量间是否存在长期稳定的关系；（2）进行格兰杰因果检验，以分析变量间的因果关系；（3）建立向量自回归（VAR）模型，以揭示股价和投资之间的短期动态关系。由于投资还受到资金成本和国民收入的影响，因此我们选取股价、资金成本和国民收入作为影响投资需求的因素。

其中，投资指标选取实际国内私人投资总额，以 GDPI 表示；股价

[①] Sloek T M, Edison H J. New Economy Stock Valuations and Investment in the 1990s[J]. IMF Working Papers, 2001(078).

指标选取道琼斯工业平均指数的实际值，以 SP[①] 表示；资金成本指标选取短期实际利率，以 IR 表示；国民收入指标选取实际国内生产总值，以 GDP 表示。除利率以外，我们对其他变量进行了自然对数变换。由于美债收益率数据始于 1982 年，因此我们将样本期间确定为 1982 年第一季度至 2019 年第四季度。

股价和投资存在长期稳定关系。为检验变量间是否存在长期稳定的关系，我们对上述变量进行协整检验。首先，平稳性检验结果显示各序列基本为一阶单整序列，满足协整检验的前提条件（见表 1-4）；其次，迹统计量和最大特征值统计量的分析结果显示，在 5% 的显著性水平下至多存在两个协整关系（见表 1-5）。从协整检验结果的标准化协整系数可以看出，影响投资的主要因素是国民收入，其次是股价和资金成本。当股价变化 1 个百分点时，私人投资会同向变化 0.4 个百分点。

lnGDPI = 3.918862 + 9.9654143 L2.(lnGDP) + 0.3970298 L2.(lnSP) − 0.0862077 L2.(IR)[②]

表 1-4　各变量的平稳性检验结果

变量	原序列		一阶差分	
	ADF	PP	ADF	PP
投资：lnGDPI	−2.560	−2.488	−10.525*	−10.577*
股指：lnSP	−1.964	−1.909	−13.630*	−13.609*
国民收入：lnGDP	−2.506	−2.196	−10.647*	−10.587*
利率：IR	−4.465*	−3.130	−7.270*	−7.233*

注：ADF 和 PP 检验的回归方程包括常数项和时间趋势项。* 表示在 1% 水平上显著，** 表示在 5% 水平上显著，*** 表示在 10% 水平上显著。
资料来源：作者整理。

---

① SP 为道琼斯工业平均指数/GDP 平减指数；IR 为美国 3 月期国债收益率与 GDP 平减指数当季同比的差值。

② L2.(lnGDP)、L2.(lnSP) 和 L2.(IR) 分别表示 lnGDP、lnSP 和 IR 的滞后两期值。

表 1-5 协整分析结果（1982 年第一季度—2019 年第四季度）

H0	特征值	迹统计量	5% 临界值	最大特征值统计量	5% 临界值
无协整关系	—	78.1160	54.64	41.8858	30.33
至多一个	0.25089	36.2302	34.55	25.0644	23.78
至多两个	0.15874	11.1658	18.17	8.3000	16.87

资料来源：作者整理。

股价是投资的格兰杰原因。由于协整关系并不代表因果关系，因此我们对上述序列进行格兰杰因果检验。从检验结果来看，股价、国民收入和利率均在1%的显著性水平上是投资的格兰杰原因，但投资却不是股价、国民收入和利率的格兰杰原因。其他具有格兰杰因果关系的变量有：股价和国民收入互为格兰杰原因，利率是国民收入的格兰杰原因（见表1-6）。其中，股价和国民收入互为格兰杰原因，反映了美股不仅是美国经济的"晴雨表"，美股涨跌同样也会影响美国经济表现。

表 1-6 格兰杰因果检验的 F 统计量

变量	投资：lnGDPI	股指：lnSP	国民收入：lnGDP	利率：IR
投资：lnGDPI	—	14.47*	9.70*	19.06*
股指：lnSP	0.40	—	2.62***	0.05
国民收入：lnGDP	0.31	5.73*	—	2.51***
利率：IR	1.10	1.14	1.54	—

注：行变量为因，列变量为果。* 表示在1%水平上显著，** 表示在5%水平上显著，*** 表示在10%水平上显著。
资料来源：作者整理。

股价变动会导致投资出现同向变动。在上述分析的基础上，为进一步揭示股价和投资之间的短期动态关系，我们建立向量自回归模型，并得到了每个变量对其自身及其他变量的脉冲响应。鉴于我们主要关注股价对投资的影响，因此此处只列示投资对股价冲击的反应。从图1-9可以看出，投资对股价的冲击反应为正且显著。当股价发生变动后，投资会出现同向反应，并在第5期达到最大，随后反应逐渐趋于收敛。这表明股价变动对于私人投资有着较为持续的正向影响，美股的投资需求效应显著。

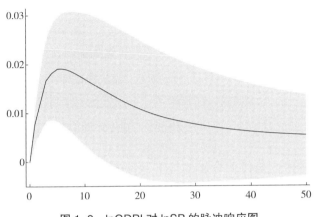

图1-9　lnGDPI对lnSP的脉冲响应图

注：灰色区域为95%的置信区间。
资料来源：作者整理。

四、主要结论

从历史走势来看，美股价格与美国经济表现出较强的相关性。关于股价变动对经济增长的影响，现有研究大多集中于分析股市的财富效应和投资需求效应上。20世纪90年代的经验证据以及实证研究结果均表明，美股存在显著的财富效应和投资需求效应，即美股涨跌一方面会通过影响家庭财富水平进而影响消费支出，另一方面也会对私人投资产生持续的同向影响。结合消费和投资占美国GDP比重接近90%的事实，可见美股涨跌对于宏观经济增长而言是至关重要的。

金融危机以来，美股持续上涨支撑了美国经济的强势扩张，但同时我们也要警惕美股泡沫化趋势背后的风险。如果由于商业环境的不确定性增加或者上市公司的盈利不及预期，触发估值偏高的美股大幅调整，这将会通过负向财富效应和投资效应对实体经济造成较大冲击。或许正如美联储前主席艾伦·格林斯潘（Alan Greenspan）所说，美国股市将决定美国是否走向衰退。

第六节　鲍威尔更像是伯恩斯而非沃尔克

继2024年9月首次降息后,11月美联储如期再次降息25个基点。这低于上次超常规降息50个基点的幅度,却是在美国经济金融没有出现大问题情况下的连续降息。尽管鲍威尔多次宣称要学习前辈沃尔克,坚定不移反通胀,但其行为更像是20世纪70年代的伯恩斯。

一、伯恩斯的走走停停令美国经济深陷滞胀

若将美国1966年3月—1982年12月的CPI同比增速与2013年9月以来的CPI通胀对比,会发现二者走势高度相似。而20世纪70年代美国身陷经济停滞伴随通货膨胀的滞胀泥潭,正是因为伯恩斯领导下的美联储在反通胀问题上"走走停停",最终让通胀变得不可收拾。

1971年8月,尼克松总统实施新经济政策,让美元与黄金脱钩,并承诺将通胀控制在2%—3%。但因通胀失控,尼克松不得不实施工资和价格管控。到1974年8月尼克松因"水门事件"下台时,CPI通胀高达10.9%,较他于1969年1月入主白宫时高出6.5个百分点,失业率由3.4%升至5.5%。

伯恩斯于1970年2月至1978年3月担任美联储主席。他曾在1968年大选期间担任尼克松的经济顾问,尼克松当选后两次任命他为美联储主席。这种关系对伯恩斯任内的货币政策造成了重大影响。

彼时,美联储货币调控以数量型目标——狭义货币供应量(M1)为主。1970年2月—1971年7月(尼克松新政前夕),美国M1同比增速由2.9%升至7.5%,有效联邦基金利率由8.5%降至5.5%(低至1970年12月的3.0%)。尽管尼克松新政承诺的通胀目标一直未能兑现,但1971年8月—1974年8月(尼克松被弹劾下台),美国M1增速平均为6.7%;CPI通胀平均为5.9%,且自1974年2月起达到两位数(持续到1975年4月)。

1972 年 11 月尼克松竞选连任获胜后，伯恩斯一度转向关注通胀问题，加大了货币紧缩力度，美国 M1 增速从 1973 年 1 月的 9.3% 最低降至 1975 年 4 月的 3.7%，有效联邦基金利率由 5.5% 升至 7.0%（1973 年 7 月—1974 年 9 月平均为 10.9%）。到 1975 年底，美国 CPI 通胀从 12.2% 的高位降至 7.1%。至此，美联储确信抗通胀工作已经完成，更重要的是 1976 年是大选之年。到 1975 年 9 月，美国 M1 增速最高反弹至 5.4%，有效联邦基金利率进一步降至 6.2%。

1976 年大选后，美国失业率上升，经济面临衰退风险。为此，伯恩斯继续扩张货币供应。到 1978 年 3 月伯恩斯卸任美联储主席时，M1 增速为 7.4%，高出其上任前夕（1970 年 1 月）2.9 个百分点；CPI 通胀为 6.4%，高出 1.1 个百分点；失业率为 6.3%，高出 2.4 个百分点。

据与伯恩斯在美联储共事的摩根士丹利前亚洲首席经济学家斯蒂芬·罗奇（Stephen S. Roach）回忆，1973 年 10 月第一次石油危机爆发后，美国石油价格翻了两番。伯恩斯认为，由于这与货币政策无关，美联储应将 CPI 中权重超过 11% 的石油和能源相关产品剔除。接着，针对食品价格飙升，伯恩斯坚持认为，是不寻常的天气导致化肥和原料价格上涨，反过来又推高了牛肉、家禽和猪肉价格。这样，美联储又把权重高达 25% 的食品从 CPI 中剔除。接下来的几年里，伯恩斯发现影响活动房屋、二手车、儿童玩具，甚至妇女珠宝价格也具有类似的特殊发展趋势。同时，他还提出了关于房屋持有成本的问题。当上述因素都被剔除后，CPI 中只剩下权重在 35% 左右的商品及服务项目，而且指数还在以两位数的速度上涨。

伯恩斯的继任者威廉·米勒（William Miller）从 1978 年 3 月起任职一年多时间，于 1979 年 8 月转任美国财长。米勒任内萧规曹随，将 M1 增速维持在 8% 左右，通胀持续攀升，到 1978 年 12 月达到 9.0%。屋漏偏遭连夜雨。1978 年底至 1979 年初爆发了第二次石油危机。1979 年 3 月起，美国 CPI 通胀达到两位数。1979 年 8 月，沃尔克临危受命，开启了史无前例的货币紧缩，并完成了货币调控框架由数量工具向价格工具最终以经济严重滑坡和失业率飙升为代价,成功制服了两位数的通胀。到沃尔克1987年6月卸任美联储主席时,通胀已从其上任时(1979年8月)的11.8%降至3.7%。

二、当前美联储的反通胀工作恐尚未竟全功

2024年9月18日,美联储以超常规降息50个基点开启了本轮降息周期。尽管鲍威尔没有宣布已取得反通胀的彻底胜利,但他仍不无得意地自夸:耐心的等待获得了回报,美联储越来越有信心通过适当调校政策立场,在温和增长和通胀持续下降到2%的背景下维持劳动力市场的强劲。

美中不足的是,当日发布的利率声明显示,有一个理事公开反对降息50个基点。这是2005年以来首次。美联储主席通常会寻求就决策达成共识,有时会达成妥协,避免公开反对,因为这可能会被视为削弱其信誉。而且,事后发布的议息会议纪要还披露,会上有多人反对降息50个基点。事后看来,这次超常规降息的做法确实有些操之过急。

2022年11月30日,鲍威尔在布鲁金斯学会发表演讲时表示,低于趋势水平的增长可能是降低通胀的必要条件。这一过程可能会包括一段增长较低、劳动力市场疲软的时期。实际情况是,到2024年第三季度,美国实际GDP环比折年率增长2.8%。美联储9月更新利率点阵图到年底降息三次时,预测美国经济全年仅增长2.0%。而据IMF最新预测,美国经济将在上年增长2.9%的基础上再扩张2.8%,远高于美联储和国会预算办公室(CBO)估算的美国1.8%—2.0%的潜在增速。IMF还预测,2025年美国实际GDP增长2.2%,继续高于而非低于趋势值。

2024年9月美联储利率声明表示,委员会对其双重使命面临的风险保持关注,并强调坚定地致力于支持充分就业。鲍威尔在新闻发布会上将超常规降息部分归咎于错过了8月2日发布的7月触发"萨姆法则"衰退门槛的失业率数据。同时,他还指出,劳动力市场的状况在各项指标上都有所降温,但仍接近充分就业水平;失业率有所上升,但仍处于

低位。此后，他多次强调，当前失业率的持续上升并不是大幅裁员带来的结果。相反，当前失业率的上升是来自劳动力供给的大幅增加以及之前过热的招聘速度的放缓。

降息之后的就业数据显示，美国劳动力市场依然保持韧性。2024年10月，美国失业率为4.1%，持平前值，低于7月、8月的4.3%和4.2%，相当于2015—2019年月均值的0.93倍。9月，职位空缺率与失业率之比为1.10倍，相当于疫情前5年趋势值的1.13倍。

在前述布鲁金斯学会演讲时，鲍威尔还首次提出了"超级核心服务通胀"的概念。鲍威尔表示，美联储的通胀目标针对总体通胀，但核心通胀往往能提供更准确的整体通胀走向。核心通胀包括核心商品通胀、住房服务通胀和住房以外的核心服务通胀。其中，住房以外的核心服务通胀涵盖了从医疗保健和教育到理发和招待的广泛服务，占到核心PCE的一半以上。由于工资构成了提供这些服务的最大成本，劳动力市场是理解这一类别通胀的关键。

统计数据显示，2024年9月，美国不含能源和住房的PCE超级核心服务通胀为3.2%，较2022年10月的高点5.3%回落，但仍相当于2015—2019年趋势值的1.58倍；不含住所租金的CPI超级核心服务通胀为4.4%，较2022年9月的高点8.1%明显回落，但较2023年9月的前低2.7%有所反弹，且相当于疫情前5年趋势值的2.26倍。同期，12个月移动平均的亚特兰大联储薪资增速为5.0%，较2023年3月的高点6.4%回落，但仍高出同期PCE和CPI超级核心服务通胀不少，且相当于疫情前5年趋势值的1.51倍。

个人消费仍是推动美国经济强劲增长的重要引擎。从2024年第三季度美国经济增长的贡献构成看，个人消费支出排第一，拉动经济增长2.46个百分点，为2023年第二季度以来最高；政府消费支出和投资排第二，拉动0.85个百分点，为2023年第四季度以来最高；私人投资排第三，拉动0.07个百分点，为2023年第二季度以来最低；外需贡献垫底，负拉动0.56个百分点，已连续三个季度贡献为负。随着疫情期间给家庭发钱形成的超额储蓄消耗殆尽，现在支撑美国个人消费支出的是资产价格上涨形成的正财富效应。而9月超常规降息后，美国三大股指迭创新高，有可能会继续拉高正财富效应，进一步增强美国个人消费的韧性。

美国个人服务消费支出的恢复依然在路上，服务业景气度也要好于制造业，这显示超级核心服务通胀的黏性不容小觑。从季调折年率不变价的个人消费支出构成看，到2024年第三季度，商品支出占比34.0%，虽然较2021年第二季度的36.2%有所回落，但仍较2015—2019年季度平均值高出2.4个百分点；服务支出占比66.1%，较2015—2019年趋势值依然低了2.3个百分点。从景气情况看，到2024年10月，美国供应管理协会（ISM）制造业PMI指数为46.5%，创下2023年8月以来新低，且2022年11月以来仅有1个月处于扩张区间；非制造业PMI指数为56.0%，创下2022年12月以来新高，且2022年11月以来仅有3个月处于收缩区间。

上述一系列好得让人不敢相信的经济数据意味着，要么是美国经济仍处于正产出缺口（即经济过热），要么就是美国经济数据不实。若是前者，则美联储没有多少宽松的空间。20世纪90年代中期紧缩之后的美联储利率政策路径可引以为鉴（详见本书第四章第五节的讨论）。

当年，伯恩斯因为把增长和就业置于通胀之前，导致了紧缩不足、二次通胀的风险。前期，鲍威尔因为过于担心通缩风险，结果招致高通胀回归。现在，不排除鲍威尔因为过于追求"软着陆"，等来的却是"不着陆"。

2024年11月的利率声明中，美联储删除了"委员会对通胀率持续向2%迈进的信心增强"的表述，这部分体现了美联储对通胀的担忧。会后的新闻发布会上，鲍威尔坦承，对抗通胀的抗争尚未结束，美联储仍努力在过快行动可能破坏在去通胀方面取得的进展与过慢行动从而导致劳动力市场过度疲软的风险之间取得平衡。会后，市场开始重估美联储宽松路径。到11月10日，市场预期12月降息的概率为64.9%，2025年1月暂停降息的概率为57.5%。

第二章

美联储与美股震荡

美联储是"杰克逊霍尔共识"事后干预的倡议者，即货币政策工具仅在金融系统影响到经济稳定时做出反应。但在 2008 年全球金融危机后，通胀低迷和货币宽松造就了金融市场的繁荣。持续积累的金融风险、不断膨胀的政府赤字、极端对立的国内政治和动荡不安的国际环境让美联储货币政策正常化慎之又慎。鲍威尔领导的美联储经常左右摇摆，既可能在政治和市场双重压力下调整货币政策路径，也可能会遵循传统的数据依赖方法维护其权威性。而在与美联储的多轮博弈中，美股市场总是抢先一步、赢多输少，因而愈发自满。其根源依然是所谓的"美联储看跌期权"，即美联储在金融市场大幅动荡之际会出来安抚市场，尤其是数轮货币放水积攒了大量的金融脆弱性。当金融与经济存在较大背离时，货币政策将进退两难，金融系统也将更趋动荡。

第一节　美联储与资产价格波动

一、央行干预资产价格波动的理论与实践

2008年金融危机前，专家大都不主张干预资本市场。如在1999年杰克逊霍尔央行年会上，时任普林斯顿大学教授的伯南克在提交的报告中指出，央行不需要对资产价格波动做出反应，而应将政策重点放在防控通胀上。2002年10月，他进一步表示，货币政策工具应该被用来维持物价稳定和充分就业，金融稳定目标应通过监管手段以及央行"最后贷款人"的功能来实现。央行尤其不应该针对资产价格中可能存在的泡沫加息，因为，一来泡沫无法准确地被识别，二来小幅加息未必能挤掉泡沫，大幅加息则有明显的副作用。在2002年杰克逊霍尔年会上，时任美联储主席的格林斯潘指出，试图通过渐进式地收紧货币政策来低风险、低成本地抑制资产价格泡沫无异于缘木求鱼。

格林斯潘、伯南克等在一系列杰克逊霍尔研讨会上的论述代表了危机前的主流货币政策主张，即对资产价格波动"善意忽视"的所谓"杰克逊霍尔共识"。根据这一共识，除非资产价格变化影响未来通胀走势，否则央行无须对资产价格波动做出反应。即使资产价格中存在泡沫，央行也完全有能力在泡沫破灭后将损失控制在最低限度。

2008年危机后，在央行如何应对资产价格波动的问题上，形成了事后清理和逆风干预两大主张。总的来说，美联储和英格兰银行仍然坚持危机前的观点，而国际清算银行（BIS）和欧洲央行（ECB）则强烈呼吁对主流货币政策思路进行修正。前者因为怀疑逆风干预的可操作性和有效性而继续倡导事后清理策略，后者则因为事后清理的道德风险问题和巨额救助成本转而支持逆风干预策略。

2010年1月，时任美联储主席伯南克在美国经济学联合年会上指出，美联储的低利率政策并非全球金融危机前美国房地产泡沫的主要原因，

美联储也不应该针对房地产泡沫加息。美联储的失误之处不在于货币政策，而在于未对非传统抵押贷款市场进行严格监管。

现任主席鲍威尔在这个问题上可能走得更远。2018年2月27日，他在上任首秀被问到美联储需要关注什么风险时坦言："从广泛角度看金融稳定性，目前确实有些资产价格很高，美联储必须对金融失衡和通胀上行保持警惕。"同年11月，他在纽约经济俱乐部介绍美联储监测金融稳定的基本框架时开宗明义地指出，没有金融稳定就没有宏观经济稳定，而且系统性风险往往在繁荣时期萌芽。因此，在危机发生后，政策制定者不再依赖即时的政策反应，而是在一个于经济繁荣时期预先提出解决方案的框架中不断监测脆弱性，并要求企业对于金融压力提前规划。这个框架包括三个部分：一是增强金融体系的强度和弹性；二是制定并应用广泛的框架持续监测金融稳定性；三是尽可能透明地解释新方法，以便公众及其在国会的代表能够提供监督并让美联储对这项工作负责。

由此可见，美联储已将金融稳定纳入其政策目标。但实践中，美联储对于金融稳定的职责仍以监测为主。对于资产价格波动，美联储仍沿袭以前的做法，即不是运用货币政策工具事前逆风干预，而是通过央行"最后贷款人"角色事后清理金融动荡造成的破坏。而央行"最后贷款人"角色通常在两种情形下发挥作用：一种情形是当资产价格大幅波动、造成市场流动性骤然收紧时，央行为市场提供流动性，维护市场正常运行；另一种情形是当资产价格暴涨或暴跌，影响通胀、增长和就业时，央行通过货币政策操作做出响应。

二、成功化解1987年股灾是格林斯潘的"成名作"

1987年10月19日（史称"黑色星期一"），美国道琼斯工业平均指数一天暴跌22.6%。此次股灾冲击波蔓延至全球。

股灾的第二天早上，美国许多银行停止对专业经纪商和交易员提供信用资金，而专业经纪商已没有足够现金向交易所支付保证金。一旦专业经纪商倒闭，纽约股票交易所将会缺乏保证金清算交割正常进行的资金来源，美股继续暴跌在所难免。

泰德利差（TED Spread）是一个衡量金融市场风险的重要指标。所谓泰德利差，是指3个月伦敦银行间市场利率与3个月美债利率之差。当泰德利差上行时，显示市场风险扩大，流动性趋紧，银行借贷成本提高，进而推高企业的借贷成本，代表信用状况紧缩。因此，可以从泰德利差的变化来观察市场流动性或信用状况。

1987年美国股灾当天，泰德利差从前一周的日均180个基点跳升至264个基点，次日进一步升至283个基点，显示金融市场恐慌情绪蔓延，市场流动性趋紧。

股灾对于当时刚接任美联储主席两个月的格林斯潘是一次挑战。为此，他于1987年10月20日一早对外发表声明称："作为国家的央行，美联储有责任提供流动性来支持经济和金融体系，今天我重申将保证金融体系的流动性。"这句话暗示美联储会支持银行为股票交易商继续发放贷款。这大大舒缓了市场紧张情绪。10月20日和21日，美股连续反弹，累计达16.6%。

美联储成功化解了这次股灾，格林斯潘一战成名。但需要指出的是，当时美联储只是开放了贴现窗口，为市场提供流动性保证，并没有采取降息的措施。美联储下调联邦基金利率50个基点是在11月4日（股灾过后）。化解1987年股灾，开启了美联储流动性救市之先例，这符合前述央行出手的第一种情形。

三、21世纪初的两轮降息周期并非为了救股市

这两轮降息周期分别为2001年1月3日至2003年6月25日，联邦基金利率从6.50%降至1.00%，贴现利率从6.00%降至2.00%；2007年8月17日至2008年12月16日，联邦基金利率从5.25%降至0.25%，贴现利率从6.25%降至0.50%。这两轮降息周期均遭遇美股暴跌，分别是2000年美国互联网泡沫破灭和2008年全球金融海啸。但美联储降息主要是为了救经济，而非为了救股市。

（一）互联网泡沫破灭与美联储应对

20世纪末美国出现高科技泡沫，纳斯达克综合指数到2000年3月初涨到了5000多点，较1998年10月初的低点上涨了2.55倍，之后开始震荡下跌，到2002年10月初跌去近80%。

起初，美联储并未立即采取降息行动。2000年4月10—14日，纳斯达克综合指数五连跌，累计跌25.3%；5月8—10日又三连跌，累计跌11.3%。截至5月10日，纳斯达克综合指数已较前期高点下跌33.0%。美联储不仅没有降息，反而延续了之前的加息周期，于3月21日和5月16日两次提高联邦基金利率和贴现利率，每次各50个基点。

美联储之所以对这两次暴跌均未做出响应，可以从货币市场利率走向中找到线索。从泰德利差看，4月10—14日平均为46个基点，略高于上周的日均41个基点；5月8—10日平均为56个基点，略低于上周日均66个基点的水平。可见，股指暴跌并未触发市场恐慌，属于正常的估值调整。

直到2001年1月3日，美联储在联邦公开市场委员会（FOMC）例会之外紧急下调联邦基金率50个基点、贴现利率25个基点，开启了新一轮的降息周期。此时，纳斯达克综合指数较前期高点已跌去60%多。

这次降息的重要背景是，股市暴跌的负财富效应已殃及经济，这符合前述央行出手的第二种情形。2000年最后3个月，美国CPI持续环比负增长；2001年初起，美国失业率从4%以下持续攀升，2003年6月最高达到了6.3%；2000年8月起，美国供应管理协会（ISM）制造业采购经理指数（PMI）已持续跌至荣枯线以下；2000年第四季度，美国经济环比季调折年率增长2.5%，但同比仅增长3.0%，为过去18个季度以来最低，2001年第一季度更是环比负增长1.1%，为过去40个季度以来首次负增长。美联储在2001年1月3日的议息会议声明中表示："这些行动是在销售和生产进一步走弱、消费者信心下降、部分金融市场紧缩、能源价格高企削弱家庭和企业购买力的背景下采取的。"

此后，美国在2001年遭遇了"9·11"恐怖袭击。为对冲此事件造成的经济冲击，美联储进一步大幅降息。2001年9月17日，美联储在例会之外紧急下调联邦基金利率和贴现利率各50个基点，并承诺向市场提供"大量的流动性"。到2003年6月25日，美联储将联邦基金利率降至1.00%。这轮降息周期持续到2004年6月30日首次上调联邦基金利率和贴现利率各25个基点。紧接着的这轮加息周期持续到2006年6月29日，联邦基金利率加至5.25%，贴现利率加至6.25%。

前期持续三年半的降息周期催生了美国的房地产泡沫，而之后两年的连续加息又逐渐刺破了这个泡沫，引爆了2007年美国次贷危机，并逐渐演变成2008年全球金融海啸。

（二）全球金融海啸与美联储降息

这次，美联储主要不是应对股市暴跌酿成的后果，而是要清理房地产泡沫破裂造成的灾害，这也属于央行对资产价格波动出手的第二种情形。

2007年4月，新世纪公司宣布破产，揭开了美国次贷危机的序幕。8月初，美国住房抵押贷款公司申请破产保护，贝尔斯登旗下两家基金公司倒闭，次贷危机进一步蔓延。8月17日，美联储重新开启降息窗口，在例会之外紧急下调贴现利率50个基点。其实，2007年4月初至9月中旬，美股并未调整，道琼斯工业平均指数还涨了11%。这是美联储针对房地产泡沫破灭后次贷危机形成的经济冲击而采取的措施。美联储在声明中表示："美联储正在提供流动性，以促进金融市场的有序运行。"

进入2008年后，形势急转直下。1月15—22日道琼斯工业平均指数四连跌，累计下跌6.3%。1月22日（议息会议之外）和1月30日（议息会议期间），美联储在一个月内两次连续降息，累计下调联邦基金利率和贴现利率各125个基点。其实，当时美股跌幅并不大，市场流动性也较为平稳。1月15—22日，泰德利差平均为98个基点，低于1月7—14日的平均115个基点。然而，房地产泡沫破灭导致的次贷危机对美国经济的负面影响已开始显现。2007年12月起，美国失业率升至5%以上。2008年第一季度，美国经济环比季调折年率负增长2.3%，为2001年第四季度以来首次；同比增长1.15%，为2002年第一季度以来最低。美联储在 2008 年 1 月 22 日的议息会议声明中表示："鉴于经济前景疲软和增长下行风险增加采取了行动。"

2008 年 9 月 14 日，雷曼兄弟公司申请破产保护，美国次贷危机演变成全球金融海啸。由于当时市场上各种消息满天飞，美股时涨时跌，9 月 15—30 日道琼斯工业平均指数仅下跌了 5.0%。接着，10 月 1—10 日，美股八连跌，道琼斯工业平均指数、纳斯达克综合指数和标普 500 指数均跌了 20% 以上。其间，泰德利差平均为 381 个基点，高出 9 月 15—30 日平均 261 个基点的水平较多，显示市场流动性趋紧。10 月 8 日，美联储再次紧急降息，下调联邦基金利率和贴现利率各 50 个基点。美联储在议息会议声明中表示："委员会是在有证据表明经济活动减弱、通胀压力下降的情况下采取这一行动的。"

2008 年 11 月 28 日，美联储启动了第一轮 QE；12 月 16 日，将联邦基金利率降至 0.25% 的历史低点，贴现利率降至 0.50%。2010 年 11 月 3 日和 2012 年 9 月 13 日，美联储还分别启动了第二轮和第三轮 QE。

而美股自 2009 年初起触底回升，开启了这轮长达 10 多年的牛市，泰德利差也迅速从三位数回落到两位数的水平。2010 年和 2012 年的两轮量化宽松显然是为了进一步巩固经济复苏的成果，而非救股市。美国失业率自 2009 年 10 月达到 10% 以后见顶回落，2016 年 1 月起低于 5%，2018 年 5 月起更是降到了 4% 以下。

第二节　2020 年 3 月初美联储紧急降息解读

2020 年 2 月 20—28 日，以道琼斯工业平均指数为代表的美股连续 7 日下跌，累计跌去 13.4%。市场开始期待美联储降息救市。时任美国总统特朗普也一再敦促美联储迅速采取行动。当地时间 3 月 3 日上午，美联储在 3 月 17—18 日议息会议之前紧急宣布将联邦基金利率的目标区间下调 50 个基点。这次美联储降息和美股七连跌有关系吗？

一、2020年2月底的美股七连跌尚不足以触发美联储的政策响应

2020年新年伊始,在贸易局势缓和、美国经济强劲的背景下,美股连创新高。但好景不长,1月底新冠疫情暴发。起初疫情主要在中国境内蔓延,但2月中下旬以后逐渐在全球范围内加速蔓延。2月21日起,美国的新冠病毒感染也呈上升之势。

受此影响,2月20—28日,美国道琼斯工业平均指数和标普500指数七连跌,纳斯达克综合指数六连跌(28日收平微涨),一举抹去了年初以来的涨幅。这让市场期待美联储马上救市。高盛在3月3日直接给出预测,美联储有可能在3月议息会议之前紧急降息50个基点,第二季度再降50个基点。特立独行的特朗普偏好以股市涨跌作为衡量政绩的标杆,此前更是一直抨击美联储在疫情面前反应太慢、行动迟缓。那么,美联储货币政策会考虑股市波动吗?这要从鲍威尔领导下的美联储的行事作风中寻找答案了。

如本章第一节所述,鲍威尔虽然是从金融稳定角度关注资产价格变化,但在具体操作中沿袭了前任的做法,即以事后清理为主。他在2018年初继任后,先是延续珍妮特·L.耶伦(Janet L. Yellen)时期的加息周期。2018年第四季度,在全球贸易局势紧张、世界经济放缓的背景下,美股出现了一波下跌,三大股指跌幅都在10%以上。但从泰德利差看,当季日均为27个基点,与第三季度日均26个基点基本持平,表明美股下跌并没有收紧市场流动性。其间,美联储不仅没有出手救市,反而于12月20日如期上调联邦基金利率和贴现利率各25个基点,这也是上轮加息周期的最后一次调整。

观望半年多后,美联储于2019年7月31日至8月1日议息会议重启降息,分别下调联邦基金利率和贴现利率各25个基点。但这不是为了救股市,因为2019年前7个月,美国三大股指均录得了20%左右的涨幅。8月1日的议息会议声明显示,此次降息的决定是由于全球经济和通胀存在下行压力。鲍威尔解释称,这是一次"保险性"降息。

当然,之后美联储连续降息并重启扩表仍饱受诟病。在经济数据不

差的情况下采取所谓"保险性"货币宽松举措依据不足,反而显示鲍威尔可能被政治家和金融市场所绑架,美联储的独立性岌岌可危。2019年8月5日,沃尔克、格林斯潘、伯南克、耶伦四位美联储前主席联合发表署名文章,呼吁美联储保持独立性。文章称,国内外经验表明,当央行不受短期政治压力的影响,只依赖可靠的经济原则和数据行事时,经济才是最强劲的,政治主导货币政策将导致通胀和增长数据恶化。[①]

如果按照"杰克逊霍尔共识"中事后清理的干预策略,2020年2月底的美股七连跌应该尚不足以让美联储"动心"。

一方面,从泰德利差看,2月20—28日平均为12个基点,低于年初到2月19日日均22个基点的水平。这表明虽然股市下跌,市场恐慌情绪有所上升,但市场流动性依然比较充裕。不论市场如何评价股市波动,但数据不会说谎,同期泰德利差的走向显示,七连跌仍属于美股估值的正常调整。美联储没有发挥"最后贷款人"作用,还没有看到从提供流动性角度救市的迫切性。

另一方面,从各项经济指标看,美国通胀、就业、增长仍处于较好状态,唯有2020年2月的Markit服务业PMI指数刚刚跌破荣枯线,ISM制造业PMI指数虽然继续下行但仍处于荣枯线以上。这表明尽管美股震荡加剧,但新冠疫情第一波冲击对美国经济的影响尚不明显。鲍威尔在2月28日下午的声明中仍自信地表示:"美国经济基本面依然强劲。"这说明美联储还没有看到从稳经济角度救市的必要性。

美联储尽管不会为救股市而出手,却仍有动力为救经济而行动。这才是2020年3月3日美联储意外降息的重要背景。

二、此次美联储紧急降息恐难给股市实质性的帮助

在美联储2020年3月3日宣布降息之前,七国集团(G7)财长和央

---

① Volker P, Greenspan A, Bernanke B,Yellen J. America Needs an Independent Fed[N].the Wall Street Journal, 2019-08-06.

行行长电话会议发表联合声明称,正在密切监视新型冠状病毒扩散及其对市场和经济的影响,鉴于该病毒对全球经济增长的潜在影响,G7重申承诺使用所有适当的政策工具来支持经济增长,同时准备及时就有效的措施展开进一步的合作。

正当市场对于G7声明内容空泛、敷衍了事感到失望时,美联储随后就送来了一份紧急降息50个基点的"大礼"。美联储给出的降息理由是:"新型冠状病毒对经济活动构成了不断变化的风险。鉴于这些风险,为了实现就业最大化和价格稳定目标,联邦公开市场委员会今天决定降低联邦基金利率的目标范围。"

然而,美股只是短暂翻红就重新转绿,全天三大股指均大跌近3%。这次降息降出了一个加息的效果,美股呈现典型的"买消息、卖兑现"的市场特征。但是,事情恐非如此简单。短期来看,这次美联储降息有可能加剧了市场恐慌而非提振了市场信心。

首先,这次紧急降息虽然在市场预料之中,但这种降息通常发生在危机时期,美联储的慷慨之举等于确认了市场关于疫情将会重创美国经济的预期。这反而让投资者紧张无比。

其次,疫情扩散对经济的供需两端均会产生冲击。而正如鲍威尔所言,降息可以提升家庭和企业信心,却不足以解决供应链问题。因此,降息难以完全对冲疫情扩散造成的冲击,货币政策效果堪忧。

再次,当时联邦基金利率和贴现利率分别只有1.75%和2.25%,美联储的利率政策空间有限,而前两轮降息周期两个基准利率都是从5%、6%的水平下调。在鲍威尔誓言应对措施将以降息而非增加资产购买或量化宽松的形式进行时,不能不让市场担心美联储的弹药是否充足。一年多前,IMF就开始多次警告,目前形势下,各国无论是财政政策还是货币政策的空间都比2008年更为有限。这次疫情冲击正好成为各国政策应对能力的"试金石"。

最后,相比于美国政府对于新冠疫情状况的遮遮掩掩和轻描淡写,美联储出手之重难免让人担心疫情的实际情况可能要坏于政府愿意披露或者已经掌握的情况。而美国防疫工作准备尚不充分，疫情在美国境内加速蔓延甚至失控的风险增加，这将对经济造成更大的甚至更持久的伤害。

2020年3月1日，BIS警告称，随着新型冠状病毒的传播比预期的更广、更快，严重的担忧和不确定性笼罩着市场，对经济"V"形复苏的预期看起来非常不现实。次日，BIS又进一步预警，近日市场遭遇"当头棒喝"之后，交易员和投资者应该做好准备，应对全球市场遭受与新型冠状病毒有关的更大破坏。

2020年3月2日，经济合作与发展组织（OECD）将2020年全球经济增长预测值从2.9%降至1.5%—2.4%。OECD表示，随着突发公共卫生事件使需求和供应遭受重创，全球经济增速将会降至逾十年来不曾有过的水平。OECD还称，如果公共卫生事件持续时间更长，并蔓延至亚洲、欧洲和美国，那么经济影响将很严重。在这种情况下，包括日本和欧元区在内的经济体可能会出现衰退。

第三节　2021年3月美股巨震凸显美联储的两难处境

2020年6月的陆家嘴论坛上，除了时任国务院副总理刘鹤关于风险应对要走在市场曲线前面的演讲，以及时任中国人民银行行长易纲关于关注疫情应对的金融支持政策"后遗症"并提前考虑政策工具适时退出的演讲，时任中国银行保险监督管理委员会主席郭树清的演讲同样让人印象深刻。当时，他对主要央行无底线的印钞行为明确表示不解，并点出了超级货币宽松的三个"痛点"：一是实体经济尚未重启，股票市场却高歌猛进，这种情况很难让人理解；二是尽管目前主要经济体物价上涨还不明显，但鉴于国际供应链恢复还需要较长时间，要素成本会进一步上升，加之各国持续刺激需求，通胀可能卷土重来；三是要考虑大规模刺激政策如何退出，进入的时候各方欢欣鼓舞，退出的时候可能将十分痛苦。①这正是当前海外金融市场动荡的完美预言。

一、2021年初美债收益率飙升引发美股巨震

2021年以来，尽管美联储一再向市场喊话将在未来很长一段时间内保持宽松货币政策，以帮助美国经济从新冠疫情的重创中复苏，但美债收益率依然悄然上行，引发了美国股市的剧烈震荡。

作为全球风险资产定价之"锚"的10年期美债收益率，在2020年底仅不足1.0%，2021年1月底升破1.1%，2月底升至1.44%，2021年3月5日收在1.56%，较2020年底上升了63个基点。

随着美债收益率加速上行，尽管美国三大股指在疫苗接种、财政刺激等利好支持下，于2021年2月中下旬创下历史新高，但之后均出现调整。到3月5日，道琼斯工业平均指数、标普500指数和纳斯达克综合指数较前期高点分别回落了1.5%、2.4%和8.3%。

作为全球风险资产的风向标，美股回调引发了全球连锁反应。同期，MSCI全球股票指数、发达国家股票指数和新兴市场股票指数分别较前期高点回落了3.4%、2.9%和6.5%。

二、美股震荡是货币过度宽松惹的祸

2020年，为应对新冠疫情大流行造成的巨大冲击，美联储把一年当作几年用，货币刺激力度空前。其结果是，上次三轮量宽，美联储用6年多时间扩张资产2.33万亿美元，总资产与GDP之比从2008年9月底到2014年底上升了17.5个百分点，10年期美债收益率低至1.4%；这次无限量宽堪比"直升机撒钱"，到2021年2月底，美联储用不到1年时间扩张资产2.92万亿美元，总资产与GDP之比于2020年上升了15.8个百分点，10年期美债收益率低至0.6%。

---

① 中国政府网.中国人民银行党委书记、中国银保监会主席在2020年陆家嘴论坛上发表讲话[EB/OL]. (2020–06–18) [2023–11–01]. https://www.gov.cn/xinwen/2020–06/18/content_5520252.htm.

美联储的政策逻辑是用宽松的货币政策提振通胀预期,进而刺激经济增长,帮助受到疫情破坏的美国经济爬出深坑。然而,超宽松的货币政策会助长金融过热,同时一旦市场通胀预期起来,美债收益率上行过快,又可能威胁宽流动性吹起来的资产泡沫的可持续性。当前美股的颠簸行情,就是美联储"两难"的具体体现。

2020年8月底,美联储正式引入了"平均通胀目标制"(FAIT)的新货币政策框架,增加了对通胀上行的容忍度,向市场释放了更长时间维持货币宽松的信号。此后,美联储主席鲍威尔多次表示,新冠疫情应对在政策上既可能做多也可能做少,但政策上做多的风险要小于做少的风险。2021年2月24日,鲍威尔在出席参议院银行委员会听证会时依然强调,美国经济的复苏仍然不平衡,远未完成目标,未来的道路非常不确定。在通胀和就业目标取得"实质性进展"之前,美联储不会削减资产购买规模,也不会考虑加息。

在大水漫灌的情况下,尽管2020年美国经济录得战后最严重的衰退,但美股呈现"V"形反弹。2020年全年,美国三大股指分别上涨了7.2%、16.3%和43.6%。由于股指向上、经济向下,当年美国国内上市公司总市值与名义GDP之比1年骤升41.5个百分点,而2009—2014年6年才提高了71.5个百分点。高市值的背后是美股的高估值。到2020年底,美国标普500指数的席勒市盈率为33.70倍,较2019年底提高了11.1%,处于1927年底以来的97%分位;2021年2月底,席勒市盈率进一步升至34.65倍。

强刺激助推了大宗商品价格飞涨,令消失多年的通货膨胀有可能卷土重来。如芝加哥商品交易所(COMEX)的铜期货,2021年头两个月,在2020年上涨25.8%的基础上又涨了16.3%,涨至10年来的新高。拜登政府1.9万亿美元的新财政刺激计划和数万亿美元的基建投资计划已开始被质疑可能加剧美国经济过热,推动通胀快速回升。

由此诱发的再通胀交易推升了美债实际收益率。2021年以来,10年期美债收益率隐含的通胀预期持续高于2%,到3月5日达到2.22%,较上年底反弹了11.6%。同期,10年期美债实际收益率为–0.66%,较上年底反弹了 37.7%。这触发了 2021 年初美股"杀估值"的调整。

三、金融与实体经济背离的近忧与远虑

美股调整引发了市场对于美联储干预美债收益率上行的憧憬，但美联储不一定会马上对美股动荡在政策上作出响应。

首先，美股只是迭创新高后有涨有跌的温和调整，跌幅尚不及 2020 年 2 月 20—28 日的七连跌，当时三大股指均下跌了 10% 以上。由此说本轮调整美股进了"重症室"，显然言过其实。①

其次，美联储自 2020 年 5 月以来一再预警资产价格过高和其他金融脆弱性可能威胁美国经济复苏。因此，美联储尽管不会对资产价格随便发表意见，但也不认为资产价格只能涨不能跌。特别是美国政府换届后，美联储可能享有更多的独立性，奉行对资产价格事后干预的政策。

最后，金融市场反应较为平静。反映市场恐慌的标普 500 指数波动率指数（VIX）近期最高跳升至 29 附近，但仅高于长期趋势值 17 约 1.4 个标准差；衡量市场流动性状况的泰德利差仍只有约 14 个基点，远低于 47 个基点的长期趋势值。而且，目前金融市场融资利率仍低于 2020 年 3 月底宣布无限 QE 以来的水平，有的利率甚至还低于 2020 年底的水平。

2021 年 3 月 4 日，鲍威尔公开表示，经济重新开放可能会"对价格造成一些上行压力"。他承认关注到最近美债收益率飙升的情况，但指出"会让我感到担心的是市场状况陷入混乱无序，或金融状况持续收紧，这会威胁到我们目标的实现"。他重申，美联储在改变政策之前将保持"耐心"，需要看到利率范围更广泛地上升。3 月 5 日，耶伦在接受采访时附和了鲍威尔的观点。她表示看不到预期通胀率会超过美联储设定的长期平均通胀目标，虽然长端利率上升了一些，但她认为背后的原因主要是市场参与者看到了更强劲的复苏。

---

① 事实上，2021 年 3 月，美国道琼斯工业平均指数、标普 500 指数和纳斯达克综合指数三大指数分别收涨 6.6%、4.2% 和 0.4%。

干不干预美股的短期波动确实考验美联储的定力,但更让美联储纠结的可能是未来货币政策退出如何不刺破资产泡沫。2021年,在疫苗接种、经济重启的基准情形下,美国经济将会较为强劲地反弹,但之后增速会回落。由于这次全球范围内普遍刺激、债务飙升,也就意味着本轮全球"大放水"催生的资产价格高估需要较长时间来消化。

这种经济金融的脆弱性,一是怕消失的通胀不期而至,现在还只是通胀预期;二是怕疫情出现反复,投资者情绪突然逆转;三是怕经济正常化以后,刺激政策或迟或早地退出。这些事情不完全取决于美联储。尤其是特朗普执政时期,美联储的独立性受到极大伤害,大大影响了货币政策的透明度和公信力。虽然美联储力图消除市场对刺激政策过早退出的担忧,但市场恐已不再相信一切都能在美联储掌握之中。

货币刺激,易放难收。一出状况就用货币宽松来解决问题,一轮轮"放水"催生的资产泡沫成为"灰犀牛"。每次泡沫破裂之前,市场都会讲"这次不一样",但泡沫破裂之后发现都是因为估值太贵。2020年,"股神"沃伦·E. 巴菲特(Warren E. Buffett)掌管的伯克希尔·哈撒韦公司净利润较上年接近腰斩。显然,当前是一个"老司机"都看不懂的市场。但规律只会迟到不会缺席,只是不知道什么时间、什么事件会触发市场逆转的调整。2021年2月,巴菲特在致股东信中再次预警:最终狂欢结束时,才知道谁在"裸泳"。

第四节　重估美联储紧缩引发 2023年9月美股巨震

2023年9月20日,美联储宣布利率决议,维持联邦基金利率不变,但点阵图显示2023年末利率中位数维持在5.6%,预示年内或仍有一次加息,2024年末利率中位数较6月调高0.5个百分点至5.1%。当天,美国三大股指均收跌,其中纳斯达克综合指数跌幅最大,达1.5%。次日,美股继续下跌且跌幅扩大,标普500指数下跌1.64%,为2023年3月22

日美国银行业动荡以来单日最大跌幅。这是风险资产重新定价美联储紧缩的预演。

一、市场向美联储利率更高更久的紧缩预期收敛

2023年5月，我们曾经撰文指出，尽管美联储在多次提示银行业动荡可能导致信贷紧缩，影响增长、就业和通胀的同时，一再坚称降息不是年内基准情形，但市场已开始抢跑美联储货币政策转向，而这将放大资产价格波动。①具体而言，如果市场对了，其隐含的条件是美国经济大幅下滑或者金融风险超预期迫使美联储政策转向，但美股没有充分定价经济衰退和金融动荡的风险。反过来，如果美联储对了，市场则需要重新定价美联储紧缩的风险。

一系列经济数据显示美国经济依然强劲。2023年9月22日公布的9月美国Markit制造业PMI初值为48.9%，环比上升1个百分点，高于市场预期的48.2%；综合PMI初值为50.1%，虽环比回落且低于市场预期，但仍连续8个月位于扩张区间。9月14日公布的8月美国零售数据季调环比增长0.6%，高于市场预期的0.2%，连续5个月正增长。9月公布的美国每周初次申领失业金人数均值为21.3万人，低于过去3个月24.1万人的均值。截至9月19日，美国亚特兰大联储GDP Now模型预计美国经济第三季度环比折年率增长4.9%。

经济数据强劲也使得美联储对经济前景更为乐观。2023年9月议息会议的经济预测摘要显示，美联储上调美国2023年和2024年经济增长预测至2.1%和1.5%，分别较6月的预测上升1.1个和0.4个百分点；下调失业率预测至3.8%和4.1%，分别较6月的预测下降0.3和0.4个百分点；上调2023年PCE通胀预测0.1个百分点至3.3%，下调2023年核心PCE通胀预测0.2个百分点至3.7%，但认为直至2026年美国通胀才能降至2%的目标。

---

① 管涛. 美联储和市场，究竟谁错了[N]. 第一财经日报，2023-05-29.

经济和通胀韧性也使得美联储将利率维持更高更久。点阵图显示，绝大多数联邦公开市场委员会委员认为，2023年美联储或将继续加息25个基点，2024年可能降息，但降息幅度由6月预估的100个基点降至50个基点。在记者会上，鲍威尔表示，2024年的降息时间不确定，需要观察全面的经济数据和货币政策的滞后效果。即便2024年降息，也可能是因为通胀回落，名义利率适当下降，以保持实际利率维持在充分限制性水平，不至于因为利率过高而给经济带来不必要的伤害。

金融市场对美联储的"鹰派"表态立即做出反应。2023年9月议息会议后美股连续三天收跌，截至2023年9月22日，纳斯达克综合指数、标普500指数和道琼斯工业平均指数当周（9月18—22日）分别累计下跌3.6%、2.9%和1.9%，前两者跌至6月初以来最低，后者跌至7月初以来最低。长端利率持续走高，9月20—22日，10年期美债利率累计上行9个基点至4.44%，盘中最高触及4.5%，为2007年以来最高；30年期美债利率累计上行13个基点，为2011年以来最高。①

即便如此，市场与美联储之间仍存在一定的预期差。芝加哥商品交易所（CME）美联储观察工具显示，截至2023年9月22日，11月和12月不加息的概率分别为73.7%和54.8%，较9月19日分别上升4个百分点和下降4个百分点，市场共识仍是年内不再加息，年末利率终点约为5.47%。虽然美联储大幅上调2024年年末利率终点，试图打消过于激进的降息预期，但市场依然更为乐观，预计2024年年末利率终点为4.7%，显示2024年或有三次25个基点的降息。

二、不宜低估高利率环境中可能引发的经济金融风险

2022年11月，鲍威尔在议息会议上指出，本轮货币紧缩进程有三

---

① 2023年9月，道琼斯工业平均指数、标普500指数和纳斯达克综合指数分别累计下跌3.5%、4.9%和5.8%，为连续第二个月环比下跌，是2022年10月以来美国三大股指再次"两连跌"；10年期和30年期美债收益率分别累计上行50个和53个基点，分别收在4.59%和4.73%。

个问题需要解决：一是进程有多快（how fast），二是终点有多高（how high），三是高利率持续多久（how long）。当时，他表示，连续四次加息75个基点后，随着加息步伐放缓，需要解决第二个问题——加息终点有多高。联邦基金利率要达到充分限制性水平使通胀回落至2%。

而在2023年9月议息会议上，鲍威尔指出，尽管目前实际利率已为正值，但本次维持利率不变并不意味着利率已达到充分限制性水平，而且充分限制性难以事前估计，需要更多的数据来验证这一点。随后将会来到第三个问题——利率维持多久。点阵图显示，利率将维持在5%以上至2024年末，符合美联储一直宣称的利率维持更高更久。

从以往的紧缩周期看，即便是加息最快时期过去、加息终点已至，高利率维持更久后可能引发的经济金融风险仍不容小觑。1994—1995年美联储在12个月内加息300个基点至6%，尽管1995—1996年累计小幅降息75个基点，但1997年2月再度加息25个基点至5.5%，联邦基金利率维持在5%以上将近4年时间（1994年11月—1998年11月）。这引爆了东南亚货币危机，之后演变为席卷全球新兴市场的1998年亚洲金融危机。1999—2000年的加息周期，美联储在1年时间内加息175个基点，并维持6.5%的利率水平将近7个月时间。2000年下半年美国互联网泡沫开始破裂，美国经济也于2001年第一季度陷入衰退。2004—2006年的加息周期，美联储连续加息十七次累计425个基点，利率维持在5.25%的水平长达15个月时间。2007年2月，时任美联储主席伯南克在国会听证时还表示美国经济有望实现"软着陆"，结果年内美国次贷危机日渐升温。当年9月和10月美联储连续降息75个基点，直至2008年9月雷曼兄弟倒闭，全球金融危机全面爆发，美联储在年底紧急降息至零利率。

在本轮紧缩周期，伴随高利率环境的持续，此前支撑美国经济韧性超预期的因素可能出现反转。

一是美国居民超额储蓄或将耗尽。根据旧金山联储的测算，截至2023年6月，美国居民超额储蓄已累计消耗超过1.9万亿美元，剩余不足1900亿美元。按此消耗速度，超额储蓄将在2023年第三季度耗尽。

二是金融市场重新定价可能导致居民财富缩水。2023年以来，随着人工智能等概念被热炒，美股仿佛对美联储加息有所"脱敏"，利率走高伴随股市估值扩张，2023年8月标普500席勒市盈率为30.7倍，较2022年10月的低点27.1倍上涨13.3%。1960年以来美联储的十一次加息周期中，标普500席勒市盈率均值为20.6倍，其中有八次发生经济衰退，衰退期间的平均市盈率仅为15.4倍，市盈率底部通常发生在衰退期间。而本轮美国尚未正式进入衰退，市盈率却已出现反弹。随着高利率持续时间更久，紧缩的滞后和累积效应显现，将对美国股市估值带来冲击。美国居民的财富净值同比增速领先于消费支出同比增速。如果未来市场重新定价美联储紧缩，引发资产价格调整，美国居民净财富可能缩水。

不论是超额储蓄耗尽还是居民财富缩水，都将在抑制美国个人消费支出的同时，导致更多人重新寻找工作，推高劳动参与率和失业率。由此，美国经济形势有可能急转直下。

此外，紧缩的潜在金融脆弱性风险也不容忽视。

一是美国个人信用卡违约风险上升。2023年8月，纽约联储发布的家庭债务和信贷数据显示，第二季度美国家庭债务总额小幅上升0.1%，达到17.06万亿美元，其中美国信用卡余额在各类债务中增长最多，环比增长4%至1.03万亿美元，创历史新高。同期，所有商业银行信用卡违约率升至2.77%，高于疫情前5年均值2.39%，其中资产规模在100名以后的中小银行信用卡违约率已升至7.51%的历史高位。

二是美国房地产市场仍趋于降温。2023年8月，美国新屋开工数同比下降14.8%；9月，反映美国房地产行业景气度的NAHB指数为45%，在经过4个月的短暂扩张后再度降至50%的荣枯线以下；8月中旬以来，美国30年抵押贷款固定利率再度攀升至7%以上，创下2002年以来新高。此外，美联储在8月披露的7月议息会议纪要中提示，住宅和商业地产的估值相对基本面仍处于高位。虽然近期商业地产价格有所下降，但疫后传统线下工作模式可能发生永久性转变，基于此，商业地产的基本面可能会显著恶化，导致信用质量下降。

三是美国企业债面临再融资和偿债压力。穆迪数据显示，2023年上半年有55家美国公司拖欠债务，2022年全年仅有36家，并占到同期全球企业债务违约总数的68%。穆迪预计，全球企业违约率将继续飙升，2023年底全球违约率将达到4.7%；在一种不太可能但更为严重的情况下，全球违约率可能达到13.7%，超过2008年金融危机时的水平。据美银测算，过去5年美国企业累计发行了约1万亿美元的高收益债券，其中大部分是由信用评级低于投资级的企业发行的，约有4000亿美元高收益债券交易利率超过6%，处于"不良债权的前夕"，另有1500亿美元高收益债券已处于"严重不良债权阶段"。随着无风险利率持续走高，相关企业如果不能及时获得再融资，可能导致违约和裁员增加，给美国经济带来压力。

综上，美国经济韧性仍存，通胀连续回落，"软着陆"可能性上升。但是，美国经济状况良好意味着通胀可能难以迅速回落，美联储秉承"抗通胀到底"的姿态，不得不维持货币紧缩。只要高利率不结束，就难言美国已完全走出了货币紧缩的冲击。2023年8月初，纽约联储前主席达德利撰文表示，除非3.6%的失业率是新常态，否则美联储需要额外的紧缩。他警告，尽管最近的经济数据稍显乐观，但美国经济尚未走出困境，"硬着陆"可能只是被推迟，而非被避免。①

第五节　金融市场的好消息恐是美联储的坏消息

进入2023年11月以来，在美联储连续两次停止加息、美国财政部国债发行低于预期及美国多项经济数据走软的共同影响下，美国金融市

---

① Dudley B. A US Soft Landing? Even the Fed Doesn't Believe It [EB/OL].(2023–08–01)[2023–10–30]. https://www.bloomberg.com/opinion/articles/2023–08–01/a-us-soft-landing-even-the-fed-doesn-t-believe-it?srnd=undefined.

场终结了8月以来的"股债双杀"，美股反弹、美债收益率回落伴随美元指数转跌。市场普遍认为，美联储加息周期已近尾声，2024年年中将开启降息。然而，美联储主席鲍威尔在11月议息会议发布会上表示，仍需要时间来判断政策是否足够紧缩，目前完全没有考虑降息；11月9日，鲍威尔在IMF研究年会上又重申如有必要仍有可能继续加息，未来抗通胀的进展可能来自货币紧缩而非供给侧。

一、美国经济有所放缓但不足以让美联储松口气

美国劳动力市场再平衡取得新进展。2023年10月，美国非农就业人数增加15万人，低于市场预期的18万人；失业率升至3.9%，为2022年1月以来最高水平。这引发了关于美国劳动力市场是否会触发"萨姆法则"的担忧，即当失业率3个月移动均值较前一年失业率低点上升超过0.5个百分点时，意味着美国经济正处于或即将进入衰退，过去十一次衰退周期均有应验。过去3个月，美国失业率均值为3.83%，较2023年4月的低点3.40%上升了0.43个百分点。

不过，美国劳动力市场依然偏紧。2023年10月，美国劳动参与率为62.7%，较上月小幅回落0.1个百分点，结束了11个月的回升，且仍低于2015—2019年的均值62.9%，表明劳动力供给修复偏慢。9月，美国每个失业人数对应1.5个职位空缺，虽然较2022年3月的高点2.01有所回落，却远高于2015—2019年的均值0.93。美国薪资增速也处于高位，10月亚特兰大薪资增长指数同比上升5.3%，远高于2015—2019年的均值3.4%；第三季度，美国工人劳动力成本指数（ECI）同比上升4.6%，环比上升1.2%，均远高于2015—2019年的均值2.6%和0.6%。

多项"软数据"也指向美国经济走弱。2023年10月，美国ISM制造业PMI为46.7%，环比回落2.3个百分点，连续12个月处于收缩区间，其中就业分项为46.8%，环比回落4.4个百分点，为2020年9月以来次低；服务业PMI为51.8%，环比回落1.8个百分点。11月，美国密歇根消费者信心指数为60.4，环比回落5.3%，连续4个月下降。9月，美国大型

企业联合会领先指数同比、环比分别下降7.8%和0.7%，较8月降幅分别扩大0.1个和0.2个百分点，已连续一年半时间回落，降幅接近历史衰退区间水平。

然而，鉴于本轮美国经济周期的"非典型性"，"软数据"（信心调查与领先指标）与"硬数据"（实际公布的经济数据）可能出现背离。2023年第三季度，美国制造业和服务业PMI月均值分别为47.7%和53.6%，较第二季度均值分别小幅回升1.0个和1.6个百分点。但实际公布的第三季度美国GDP环比折年率增长4.9%，较第二季度增长加快2.8个百分点，为2021年第三季度以来最高。截至11月8日，亚特兰大联储GDP Now预计美国经济第四季度环比折年率增长2.1%，虽较上季有所放缓，却仍高于美联储预测的1.8%的潜在增速。这不符合美联储一直强调的需要经济增长在一段时间内低于趋势值，以保证通胀回落至目标水平。

此外，虽然美国通胀接连回落，美联储的抗通胀之路却未走完。2023年11月，密歇根大学消费者1年期通胀预期为4.4%，较10月反弹0.2个百分点，远高于2015—2019年的均值2.65%；长期通胀预期为3.2%，为2011年以来的最高水平。正如鲍威尔在11月9日会议中所提到的，通胀回落之路是崎岖的，几个月的数据改善并不足以证明通胀会稳步回落。之前，美联储在这方面曾"栽过跟头"。2021年5月起，美国核心PCE月度环比增速连续5个月回落，结果10月大幅反弹，迫使美联储快速转向收紧政策。①

二、金融市场反弹不利于美联储的抗通胀任务

2023年9月议息会议结束后，美债长端收益率曾经快速上行，冲击

---

① Board of Governors of the Federal Reserve System. Opening Remarks by Chair Jerome H. Powell at "Monetary Policy Challenges in a Global Economy", a policy panel at the 24th Jacques Polak Annual Research Conference, hosted by the International Monetary Fund, Washington, D.C. [EB/OL].(2023-11-09) [2023-11-17]. https://www.federalreserve.gov/newsevents/speech/powell20231109a.htm.

5%的关口。根据美联储前主席伯南克提出的10年期美债利率的分析框架，将其分为三大部分：一是实际利率预期，主要是受到短期美联储货币政策及长期经济前景的影响；二是通胀预期，是市场参与者认为的中长期的通胀水平；三是期限溢价，是指持有长期债券的债权人所要求的额外回报，主要受市场风险偏好、国债供需结构变化及美联储政策等影响。① 据此，如果近期长端利率上升是外生因素主导，如美债供需结构变化导致期限溢价上升，抑或是市场定价美联储加息预期，那么的确会起到"类加息"的效果；如果是经济内生因素主导，如财政扩张驱动中性利率上升，或者通胀预期上升，政策利率则需要相应上升以达到相同的限制性水平。

2023年10月中下旬以来，多位美联储官员频频发声表示，美债长端收益率上升、整体金融条件收紧可以起到"类加息"的效果，美联储进一步加息的必要性降低。11月初议息会议再次暂停加息，鲍威尔在发布会上依然表示，需要看到金融条件持续收紧，在此之前美联储会谨慎行事，来评估货币政策是否足够紧缩。市场却将此解读为"鸽派"，认为美联储加息终点已至，开始定价2024年年中将开启降息，到年底累计降息75个基点。当周（10月30日—11月3日），市场风险偏好再度转暖，美国重现"股债双升"：标普500指数、道琼斯工业平均指数和纳斯达克综合指数分别上涨5.9%、5.1%和6.5%，为2022年11月以来最好单周表现；2年期和10年期美债收益率分别回落16个和27个基点，前者再度回落至5%以下。同期，美元指数单周下跌1.4%至106以下。

然而，长端利率上升传导至金融条件收紧效果尚不明显。根据芝加哥联储公布的经调整金融条件指数（指数越低，金融条件越宽松），9—10月周均水平为-0.28，低于过去5个月-0.25的水平，且远低于3月美国金融动荡时的-0.12。11月3日，当周金融条件指数为-0.35，负值较

---

① Board of Governors of the Federal Reserve System. Long-Term Interest Rates [EB/OL]. (2013-03-01) [2023-11-17]. https://www.federalreserve.gov/newsevents/ speech/bernanke20130301a.htm.

上周上升 0.04，这或反映了议息会议之后美债收益率转跌和美股反弹的影响。美联储公布的贷款标准调查（SLOOS）显示，第三季度银行收紧小企业、大中型企业及商业地产贷款标准的净比例分别为 30.4%、33.9% 和 64.9%，虽均处历史高位，但环比分别回落 18.8 个、16.9 个和 6.8 个百分点。11 月 9 日，鲍威尔在前述 IMF 研究年会上再度给金融市场泼了"冷水"，称不确定货币政策是否足够紧缩，如有必要将进一步加息。当日，美国三大股指俱跌、美债收益率再度上扬，10 年期和 30 年期美债单日分别上行 13 个基点。

金融条件持续转松可能导致货币紧缩半途而废。2023 年 9 月，IMF 发表的一篇工作论文回顾了 20 世纪 70 年代 56 个经济体的 100 次大通胀时期，发现只有 60% 的时期通胀能够在 5 年内回落，但平均耗时超过 3 年。失败的控通胀大多是由于过早庆祝胜利，通胀短暂回落后保持高位甚至反弹，而成功的控通胀保持了持续紧缩的货币政策、降低名义薪资增速并维持了稳定的币值。①IMF 第一副总裁吉塔·戈皮纳特（Gita Gopinath）在 IMF 研究年会上警告称，在很多国家，抗通胀的任务尚未完成，无论是实际行动还是与市场沟通，央行需要避免过早放松货币政策。②

此外，紧缩政策的滞后影响可能已经大大缩短。从美联储构建的金融条件指数来看，拖累作用最大的时期已经过去。如果使用 1 年的时间窗口（计算过去 1 年的金融条件变化），金融条件收紧对经济增长的拖累作用最强的时期为 2022 年 12 月，达到 1.6 个百分点，随后逐渐减弱，到 2023 年 9 月已转为 –0.04 个百分点；如果使用 3 年的时间窗口，2023 年 9 月金融条件收紧较为明显，对经济增长的拖累作用升高至 0.7 个百分点，

---

① Ari M A, Mulas-Granados M C, Mylonas M V, et al. One Hundred Inflation Shocks: Seven Stylized Facts[R]. IMF Working Paper, WP/23/190.

② IMF. Remarks by First Deputy Managing Director Gita Gopinath during the panel discussion on "Monetary Policy Challenges in a Global Economy" at the 24th Jacques Polak Annual Research Conference[EB/OL].(2023-11-09)[2023-11-17]. https://www.imf.org/en/Videos/view?vid=6340886406112.

但仍低于 2022 年 12 月的高点 1.0 个百分点。

三、市场与美联储的博弈将放大资产价格波动

自 2022 年美联储加息周期开启以来，市场和美联储开启了"你追我赶"的博弈模式。前期美联储落后于市场曲线，连续四次加息 75 个基点带来超预期紧缩冲击，2022 年美国"股债双杀"（美国以外地区大多是"股债汇三杀"）。随着美国通胀见顶回落、美联储加息步伐放缓，市场认为美联储最"鹰"的时刻已经过去，开始交易降息预期，2022 年第四季度风险资产触底反弹。2023 年以来，美联储一再强调年内降息不是基准预期，9 月点阵图加息终点中位数再度提高，市场再次重新定价，"股债双杀"重现。11 月，美联储表示需要谨慎观察紧缩政策效果，市场则又抢跑"2024 年将大幅降息"。当市场跑过头，美联储官员便发声来打压乐观情绪。

债券利率对货币政策的变动最为敏感。近年来，美联储货币政策大收大放对应美债利率容易出现快涨快跌，过去几个月日内波动十几个基点更是成为"新常态"。2022 年以来，衡量美债波动率的 MOVE 指数均值为 121 个基点，是 2015—2019 年平均水平 66 个基点的 1.9 倍；衡量风险资产波动率的 VIX 指数均值为 22%，是 2015—2019 年均值 15% 的 1.4 倍。从这个意义上讲，作为安全资产的美债价格波动放大程度甚至超过了风险资产。美债收益率作为"全球资产价格定价之锚"，其波动加大也会带动全球其他资产价格波动加大，而且经常性地出现同涨同跌，这可能加剧全球金融不稳定性，又反之加大了央行政策制定的难度。

金融市场的预期超调是常态，市场参与者希望从政策制定者那里获得确定性。在过去的十几年间，主要央行采取的策略是提高透明度、发布经济预测并释放前瞻指引来管理市场预期，确保走在市场曲线前面。然而，在当下高度不确定的宏观环境之中，甚至处在潜在宏观范式转变的转折点上，央行在经济预测上屡屡犯错，难以给出可靠的前瞻指引，

只能宣称自己依赖数据、边走边看。2023年11月8日，鲍威尔在美联储研究和统计部门成立100周年的会议上表示，过去几十年，经济模型可以很好地把握经济运行情况，但即使有最先进的模型、在相对平静的时期，经济情况也时常会出人意料。当经济遭受不可预测的冲击时，预测者必须跳出模型思考。[①] 对此，市场也只能在不同的猜测之间来回切换。最终，无论哪方正确，双方找寻平衡的过程总是颠簸的。

---

① Board of Governors of the Federal Reserve System. Opening Remarks by Chair Jerome H. Powell at "A Look at the Past, Present, and Future", a conference celebrating the Centennial of the Division of Research and Statistics, Board of Governors of the Federal Reserve System, Washington, D.C.[EB/OL].(2023-11-08) [2023-11-17]. https://www.federalreserve.gov/newsevents/speech/powell20231108a.htm.

第三章

美联储与美元周期

2022年，在美联储激进加息的背景下，美元走势一枝独秀，创下近20年的新高。这也是2011年4月以来启动的美元大升值周期的延续，至2022年9月的高点，历时137个月，是1971年布雷顿森林体系解体以来最长的美元升值周期。美国经济复苏优势、货币政策周期差异、美元国际货币地位和美元安全资产角色等因素促成了这轮超级强美元周期。近期，随着美国通胀连续回落，美联储紧缩临近拐点，美元冲高回落。然而，除非美国经济"硬着陆"，美联储政策急剧转向，强势美元逆转仍言之尚早。

第一节　美元周期的界定与两轮美元周期

一、美元周期的界定

衡量美元汇率的强弱使用多边汇率指数，常用的有洲际交易所（ICE）美元指数（DXY）和美联储编制的美元有效汇率指数。后者又细分为名义和实际、对发达和对新兴经济体美元指数，且权重每年会根据与美国贸易的情况进行调整。从走势对比来看，ICE美元指数与美联储编制的对发达经济体美元指数走势较为一致，美联储编制的对新兴经济体美元指数自1973年以来整体呈现上涨趋势，无明显的周期特征（见图3-1）。

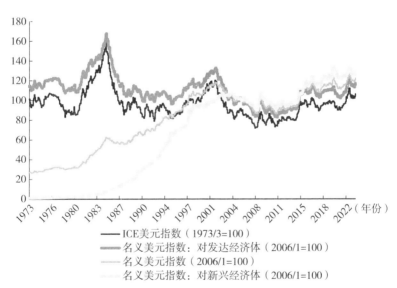

图3-1　ICE美元指数和美联储编制的美元有效汇率指数走势对比
资料来源：万得，美联储。

从货币权重构成来看，ICE美元指数篮子由6种货币构成，前三位依次为欧元、日元和英镑，三者合计权重占比为83.1%（见图3-2）。因此，前述三种货币的走势对于ICE美元指数起到决定性作用。美联储编制的对发达经济体美元指数在包括6种货币之外，还加入了澳元，但权重较小，前三位的货币分别为欧元、加拿大元和日元，三者合计占比80%（见图3-3）。综合对比来看，本节选取ICE美元指数来衡量美元周期。

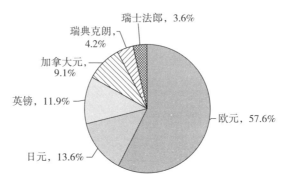

图3-2　ICE美元指数权重构成

资料来源：ICE。

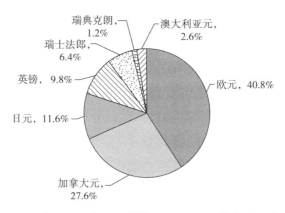

图3-3　美联储名义美元指数（对发达经济体）权重构成

资料来源：美联储。

自20世纪70年代初布雷顿森林体系解体，ICE美元指数共经历了两轮完整的升贬值周期。① 以下对两轮周期的演进及原因做简要回顾和分析（见图3-4）。

---

① 始于2011年4月的第三轮美元周期至今尚在升值周期，未经历过真正的贬值周期。

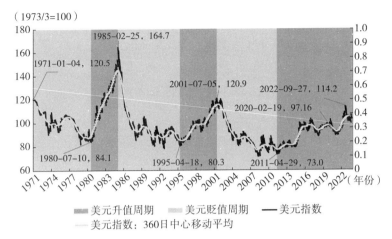

图 3-4　1971 年以来 ICE 美元指数的升贬值周期

资料来源：万得。

二、1980—1995 年的第一轮美元周期

（一）升值周期：1980 年 7 月—1985 年 2 月，持续时间 55 个月，美元指数累计上涨 96%

主要原因："紧货币"和"宽财政"推高实际利率，国际资本大量回流美国。

1971 年美元和黄金脱钩，自此其他非美元货币也与美元脱钩，越来越多国家开始采用浮动汇率制度，全球汇率波动明显加大。此外，1973 年和 1979 年的两次石油危机推高了能源价格，美国、英国及日本等发达国家的通胀水平纷纷突破两位数。1979 年 8 月，美联储主席沃尔克上台，采取强硬的货币紧缩手段来对抗通胀，通过严格控制货币供应量、大幅提高贴现率的"量价双紧"措施，美国联邦基金利率一度飙升至 22% 的历史高点。高利率之下，美国经济在 1980—1982 年出现"双衰退"。

1981 年，美国总统罗纳德·威尔逊·里根（Ronald Wilson Reagan）上台后便开始推行供给侧改革，通过大幅减税、放松政府管制来提振美国经济，美国财政赤字逐年扩大。"紧货币"和"宽财政"的政策组合快速推高了美国的实际利率，导致其明显高于其他发达国家的利率。这导致国际资本大量流入美国，1981—1985 年年均美国国际资本净流入 240 亿美元，远高于 1978—1980 年年均净流入 2 亿美元的规模，美元汇率出现快速升值。

（二）贬值周期：1985 年 3 月—1995 年 4 月，持续时间 122 个月，美元指数累计下跌 51%

主要原因：美国国内贸易保护主义抬头，国际贸易摩擦升温，促使美国调整汇率政策。

1981—1984 年，里根政府对美元汇率政策的态度是"善意的忽视"（benign neglect）。尽管强美元招致了美国贸易商的诸多抱怨，不少人主张干预外汇市场以抑制美元走强，但时任美国财长的唐纳德·里根（Donald Regan）则表示，强美元体现了大家对美国经济的信心。从央行的角度来说，强势美元也有助于降低美国的通胀率。因此，当时美国财政和货币当局都一致拥护强势美元。

1984—1985 年，美国与其他国家的利差已经开始缩窄，美国的通胀率也显著下降，而美元汇率却依旧延续升势。当时，美国 CPI 同比增速已由 1980 年的两位数降至 1984 年末的 3.9%，而美元指数却屡创新高，至 1985 年 2 月已突破 160。有学者提出美元汇率出现非理性投机泡沫，呼吁重新审视美国的汇率政策。[1] 同期，美国贸易逆差持续扩大，国内的贸易保护主义抬头，与日本和德国之间的贸易摩擦也逐渐升温。此外，在财政和贸易双赤字的问题之下，美国从对外净债权国变成了对外净债务国，许多人认为一旦美国外资流入形势逆转或者世界对美元的信心丧失，美国经济将受到巨大冲击。国内的贸易保护主义、国际的贸易摩擦，以及对于美元国际地位的担忧，都促使美国调整其汇率政策。[2]

《广场协议》签署后，美元进入快速贬值通道。1985 年 9 月，在美国

---

[1] Krugman P R. Is the strong dollar sustainable?[R]. National Bureau of Economic Research, 1985.

[2] Marris S N. The decline and fall of the dollar: Some policy issues[J]. Brookings Papers on Economic Activity, 1985(1): 237–244.

的主导下，美、日、德、英、法五国签署了《广场协议》，承诺联合干预汇率，促进各国经济和全球贸易平衡发展。实际上，美元在《广场协议》之前便已经触顶回落，美元从1985年2月25日的高点到9月21日《广场协议》签署，累计下跌了15%。《广场协议》的签署只是顺应了市场形势，市场和政策形成同向作用，促成了美元的加速下跌，1985年9月—1987年2月，美元指数累计下跌了26%，跌至100以下（见图3-5）。

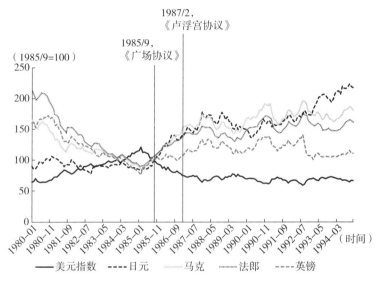

图 3-5　1980—1994年美元指数及日元、马克、法郎和英镑兑美元汇率走势
资料来源：Fred，万得。

然而，汇率变化没有对国际收支失衡产生预期的改善效果。美国的贸易赤字继续扩大，同时日本和德国的贸易顺差也继续增加。各国意识到贸易失衡是经济结构问题所致，需要对国内宏观政策进行协调。1987年2月，为了防止美元过度贬值给经济带来更多负面影响，美国召集G7国家签署了《卢浮宫协议》，加强各国的宏观政策和汇率政策协调，包括日本和德国通过扩大内需减少贸易顺差，美国削减财政赤字等。《卢浮宫协议》可以视作《广场协议》的续章，但与之不同的是，《卢浮宫协议》并没有达到预期的政策效果。此后，美元延续下跌态势，只是贬值速度趋

缓，日元和德国马克继续升值。到1995年4月，美元指数降至80左右，较1985年2月的高点累计贬值51%。

三、1995—2011年的第二轮美元周期

（一）升值周期：1995年5月—2001年7月，持续时间74个月，美元指数累计上涨51%

主要原因：美国经济高速增长，加之强势美元政策，共同驱动美元走强。

20世纪90年代，日本经济在泡沫破裂后趋于停滞，深陷通缩困扰，美国经济则表现出相对优势。一方面，互联网科技的兴起促使美国提高了生产率，1998—2000年美国非农劳动单位生产率同比增加3.4%，较过去5年均值提高了2.2个百分点，产出缺口连续为正。同期，美国GDP年均增速4.5%，较世界和发达国家GDP增速分别高出0.8个、1个百分点。另一方面，美国克林顿政府时期实施紧缩的财政政策，通过增收减支，美国在1998—2001年实现了罕见的财政盈余，4年间平均财政盈余占GDP比重达到1.4%。

时任美国财长罗伯特·鲁宾（Robert Rubin）的强势美元政策扭转了美元的颓势。1985年《广场协议》签署之后，美元指数一路下跌，美元的持续贬值压缩了国内货币政策宽松的空间，也影响了美元的国际地位。1995年初，克林顿政府时期的第二任财长鲁宾提出"强势美元符合美国的利益"[1]，汇率政策的转变一改美元的弱势，从此开启了长达6年半左右的升值周期。

此外，两轮新兴市场金融危机也使得美元获得避险情绪的支撑。1994年末墨西哥债务危机爆发，1997—1998年亚洲金融危机和俄罗斯金融风暴相继爆发，国际资本也在避险情绪的驱动下逃向美元资产。1994—1995年

---

[1] Rubin R. Strong dollar in national interest [EB/OL]. (1995-03-03)[2023-10-30]. https://www.upi.com/Archives/1995/03/03/Rubin-Strong-dollar-in-national-interest/2559794206800/.

和 1997—1998 年美国年均资本净流入分别为 1739 亿和 3081 亿美元，分别较过去 5 年均值扩大了 1.74 倍和 0.95 倍。

（二）贬值周期：2001 年 8 月—2011 年 4 月，持续时间 116 个月，美元指数累计下跌 40%

主要原因：欧元兴起和新兴经济体高速增长，美国经济相对优势减弱，压制美元走势。

2000 年下半年，纳斯达克综合指数暴跌，美国互联网泡沫破裂，加之 2001 年 9 月 11 日美国遭遇恐怖袭击，极大打击了公众对于美国经济的信心。同年，美国经济陷入衰退，美联储也开启了降息周期，利率一路从 2000 年 12 月的 6% 降至 2003 年 6 月的 1%，在低利率刺激下，美国经济步入复苏。与此同时，1999 年欧元正式创立，起初被寄希望于能够部分取代美元国际货币的地位。在 2000—2004 年，欧元地位的确有所提升，美元在全球外汇储备中的份额累计下降 5.6 个百分点至 70% 以下，欧元份额相应上升 6.2 个百分点至 25%[①]，欧元走强在一定程度上压制了美元走势。

此外，2001 年以来，在中国加入世界贸易组织（WTO）、全球化程度提高等多重因素推动下，新兴经济体成为全球经济增长的新引擎。2001—2006 年新兴市场和发展中经济体（EMDEs）实际 GDP 平均增速达到 6.4%，高出同期美国 GDP 增速 3.8 个百分点。全球经济高速增长使美国经济黯然失色，美元进入相对弱势阶段，直至 2008 年全球金融危机爆发，全球避险情绪再度驱动美元趋于震荡。

四、两轮周期的特点总结

整体来看，两轮美元周期主要有三大特点：一是持续时间长，升值周期平均为 5 年左右，贬值周期平均为 9 年左右，整个周期长达 14—15 年；二是调整幅度大，两轮周期的累计平均升值幅度为 73%，平均贬值幅度为

[①] 鉴于中国 2015 年底开始向 IMF 报送官方外汇储备货币构成（COFER）数据，且中国外汇储备规模较大，在此前后的美元储备份额数据不可比。

40%；三是每个大周期中都包含若干个小周期，不排除其间美元指数出现回落或反弹的反向调整，但一般持续的时间较短，并且每次调整都不会超过本轮升贬值周期的低点或高点，不改变汇率升贬值的总体运行趋势。

回顾历次美元强弱周期转换，主要驱动因素有以下三点：一是美国的汇率政策转变。如果美元汇率出现持续的升值或贬值，对美国经济的副作用逐渐显现，这可能驱使美国改变汇率政策，如1985年的《广场协议》及1995年鲁宾财长的"强势美元"政策。二是美国与非美国家间的增长差异。比如20世纪90年代美国经济表现出绝对优势，美元处于第二轮升值周期；2001—2006年新兴经济体成为新的增长引擎，美国经济相对优势减弱，美元进入贬值周期。三是美元的国际地位变化。2001年美元转向贬值周期的一个重要背景便是欧元的兴起，欧元部分取代了美元的国际份额。

此外，在美联储加息伴随美元走强的时期，美元的顶部往往晚于美债和利率的顶部出现。第一轮是1983年2月—1984年8月加息结束，美元于1985年2月触顶，加息结束至顶部累计上涨了14%；第二轮是1988年3月—1989年4月，美元于1989年9月触顶，累计上涨5%；第三轮是1999年1月—2000年5月，美元于2001年7月触顶，累计上涨10%（见图3-6）。

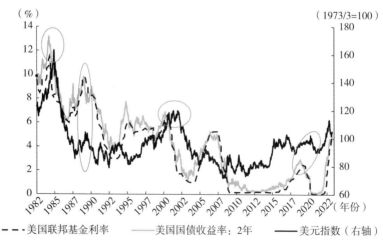

图3-6　美国联邦基金利率、国债收益率及美元指数

资料来源：万得。

第二节　第三轮超级美元周期的演进及其原因分析

一、始于2011年的第三轮美元周期

始于2001年8月的上轮美元贬值周期一直延续到2011年初。尽管在2007年美国次贷危机演变成2008年全球金融海啸期间，美元指数于2008年4月—2009年3月经历了一波从72到89、涨幅超过20%的凌厉反弹，但持续时间较短，2009年4月以后又震荡走低，低至75以下。直到2011年4月，美元指数才开始止跌企稳。不过，在2014年美联储正式启动QE退出之前，美元涨势并不明显。2013年5月，时任美联储主席伯南克在国会听证会上释放缩减QE的信号，美元指数开始在80左右徘徊震荡。到2013年底，美元指数较2011年4月初累计升值5.8%。2014年，美联储给出明确的货币政策正常化路径和前瞻指引，并正式启动缩减购债，美元开始快速走高。至2015年12月美联储首次加息，美元较2014年6月末升值了24%。

2016—2017年，欧元区经济复苏和货币政策开始追赶美国，带动美元走弱。2015年开启的货币政策正常化周期，美联储整体采取了"小步慢走"的渐进式加息策略。2015年12月首次加息25个基点，2016年内维持利率不变，年末加息25个基点，并给出了相对清晰、可预测的加息路径。2017年，美联储全年加息75个基点，市场已充分消化加息预期。与此同时，欧元区经济复苏开始迎头赶上，2017年GDP增速达到2.6%，欧央行多次释放货币政策正常化信号，美欧经济复苏差异和货币政策分化趋于收敛，推动美元在2017年走弱9.9%。

2018年2月，鲍威尔接任耶伦成为美联储主席，并在年内多次议息会议上释放了"鹰派"信号，连续加息至中性水平，美元开始触底回升，全年升值4.1%。2019年8月，美联储出于增长担忧开始转为降息，美元涨势放缓，但全年仍升值0.4%。直至2020年疫情暴发，美股经历了10

日内4次熔断,美联储紧急降息,全球避险情绪急剧升温,美元指数重新站到100以上。2020年下半年,在各国财政货币双重刺激之下,全球经济同步走向复苏,美元由强转弱,2020年累计贬值6.8%。

不同于第一轮美元升值周期"五连涨"的一气呵成,第三轮美元升值周期则是走两步、退一步,在2017年和2020年均有过回撤,但持续时间短、回撤幅度小,故第三轮美元周期尚未进入过真正的贬值周期,只能算作半个美元周期。反倒是浮筹清洗充分,强势美元走得更加稳健,也减轻了美元过快升值带来的冲击。

二、第三轮超级强美元周期的成因分析

如果将2021年以来的美元走强视作2011年开启的美元升值大周期的延续,到2023年9月底,美元升值已持续了149个月(即便截止到2022年9月的高点也持续了137个月)。从持续时间来看,明显长于前两轮升值周期。2022年,美元升值加速,美元指数年内最多上涨20.3%。如果从2011年4月的低点开始算起,至2022年9月的高点,美元指数已累计上涨56%,升值幅度已超过第二轮周期(见图3-7)。以下拟从美国经济复苏优势、货币政策周期差异、美元国际货币地位和美元安全资产角色四个维度,试图理解为何本轮美元升值周期持续时间如此之长。

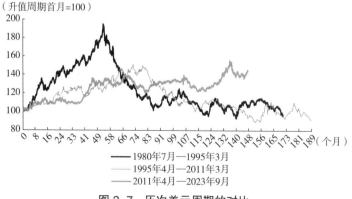

图3-7 历次美元周期的对比

资料来源:万得。

（一）美国经济复苏优势

2008年全球金融危机之后，美国经济率先步入复苏，直至2020年2月新冠疫情大流行，才中断了这次美国战后最长的经济景气（持续了127个月）。而同期欧央行深陷欧债危机困境，日本虽然在2013年推出了安倍的"三支箭"试图提振经济，但作用有限。从本币计值的实际GDP总量来看，2008—2021年，美国GDP累计增长了22%，年均复合增速1.8%，而同期欧洲和日本仅分别增长了11%和6%，年均复合增速分别为1%和0.6%。2020年疫情暴发以来，尽管美国、日本、欧元区国家都采取了财政货币"双刺激"，但美国经济在2021年第一季度便恢复至2019年末的水平，而欧元区直至2022年初才恢复至疫情前水平，日本直至2022年末都尚未恢复至疫情前的水平。如前所述，欧元和日元在ICE美元指数中的合计权重高达71%，二者走势疲弱自然凸显出美元的相对强势。

（二）货币政策周期差异

全球金融危机以来，主要发达国家都采用了大规模货币宽松政策，美联储虽然降至零利率，但欧、日央行先后于2014年和2016年采用了负利率，利差角度利好美元。此外，美、日、欧都推出了大规模资产购买计划，资产负债表迅速扩张。不过，美联储的政策步伐明显走在前面，2014年10月美联储结束第三轮QE，宣布开启货币政策正常化，2017年10月开始缩表，至2019年8月结束缩表，美联储资产负债表规模累计减少7012亿美元。而欧央行却因欧洲经济下行，在2014年再度开启扩表，直至2020年疫情暴发之前，非常规货币政策也并未退出。日本央行则是一直维持超宽松的政策，且频频加码，2013年推出量化质化宽松（QQE）政策，2016年推出负利率和收益率曲线控制（YCC）政策。2022年，日、美货币政策分化扩大，日、美债负利差急剧走阔，正是日元兑美元汇率跌破151、创亚洲金融危机以来新低的重要推手。

（三）美元国际货币地位

从货币国际化的多个维度来看，美元的国际份额都稳中趋升或是保持稳定。支付结算方面，2022年，美元的环球银行同业金融电信协会

（SWIFT）国际支付份额月均为 41.3%，较 2012 年上升了 9.8 个百分点。贸易计价方面，2019 年末美元的全球贸易计价份额为 53%，较 2007 年末提升了 7.2 个百分点。投融资方面，BIS 数据显示，截至 2022 年末，美元在跨境债权和债务中的占比分别为 45.4% 和 46.5%，分别较 2007 年底上升 4.6 个百分点和微降 0.1 个百分点，国际债券的发行比例为 47.8%，上升 17 个百分点；截至 2022 年 4 月末，美元在外汇市场交易占比为 88%，在过去 20 年间基本保持稳定。国际储备方面，截至 2022 年末，已分配全球外汇储备的美元份额为 58.5%，稳居全球第一大储备货币，且远高于第二位欧元 20.4% 的占比。

此外，在过去的 30 年间，美元作为锚定货币[①]的比重有所增加。根据 Ilzetzki 等人（2019）[②]的研究，截至 2019 年末，全球有接近 53% 的货币直接或间接与美元挂钩，与美元挂钩的国家合计占到全球除美国外 GDP 的 50%。

（四）美元安全资产角色

自 20 世纪 70 年代布雷顿森林体系解体至今，美国在全球经济和贸易中的份额呈现逐渐下降趋势，相应地，新兴市场国家份额不断上升。但是，美元在各个维度的国际份额却不降反升，或是基本保持稳定。Gourinchas 和 Rey 等（2017）[③]称此为"新特里芬难题"，即随着美国经济在全球的占比不断缩小，其财政扩张的规模无法满足其他国家对安全资产日益增长的需求，这导致了全球安全资产的供给和需求之间出现缺口，也为现有主导货币美元的币值提供了支撑。

虽然欧元、日元也属于国际化程度较高的货币，但一方面其在全球经济活动中的使用程度远不及美元；另一方面，从利差角度来看，2013 年

---

① 如果一国货币与某外币的双边汇率在滚动的 5 年时间窗口中，有 80% 的时间汇率波动幅度小于 2%，或是 100% 的时间波动幅度小于 5%，就将该外币视为该国货币的锚定货币。

② Ilzetzki E, Reinhart C M, Rogoff K S. Exchange arrangements entering the twenty-first century: Which anchor will hold?[J]. The Quarterly Journal of Economics, 2019, 134(2): 599–646.

③ Gourinchas P O, Rey H, Govillot N. Exorbitant Privilege and Exorbitant Duty[J]. 2017.

以来美债收益率远高于日债和德债。2022年美联储激进加息，美债利率快速上行，全球金融资产价格普遍下跌。在利差和避险因素共同驱动下，全年美国国际资本净流入1.61万亿美元，同比增长45%，创1978年有数据以来的新高。其中，外资净买入美债7166亿美元，同比增长15.9倍，全年美元指数同比上升7.8%。

三、对第三轮美元升值周期的前景展望

（一）美元走强符合美联储抗通胀和金融条件收紧的诉求

美元升值有助于降低美国的进口商品价格，缓解部分价格上涨的压力。美国财政部长耶伦曾表示，市场决定的强美元符合美国的利益。[①] 从历史数据来看，美元指数变动、美国进口价格指数与美国CPI同比增速相关性较高，2000—2022年前二者月同比增速的相关性为-0.40，后二者相关性为0.75。当前美国商品通胀已显著降温，房租通胀也出现放缓迹象，与薪资相关的服务项是通胀回落的关键。此时，如果美元出现大幅贬值，可能会重新推高美国的商品通胀，不利于美联储完成抗通胀任务。

美元强弱还与全球金融条件的松紧密切关联。美联储主席鲍威尔多次提到，紧缩货币政策的传导途径之一便是金融条件的收紧，国内经济对应的是资产价格和信用利差，国外经济则对应美元汇率的变化。[②] 这一过程在2022年得到了淋漓尽致的体现。2022年美联储密集加息控通胀，美元最高上涨20.3%，全球金融条件快速收紧；2022年11月以来，随着美元触顶回落，市场风险偏好显著改善，金融条件边际转松。美联储在2022年12月的会议纪要中也强调，如果金融条件出现不必要的宽松，特

[①] Bloomberg News. Yellen Says Dollar Strength "Logical Outcome" of Policy Stances[EB/OL]. (2022-10-11)[2023-10-30]. https://www.bloomberg.com/news/articles/2022-10-11/yellen-says-dollar-strength-logical-outcome-of-policies.

[②] Federal Reserve Board. Monetary Policy: What Are Its Goals? How Does It Work? [EB/OL]. (2018-03-08)[2023-10-30]. https://www.federalreserve.gov/monetarypolicy/monetary-policy-what-are-its-goals-how-does-it-work.htm.

别是市场不能充分理解政策制定者的反应函数,可能使央行恢复物价稳定的过程更加复杂。①

(二)美国双赤字恶化但就业良好,强美元尚未招致内部反弹

20世纪80年代的美元极度走强导致了美国贸易赤字持续扩大,美国国内出口和制造业竞争力受到严重影响,加之1980—1982年美国经济在高利率之下陷入衰退,失业率一度飙升至10%,招致国内对强美元的不满。本轮强美元之下,虽然美国双赤字有所恶化,但美国就业状况良好,增强了各界对于美元升值的容忍度。从CPI同比增速与失业率构建的美国经济痛苦指数看,2022年月均为11.66%,处于历史较高水平。其中,CPI增速均值为8.02%,贡献了68.8%;失业率均值为3.64%,仅贡献了31.2%。相应地,第一轮美元升值期间,1981年1月至1984年12月美国经济痛苦指数平均为14.62%。其中,CPI通胀均值为6.01%,贡献了41.1%;失业率均值为8.61%,贡献了58.9%。

此外,受俄乌冲突和能源价格飙升的影响,美国加大了对欧洲的能源出口,由能源净进口国变为能源净出口国。2022年,按普查口径,美国非石油产品贸易逆差增加了1334亿美元,石油产品贸易则由2021年的逆差80亿美元转为顺差158亿美元。

(三)2023年欧央行货币政策追赶,但面临"三难选择"

虽然美国和欧洲都面临通胀压力,但通胀的主要成因和回落速度不同,这导致美联储和欧央行的紧缩政策节奏分化。美国的通胀是需求和供给冲击共同导致的混合型通胀,而欧元区的通胀则是供给冲击为主,能源价格飙升为主要通胀源头。从CPI和PPI走势来看,截至2023年1月,美国的PPI同比已经降至CPI同比以下,二者之差已转为–0.9%,CPI和核心CPI同比均连续多月下降;而欧元区的PPI同比增速仍高于HICP同比增速,虽然HICP同比增速已连续下降,但核心HICP同比尚未拐头向下。

---

① FOMC. Minutes of the Federal Open Market Committee December 13–14, 2022 [EB/OL]. (2023–01–04)[2023–10–30]. https://www.federalreserve.gov/monetarypolicy/files/fomcminutes20221214.pdf.

另外,欧央行持续的大幅加息还可能导致欧元区国家间的利差飙升,欧债危机卷土重来的风险仍存。相较于美联储,欧央行在抗通胀、稳经济和防风险之间面临更难权衡。

如前所述,第三轮美元升值周期持续时间如此之长的一个重要原因便是美国经济基本面韧性和弹性明显好于欧洲和日本。2020年底,我们针对美元步入中长期贬值通道的市场主流看法提出,虽然避险情绪对美元的支持作用减弱,但美元强弱取决于后疫情时代的美国经济基本面。至少在疫情暴发之前,美国正在经历战后最长的经济景气,而欧元区和日本深陷经济停滞。当时,我们就明确指出,若未来美元指数升破2016年底高点,则本轮强美元周期还可能延续。[1] 目前来看,美国经济基本面的优势依然存在。根据2023年1月底IMF的预测,预计2023年全球经济增长2.9%,较2022年10月的预测上调了0.2个百分点,但仍低于2000—2019年3.8%的历史平均水平。其中,2023年美国的经济增速上调了0.4个百分点至1.4%,高出发达国家整体增速0.2个百分点,尤其是分别高出欧元区和英国增速0.7个和2个百分点。如果将2022年各国本币实际GDP作为基数,使用IMF对各国2023—2027年的经济增速预测计算,至2027年美国GDP较2022年累计增长8.3%,而欧元区、英国和日本则分别增长7.6%、6.5%和4.6%。

(四)国际货币体系演进缓慢,美元地位尚未受到根本挑战

尽管在2008年金融危机之后,全球对现行的国际货币体系进行了一系列反思,但鉴于没有更好的替代品,国际货币体系改革进程缓慢,美元的主导地位依然稳固。本轮美元强势周期又充分暴露了国际货币体系的内在缺陷,即美联储的货币政策难以兼顾内外部均衡。此外,近年来特别是2022年俄乌冲突以来,主要储备货币发行国将货币武器化,滥用经济金融制裁,动摇了现行国际货币体系的信用根基。不过,主导货币

---

[1] 管涛. 人民币进入升值新周期? 还是波动新常态? [EB/OL]. (2020–10–19)[2023–10–30]. https://mp.weixin.qq.com/s/YIr9aV6pu3RuaHTilAYioQ.

的转变并非一蹴而就，往往需要经历数十年的时间和多方面条件的共同催化[1]，国际货币体系多极化是潜在的演进方向。

欧元作为最有希望取代部分美元份额的第二大国际货币，在2008年和2020年两次危机之后却是最大的受损者。相较于2007年末，欧元的外汇储备份额（截至2022年末）和全球外汇交易份额（截至2022年4月末）分别下降了5.7个和6.5个百分点，国际债券份额（截至2022年末）和跨境债权债务平均份额（截至2022年末）分别下降了9.4个和4.4个百分点。2015年和2022年IMF特别提款权（SDR）篮子货币两次定值重估，欧元权重分别下调了6.47个和1.62个百分点，美元权重则在2015年向人民币让渡0.17个百分点后，于2022年重估时又上调了1.65个百分点。在欧元之外，即便出现新兴国际化货币，但因为网络效应、路径依赖，市场短期内可选择的余地不大。

（五）利差与避险因素有可能成为美元走势新的催化剂

近期公布的系列数据显示，美国经济和通胀韧性十足，劳动力市场依然紧俏，失业率降至1969年以来的低位，CPI和零售数据均超预期，PCE通胀再度反弹，美国经济"不着陆"的可能性上升。如果后续通胀下行速度慢于预期，甚至通胀出现反复，市场对美联储紧缩进行重新定价，终点利率可能更高，限制性政策的时间可能更长，预期差可能使美元重获上行动能。

2023年3月7日，美联储主席鲍威尔在美国国会听证会上表示：尽管近几个月来通货膨胀有所缓和，但要使通货膨胀率降至2%，任重道远，而且过程可能会很坎坷；最新的经济数据强于预期，这表明最终利率水平可能高于先前预期；如果所有数据表明有必要加快紧缩，我们将准备加快加息步伐。[2] 如果美联储3月加息50个基点，同时欧央行延续

---

[1] Ilzetzki E, Reinhart C M, Rogoff K S. Rethinking Exchange Rate Regimes[R]. National Bureau of Economic Research, 2021.

[2] Powell J H. Semiannual Monetary Policy Report to the Congress [EB/OL]. (2023-03-07) [2023-10-30]. https://www.federalreserve.gov/newsevents/testimony/powell20230307a.htm.

加息 50 个基点，美欧利差收敛可能放缓甚至再度扩大，利差角度可能重新支撑美元。

此外，历次美联储加息和美元升值周期往往伴随经济和金融危机出清，无论危机是源自美国国内还是国外，在避险情绪之下美元可能还有最后一涨。在 1990 年以来美联储两次较为激进的加息周期中，美国经济都没有立即陷入衰退，但在随后的几年间产生了金融动荡。一次是 1994—1995 年，美联储在不到一年半的时间内加息 300 个基点，从力度和速度来看都较为激进，美国经济实现了标志性的"软着陆"，美元在加息期间也并未走强。但随着高利率环境持续，1994 年墨西哥债务危机、1997 年亚洲金融危机和 1998 年俄罗斯金融危机相继爆发，全球避险情绪再度推高美元。另一次是 2004—2006 年，美联储两年内加息 425 个基点，美国经济并没有立即陷入衰退，直至 2008 年全球金融危机爆发，即便危机源于美国自身，美元却是不跌反涨（见图 3-8）。

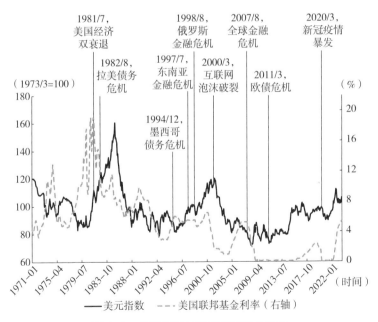

图 3-8　美元指数与美国联邦基金利率

资料来源：万得。

四、主要结论

自20世纪70年代初布雷顿森林体系解体以来,美元指数共经历了两轮完整的升贬值周期,两轮周期的特点主要是周期长、幅度大以及大周期中包含若干小周期。升贬值周期的主要驱动因素包括美国的汇率政策、美国与非美经济体之间的增长差异及美元的国际地位变化。此外,在美联储加息伴随美元走强的周期,美元的顶部往往晚于美债和利率的顶部出现。

如果将2021年以来的美元走强视作2011年开启的美元升值大周期的延续,受益于美国经济复苏优势、货币政策周期差异、美元国际地位上升、美元安全资产角色等因素,第三轮强美元周期明显长于上两轮周期,至2023年底已持续了152个月。目前,第三轮美元周期虽遭遇过回调,却因持续时间短、回撤幅度小,尚未出现过真正的贬值周期。

短期来看,美元走强符合美联储抗通胀和金融条件收紧的诉求,就业状况良好也增强了美国国内对强美元的容忍度。从海外来看,面对欧元区以供给冲击为主的通胀、更弱的经济基本面以及快速加息之下欧债利差可能再度飙升的风险,欧央行在抗通胀、稳经济和防风险之间面临更难权衡。同时,美国通胀下行的速度和终点仍存在不确定性,市场、美联储与经济数据之间的预期差可能放大美元短期波动。此外,历次美联储加息和美元升值周期往往伴随经济和金融危机出清。如果加息终点利率更高、维持时间更长,紧缩政策的滞后和累积效应逐步显现,金融动荡可能再度发生,无论动荡是源自美国国内还是国外,避险情绪都可能成为美元走势新的催化剂。

目前市场普遍预期美元强周期已近尾声。但是,如果未来美元指数再度走强,将进一步收紧全球金融条件,重新压制大宗商品和风险资产价格表现,并有可能引发新兴市场和发展中国家的新一轮资本外流,加大重债务国的债务违约风险。

第三节　2023年7月中旬美指大跌不等于新一轮"微笑美元"开启

2023年7月13—14日，ICE美元指数连续两天收在100下方，基本抹平了2022年3月美联储首次加息以来的全部涨幅。2020年3月19日—2022年9月27日，美元呈现典型的"微笑美元"走势。2020年3月19日—2021年5月25日下跌了12.7%，随后至2022年9月27日上涨了27.3%。由此开始，虽然美联储在继续加息，10年期美债实际收益率也保持在高位，到2023年7月14日实际利率为1.59%，略低于2022年9月27日的1.64%，但是美元疲态尽显。2022年9月27日—2023年7月14日，美元指数最多累计下跌12.4%。市场热议美元将开启新一轮的"微笑美元"。而我们认为，2023年有三重边际变化导致美元下跌，但未来演进路径仍不确定，判断美元进入新的贬值周期或言之尚早。①

一、第一重边际变化：经济"软着陆"预期与美联储紧缩效应的碰撞

市场对美国经济衰退的预期一直存在。2022年美联储激进加息，连续七次加息425个基点，货币政策的滞后作用意味着2023年美国经济下行压力较大。2023年7月13日，彭博经济学家预测统计显示，美国实际GDP可能在第三季度不增长，第四季度环比负增长，其中投资将连续三个季度环比负增长，表明投资依然会拖累美国经济增长（见表3-1）。美国高级信贷专家问卷调查显示，货币紧缩依然有效，信贷投放意愿与历次衰退并无明显差异。美国制造业PMI连续8个月处于收缩区间，制造业衰退已是市场共识，主要的不确定性在服务业。2023年6月底，美联

---

① 管涛. 这会是新一轮"微笑美元"的开启吗 [N]. 第一财经日报, 2023-07-18.

表 3-1　2023 年 7 月 13 日彭博经济学家预测

国家	项目	2022 Q3	2022 Q4	2023 Q1	2023 Q2	2023 Q3	2023 Q4	2024 Q1	2024 Q2	2024 Q3	2024 Q4
美国	实际 GDP（同比，%）	1.9	0.9	1.8	2.6	1.5	0.8	0.3	0.2	0.6	1.2
	实际 GDP（经季调季环比折年率，%）	3.2	2.6	2	2.4	0.5	−0.3	0.3	1.1	1.6	1.8
	私人投资（经季调季环比折年率，%）	−9.6	4.5	−11.9	5.7	−1.1	−2	−0.5	1.5	2.5	3
	进口（经季调季环比折年率，%）	−7.3	−5.5	2	−7.8	0.4	−0.5	1.3	2	2.4	2.9
	CPI（同比，%）	8.3	7.1	5.8	4	3.4	3	2.7	2.6	2.5	2.3
	PCE 价指（同比，%）	6.3	5.7	4.9	3.7	3.4	3.1	2.8	2.5	2.4	2.2
	核心 PCE（同比，%）	5	4.8	4.7	4.4	4.1	3.7	3.1	2.7	2.5	2.4
	失业率（%）	3.6	3.6	3.5	3.6	3.8	4.1	4.4	4.5	4.6	4.5
	央行利率（%）	3.25	4.5	5	5.25	5.5	5.5	5.25	4.8	4.3	3.95
	欧元兑美元	0.98	1.07	1.08	1.09	1.1	1.12	1.12	1.13	—	1.15
德国	实际 GDP（经季调季环比折年率，%）	1.4	0.8	−0.5	−0.1	−0.6	0	0.5	0.8	1	1.3
	央行利率（%）	0.4	−0.4	−0.1	0	0.2	0.2	0.3	0.3	0.4	0.4
	实际 GDP（经季调季环比折年率，%）	1.25	2.5	3.5	4	4.25	4.25	4.25	4.25	4	3.6
日本	实际 GDP（同比，%）	1.5	0.4	1.9	0.7	1.3	1.4	1	1	1.1	1.2
	实际 GDP（经季调季环比折年率，%）	−1.5	0.4	2.7	1.1	0.8	0.8	0.8	1.2	1.3	1.2
	出口（经季调季环比折年率，%）	10.2	8.4	−15.9	6	−0.2	0.5	1.8	2.4	3	2.7
	央行利率（%）	−0.1	0	0	−0.1	0	0	0	0	0	0
	10 年期债券（%）	0.24	0.42	0.35	0.4	0.51	0.56	0.54	0.57	0.6	0.64
	美元兑日元	144.74	131.12	132.86	144.31	138	135	132	128	—	125

资料来源：彭博。

储主席鲍威尔在欧洲中央银行论坛上说:"在我看来,经济衰退不是最可能的情况,但肯定是有可能的。我认为2023年或2024年美国通胀率不会达到2%,2025年可能会达到这个目标。"2023年7月9日,美国财长耶伦表示,不能排除美国进入经济衰退的可能性,通胀仍然过高,但增长放缓的程度是适当且正常的。

实际情况却是经济数据屡超预期,美国经济衰退的预测被打脸。典型的是美国非农数据。2023年7月6日,美国公布"小非农"数据,新增就业较预期翻倍,震惊全球市场。而此前,非农数据已连续14次超预期,形成了经济学家习惯性低估美国就业市场韧性的印象。除劳动力市场外,经济学家还认为其他经济数据可能会单边下滑。但实际上,根据纽约联储数据,包含了消费者、就业和生产等10个重要指标的美国周度经济指数月均值在2023年第一季度有企稳迹象,第二季度出现小幅反弹。

从表3-1中市场对美国经济的预期可以看出,市场选择了一条于己最有利的路径,即失业率仅仅小幅超过美国长期自然失业率(4.4%),消费支撑年内GDP不会明显下滑,且通胀会持续单边回落。但是,正如2023年6月底IMF第一副总裁在欧洲中央银行论坛上所言,投资者似乎对通胀路径过于乐观,且不认为紧缩政策会对经济增长造成太大打击,这两种情况不太可能同时出现,尤其是如果高利率持续的时间比目前预期的更长的话。她说:"记住,历史上没有这种先例。"

高利率的影响尚未完全显现。若以货币政策滞后作用12个月来推算,美国经济尚未见底,而降息才是好转的开始(见图3-9)。20世纪60年代以来,美联储经历了十一次紧缩周期,三次没有衰退的经验,不适用于现在。如1994—1995年,那次紧缩周期下的"软着陆"是因为全球化和技术进步。现在却是"脱钩断链""小院高墙",近岸贸易、友岸外包,逆全球化正盛。虽然区块链、元宇宙、NFT、Web3.0、ChatGPT等概念层出不穷,技术进步却乏善可陈。2022年9月,美联储在议息会议纪要中披露,当前美国经济"两低一高"(即"低增长、低失业、高通胀")

的主要原因是近年来国内技术进步放缓和劳动参与率降低,导致潜在经济增速下降,实际经济增速下行却仍高于潜在增速,形成正产出缺口、经济过热。①

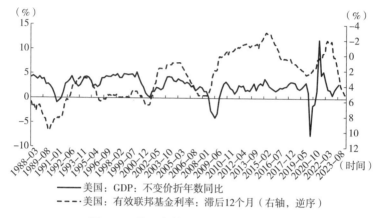

图 3-9 美国有效联邦基金利率和 GDP

注:2009 年 7 月—2022 年 1 月为胡夏影子利率。

资料来源:万得。

个人消费和劳动力市场有韧性是没有衰退的表现而非原因。美国居民"赚多少、花多少",薪酬收入与消费支出增速基本上同步,而前者和经济增速也高度同步。一旦经济骤冷,个人消费会明显下滑,反而是失业率可能会滞后反应。特别是前期美国政府发钱形成的超额储蓄花完后,个人重新进入劳动力市场寻找工作,个人消费支出减少与失业率上升有可能同时发生。此外,值得关注的是,美联储货币紧缩效应可能被前期提前锁定低息利率的债务有效对冲。尽管 2022 年底美联储加息至 4.5%,但居民债务偿付率(DSR)较 2019 年底低了 0.2 个百分点,企业 DSR 仅上升 0.3 个百分点。随着收入下降和债务展期压力上升,紧缩效应将逐渐释放。

---

① FOMC. Minutes of the Federal Open Market Committee September 20–21, 2022[EB/OL]. (2022–10–12)[2023–11–01]. https://www.federalreserve.gov/monetarypolicy/files/fomcminutes20220921.pdf.

二、第二重边际变化：美联储治理通胀还没到宣告胜利的时候

美国劳动力市场趋于平衡但依然偏紧。2023年6月的非农数据终结了连续14次超预期，新增就业20.5万人次，低于市场预期的22.5万人次。5月的失业人数相当于职位空缺人数的1.61倍，较2倍的高点有所回落，但依然明显高于2019年底1.20倍左右的水平。此外，6月，美国非农时薪同比增速仍达到4.4%，可能会继续支撑核心通胀。密歇根大学数据显示，7月，美国消费者信心指数环比上升8.2个百分点至72.6，创下2021年10月以来的新高。虽然这提升了美国经济"软着陆"的概率，但同时也增加了美国通胀韧性。

市场对通胀的预期比美联储更乐观。2023年6月美联储预测，核心PCE在2023年第四季度降至3.9%，并在2024年第四季度降至2.6%，同时上调2024年底联邦基金利率至4.6%。而如前文表3-1所示，市场预计核心PCE在2023年底降至3.7%，2024年降至2.4%，2024年底联邦基金利率可能降至3.9%。两者之间对于2024年政策利率的差值达到了三次25个基点的降息。

2023年6月，美国CPI同比增长3%，增速环比回落1个百分点，跌至2021年4月以来新低，是7月中旬美指跌破100的重要推动力。然而，美国通胀由高位降至3%、4%易，但降至2%难。2023年3月起，美国核心CPI同比与核心PCE同比增速均持续高于CPI与PCE整体通胀，反映当前美国通胀韧性主要来自服务业。6月核心CPI同比增长4.8%，5月核心PCE同比增长3.9%，均远高于2%的中长期均衡目标。分结构看，美国CPI依然呈现商品弱、服务强的格局，6月商品价格同比增长2.0%，服务价格同比增长6.6%。至于最终回落至何处、是否反弹，市场众说纷纭，预测的方差较大。

现在判断核心CPI下降的主要论据是基数效应。其中，住房贡献颇多，房价同比增速一般领先住房租金1年左右。2022年房价同比增速快速下滑可能会在2023年的CPI住房租金上体现。但是，席勒20城房价

环比增速在 2022 年 9 月触底反弹，2023 年 2—4 月加速上升，分别录得 0.3%、1.6% 和 1.7%。若以过去 6 个月均值（0.2%）推算，房价同比在 2023 年 7 月触底反弹；若以近 3 个月均值（1.2%）推算，房价同比在 2023 年 5 月触底反弹，年底前可能重回两位数增长。这也意味着 2023 年支撑核心 CPI 下降的因素可能在 2024 年转向。CPI 中的能源项同理。美国商品通胀与能源价格均于 2022 年 6 月见顶回落。现在能源价格下跌是基于衰退交易的逻辑，若美国经济不衰退叠加美元走弱，未来或将重新推高能源价格，进而推升美国商品乃至整体通胀水平。

三、第三重边际变化：欧美经济周期和货币政策分化趋于收敛

欧元在 ICE 美元指数中的权重高达 57.6%，是 2023 年美元走弱的主要驱动力。2023 年初至 7 月 14 日，美元指数累计下跌 3.4%，其中美元兑欧元下跌 4.7%，贡献了美指跌幅的 82.9%。7 月 10—14 日，美指跌破 100，累计下跌 2.2%，其中美元兑欧元下跌 2.3%，贡献了美指跌幅的 60.4%。

当前情形与 6 年前非常相似。当时，经历了 2016 年下半年的急涨行情后，随着主要经济体经济周期和货币政策分化趋于收敛，2017 年美元指数不涨反跌 9.9%，其中美元兑欧元贬值贡献了总跌幅的 72%。

从市场预期看，在低基数效应下，2023 年美国对欧元区的经济领先优势逐渐收敛。作为欧洲经济的火车头，德国实际 GDP 在 2022 年第四季度和 2023 年第一季度环比连续负增长，而且同比增速可能在 2023 年第三季度继续下降。但市场预计，未来 6 个季度德国 GDP 有望实现小幅同比正增长，增速也将持续回升（见表 3-1）。因而，市场借机炒作一波基本面的压力到了美国这边。

欧央行货币紧缩较美联储慢一拍，造成的结果是核心通胀回落也慢美国一拍。前期，美联储连续四次 75 个基点的加息让市场意识到了美联储治通胀的决心。但 2022 年 11 月起加息放缓乃至 2023 年 6 月暂停加息，显示美联储开始收力。市场已经预计美联储可能在 2024 年第一次议息会议就降息，而且是连续降息的节奏，年底可能降至 3.9%。欧央行核心通

胀比美国还高，自然降息更晚。市场预计2024年第二季度欧央行才开始第一次降息。因而，美、欧央行的政策利率差值可能会趋于收敛。

不过，从2024年经济前景看，市场依然认为美国经济更富弹性，预计2024年第三季度美国实际GDP环比增速将超过欧元区。而且，令人费解的是，既然市场认为美联储紧缩会抑制美国经济增长，却何以觉得欧央行进一步紧缩对欧洲经济影响最坏的时刻就已经过去了呢？实际上，2017年美指大跌之后于2018年反弹了4.1%，其中美元兑欧元升值4.7%，贡献了65%。

综上所述，从历史经验看，"鱼与熊掌兼得"是小概率事件。美联储依然可能造成紧缩过度或紧缩不足的结果。2023年美元略显疲态，主要是因为尽管年初爆发了美国银行业动荡，但第二季度VIX指数均值为14.43，为2020年初以来最低，显示市场风险偏好明显改善。同期，圣路易斯联储金融压力指数均值为-0.47，为2022年初以来最低，反映美国金融条件再次转向宽松。美欧政策预期收敛和利差收窄进一步推波助澜，但是短期波动不会形成长期趋势，经济基本面才是中长期趋势的核心。目前看，市场依然相信美国经济更富弹性，长期前景依然好于欧元区，影响美元波动的因素可能随时反转。①

第四节　美联储加息的尽头会是美元贬值吗②

2023年主导美元行情的是"软着陆"预期，美联储货币政策更多是适应性变化，维持其"落后于市场曲线"的传统。因而，即便经历了各类风险事件冲击，美元的避险属性并未显现，其他金融资产表现也符合"软着陆"交易行情。2023年12月的点阵图显示，美联储加息结束，开

---

① 2023年7月底，美元指数止跌反弹，重新升破100，并于9月底刷新年内新高。

② 本节原文于2023年11月17日发表在"财经五月花"公众号上，链接为https://mp.weixin.qq.com/s/wPbADgE09EGbR1Osat9q2A。本节内容在此基础上仅更新了2023年部分数据，主旨内容未作修改。

始考虑降息。由于美联储主席鲍威尔不够"鹰派",市场强烈期待新一轮宽松周期开启,利率互换市场定价 2024 年六到七次降息,显著多于点阵图显示的三次降息。但美联储货币政策不仅仅是宽松和紧缩的区分,美国经济依然有较多不确定性,美元不一定会立刻露出"疲态"。

一、2023 年全年美元走势大体可分为四个阶段

第一阶段,2023 年初至 3 月上旬硅谷银行事件前。这一时期,ICE 美元指数基本上延续了 2022 年 11 月以来的美联储宽松预期抢跑行情。自 2022 年 12 月起,美联储紧缩进入下半场,逐渐放缓加息幅度和节奏,希望用更多时间观察激进加息的累积滞后效应,并提升了货币政策中经济增长和金融稳定的权重。但 2022 年底以来,美国经济韧性接连超预期,尤其是新增非农就业人数连续高于经济学家预测值,2023 年 2 月爆发的人工智能行情进一步推升了市场风险偏好。美元和美债的避险属性并未被激活,此阶段美元和美债收益率同涨同跌。

第二阶段,3 月上旬的硅谷银行事件至 5 月底的美债上限谈判结束。美联储、联邦存款保险公司和美国财政部在事件初期实施强力干预,迅速平息了中小银行危机。这导致美元避险属性依然没有较大作为,反而是市场对美联储的宽松预期有所增强,导致美债收益率下跌、美股上涨。5 月,美债上限谈判开启,美股陷入盘整,风险偏好有所回落。虽然美债和美元均具有避险属性,但处于"暴风眼"的美债收益率有所上升。细看 2 年期和 10 年期期限利差和美国企业信用利差,背后主导的实际依然是美国经济"软着陆"和美联储紧缩预期升温。当月,2 年期美债飙升 36 个基点,2 年期和 10 年期美债负利差走阔 16 个基点;美银美国高收益企业期权调整利差下降 13 个基点;标普 500 指数上涨 0.2%,但纳斯达克综合指数上涨 5.8%。

第三阶段,经济"软着陆"和货币紧缩的"比拼"行情(6—10 月)。6—7 月,市场依然是经济"软着陆"领先于美联储紧缩预期,尤其是 7 月美联储议息会议偏向"鸽派"。经济向好和通胀韧性可能会提升紧缩预

期，进而带动美债长端利率上升，而短端利率则更容易受美联储政策利率影响。这造成了美债期限利差从 7 月初起开始"熊陡"（即长端利率上升快于短端，长短利率倒挂收窄），指向经济韧性较好、紧缩更长久。7 月底，美国财政部公布万亿美元的再融资计划，远超市场预期。8 月，10 年期美债收益率突破 4% 并进一步攀升，这离不开美国财政赤字过度膨胀的预期。理论上，财政赤字恶化会损害美元信用，但美元指数于 7 月中旬短暂跌破 100 之后触底回升，并于 10 月初突破 107，反弹幅度达到 7.3%，这与美债飙升节奏并不一致。美元指数的最大构成是欧元，占比近六成，美德利差走阔时点与美元触底时点非常接近。由于欧元区经济持续疲软，欧央行紧缩预期也出现明显降温，从"更晚加息、更晚降息"到"更早停止、更早降息"。此外，尽管 2023 年日本经济表现亮眼，但由于日美货币政策分化，美日利差进一步走阔，作为美指第二大权重货币的日元兑美元汇率不断走低，前 10 个月累计下跌 13.6%，也进一步助推了美元强势。

第四阶段，宽松预期下的再度下跌行情。11 月和 12 月，美元指数在美联储"鹰派"立场软化、美债收益率下降和通胀回落等因素的作用下震荡下行。在此期间，美元指数下跌 5% 至 101.4，回吐了 7—10 月的大部分涨幅；10 年期美债收益率下降 100 个基点至 3.88%；标普 500 指数上涨 13.7%，显示市场风险偏好依然较高。12 月，虽然 CPI 和核心 CPI 保持黏性，同比分别增长 3.4% 和 3.9%，但是美联储关注的核心 PCE 同比降至 2.9%，连续 11 个月下行，为 2021 年 4 月以来的首次。这一情景与 2022 年同期颇为相似，即市场再次"抢跑"美联储货币政策转向宽松。12 月底，CME 期货价格显示，市场预计美联储将在 2024 年底降至 3.75%—4.00% 区间，相当于六次 25 个基点的降息，较当月美联储公布的点阵图多了三次降息。与 2022 年底不同的是，2023 年第四季度，市场关注点是美国经济"软着陆"或"不着陆"，讨论经济衰退的声音明显减少。

二、即便加息结束，美元指数也未必快速走弱

美联储货币政策与美元周期存在较强正相关性。首先，仅看美联储货币政策和美元指数是绝对汇率角度。这点无可厚非，因为没有央行能够完全独立于美联储，而且美联储降息周期的调控幅度也较大。不过，加息到尽头不一定会马上降息，例如1990—2019年，美联储降息开启距离加息结束最少要等6个月。其次，美联储货币政策立场不能简单用降息或加息来判断，还可能有市场所谓的"鹰派降息"和"鸽派加息"。2023年以来，市场在美联储议息会议期间的反馈更多是指向"鸽派紧缩"，即加息不会击垮经济前景和美联储适应性加息。如果是危机式大幅降息，美元会因流动性需求激增而出现明显上涨，如2000年、2008年和2020年，但随后会快速下跌。如果是"软着陆"概念的预防性降息，对美元的利空作用较为有限，反而可能会进一步推动美元走强，如1995年、1998年和2019年。因而，判断美联储的货币政策立场需要深入分析美国物价和就业状况。

美国通胀压力离不开过度刺激。当总需求大于总供给时，正产出缺口会形成通胀压力。市场对美国通胀问题的分析报告不少，包括服务消费较强不容易受美联储货币政策影响、住房库存偏低增大房价上行压力、供应链堵塞导致供应短缺（或逆全球化）和油价飙升冲击等。但是，这些理由均忽视了"美国需求过旺的钱是从哪里来的"这一问题。

疫情初期，美国史无前例地以财政货币刺激给了实体经济充足的"子弹"。随着美联储开启激进加息紧缩，美国M2与名义GDP之比开始回落，但仍显著高于疫情前水平。即便如此，至少美联储在履行自己的职责。反观美国政府，在2020财年甩出14.9%的联邦政府赤字率后，2021财年再次祭出了12.3%的赤字率。虽然2022财年联邦政府赤字率降至5.5%，但是2023财年再次升至6.3%。2023年5月，美国前财长萨默斯抨击美国国会预算办公室显著低估了美国财政赤字恶化状况，并预计2033财年预算赤字率可能会达到11%。这几乎相当于2009年金融危

机救市的水平。

而且，两党斗争下，美国政府支出难减、收入难加，赤字缺口恐长期存在。若萨默斯一语成谶，对于一个潜在名义经济增速在 4.5% 左右的美国来讲，政府长期花费 10% 左右的 GDP 只能靠通胀来消化。此外，2024 年大选在即，双方人马还需要依靠财政扩张"买"选票。

劳动力结构性短缺进一步提升通胀的不确定性。随着美国经济下行，劳动参与率开始回升，2023 年 12 月升至 62.5%，较 2020 年 4 月低点回升了 2.4 个百分点，较 2019 年底仍低了 0.8 个百分点。但是，美国经济总量增加提高了劳动力总需求，12 月职位空缺率为 5.4%，较 2019 年底高了 1.2 个百分点；职位空缺数为 903 万人次，相当于同期登记失业人数的 1.4 倍，供需缺口较 2019 年底扩大了 25%。

美联储的好消息是劳动力市场更趋平衡。就业市场繁荣会逐渐吸引低收入人群加入就业市场，从而提升劳动市场竞争程度并降低薪资压力。亚特兰大联储数据显示，12 月美国薪酬指数 3 个月移动均值回落至 5.2%，虽然较 2019 年底高了 1.5 个百分点，但较 2022 年 8 月低了 1.5 个百分点。此外，12 月美国企业预期"骤冷"。美国 ISM 制造业 PMI 就业指数在 9 月结束了连续 3 个月的收缩状态、回升至 51.2% 后，再次陷入连续 3 个月的收缩状态，12 月该指标录得 47.5%，但与 12 月非农新增就业形成反差。12 月非农新增就业初值为 22 万人次，最终修正上调至 33 万人次。

三、2024 年美元走势的三种情形

2024 年美国经济存在三种可能的情形，从而形成不同的美元走势。

一是经济"软着陆"。美联储眼中的"软着陆"是在不明显提高失业率的情况下实现通胀率向 2% 回归。当前市场依然偏向相信经济"软着陆"的情形。权益市场风险偏好依然不低，尤其是美联储明显不愿承担在 2024 年大选年"搞事"的责任。2023 年 7 月 17 日—10 月 27 日，纳斯达克综合指数两个多月下跌了 12%，两周后（到 11 月 16 日）反弹了 12%。2023 年 8 月以来，美债利率曲线快速"熊陡"，显示债券市场对经

济衰退的预期也在减弱。

2023年第三季度实际GDP环比折年率初算值达到"惊人"的4.9%，第四季度仍然录得3.3%，显著高于其潜在增速水平。这就造成了一个矛盾，即经济的韧性会加剧通胀的压力。此种情形需要使用相对价格概念，即各国展开"比硬"竞争。如果非美国家需求"损失"足够大，美国通胀仍有可能稳步向目标区间靠拢。尽管2023年10月IMF没有显著调整全球经济增速预期，但是各大经济体之间进行了较大调整。① 其中，美国经济增长强于预期，预计2023年和2024年分别增长2.1%和1.5%，较7月的预测值分别上调了0.3个和0.5个百分点；欧元区经济增长弱于预期，预计2023年和2024年分别增长0.7%和1.2%，较上次预测值分别下调了0.2个和0.3个百分点。

市场对欧央行货币政策的预期从"更晚加息、更晚降息"向"更早暂停、更早降息"转变。因而，美元可能出现类似1995—1996年的走势。当年，美联储主席格林斯潘顶不住白宫压力，短暂降息但维持紧缩立场，即所谓的"鹰派降息"。初期，市场感受政策"暖意"推动美元小幅贬值，但是越临近大选结束越担忧美联储并未转向，最终在1997年初美联储仅一次小幅加息的敲打下彻底"投降"，美元重新走强。

二是经济"不着陆"。虽然名义收入高增对企业是好事，但是高通胀不是稳定状态，"货币幻觉"可能会导致企业过度投资。从中期看，美国经济"不着陆"或者通胀"不着陆"并非不可能的事情。美联储紧缩不足的风险不仅来自金融市场，还有周期行业的"诉苦"。2023年10月9日，美国房地产业和银行业联名致信鲍威尔，表达了对货币政策方向及其对陷入困境的房地产市场影响的担忧。② 如果美联储像之前错判高通胀一样

---

① 2024年1月，IMF在《世界经济展望》中上调了2024年全球经济增速，原因是美国以及一些大型新兴市场和发展中经济体呈现出比预期更强的韧性，以及中国提供了财政支持。其中，2024年美国经济增速被上调了0.6个百分点，欧元区被下调了0.3个百分点。

② 财联社.别再加息了！美国房地产行业联名致信鲍威尔[Z/OL].(2023-10-10)[2023-11-01]. https://finance.sina.com.cn/jjxw/2023-10-10/doc-imzqrxxw7736306.shtml.

过早放松货币政策，美国需求过热的问题可能进一步加剧。

2023年9月，旧金山联储的测算结果显示，当前美国通胀的压力超过一半来自需求侧，供给侧因素已不足三分之一。① 此外，尽管2023年6月以来美国经济活动趋于回升，但美国贸易逆差也在逐步收窄。除了服务消费偏强，背后可能也受到了美国加强内循环、通胀本土化等因素的影响。美国政界借着"供应链安全"概念出台了一系列刺激投资的政策，其中掺杂了不少"美国优先"的限制。

2023年9月26日，拜登公开支持美国汽车行业罢工，呼吁企业主加薪。② 一旦谈判达成目标，可能引发各行各业效仿，这对于通胀无疑是"火上浇油"。在此种情形下，美国经济可能依然高于潜在产出水平，通胀居高不下，失业率继续处于历史低位。即便财政赤字失衡引发了美元"泡沫"的猜想，依托紧缩货币政策和宽松财政刺激经济的强势美元政策组合可能仍会延续。

三是经济"硬着陆"。这主要是因为货币紧缩效应尚未完全释放，信贷条件依然趋于收紧。至2023年12月末，美国所有商业银行的工商业贷款、房地产贷款和消费贷款同比增速依然处于下滑趋势，较2022年底分别下滑了14.0个、8.4个和7.3个百分点。随着美债利率上升，企业再融资压力可能有增无减，"僵尸企业"尤其危险。

嘉信理财预计，2024年美国破产和债务违约的总数可能会激增。与此同时，消费者在疫情期间积累的超额储蓄逐渐耗尽。2023年11月，旧金山联储经济学家更新了美国居民超额储蓄测算，预计将在2024年上半

---

① Shapiro A. How Much Do Supply and Demand Drive Inflation?[R/OL]. (2022-06-21)[2023-11-01]. https://www.frbsf.org/economic-research/indicators-data/supply-and-demand-driven-pce-inflation/.

② 财联社. 美国史上第一位站到罢工前线的总统！拜登卖力演讲先赢特朗普一局[Z/OL]. (2023-09-27)[2023-11-01]. https://finance.sina.com.cn/jjxw/2023-09-27/doc-imzpcftp4162482.shtml.

年耗尽。① 此前，纽约联储前主席达德利曾公开表示，除非 3.6% 的失业率成为新常态，否则美联储还需要额外的紧缩；同时警告美国经济尚未走出困境，"硬着陆"可能只是被推迟而非避免。此外，美联储紧缩也是一种积累风险的行为，美国经济可能较过去更容易受金融市场影响。

2022 年以来，美债收益率波动飙升，已经呈现一定风险资产的特征。进入 2023 年 10 月以来，美联储官员多次表示美债收益率飙升等同于加息，明显是在安抚金融市场。但是，由于流动性下降，"脆弱"的美债市场仍可能会对个别数据或者事件过度反应，加剧权益市场的估值压力。2023 年 10 月初，萨默斯指出，这种情况可能会导致美国经济陷入衰退，从而引发一场全面的金融危机。② 在此种情形下，美国经济可能陷入负增长，失业率飙升至 5% 以上，通胀也将快速下降。预计美联储将快速切换至危机处理模式，暂停量化紧缩，提升美债流动性，同时快速降息。虽然短期美元走势会受益于避险需求，但拉长时间看，在避险情绪、信用紧缩警报解除后会异常疲软。

综上，美联储加息结束并不意味着美元会立刻转弱。相反，紧缩的同时也在积累金融风险和经济不确定性，尤其是不能低估金融市场的脆弱性，既可能继续交易"软着陆"或宽松预期，也可能被吓出经济衰退。此外，逆全球化政策、地缘政治风险和美国大选年等因素均有可能对美元形成支撑。除非美国经济"硬着陆"，美联储迅速转向，美元才可能在利空出尽后大幅走弱。

---

① Abdelrahman H, Luiz E O. Data Revisions and Pandemic-Era Excess Savings[R/OL]. (2023–11–08)[2023–11–20]. https://www.frbsf.org/our-district/about/sf-fed-blog/data-revisions-and-pandemic-era-excess-savings/.

② 金融界. 美国前财长萨默斯：美联储加息效果不如以往，经济硬着陆风险上升[Z/OL]. (2023–10–09)[2023–11–01]. https://new.qq.com/rain/a/20231009A09DN700.

第五节　关注超级美元周期滋生的新美元泡沫

20世纪80年代上半期，美联储以高利率反通胀，催生了布雷顿森林体系解体之后的第一轮强美元周期，推动美国"孪生赤字"（指贸易赤字与财政赤字）不断膨胀，最终以1985年9月达成《广场协议》、西方五国联合干预美元贬值收场。这轮强美元被称为典型的美元泡沫。2022年高通胀回归，美联储开启40年来最激进的紧缩周期，推动美元指数刷新20年来的纪录，延续了2011年4月以来的第三轮强美元周期。这轮超级美元周期有没有滋生新美元泡沫？本节拟对此进行探讨。

一、进行中的第三轮超级美元周期

如本章第一、二节所述，20世纪70年代布雷顿森林体系解体以来，国际货币体系进入了浮动汇率与固定汇率并行的无体系时代。过去50年来，以ICE美元指数衡量，美元经历了三轮大的升值周期。

第一轮是1980年7月—1985年2月，历时近55个月，累计升值96%。第二轮是1995年5月—2001年7月，历时近74个月，累计升值51%。第三轮是2011年4月—2023年末，历时约149个月，累计升值45%。需指出的是，尽管2022年9月底以来美指冲高回落，但到2023年1月仍稳定在100以上，仍处于强势美元状态，不排除未来美元指数还可能超过前高，本轮强美元周期进一步延长。

本轮超级美元周期完美诠释了"经济强则货币强"。为应对2008年全球金融海啸，美联储推出了零利率和量化宽松货币政策。然而，过去十多年，美元进入中长期贬值通道的预言迟迟未能兑现，就是因为不论从经济增长还是货币政策角度看，美国都"完虐"欧洲与日本。

首先，尽管2008年全球金融危机肇始于2007年的美国次贷危机，但美国在危机后经历了战后最长的经济景气期，而欧元区和日本却深陷经济停滞。2009—2021年，美国经济年均增长1.9%，欧元区增长1.0%，欧元区的"火车头"德国增长1.1%，日本增长0.4%。到2022年，美国实物经济总量相当于2008年的1.30倍，欧元区为1.14倍，德国为1.16倍，日本为1.05倍。

其次，在货币宽松程度方面，欧洲与日本较美国不遑多让。从M2与名义GDP之比看，到2022年末，美国为83.2%，较2008年底上升27.5个百分点；欧元区为114.2%，上升28.7个百分点；日本为217.7%，上升77.1个百分点。从央行总资产与名义GDP之比看，到2022年末，美联储为36.2%，较2008年底上升20.8个百分点；欧央行为64.1%，上升41.6个百分点；日本为128.0%，上升105.2个百分点。货币"放水"哪家强，显然是高下立判。

最后，欧央行与日本央行在非常规货币政策上更加激进，采取了负利率安排，美元资产保持了利差优势。从10年期国债收益率差看，过去20多年，日美利差一直为负：2011—2022年年均负利差为185个基点，较2002—2010年平均268个基点有所收敛，但处在高位；2022年年均负利差为271个基点，环比上升133个基点。同期，德美利差由正转负：2011—2022年年均负利差为144个基点，远高于2002—2010年平均正利差为26个基点的水平；2022年年均负利差为177个基点，环比上升1个基点。

二、本轮强美元周期尚未招致美国国内的强大反弹

20世纪80年代的强美元周期招致了美元泡沫的指责，激化了美国与其他西方国家的经贸摩擦。但是，除了特朗普政府时期频频点评股市、汇市，在这轮超级美元周期中，特别是在2022年货币紧缩、美指飙升的背景下，却没有招致美国国内太多的批评，主要原因有三个。

首先，本轮强美元周期累计涨幅较小、持续时间较长，减轻了美元升值造成的冲击。第一轮强美元周期最大涨幅接近翻倍，几乎是一气呵成。1980—1984年美元指数录得"五连涨"，其中后四年年度涨幅都在10%以上。本轮强美元周期最大涨幅迄今排在第二位，只有第一轮的一

半多,而且是走走停停。尽管 2013—2016 年美元指数录得 "四连涨",但仅 2014 年年度涨幅在 10% 以上,同时 2017 年和 2020 年各有一波 9.9% 和 6.7% 的回撤。由于 2017 年和 2020 年的两次回撤时间短、幅度小,均难称之为弱美元周期。当然,这两轮回调也使得浮筹清洗更干净,美元强势更稳健。

其次,本轮强美元周期缺乏调整的基础。美元指数在 1999 年欧元问世之前是由 10 种货币构成,之后欧元替代了欧元区的主权货币才缩减为 6 种。不论是 10 种还是 6 种,均为发达国家货币。20 世纪 80 年代中期以来的美元泡沫破裂背后,美国与战后日本和德国相比,经济实力的此消彼长是深层次原因。泡沫破裂后,美指最大跌幅过半。本轮超级美元周期中,欧洲、日本经济基本面和政策面总体均不如美国,导致美元跌无可跌。美国经历了特朗普政府时期 "单挑" 所有国家的经贸摩擦后,在拜登政府时期转向主要针对中国。但是,一方面,人民币不是美元指数的篮子货币;另一方面,经历了 2015—2016 年的集中调整,以及 2019 年 8 月破 7 之后,人民币汇率形成更加市场化,有涨有跌、双向波动,中美经贸冲突的焦点已从汇率问题转向结构性问题。事实上,2018 年和 2019 年中美经贸冲突紧张时,曾经利空人民币。

最后,相对于增长和就业,通胀仍是美联储当前的主要矛盾。从由 CPI 同比增速与失业率构建的美国经济痛苦指数看,2022 年月平均为 11.66%,处于历史较高水平。其中,CPI 增速均值为 8.02%,贡献了 68.8%;失业率均值为 3.64%,仅贡献了 31.2%。20 世纪 80 年代美元泡沫期间的 1981 年 1 月—1984 年 12 月,美国经济痛苦指数平均为 14.62%。其中,CPI 增速均值为 6.01%,贡献了 41.1%;失业率均值为 8.61%,贡献了 58.9%。这轮超级美元周期期间,美国就业状况良好,较大程度消除了社会对强势美元的不满。2011 年 1 月—2019 年 12 月,美国经济痛苦指数平均为 7.64%。其中,CPI 增速均值为 1.79%,贡献了 23.5%;失业率均值为 5.85%,贡献了 76.5%。尽管这个时期痛苦指数绝对水平并不高,但因为失业问题较为突出,特朗普政府借口让制造业就业回流寻衅挑起贸易冲突，包括指责欧央行以负利率之名行欧元竞争性贬值之实。

三、超级美元周期下新美元泡沫的迹象逐步显现

美国经济"孪生赤字"加剧。在20世纪80年代的美元泡沫时期，里根政府时期（1981—1984年）的美国联邦政府赤字率平均为4.03%，较卡特政府时期（1977—1980年）高出2.08个百分点；美国商品和服务贸易赤字率平均为1.03%，高出0.33个百分点。2020—2022年，美国联邦政府赤字率为10.85%，较特朗普政府时期的2017—2019年高出6.67个百分点；美国商品和服务贸易赤字率平均为3.48%，高出0.80个百分点。2011—2022年，两个赤字率之间具有较高的正相关性，相关系数为0.569。

外需对美国经济增长的拖累加大。这轮超级美元周期的2011—2022年，外需对美国经济增长平均负拉动0.28个百分点，较2006—2010年平均拉动0.46个百分点低了0.74个百分点。其中，受新冠疫情持续冲击的2020—2022年，外需对美国经济增长平均负拉动0.66个百分点，较2006—2010年均值低了1.12个百分点。1981—1984年，外需对美国经济增长平均负拉动0.90个百分点，较1976—1980年平均拉动0.12个百分点低了1.02个百分点。2020—2022年，美国经济恢复主要靠个人消费支出和私人投资拉动，分别平均拉动经济增长1.87个和0.51个百分点，较2006—2010年均值分别高出1.05个和1.12个百分点。若随着货币紧缩政策的滞后效果显现，美国经济增速放缓、失业率上升，强势美元或重新引起美国民众的关注和非议。

美国对外金融部门的脆弱性增加。截至2022年末，美国对外净负债16.17万亿美元，较2010年底增加了13.66万亿美元，相当于名义GDP的62.8%，较2010年底上升了46.1个百分点。不论是绝对规模还是相对水平，都处于历史高位，美国是当之无愧的国际最大净债务国。上次美元泡沫时，美国还是对外净债权国，只是1981—1984年对外净债权减少了1567亿美元，与名义GDP之比下降了6.9个百分点。本轮超级美元周期以来，美国对外净负债大幅增加，一是为弥补同期经常项目逆差6.47

万亿美元，美国金融账户净流入 6.39 万亿美元，这对应着交易引起的美国对外净负债增加，贡献了同期美国对外净负债增加额的 52.4%；二是汇率及资产价格等引起的非交易变动，推动美国对外净负债多增 5.81 万亿美元，贡献了 47.6%。美国充分享受着现行国际货币体系下嚣张的美元霸权，但也进一步暴露在资本流入骤停甚至逆转冲击的风险之下。

当然，即便新美元泡沫正在逐步积聚，也不意味着泡沫会立即破裂。其实，在多重均衡和汇率超调的资产价格属性下，不排除美元指数进一步上涨的可能。但是，美元泡沫持续时间越长、累积程度越深，一旦经济基本面或者市场情绪面出现反转，就越可能触发美元指数的剧烈调整。此外，国际货币体系的多极化发展也是美元泡沫的软肋。

第四章

关注金融危机演变的"二遍铃效应"

自2023年3月初美国硅谷银行、签名银行、第一共和银行连续倒闭以来，美国监管层迅速出手扑灭火苗，存款流失速度有所放缓，金融风险趋于"风平浪静"，美联储重回抗通胀主线。尽管2023年最后两次议息会议美联储暗示加息结束并开始考虑降息，但美国经济和通胀的韧性有可能令美联储在2024年更迟更少地降息。若利率维持更高更久，激进加息的累积效应仍将进一步显现。硅谷银行事件或许是敲响了金融危机的"第一遍铃"，我们仍需关注金融动荡向金融危机演变的"第二遍铃"①，这可能对应系统性风险事件冲击或者大型金融机构风险暴露。

---

① 《邮差总按两遍铃》是20世纪30年代的冷硬派（Hard-Boiled）小说的不朽之作。生活中，邮差总是通过按两遍铃尽到自己的职责，暗喻着命运的不期而至。

第一节 金融危机不是一蹴而就的

1960年以来，美联储十一次加息周期中有八次伴随经济衰退，有六次伴随金融动荡或危机。1980年以来，除1983年利率正常化周期之外，几乎历次周期都伴随经济衰退或金融危机，危机要么发生在美国本土，要么发生在美国以外（见表4-1）。其中，两次发生在美国本土的金融危机（即20世纪80年代的美国储贷危机和2008年的全球金融危机）都经历了漫长的演进过程。

表4-1 美联储加息周期与经济衰退和金融危机

美联储加息周期	加息幅度（个基点）	经济情况	金融情况
1965年9月—1966年11月	175	1966年经济放缓	—
1967年7月—1969年8月	540	1969年12月—1970年11月衰退	—
1972年2月—1974年7月	960	1973年11月—1975年3月衰退	—
1977年1月—1980年4月	1300	1980年7月—1982年11月衰退	—
1980年7月—1981年1月	1000	1981年7月—1982年11月衰退	1982年拉美债务危机
1983年2月—1984年8月	315	经济较好	—
1988年3月—1989年4月	325	1990年7月—1991年3月衰退	1980—1994年储贷危机
1993年12月—1995年4月	310	软着陆	1994年墨西哥金融风暴；1997年东南亚货币危机；1998年俄罗斯金融危机
1999年1月—2000年7月	190	2001年3—11月衰退	2000年互联网泡沫破裂

续表

美联储加息周期	加息幅度（个基点）	经济情况	金融情况
2004年6月—2006年6月	425	2007年12月—2009年6月衰退	2008年全球金融危机
2015年10月—2019年1月	225	2020年2—4月衰退	2013—2015年新兴市场缩减恐慌
2022年3月—2023年9月	525	?	?

注：根据美联储前副主席艾伦·布林德（Alan Stuart Blinder）对加息周期的划分，1983—1984年并不算严格的美联储加息周期，更多是1981年高利率降息之后的利率正常化；20世纪80年代储贷危机的时间并未有统一定义，学界大致定为1980—1994年，其中1988—1992年为储贷危机最严重的时期，从这个意义上讲，1983—1984年的紧缩周期同样伴随金融危机。

资料来源：Alan Blinder（2022）①，NBER。

一、1980年储贷危机：美联储高息抗通胀和监管失误导致缓慢演进危机

对比历次美联储紧缩导致的危机，与2023年美国银行业动荡性质较为相似的是20世纪80年代的美国储贷危机。20世纪七八十年代，美国通胀持续攀升，美联储通过大幅加息措施以对抗通胀，利率高企且波动较大，加之部分金融监管政策失误，引发了持续超过10年的美国储贷行业危机。

美国储贷机构起源于19世纪末期，由于部分民众希望拥有自己的房屋但缺乏足够的储蓄，于是某地区或行业的初始会员将积蓄汇集起来，并贷款给少数会员来购房，存款者也可以获得部分收入。美国储贷机构的资产端构成非常单一，多为集中在某一地域或行业的固定利率抵押贷款，且久期较长；负债端则为久期较短的活期存款，且储户群体集中。此外，当时美国监管为避免储蓄机构高息揽储和不正当竞争，设定了存款利率上限（即Q条例），远低于货币市场基金等提供的市场利率，导致储户纷纷提取资金。由于储贷机构遭遇持续的存款流失，加之资产端收益上升缓慢，盈

---

① Blinder A. Landings hard and soft: the Fed, 1965–2020[Z/OL]. (2022-02-11) [2023-11-01]. https://bcf. princeton. edu/events/alan-blinder-on-landings-hard-and-softthe-fed-1965–2020.

利能力快速下降，部分机构经营状况堪忧，已出现资不抵债的情况。

起初为解决储贷行业遇到的问题，美国政府选择放松监管政策并降低资本标准，包括取消存款利率上限，允许储贷机构参与房地产以外的贷款业务，希望通过资产规模扩张来帮助储贷机构恢复盈利。然而，这不但没有解决问题，反而使得一些资不抵债的机构继续运营和发展，资产规模重新大幅膨胀且承担更多风险。随着一些储贷机构所在区域和行业基本面恶化，贷款违约增多，信用风险上升，破产倒闭的储贷机构不断增加。

据美国联邦存款保险公司（FDIC）统计，1980—1994年，美国有1617家银行（总资产规模3026亿美元）和1295家储贷机构（总资产规模6210亿美元）倒闭或被救助（见表4-2），倒闭机构数量占所有美国联邦保险覆盖机构总数量的1/6，资产规模约占所有机构总资产规模的20.5%。[1] 据测算，截至1999年末，储贷危机估计总损失约为1530亿美元[2]，占到1980—1994年美国年均GDP的1.8%。

表4-2 按资产规模排列的美国倒闭银行

排名	倒闭银行	倒闭年份	总资产规模（亿美元）
1	华盛顿互助银行	2008	3070
2	第一共和银行	2023	2291
3	硅谷银行	2023	2090
4	签名银行	2023	1180
5	伊利诺伊大陆银行和信托	1984	400
6	第一共和公司	1988	325
7	独立国家房贷公司	2008	320
8	美国储蓄和贷款协会	1988	302
9	殖民银行	2009	250

---

[1] Federal Deposit Insurance Corporation, Resolution Trust Corporation (US). Managing the Crisis: The FDIC and RTC Experience 1980-1994[R]. Federal Deposit Insurance Corporation, 1998.

[2] Curry T, Shibut L. The cost of the savings and loan crisis: Truth and consequences[J]. FDIC Banking Rev., 2000, 13: 26.

续表

排名	倒闭银行	倒闭年份	总资产规模（亿美元）
10	新英格兰银行	1991	217
11	MCorp 集团	1989	185
12	FBop Corp 银行子公司	2009	184
13	直布罗陀储蓄贷款	1989	151
14	第一城市国家银行	1988	130
15	担保银行	2009	130

资料来源：美国联邦存款保险公司。

20世纪80年代的储贷危机与本次银行业动荡有部分相似之处。

一方面，二者的触发原因都是在高通胀环境下，利率风险上升，资产和负债久期严重错配，资产端持有价值缩水，负债端遭遇存款流失。此次美国银行业动荡的源头——硅谷银行，正是因为资产和负债期限严重错配，资产端的长期国债大幅缩水，而负债端则为高度集中在科创企业的未受保存款，由于抛售债券账面损失落实，存款流失加速，最终无法兑付存款而倒闭。

另一方面，二者都发生在货币紧缩周期末期，美联储面临抗通胀、稳增长和防风险的三难选择。2008年全球金融危机虽然遭遇系统性风险，但当时不存在物价稳定的问题，美联储可以逆势宽松，首要维护金融稳定。20世纪80年代，美联储紧缩初期是面临经济增长和物价稳定二选一的难题，时任美联储主席沃尔克不惜以牺牲经济（就业）为代价来对抗通胀。随着高利率持续，储贷危机缓慢演进，美联储的决策也转为经济增长、物价稳定和金融稳定三选一的难题。不过，当时美国政府选择使用监管救助政策维护金融稳定，而非直接迫使美联储全面转向降息。直至1989年储贷机构倒闭数量和规模达到峰值，美国经济基本面显著恶化，美联储才开始降息。2022年以来美联储大幅加息，起初市场认为美联储需要在经济增长和物价稳定之间二选一，但美国经济和劳动力市场颇具韧性，3月银行业动荡使得美联储三难选择的矛盾更为突出。

二、2008年全球金融危机：加息刺破泡沫引发金融尾部风险充分释放

2004—2006年，美联储在两年时间内累计加息十七次共计425个基点，2006年美国房地产市场已出现降温迹象，至2007年初房地产价格开始下跌，房地产泡沫逐渐破裂。2007年4月，以美国第二大次级房贷公司新世纪金融申请破产保护为标志，美国次级抵押信贷市场的风险开始暴露；2007年8月，美国最大抵押信贷商——新世纪公司声称不良贷款数额飙升，其股价遭受重创，濒临破产。次贷危机由此缓慢展开。当年8月全球金融市场大幅下跌，美联储紧急注入流动性，并在9月和10月累计降息75个基点至4.5%，年底美国政府推出次级房贷纾困计划和救生索计划。

2008年2月，为帮助实体经济复苏，乔治·沃克·布什（George Walker Bush）政府推出了1680亿美元的减税和退税刺激计划。3月，美国第五大投行——贝尔斯登被摩根大通收购。5月，时任美国财长亨利·保尔森（Henry Merritt Paulson，Jr.）表示，次贷危机最坏的时刻可能已经过去，政府不会出台新的经济刺激计划，距离危机结束更近了。[1] 然而，不良资产问题并未完全解决，9月雷曼兄弟倒闭，房地美和房利美被接管，由此引爆全球金融海啸。10月，美国政府推出了7000多亿美元的《经济稳定紧急法案》和"不良资产救助计划"（TARP），美联储也累计降息200个基点，到年底为0—0.25%利率区间。

可见，即便是如2008年金融危机般影响巨大的系统性风险事件，其演进过程也是渐进的。从2006年6月美联储加息结束，到2007年9月第一次降息，美联储联邦基金利率维持在5.25%的水平将近15个月的时间；从2007年4月次贷危机风险开始逐渐暴露，至2008年9月雷曼事件，经过了将近17个月的时间。如果金融风险未被根本消除或是并未完全释放，即便是及时推出政策干预，风险仍可能被重燃并再度蔓延。

---

[1] The New York Times.Worst of credit crisis may be over, Paulson says[N/OL].(2008–05–07)[2023–11–01]. https://www.nytimes.com/2008/05/07/business/worldbusiness/07iht-7usecon.12666783.html.

第二节 激进的货币紧缩是本次美国银行业动荡之源

一、硅谷银行的投资行为并不算冒险，却成为低利率转向高利率的牺牲品

2020年以来，美国财政货币政策双刺激，银行存款急剧攀升。硅谷银行的客户以科创企业为主，通过首次公开募股（IPO）、特殊目的收购公司（SPAC）和风险投资等形式筹集了大量资金，并存在硅谷银行。2021年末，硅谷银行的存款规模达到1892亿美元，较2019年末增长了2.1倍。面对迅速扩张的资产规模，硅谷银行将超过半数的资金投资到美国国债和机构债。截至2022年末，投资债券规模合计占其资产比例达55.4%，较2019年末增加了16.2个百分点。其中，持有到期证券（HTM）占比达到43.1%，这包括许多10年以上期限的抵押贷款证券（MBS）。根据硅谷银行年报披露，截至2022年末，其证券投资组合加权平均久期为5.7年，收益率仅为1.66%[1]，而其存款中约有47%为活期存款，可以随时提取，负债端总体利息成本为1.37%。

由于2022年美联储大幅加息，硅谷银行资产端持有的债券出现大量账面损失（未实现损失170亿美元，约相当于其资本金的100%），负债端遭遇存款流失。2023年3月初，硅谷银行本希望通过调整资产结构并募集资金22亿美元挽救局面，却因出售210亿美元债券造成18亿美元实际损失而引发了市场恐慌，加之硅谷银行94%的存款不受存款保险保护，储户加速提款，导致无法兑付，最终宣布破产倒闭。

硅谷银行固然在经营管理中存在失误，比如未管理好资产负债久

---

[1] SVB Financial Group. Annual Report[R/OL].(2023–02–24)[2023–11–01]. https://ir.svb.com/financials/annual-reports-and-proxies/default.aspx.

期、过度集中投资及未对冲风险等,但仅从投资行为来看,硅谷银行算不上激进,购买的也是美债等安全资产,却因利率飙升、贱卖资产而折戟。

值得一提的是,在2023年4月28日美联储公布的硅谷银行调查报告中提到,2023年2月14日,美联储专门就利率升高对银行和监管的影响召开内部董事会,当谈到证券投资可能遭受较大未实现损失的部分时,恰好引用了硅谷银行的案例,但会后仅计划将硅谷银行的监管评级下调,声称将提高监管关注度,但没有采取其他加强监管的措施。[1]对此,美联储也在调查报告中承认存在监管不力,在发现硅谷银行的监管漏洞之后,没有采取足够的措施来迅速解决问题。[2]5月16日,硅谷银行前CEO在美国国会听证时表示,2021年美联储的"通胀暂时论"对其利率风险管理产生了极大的误导。[3]

二、签名银行是因涉足加密货币,受到相关风险传染并遭受挤兑

2019—2021年,签名银行总资产规模迅速增长,累计增长134%至1184亿美元,远高于类似规模的19家银行增速(中位数为33%)。此前,签名银行以贷款业务为主,主要集中在商业地产和工商业。2018年以来,随着资产规模的持续增长和业务多元化需要,签名银行逐渐推出私募股权存款计划,并开始涉足加密货币业务,2019—2021年,其加密货币存

---

[1] Federal Reserve Board. Impact of Rising Rates on Certain Banks and Supervisory Approach [EB/OL].(2023–02–14)[2023–11–01]. https://www.federalreserve.gov/supervisionreg/files/board-briefing-on-impact-of-rising-interest-rates-and-supervisory-approach–20230214.pdf.

[2] Federal Reserve Board.Federal Reserve Board announces the results from the review of the supervision and regulation of Silicon Valley Bank, led by Vice Chair for Supervision Barr[EB/OL].(2023–04–28)[2023–11–01]. https://www.federalreserve.gov/newsevents/pressreleases/bcreg20230428a.htm.

[3] Becker G W. Written Testimony before the U.S. Senate Committee on Banking, Housing, and Urban Affairs [EB/OL].(2023–05–16)[2023–11–01]. https://www.banking.senate.gov/imo/media/doc/BeckerTestimony5–16–23.pdf.

款规模扩大了15倍，占其总存款的27%。而且，储户高度集中，签名银行存款规模前四名的客户合计占其总资产的14%，其中三名是加密资产相关客户。

2022年以来，随着美国利率快速上升，加密资产价格持续下跌，加之Luna、Terra和FTX等事件接连发生，极大打击了市场信心，签名银行作为提供加密货币存款的服务商也受到波及，2022年其股价已累计下跌68.5%。2023年3月，随着硅谷银行和银门银行（Silvergate）宣布倒闭，签名银行也受到风险传染并遭到挤兑，3月10日，单日提款额占到其存款的20%，到3月12日，提款额增加至近89%，而其账面只有30亿美元的可用流动性，占存款总额的4%，完全无法应对挤兑。当日，签名银行被美国联邦存款保险公司接管。

三、第一共和银行事件是股价下跌和存款流失相互作用导致风险加速暴露

在硅谷银行事件爆发之后，美国相对脆弱的中小银行均遭到抛售。第一共和银行作为专门服务高净值个人客户的商业银行，截至2022年末，存款规模为1764亿美元，其中67.4%的存款不受存款保险保护。2023年3月13日，第一共和银行被穆迪列入评级有可能下调的"负面观察名单"，当天股价大幅下跌62%。3月15日，惠誉和标普相继将第一共和银行信用评级评为"垃圾级"，第一共和银行股价持续下挫，5个交易日累计下跌73%。3月16日，摩根大通、花旗等11家大型银行联合存款300亿美元，股价下跌速度趋缓，之后趋于稳定。

4月24日，第一共和银行披露2023年第一季度报告，当季存款累计流失720亿美元，降幅达40%，再度引发市场抛售，当日股价下跌49%。最终，美国联邦存款保险公司宣布接管，5月1日摩根大通宣布收购，至此，2023年以来第一共和银行股价累计下跌97%。尽管第一共和银行接受了大银行的救助，没有遭受与硅谷银行类似的大规模集中提款，但由于存款流失问题并未得到根本解决，股价下跌使得储户更加急于提款，

存款流失又导致市场信心进一步下滑，股价进一步下跌，二者相互作用，最终第一共和银行被摩根大通收购。

四、美联储秉承货币政策"做多比做少好"的理念可能再犯错

（一）前期坚持货币宽松"做多比做少好"导致误判通胀

2020年新冠疫情暴发之初，出于对通缩的恐惧，美联储秉持货币宽松"做多比做少好"的理念，推出零利率加无限量宽，配合多轮财政刺激强力支持美国经济复苏。在当年8月的杰克逊霍尔年会上，鲍威尔宣布，为更好完成充分就业和物价稳定的双重使命，美联储将采取灵活的"平均通胀目标制"，希望在通胀持续低于2%的时期之后，允许通胀适度高于2%。[1] 同年10月初，鲍威尔曾公开表示，美国经济复苏尚未完成，政策干预的风险是不对称的，支持过多造成的风险要小于支持过少。因为即使最终证明实际政策行动超出了需要，那也不会白费力气——经济复苏将更强劲、更快，而美联储有的是工具应对通胀。[2]

提高对通胀上行的容忍度后，美联储控通胀由先发制人变为后发制人。自2021年初以来，美国通胀节节攀升，CPI同比增速从2021年4月的4.2%升至2022年6月的高点9.1%。按照传统泰勒规则，美联储本应在2021年第一季度便开始加息（见图4-1），到年底联邦基金利率应为6.5%，而实际的联邦基金利率却只有不到0.1%。美联储以"通胀暂时论""通胀见顶论"为借口，使加息进程晚了整整一年，这导致美联储远远落后于市场曲线，紧缩步伐迈得又大又急。

---

[1] FOMC. Statement on Longer-Run Goals and Monetary Policy Strategy [EB/OL]. (2023-01-31)[2023-11-03]. https://www.federalreserve.gov/monetarypolicy/files/FOMC_LongerRunGoals_202301.pdf.

[2] Powell J H. Recent Economic Developments and the Challenges Ahead [EB/OL].(2020-10-06)[2023-11-03].https://www.federalreserve.gov/newsevents/speech/powell20201006a.htm; Transcript of Chair Powell's Press Conference [EB/OL]. (2021-04-28)[2023-11-03].https://www.federalreserve.gov/mediacenter/files/FOMCpresconf 20210428.pdf.

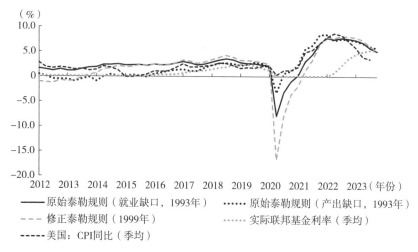

图 4-1 三种泰勒规则对应的美国联邦基金利率及美国 CPI 同比

资料来源：亚特兰大联储。

（二）如今坚持货币紧缩"做多比做少好"有可能选择性忽视紧缩造成的风险

在 2022 年 11 月议息会议之后的新闻发布会上，鲍威尔表示，目前（货币紧缩）做得太多的风险远小于做得太少。如果过度紧缩，我们可以用政策工具给经济提供支持（如疫情初期所做的那样），而如果做得太少，通胀变得根深蒂固，未来需要再度紧缩，就业的代价也会更高。①

货币紧缩对于实体经济存在滞后作用，而经济数据本身又存在时滞，美联储数据依赖的确可以更加贴近经济现实，但过度的数据依赖无异于盯着后视镜里的数据决策。如果看到货币紧缩造成非意向的金融或经济后果时，货币政策再转向，或为时已晚。况且，2021 年以来美联储信誉已遭受到较大挑战，通胀"暂时论""见顶论"相继破产。美国盖洛普（Gallup）民调数据显示，2023 年仅有 36% 的美国民众表示，对于鲍威尔未来会采取合理举措提振经济有"相当大"或"比较大"的信心，

---

① Transcript of Chair Powell's Press Conference [EB/OL].(2022–11–02)[2023–11–01]. https://www.federalreserve.gov/mediacenter/files/FOMCpresconf20221102.pdf.

创下自 2001 年有统计以来的最低值（见图 4-2）。如果美联储再次犯错，将会继续打击公众对美联储的信心，未来要面临如何和市场有效沟通的难题。

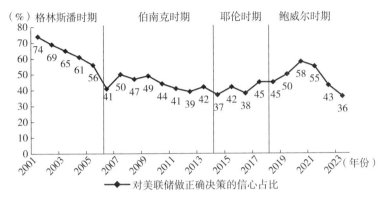

图 4-2 历任美联储主席信心调查

资料来源：盖洛普。

金融资产价格具有超调属性，从金融风险演绎成为金融危机往往是非线性的。在 2008 年雷曼兄弟倒闭前夕，美国 7 月 CPI 同比增速升至 5.6%，第二季度美国 GDP 环比折年率为 2.3%；8 月的议息会议上，部分官员担心通胀上行风险，甚至支持转为紧缩政策[1]；9 月雷曼兄弟倒闭且金融风险开始蔓延，然而美联储仍顾及通胀过高，当月也没有降息[2]，仅是推出部分结构性工具应对金融压力；直至金融系统性风险显著上升，才在 10 月紧急连续降息 100 个基点。

---

[1] 2004—2006 年的加息周期于 2006 年 6 月停止，累计加息 425 个基点至 5.25%，并维持 15 个月，2007 年 9 月开启降息周期。Minutes of the Federal Open Market Committee August 5, 2008[EB/OL].(2008-08-26)[2023-11-01]. https://www.federalreserve.gov/monetarypolicy/files/fomcminutes20080805.pdf.

[2] Meeting of the Federal Open Market Committee on September 16, 2008[EB/OL].(2013-01-01)[2023-11-01]. https://www.federalreserve.gov/monetarypolicy/files/FOMC20080916meeting.pdf.

第三节　高利率环境下银行业动荡的进一步演变路径

一、银行债券投资浮亏和存款流失无法得到根本解决

在本轮利率快速上行过程中，许多美国银行忽视了利率风险管理。一篇研究通过分析上市银行的财报数据发现，美国银行业在本轮美联储加息周期中很少对冲利率风险，仅有约6%的银行资产受到利率对冲的保护。2022年约1/4的银行减少了保护性对冲，比如硅谷银行2021年对冲了约12%的证券投资组合，2022年底仅对冲了0.4%。①

根据FDIC的数据，截至2023年第三季度，美国银行业有超过6839亿美元的未实现损失，较第二季度增加1255亿美元，是2008年金融危机时的10.5倍，占所有美国银行总资本的30.5%。如果美联储货币紧缩延续，利率居高不下，中小银行持有债券浮亏的情况将无法得到根本解决。如果中小银行为缓解流动性压力变卖部分资产导致亏损落实（如硅谷银行），又或是在市场恐慌情绪的传染下银行的股票或债券价格大幅下跌（如第一共和银行），则可能影响储户信心，进而加速存款流失。存款流失和资产价格下跌相互作用，最终相关银行将濒临倒闭。

由于过去十多年来持续处于低利率状态，加之美国经济金融大环境相对稳定，储户存款对于利率的敏感性并不高，存款黏性较强。而当市场利率急剧升高，存款利率却难以相应上升时，储户可能会将存款转入收益更高或存款利率更敏感的货币市场基金和大型银行。纽约大学的一篇研究显示，通过计算1984—2021年每家银行的存款Beta值②，发现大

---

① Jiang E X, Matvos G, Piskorski T, et al. Limited Hedging and Gambling for Resurrection by US Banks During the 2022 Monetary Tightening?[J]. SSRN Electronic Journal, 2023.

② 存款Beta值衡量一家银行的存款成本对短期利率变化的敏感性。例如，存款Beta值为0.4，意味着短期利率上升100个基点，银行的平均存款利率将提高40个基点。

银行（资产规模大于2500亿美元）的存款Bata值平均为0.46，而小微银行为0.39，且分布非常不均，有的银行几乎接近零（见图4-3）。这意味着从历史数据来看，美国许多小微银行的存款利率敏感性并不高，这使得许多小微银行更容易忽视利率风险的管理，依赖所谓的特许经营权价值①（franchise value）来对冲资产端的利率风险。而当利率急剧上升时，此类小微银行最经不起挤兑，比如硅谷银行的存款Beta值为0.31，第一共和银行为0.33，均低于其类似规模银行的均值0.41。

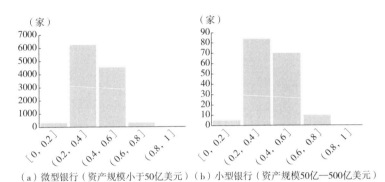

（a）微型银行（资产规模小于50亿美元） （b）小型银行（资产规模50亿—500亿美元）

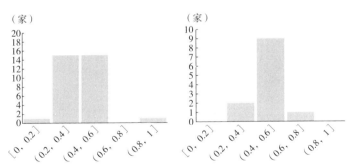

（c）中型银行（资产规模500亿—2500亿美元） （d）大型银行（资产规模在2500亿美元以上）

图4-3　美国银行按资产规模划分的存款Beta值分布情况

资料来源：Drechsler et al（2023）②。

---

① 指在持续经营（going concern）收入的假设下，公司未来现金流的折现。

② Drechsler I, Savov A, Schnabl P, et al. Banking on uninsured deposits[R]. National Bureau of Economic Research, 2023.

当前，美国银行业为吸收储蓄纷纷提高存款利率，这将收敛银行净息差收益。为转嫁负债成本、维护其盈利能力，银行往往会提高贷款利率，这又意味着美联储加息的信贷紧缩效应进一步显现。

二、潜在的信贷收缩加大美国经济和利率敏感行业的下行压力

银行信贷紧缩是货币政策紧缩的应有之义，美国银行业动荡之后，信贷紧缩可能起到"类加息"的作用，只不过紧缩幅度仍不确定。根据圣路易斯联储公布的贷款标准调查（SLOOS）数据，2023年第四季度美国银行业收紧大中企业和小企业贷款标准的净百分比分别为33.9%、30.4%，环比上升16.9个、18.8个百分点，较2023年初累计下降10.9个、13.4个百分点；收紧信用卡标准的净百分比为28.9%，环比下降7.5个百分点，仍较2023年初微升0.6个百分点；收紧商业地产贷款标准的净百分比为64.9%，环比下降6.8个百分点，仍较2023年初下降4.3个百分点。这显示，到2023年末，美国主要贷款发放标准均较2023年内的高点有所下降，表明信贷紧缩程度有所缓和。不过，如果信贷紧缩最紧的时刻已过去，此前预计的"类加息"效果可能并未对美国经济带来明显冲击。2023年，美国GDP增长2.5%，较2022年增加0.4个百分点；失业率月均3.63%，较2022年微降0.02个百分点。这与鲍威尔一直强调的"为了使通胀持续下行，需要经济保持一段时间低于趋势值增长"的说法并不相符。

此外，高利率环境之下，部分利率敏感且基本面存在风险的实体行业（如商业地产）可能首当其冲。一旦诸如商业地产贷款等难以获得再融资，可能加大信用违约风险。美国商业银行资产负债表数据显示，美国小银行的商业地产贷款规模占全部商业地产贷款的70%，占小银行总贷款规模的45%，占小银行总资产规模的30%。美联储发布的《金融稳定报告》和《货币政策报告》中均提示，商业和住宅房地产市场的估值压力持续升高，疫后远程办公需求增加可能导致商业房产价格下跌达到40%，对于一些商业地产敞口集中的中小银行来说，如果商业地产情况

恶化，它们可能会遭受高于平均水平的损失。①

三、市场和美联储的博弈将放大金融市场波动

2023年12月美联储议息会议，美联储连续第三次暂停加息，点阵图显示至2024年底联邦基金利率为4.6%，暗示或有三次25个基点的降息。会后，鲍威尔在议息发布会上发言偏"鸽派"，他表示本轮利率基本已接近终点，并暗示开始考虑降息。美联储转向的预期点燃了市场情绪，金融市场出现"股汇双升"，市场激进地预计美联储将于2024年3月开始降息，大概率全年降息150个基点。

2024年1月议息会议，美联储继续暂停加息，但鲍威尔发言偏"鹰派"，表示3月降息基本不可能，需要保持耐心观察限制性政策效果，试图给市场激进的宽松预期"泼冷水"。会后，虽然市场对于3月开始降息的预期有所下降，但仍预计至年底累计降息150个基点。2月中旬公布的美国1月CPI和PPI数据全面超预期，市场对于通胀重新加速的担忧重燃。此后，市场对美联储降息预期推迟至6月，全年降息预期降至100个基点。对此，此前预警了美国通胀的美国前财长萨默斯表示，这些数据对通胀将顺利降至2%的乐观预计提出了疑问，美联储下一步的政策行动有15%的可能性是加息，而不是降息。此后公布的1月美联储议息会议纪要显示，委员总体认可政策利率已经见顶，但对降息保持审慎，并表示希望看到更多通胀回落的证据，对通胀回落过程出现反复有一定担忧。

从2023年底至2024年初美联储与市场的一系列博弈可以看出，美国通胀和经济走势的不确定性使得美联储和市场都只能"走一步，看一步"。鉴于本轮加息周期的"非典型性"——如此激进地加息，美国经济却依然坚韧，通胀连续下行而失业率却并未抬升，美联储和市场都无法提早对经济走势下定论。

---

① Board of Governors of the Federal Reserve System.Financial Stability Report-May 2023[R]. The Federal Reserve,2023.

四、非银金融机构的风险传染效应

当从低利率快速转换至高利率时,金融体系的脆弱环节更容易暴露。多家国际机构开始提示非银机构风险。如2023年4月,IMF在《全球金融稳定报告》中提示,非银金融机构(NBFI)由于高杠杆、流动性错配及与传统银行体系的高度关联性,可能产生较强的溢出效应。① 6月,BIS在《2023年度经济报告》中指出,虽然表面上非银金融机构杠杆率低于传统银行业,但此类机构往往充斥着隐性杠杆,已成为银行巨额损失的根源。② 根据金融稳定理事会(FSB)的统计数据,截至2022年末,非银金融机构资产规模较2008年末增长1.3倍至218万亿美元,高于银行机构0.8倍的增长,占全球金融资产比例上升4.3个百分点至47.2%;银行体系的资产比例则下降6.2个百分点至39.7%(见图4-4)。

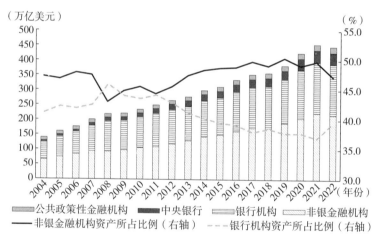

图4-4 全球金融资产分布及银行和非银金融机构资产所占比例

资料来源:金融稳定理事会。

---

① IMF Blog. Nonbank Financial Sector Vulnerabilities Surface as Financial Conditions Tighten [EB/OL].(2023-04-04)[2023-11-01]. https://www.imf.org/en/Blogs/Articles/2023/04/04/nonbank-financial-sector-vulnerabilities-surface-as-financial-conditions-tighten.

② BIS. Annual Economic Report 2023[R/OL]. (2023-06-25)[2023-11-01]. https://www.bis.org/publ/arpdf/ar2023e.pdf.

虽然在 2008 年危机之后，欧美监管机构大大加强了对于银行业的监管，但近些年金融体系愈发发达，非银金融机构已成为全球金融体系的主力，包括保险公司、养老基金、对冲基金和共同基金等，且存在透明度低、数据和监管真空的问题，容易因信息不对称而触发资产抛售的"羊群效应"，2022 年 10 月的英国养老金风波便是前车之鉴。

过去的低利率环境使得非银金融机构更加冒进地加杠杆放大收益，一方面非银机构本身的规模和复杂性足以带来系统性风险，另一方面这些风险也会对银行等传统金融机构产生传染效应，比如 2021 年阿古斯资本管理公司（Archegos Capital Management）爆仓事件便成为压倒瑞士信贷的"最后一根稻草"之一。此外，尽管每次金融危机的触发点不尽相同——所谓"这次不一样"，但事后总能总结出危机产生的共性。

五、金融监管改革没有无痛的政策选择

央行作为金融监管机构，出于道德风险的考虑，不能"治未病"，而只能做到事前规制（regulation）、事中监管（supervision）、事后救火（lender of last resort）。如果银行业风险不能被完全消除，或者监管机构不能事前明确表示为所有机构兜底，而只能"治标不治本""见招拆招"地监管救助，市场参与者只会不断地去寻找下一个脆弱的目标银行，加大资产抛售和存款流失压力，直至其蔓延和传染至更广泛的金融体系甚至冲击系统重要性银行，迫使监管进行全面干预。

美国国民经济研究局的一篇研究使用 1275—2019 年近 8 个世纪以来的银行危机干预数据库，将近期欧美银行业动荡的救助措施和规模与历史对比来看，过去只有 57 次银行危机的救助方式（包括担保、贷款和重组）与本次类似，其中有 45 次发生了系统性风险，概率约为 79%；在所有 880 次危机中有 456 次发生了系统性风险，概率为 52%。而且，作者认为银行动荡仍在演进之中，监管干预的规模会进一步扩大，从历史经验来

看，这往往会伴随更大的系统性风险和更高的经济金融干预成本。[①]

针对未来潜在的存款挤兑，美国联邦保险公司于2023年5月1日提出了存款保险改革的几个选项，包括：（1）有限保护：维持现行的存款保险制度，提高存款保险限额，但这并不能完全解决高额存款高度集中的挤兑风险；（2）无限保护：为所有存款提高全面保险，有限消除挤兑风险，但可能对银行风险承担和存款保险充足性产生较大影响；（3）定向保护：为企业支付账户提供大额保护，这可以在成本相对增加有限的前提下保证金融稳定，但这增加了监管复杂性，需要有限区分账户类型，还存在监管套利风险（见表4-3）。

表4-3 美国联邦存款保险公司存款保险改革方案的优缺点

方案	优点	缺点	潜在的补充工具
有限保护	- 经过测验后的最佳存款保险模型 - 对道德风险的影响有限 - 对存款保险基金（DIF）充足率影响有限 - 对其他市场冲击有限	- 不在保险范围内的存款面临风险，引发金融稳定性担忧	- 考虑加强流动性监管来降低不受保险保护存款的比例 - 将额外的流动性风险措施纳入存款定价的考量 - 限制大额存单兑换 - 实施存款保险简化并扩大覆盖范围，以解决透明度和复杂性问题 - 考虑增加长期次级债务要求以更好解决争议
无限保护	- 几乎消除银行挤兑风险 - 提高透明度 - 对存款人来说更易理解 - 简化争议解决流程	- 降低存款纪律，风险承担转嫁至银行的债权人和股东 - 可能带来潜在的金融冲击 - 对DIF产生巨大影响并需要加强评估	- 考虑长期次级债务要求和资本要求以减轻道德风险 - 考虑加强监管来降低银行对存款的依赖 - 考虑利率限制

---

① Metrick A, Schmelzing P. The March 2023 bank interventions in long-run context–Silicon Valley Bank and beyond [R/OL]. National Bureau of Economic Research, https://www.nber.org/papers/w31066.

续表

方案	优点	缺点	潜在的补充工具
定向保护	－定向保护以满足企业的日常支付和运营需求 －增强金融稳定，具体程度取决于定向保护范围 －只会部分降低存款纪律，具体取决于受定向保护的账户类型 －有历史经验（过去推出过的交易账户担保项目）	－难以准确定义账户类型，增加监管套利奖励 －增加争议解决的复杂性，透明度降低 －需要额外的DIF资金	－考虑对定向保护账户进行利率管制 －考虑简化账户类型以降低复杂性 －如果大额账户仅部分受保，要求对大额存款提供担保 －如果大额账户仅部分受保，对大额存款设置转账限制

资料来源：美国联邦存款保险公司。

据报道，为了增强大型银行的抗风险能力，美国监管机构或对大银行的总体资本金要求提高20%，预计拥有大型交易业务的大银行需要的资本金提高幅度最大。另外，针对监管不足的非银金融机构，美国财政部也要求私募对冲基金实时报告投资损失和保证金流失情况。这些监管加强措施如果落地，可能对金融机构本身的经营产生影响，比如银行增加资本金，可能会将监管成本转嫁给借款者，也相当于信贷紧缩；非银金融机构被要求报告投资情况，虽然透明度增强，但这可能会带来污名效应，导致负面消息传播更快。

可见，任何金融监管改革都是有利有弊，监管完全兜底则担心出现道德风险问题，未来银行风险承担行为可能更激进，更加忽视风险管理；不完全兜底则潜在风险未被完全消除，仍需担忧风险传染问题。而且，金融风险还往往存在于"黑暗的角落"，监管只能对已知的潜在风险加强监测，难以对未知的风险提前防范。

六、社交媒体和科技加速金融风险演变

此次可能是信息化时代首次遭遇的金融危机。IMF撰文指出，即使金融压力在一段时间内似乎得到了遏制，一些事态的发展也会产生不利的非线性负反馈，并迅速发展成为全面的系统性金融危机，在最近的银

行倒闭事件中，技术和社交媒体加速了这一进程。[1] 有研究表明，社交媒体传播（特别是推特）助长了硅谷银行的挤兑，由推文的讨论频率可以预测每小时的股票损失，对于具有挤兑风险的银行，这种影响更为强烈。在 2023 年 3 月 9 日硅谷银行股价大幅下跌之后，关于硅谷银行的讨论推文迅速增多，加速了硅谷银行存款的流失（见图 4-5）。

2023 年 4 月 28 日美联储公布的硅谷银行倒闭调查报告中也提到，社交媒体、高度网络化和集中的储户群体以及数字科技的结合从根本上改变了银行挤兑的速度。社交媒体使储户能够立即传播对于银行挤兑的担忧，而数字科技的迅速进步则使存款能立即被提取，这更加考验金融机构的风险管理能力和金融监管部门的危机响应能力。

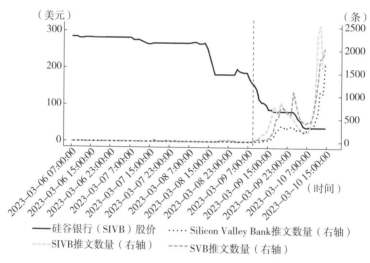

图 4-5　美国硅谷银行股价和相关推特推文数量

资料来源：Cookson et al.（2023）[2]。

---

[1]　IMF Blog. Central Banks Can Fend Off Financial Turmoil and Still Fight Inflation[EB/OL].(2007-06-05)[2023-11-01]. https://www.imf.org/en/Blogs/Articles/2023/06/05/central-banks-can-fend-off-financial-turmoil-and-still-fight-inflation.

[2]　Cookson J A, Fox C, Gil-Bazo J, et al. Social Media as a Bank Run Catalyst[J]. SSRN Electronic Journal, 2023.

七、主要结论

1980 年以来，美联储紧缩往往伴随经济衰退或金融危机出清。近 3 年来美联储的货币政策与历次周期相比更为大收大放、快进快出，2020 年疫情初期救经济从超宽松变为无限宽松，2022 年抗通胀由主动作为变为被动应对，由小步慢走变为大步快走，至此已经造成了较为严重的金融后果。过去十多年低利率、宽流动性的环境成为滋养金融脆弱性的"温床"，尽管金融危机之后银行业监管大大增强，但非银金融机构规模日益庞大，而且存在关联性强、透明度低和数据真空等问题，风险不容忽视。

随着利率维持更高更久，银行持有债券浮亏的问题无法得到根本解决，投资者和储户面对市场的风吹草动，可能会更快反映为银行资产价格下跌和负债端存款流失，两者还可能相互作用、相互加强，难言银行业风波就此过去。尽管美联储及时推出流动性工具缓解银行压力，但面对物价稳定和金融稳定的艰难抉择，意味着只要利率不降，结构性工具只能"止血"、不能"治病"，而转向全面宽松，抗通胀之路可能半途而废。

自 2023 年 3 月以来，美国银行业动荡有所平息，银行存款流失速度放缓，美股 VIX 指数和信用利差下降，金融条件再度转松。不过，银行业企稳也意味着此前预期的信贷紧缩可能效果有限，货币政策仍需额外紧缩来压低总需求，促使通胀向目标水平回归。然而，鉴于金融市场的变化显著快于实体经济，在信贷紧缩完全发挥效应之前，金融风险可能加速演变，先于实体经济"硬着陆"。事实上，2023 年 7 月以来，美国银行业动荡仍在演进之中，在 3 月银行业动荡中受重创的西太平洋银行公司（PacWest）与规模较小的加州银行（Banc of California）宣布合并，美国堪萨斯州的华伦三州银行（Heartland Tri-State Bank）因资不抵债由联邦存款保险公司接管。8 月，穆迪和惠誉还下调了数十家美国银行机构的评级或列入负面展望。2024 年 2 月，曾于 2023 年 3 月收购涉事签名银行的纽约社区银行（NYCB），因收购后资产规模超过 1000 亿美元而面临更加严格的监管要求。由于其持有的商业地产贷款坏账大幅上升，2月初公布的第四季度业绩出现意外亏损，同时宣布大幅削减股息，其股价应声连续出现两位数下跌，标普和穆迪也将其评级降至"垃圾级"。市场担忧在高利率环境和疫后远程办公等趋势下，美国商业地产基本面持续恶化，估值面临挑战，信用违约风险上升，而中小银行作为商业地产贷款的主要提供方，不得不面临资产减值和贷款损失，未来中小银行动荡可能还会重现。

此外，如今社交媒体和数字科技高度发达，信息快速传播，更加考验金融机构的流动性管理和监管机构的响应能力。由此，硅谷银行事件或许只是敲响了金融危机的"第一遍铃"，仍需关注金融动荡向金融危机演变的"第二遍铃"效应，这往往意味着决定性的消息。

第四节　2022年外资买卖和持有美债的真相

从美国财政部的国际资本流动报告（TIC）数据看，2022年外国投资者持有美债余额下降。但这并非来自外资主动抛售，而是美债收益率上行、美债价格下跌带来的负估值效应。从更广口径看，2022年外资回流美国和美国贸易赤字双双创纪录，全球遭遇的是"美元荒"而非"美元灾"。

一、2022年外资持有美债名减实增

根据TIC数据，截至2022年底，外资持有美债72901亿美元，较上年底减少4503亿美元，降幅创历史新高。在美联储激进紧缩、地缘政治风险升级和美国"股债双杀"的背景下，坊间关于外资抛售美债的说法甚嚣尘上。然而，真实情况并非如此。

从总量看，外国投资者是净增持美债，只是因为负估值效应导致外资持有美债余额减少。2022年，因错判美国通胀形势，美联储追赶式加息，累计加息425个基点至4.25%—4.50%区间，推动3个月期、2年期和10

年期美债收益率分别上涨 436 个基点、368 个基点和 236 个基点,这大大提升了美债作为国际安全资产的吸引力。全年,外资累计净买入美债 7166 亿美元,为历史次高;负估值效应 11669 亿美元,负值为历史新高。

从期限品种看,外资净买入中长期美债,而净卖出短期美国国库券。截至 2022 年底,外资持有中长期美债 63401 亿美元,占外资持有美债余额的 87.0%,同比下降 0.2 个百分点,持有额较上年底减少 4129 亿美元。其中,净买入中长期美债 7540 亿美元,同比增长 8.17 倍,负估值效应 11669 亿美元;外资持有短期美国国库券 9500 亿美元,较上年底减少 374 亿美元,同比下降 6%①。2022 年 12 月,月均 3 个月期与 10 年期,以及 2 年期与 10 年期美债收益率分别倒挂 74 个基点和 64 个基点,处于历史低位。这反映了在美债长短端利率倒挂较深、经济衰退预期较强的情形下,外资买卖美债采取了"锁短买长"的策略。因为虽然 2022 年美债市场经历了历史级别的"熊市",但只要持有到期,当年可能是买入中长期美债的最好时机之一。

从投资者构成看,私人外资大幅净增持美债,官方外资少量净减持美债。截至 2022 年底,私人外资持有美债余额 36222 亿美元,占外资持有美债余额的 49.7%,同比上升 2.9 个百分点,持有额较上年底减少 5 亿美元,上年为增加 7385 亿美元。其中,净买入中长期美债 9273 亿美元,增长 6.16 倍;净卖出短期美国国库券 285 亿美元,2021 年为净买入 734 亿美元;合计净买入美债 8988 亿美元,增长 3.43 倍,负估值效应 8994 亿美元。同期,官方外资持有美债余额 36679 亿美元,较上年底减少 4498 亿美元,同比增长 5.53 倍。其中,净卖出中长期美债 1733 亿美元,增长 2.66 倍;净卖出短期美国国库券 89 亿美元,下降 92%;合计净卖出美债 1822 亿美元,增长 13%,负估值效应 2676 亿美元。之所以出现这种投资者结构,或是因为对私人投资者而言,在全球金融动荡加剧、市场风险偏好主体下降的情况下,美债仍属于安全资产;但对

---

① 美国财政部的 TIC 报告中对外资持有短期美国国库券没有区分交易和估值效应。

官方投资者而言，一方面要抛售外汇储备，稳定本币兑美元的汇率，另一方面要加速储备资产多元化，规避市场和主权风险。

二、2022 年全球遭遇"美元荒"

美国财政部 TIC 数据显示，2022 年外国投资者（包括私人和官方）累计净买入美国证券资产 16194 亿美元，同比增长 47%，连续两年净买入破万亿美元，创有数据以来新高。其中，私人投资者净增持美国证券资产 15935 亿美元，同比增长 54%，净买入规模创下有数据以来的新高；官方投资者净增持 259 亿美元，下降 63%。值得注意的是，2022 年美联储激进紧缩并未明显抑制住美国的消费需求，反倒是全球股汇债"三杀"加速了资本回流美国。同期，美国商品和服务贸易逆差达到创纪录的 9512 亿美元，增长 13%，全球"美元荒"变本加厉。

美元回流以长期证券为主。2022 年，外资累计净增持美国长期证券资产 11684 亿美元，同比扩大 1.5 倍，贡献了同期美国国际资本净增额的 73%；银行对外负债净增加 2441 亿美元，同比减少 48%，贡献了 15%；短期美国国库券及其他托管债务净增 1944 亿美元，同比增加 15%，贡献了 12%。在高通胀、金融动荡和美联储紧缩背景下，外资对前述三大类美元资产均有所增持，其中主要是增持了美国中长期证券资产，美元现金资产排在其次。但是，从变动趋势上看，外国投资者不存在所谓规避风险的"现金为王"偏好。

"追逐收益"让美国生息资产——美国债券成为佼佼者。2022 年，美联储累计加息 425 个基点至 4.25%—4.50% 区间，在推升美债收益率上行的同时，30 年期美国贷款利率上升 331 个基点，抵押贷款证券收益率飙升，这大大提高了美国债券资产的吸引力。私人外资对生息资产更为"饥渴"，2022 年除净增持近万亿美元中长期美债外，还净增持美国政府机构债券 1415 亿美元，与上年基本持平，净增持美国企业债券 1473 亿美元，同比增加 11%。官方外资虽然如前所述净减持逾千亿美元中长期美债，却净增持 1621 亿美元机构债和 166 亿美元企业债。此外，美联储紧缩压制风险资产也让债券成为资金"洼地"。2022年，美国标普500指数、道琼斯工业平均指数和纳斯达克综合指数分别下跌19%、9%和33%。同期，私人投资者净卖出2106亿美元美国股票，创有数据以来新高；官方投资者也净卖出163亿美元美国股票。

三、主要结论

从各个维度的数据看，2022年外资是在增持而非抛售美债。[①] 尽管不同期限品种和投资者群体（包括不同国家和地区）的情况不尽相同，但整体看美债并不缺少外国投资者。从宽口径看，同期外资也是大举回流美国，增持美国证券资产特别是生息债券资产。因此，对于全球去美元化趋势不宜过度解读，更不要出现误判。事实上，2022年前三季度全球美元储备份额连续环比上升（第四季度受美元大幅贬值影响出现显著回落），全年国际支付的美元份额也是总体回升，IMF特别提款权篮子货币定值重估还进一步上调了美元权重。

第五节 上一次美国经济"软着陆"的尽头

20世纪60年代以来到本轮加息周期之前，美联储共有十一轮加息周期，其中三次"软着陆"、八次"硬着陆"。三次"软着陆"中，最著名的是1994年2月—1995年2月的那轮紧缩。然而，最终因"不着陆"而重启加息，刺破了互联网泡沫，令美国经济陷入衰退。

一、20世纪90年代中期的紧缩起初是经济"软着陆"

1994年2月4日—1995年2月1日，美联储开启了20世纪60年代

[①] 2023年全球"美元荒"有所缓解但仍处于高位。截至2023年底，外资持有美债余额80561亿美元，较上年底增加7660亿美元。其中，净买入美债6708亿美元，较上年减少6.4%，但仍居史上净增持美债最多的年份第三位，正估值效应952亿美元。

以来的第八轮加息周期，联邦基金利率累计上调七次、300个基点至6%，贴现利率上调四次、225个基点至5.25%。

1994年11月15日，美联储改变了前两次每次加息50个基点的做法，同时上调联邦基金利率和贴现利率各75个基点，并在议息会议声明中表示："采取这些措施的背景是，有证据表明经济活动持续强劲，资源利用率高且不断提高。在这种情况下，美联储认为这些行动对于控制通胀是必要的，从而促进可持续的经济增长。"1995年2月1日，美联储再次同时上调两个政策性利率各50个基点后表示："尽管增长出现一些放缓的初步迹象，但经济活动继续以大幅增长的速度前进，而资源利用率进一步上升。在这种情况下，美联储认为这些行动对于控制通胀是必要的，从而促进可持续的经济增长。"

在这轮为期一年的紧缩过程中，美国经济实现了"软着陆"。1994年，美国经济增长4.0%，较上年加快1.3个百分点，且高于CBO估算的潜在增速2.6%；CPI通胀由上年底的3.2%降至2.6%，失业率由6.5%降至5.5%。

进入1995年，美国经济第一、第二季度环比折年率分别增长1.6%、1.4%。在此背景下，1995年7月6日起美联储开启新一轮降息周期。7月6日美联储议息会议声明表示："由于1994年初开始实行货币紧缩政策，通胀压力已经消退到足以适应货币条件的温和调整。"到1996年1月31日，联邦基金利率累计下调三次、75个基点至5.25%，贴现利率下调一次、25个基点至5%。1995年，美国经济增长2.7%，较上年回落1.3个百分点，与CBO估算的潜在经济增速持平；CPI通胀由上年底的2.6%升至3.0%，失业率由5.5%升至5.6%。

1996年1月31日，美联储下调两个政策性利率各25个基点并在声明中表示："近月来经济扩张放缓，降低了未来潜在的通胀压力。由于价格和成本趋势已受到抑制，货币政策的轻微放松与控通胀和可持续增长目标是一致的。"此后，两个政策性利率均维持不变，直到1997年3月25日再次上调联邦基金利率。

二、被亚洲金融危机掩盖的美国经济过热

1997年3月底再度加息是因为"软着陆"后美国经济"不着陆"的风险上升。1996年，美国经济增长3.8%，高于CBO估算的潜在增速2.9%；CPI通胀由上年底的2.5%升至3.3%，失业率由5.6%降至5.4%。1997年3月25日，美联储上调联邦基金利率25个基点并在声明中表示："采取这一行动的依据是需求持续强劲，这逐渐增加了经济中通胀失衡的风险，最终将破坏经济长期扩张。在这种情况下，货币条件的轻微收紧被视为一个审慎的步骤，通过在今年剩余时间和明年维持现有的低通胀环境，为延长当前的经济扩张提供了更大的保证。过去几年的经验强化了人们的信念，即低通胀是实现经济最充分增长潜力的关键。"

1997年，美国经济增长4.4%，较上年加快1.1个百分点，且远高于CBO估算的潜在增速3.5%；CPI通胀由上年底的3.3%降至1.7%，失业率由5.4%降至4.7%。有理由相信，若没有1997年下半年泰铢失守引爆的东南亚货币危机，当年又将是美联储紧缩之年。

危机爆发前，泰铢实行钉住一篮子货币的固定汇率安排。由于篮子中美元的权重高达八成多，泰铢汇率实际钉住美元。美联储第八轮加息周期中，美元指数震荡升值，到1997年6月底，最多较1992年9月初的低点上涨了24.2%。泰铢因钉住美元而升值，引发了市场对于泰铢汇率高估的担忧。由于资产泡沫破灭后国内金融动荡，加上经常项目收支失衡，1996年下半年以来泰铢持续遭受攻击。

1997年初美联储再度加息以及年中日本央行加息的传闻，加剧了泰铢的抛压，泰国外汇储备不断消耗。7月2日，泰国央行突然弃守泰铢，国际投资者对亚洲地区投资风险重估，触发了亚洲货币的竞争性贬值。1997年，泰铢、印尼卢比、马来西亚林吉特、菲律宾比索、韩元汇率分别下跌45.2%、52.6%、35.0%、34.2%和50.0%，传统亚洲强势货币日元、新加坡元、中国新台币汇率分别跌了11.3%、17.0%和16.1%。鉴于亚洲金融危机对美国经济产生了不确定的影响，美联储采取了按兵不动的应

对方式,直到1998年9月重启降息周期。

1998年9月底美联储再度降息的背景是,东南亚货币危机逐渐演变成亚洲金融危机后,国际能源和金属价格暴跌,打击了原本脆弱的俄罗斯经济,加之俄罗斯政局不稳,国际投资者开始抛售俄罗斯资产,加速了俄罗斯资本外流、储备下降。1998年8月17日,俄罗斯政府突然宣布将卢布贬值并暂停向外国债权人偿还国债。9月23日,美国对冲基金——长期资本公司因俄罗斯主权债务违约蒙受巨亏而被接管。在此背景下,9月29日美联储下调联邦基金利率25个基点并在声明中表示:"采取这一行动是为了缓解外国经济日益疲软和国内金融条件不宽松对美国经济增长前景的影响。近期全球经济的变化和美国金融市场的调整意味着,略微降低联邦基金利率应该与保持低通胀和维持经济增长相一致。"

同年10月15日,美联储又紧急下调联邦基金利率和贴现利率各25个基点并在声明中表示:"贷款人日益谨慎的态度和金融市场普遍存在的不稳定状况可能会抑制未来的总需求。在此背景下,进一步放松货币政策立场被认为是必要的,以便在通胀得到控制的情况下维持经济增长。"11月17日,美联储再次宣布下调联邦基金利率和贴现利率各25个基点并表示:"尽管自10月中旬以来,金融市场已基本稳定下来,但仍存在不寻常的压力。随着联邦基金利率自9月以来下降了75个基点,可以合理地预期金融状况将与促进经济持续扩张相一致,同时保持通胀压力消退。"

1998年,美国经济增长4.5%,较上年加快0.1个百分点,且高于CBO估算的潜在增速4.1%;CPI通胀由上年底的2.2%升至2.4%,失业率由4.7%降至4.4%。可见,亚洲金融危机期间,美国经济其实处于"不着陆"状态。但为了应对外部冲击,美联储采取了预防性降息的举措。

三、"软着陆"的尽头是泡沫破灭和经济衰退

进入1999年,随着亚洲金融危机影响逐渐平息,应对经济过热问题重新被提上议事日程。1999年6月30日—2000年5月16日,美联储开启第九轮加息周期,联邦基金利率累计上调六次、175个基点至6.5%,

贴现利率累计上调五次、150个基点至6%。

1999年6月30日，美联储解释上调联邦基金利率25个基点的背景时指出："去年秋天委员会下调利率，以应对美国金融市场的大幅失控。从那时起，大部分金融压力得到了缓解，外国经济已经走强，美国经济也迅速向前发展。"8月24日和11月16日，连续上调联邦基金利率和贴现利率各25个基点。美联储在8月24日的议息会议声明中表示："随着金融市场运行更加正常，国内需求持续强劲，外国经济走强，劳动力市场仍然非常紧张，应对去年秋天全球金融市场动荡所需的货币宽松程度不再与持续的、非通胀的经济扩张相一致。"11月16日美联储又表示："尽管有初步证据表明某些对利率敏感的经济部门有所放缓，生产率正在加快，但经济活动的扩张仍超过了经济增长潜力。因此，近几个月来，愿意就业的可用工人人数进一步减少，若要继续控制通胀失衡和经济继续扩张，这一趋势最终必须得到遏制。"

1999年，美国经济增长4.8%，比上年加快0.3个百分点，且高于CBO估算的潜在增速4.4%；CPI通胀由上年底的2.4%降至1.9%，失业率由4.4%降至4.0%。鉴于美国经济依然过热，2020年2月2日、3月21日和5月16日，美联储继续上调两个政策性利率。5月16日最后一次加息，美联储将两个利率各上调50个基点并表示："需求增长甚至超过了生产率推动的潜在供应的快速增长，这对资源利用施加了持续的压力。委员会关切的是，需求和潜在供应增长的这种差距持续下去有可能会助长通胀失衡，从而破坏经济的出色表现。"

2000年下半年，美联储按兵不动。2000年全年，美国经济增长4.1%，较上年回落0.7个百分点，略低于CBO估算的潜在增速4.4%；CPI通胀由上年底的1.9%升至2.6%，失业率由4%降至3.9%。然而，这不是本轮紧缩的全部后果，最大的意外是互联网泡沫破灭。

1995年以来，随着信息技术普及，"dot com""市梦率"等概念满天飞。1995—1999年，纳斯达克综合指数录得年度"五连涨"，复合年均增长40.2%，到2000年3月10日创下阶段性收盘高点，较1994年底累计上涨了 5.71 倍。1996 年 12 月 5 日，格林斯潘发表以"非理性繁荣"为主题的演讲时指出："持续的低通胀意味着未来的不确定性降低，降低风险溢价则意味着股票和其他盈利资产的价格上涨。但我们无法知道非理性繁荣何时会过度抬升资产价值，这将导致资产价值遭遇意想不到的长期收缩。"

20 世纪 90 年代中期以来，先是"软着陆"后是"不着陆"，限制了美联储的降息空间，使得美联储不得不较长时间维持高利率，这最终戳破了互联网泡沫。自 2000 年初冲高回落，到 2000 年底暴跌 51.1%，再到 2002 年 10 月 9 日触底，纳斯达克综合指数最多下跌 77.9%。受此影响，2001 年，美国经济增长 1%，较上年大幅回落 3.1 个百分点，远低于 CBO 估算的潜在增速 3.6%；CPI 通胀由上年底的 2.6% 升至 2.7%，失业率由 3.9% 升至 5.7%。美国国民经济研究所（NBER）认定，2001 年 3 月—2001 年 11 月，美国遭遇了为期 8 个月的经济衰退。

2001 年 1 月 3 日起，美联储开启了新一轮降息周期。当日，美联储分别下调联邦基金利率和贴现利率 50 个和 25 个基点，并在紧急降息声明中表示："采取这些行动的背景是销售和生产进一步减弱，消费者信心下降，金融市场某些部分条件紧张，能源价格高企削弱了家庭和企业的购买力。此外，通胀压力仍然受到控制。委员会仍然认为，根据其价格稳定和可持续经济增长的长期目标，以及目前掌握的信息，风险主要集中在可能在可预见的将来造成经济疲软的条件上。"到 2003 年 6 月 25 日，联邦基金利率累计下调十三次、550 个基点至 1%，贴现利率下调十五次、400 个基点至 2%。

2023 年 6 月 26 日，国际货币基金组织第一副总裁在欧洲中央银行论坛上直言，投资者似乎对通胀路径过于乐观，且不认为紧缩会对经济造成太大打击，这两种情况不太可能同时出现，尤其是如果高利率持续的时间比预期更长的话。她说："记住，历史上没有这种先例。"20 世纪 90 年代中期美联储紧缩的演进，就对此提供了有力的佐证。美联储 2022 年 3 月启动的四十年来最激进的紧缩周期，正面临美国经济"不着陆"的概率上升。美国最终能否逃脱经济陷入衰退的宿命，我们等待见证历史。

第五章

再次"赶考",
中美货币政策重新错位

开放经济的"不可能三角"理论依然适用于中国，没有央行能够完全独立于美联储。中国在2022年之前经历了两次中美货币政策错位，均通过适当的措施有效缓解了内外均衡压力。2022年3月起，美联储开启了40年来最为激进的货币紧缩进程，数次加息并同时缩表，导致2022年和2023年人民币汇率连续调整。虽然人民币汇率弹性上升提高了货币政策自主性，但是在国内稳增长的硬约束下，中美货币政策错位依然对内外均衡提出了较大挑战。在不动用货币政策的前提下，稳汇率也需要在汇率浮动、储备干预和资本管制的"不可能三角"中做出选择。

第一节　前两次中美货币政策分化对中国经济的影响及启示

2021年，从新兴市场到发达国家，通胀如期而至且韧性超乎预期。到年底，美联储已改口"通胀暂时论"，加快宽松货币政策退出，甚至在2022年初议息会议后表示，不排除未来每次会议都有可能加息，缩表也已提上议事日程。而中国央行贯彻中央经济工作会议精神，将继续实施稳健的货币政策，坚持跨周期与逆周期调节有机结合，综合发挥货币政策工具的总量和结构双重功能。美联储紧缩、中国央行偏宽松，这种政策错位将对中国产生什么影响？本节在回顾总结1994年汇率并轨以来相关经验的基础上对此进行探讨，并提出对策建议。[①]

一、当1994年汇率并轨遭遇亚洲金融危机

1994年初，中国出台了一揽子财税金融体制改革措施，加快构建社会主义市场经济体制基本框架。其中，人民币官方汇率与外汇调剂市场并轨，开始实行以市场供求为基础的、有管理的浮动汇率制度，是外汇管理体制改革的重要内容。

在此背景下，配合1993年下半年采取的一系列宏观调控措施，中国经济从过热转为"软着陆"，通胀逐步回落，人民币汇率稳中趋升，外汇储备大幅增加，外贸进出口由逆转顺。到1997年底，通胀由1994年10月的高点27.7%降至0.4%，人民币汇率由并轨初期的8.70比1升至8.28比1，外汇储备由1993年底的212亿美元升至1399亿美元；1997年，贸易由1993年的逆差122亿美元转为顺差404亿美元。"继续实行适度从紧的财政货币政策"被写入了"九五"计划。

---

① 管涛. 两次中美货币政策分化的比较及启示 [J]. 清华金融评论，2022(04).

1997年下半年,以泰铢崩盘为标志,揭开了东南亚货币危机的序幕。这次危机逐渐演变成席卷全球新兴市场的亚洲金融危机,一直绵延到2001年3月阿根廷货币局制瓦解。受此影响,1998年初起,人民币对外强势戛然而止,重新面临资本外流、汇率贬值压力。

亚洲金融危机本就与1997年以来美联储加息、美元走强有关,尽管在危机初期,美联储鉴于美元走势过强,为缓解新兴市场资本外流而采取了降息操作。到1998年11月,联邦基金利率连续下调三次,累计75个基点;但自1999年6月起连续六次加息,到2000年5月累计加息175个基点,达到6.50%。

1997年底至1998年初,中国为抵御亚洲金融危机冲击,一方面对外承诺人民币不贬值,另一方面采取积极的财政货币政策扩内需。到2002年2月,中国央行连续六次降息,1年期定期存款基准利率较1996年8月累计下调549个基点至1.98%。中国这轮降息周期始于1996年5月,当时因国内通胀下行,一次性下调存款基准利率180个基点至9.18%。

随着美国互联网泡沫破灭和"9·11"事件发生,美联储于2001年1月起降息,到2003年6月连续降息十三次,累计下调了550个基点。但是,从1998年3月中国第四次降息后至2001年11月初美联储第十次降息,1年期人民币定期存款基准利率持续低于美国联邦基金目标利率,这加大了中国资本外流的压力。1997—2000年,中国国际收支由汇率并轨以来的"双顺差"变成了经常账户顺差、资本账户(含净误差与遗漏)逆差,储备资产(剔除估值效应)变动与GDP之比收敛至不足1%。

亚洲金融危机期间,中国遭遇了非常典型的开放经济的"三元悖论"。货币政策要降息保经济增长,汇率政策要稳定防危机传染。为此,只好在坚持人民币经常项目可兑换原则下采取加强和改进外汇管理的措施,加大外汇查处和执法力度,打击进口骗汇和出口逃汇,严格资本项目用汇管理。这及时扭转了1998年上半年出现的海关贸易顺差、银行贸易结售汇逆差(又称"贸易顺差逆收"),以及个别月份外汇储备下降的局面。危机以来,人民币汇率基本稳定在8.28比1,到2000年底外汇储备较 1997 年底增加 257 亿美元。

2001 年，随着亚洲金融危机逐渐平息，中美利差逐渐收敛甚至逆转，美元指数走弱，中国重新恢复国际收支"双顺差"、外汇储备较快增加的格局。当年，中国外汇储备余额新增 466 亿美元，年底突破 2000 亿美元大关。同时，在经历了 1998 年和 1999 年连续两年低于 8% 的增速之后，2000 年起，中国经济增速恢复到 8% 以上，中美经济增速差异重新拉大。

二、当 2015 年"8·11"汇改遭遇美联储货币政策正常化

2004 年 6 月—2006 年 6 月，美联储又经历了一波加息周期，联邦基金利率累计上调十七次共 425 个基点。中国在 2004 年 11 月—2007 年 12 月也有一波加息周期，其间 1 年期定期存款基准利率累计上调八次共 216 个基点。值得指出的是，2005 年 2 月初—2007 年底，联邦基金利率持续高于 1 年期人民币定期存款利率，10 年期中债收益率大部分时间也低于 10 年期美债收益率。但当时美元指数正在经历 2002 年初以来的贬值周期，而中国正处于经济高增长、低通胀的黄金时期，人民币汇率自 2005 年"7·21"汇改重归真正的有管理浮动后加速升值，国际收支延续"双顺差"，储备资产较快增加。2007 年，中国经常账户顺差、储备资产增加额与 GDP 之比双双创历史纪录。

2006 年底，中央经济工作会议做出了中国国际收支主要矛盾已经从外汇短缺转为贸易顺差过大、外汇储备增长过快的重要判断，提出要把促进国际收支平衡作为保持宏观经济稳定的重要任务。2006 年以来，面对资本回流、汇率升值压力，中国央行在加大外汇调控力度的同时，频繁采用提高人民币法定存款准备金率的方式进行外汇冲销操作。到 2011 年 6 月，大型银行法定存款准备金率最高提至 21.5%。

中美货币政策分化对中国真正的挑战是在"8·11"汇改之初。2015 年 8 月 11 日，央行公告，为提高中间价市场化程度和基准地位，完善人民币汇率形成机制，强调中间价报价将综合考虑市场供求和国际金融市场变化。当日和次日，境内银行间市场人民币汇率交易价连续跌停，触发

了市场的贬值恐慌。到2016年底，人民币汇率离破7、外汇储备离破3万亿美元均一步之遥。市场激辩"保汇率"还是"保储备"。

这与中美货币政策逆向而行密不可分。虽然2008年金融危机之后的美联储首次加息始于2015年底，但美联储货币政策正常化操作更早于此。美联储于2013年中就释放了退出量化宽松的信号，2014年初启动缩减购债，2014年10月停止购债，接着酝酿加息。在此情形下，美元指数从2014年下半年起加速升值。

中国自2012年起经济增速跌破8%，2014年起经济加速下行，2015年年中还遭遇了国内股市异动。从2011年底开始，中国货币政策逐渐转向稳增长，到2015年，降准降息的频率及幅度都进一步加大。由于"8·11"汇改之前，人民币汇率缺乏弹性，长期单边走势，民间积累了较多的对外净负债。到2015年6月底（"8·11"汇改前夕），民间对外净负债2.37万亿美元，与年化名义GDP之比高达21.8%。

"8·11"汇改初期，人民币汇率意外走弱，引起了市场增加海外资产配置和加快对外债务偿还的集中调整。这导致2015年和2016年中国出现大规模的资本集中流出，超过了当期经常账户顺差，酿成了"资本外流—储备下降—汇率贬值"的恶性循环。2017年，中国借美元指数冲高回落之机，通过引入逆周期因子完善中间价报价机制，促成了人民币汇率止跌反弹。自此，中国国际收支恢复了经常账户顺差、资本账户逆差的自主平衡。

2018年初暂停逆周期因子使用、回归汇率政策中性后，中国央行基本退出了外汇市场常态干预，人民币汇率有涨有跌、双向波动。灵活的汇率政策大大增加了央行货币政策的自主性。2018年，中国面临国内经济下行、对外经贸摩擦的挑战，但央行迎着美联储四次加息并缩表的压力，虽没有调整基准利率，却通过三次降准，引导市场利率下行。到2018年底，月均中美10年期国债收益率差由年初的135个基点收敛至46个基点。虽然人民币汇率再度跌到7附近，但汇市有惊无险，国际收支继续保持自主平衡。

三、这次中美货币政策重新错位对中国的影响分析

迫于2021年3月以来美国通胀持续"爆表"的压力,美联储已表示要加快货币紧缩步伐。而中国央行自2021年7月底中央政治局会议重提做好跨周期调节以来,已连续两次全面降准,同年底中央经济工作会议要求稳增长政策靠前发力后不久,全面降息也应声落地。2022年,中美货币政策进一步分化已是大概率事件,由此引发的潜在风险也再度引起市场关注。

初步分析,中美货币政策走向错位,将对中国经济金融运行产生以下影响。

第一,进一步缩小中美利差,降低人民币资产吸引力。2021年,中美10年期国债收益率差减少近百个基点,境外净增持境内人民币债券下降30%。2022年1月,中美10年期国债收益率差进一步收敛了30多个基点,境外净增持人民币债券环比减少5%,同比减少70%。进入2月,该利差又收敛至80个基点左右。同时,这还可能引起市场对于中国货币宽松空间或窗口期的担忧。

第二,吸引外资加速回流美国,进一步推动美元指数走高。2021年,美元指数不跌反涨,就是因为美国经济复苏和货币政策领先其他发达经济体。若2022年美元指数进一步走强,将加大人民币汇率回调的市场压力。此外,要关注中国相对美国经济增速差异进一步收敛可能引发的市场情绪变化。

第三,货币紧缩叠加财政刺激力度减弱,将抑制美国经济复苏,减少美国对中国的进口需求。2021年,中方统计的对美贸易顺差同比增长25%,占到同期中国贸易总顺差的59%。贸易大顺差是2021年美元指数走强、人民币更强的重要支撑。同期,境内银行代客货物贸易结售汇顺差贡献了银行即远期(含期权)结售汇顺差的123%。

第四,引发全球金融动荡,影响中国金融市场运行。继2021年3月美债收益率飙升、美股巨震之后,2022年1月受类似因素影响,美国三

大股指再度齐跌。受到外围市场动荡的传染效应，同期中国三大股指也有所走弱，陆股通累计净买入成交额环比下降81%，同比减少58%。此外，目前境外持有境内人民币金融资产已突破十万亿元大关（约合1.70万亿美元）。若市场避险情绪上升，境外持有人集中套现离场，将加剧境内外汇市场波动。

第五，影响中资机构海外资产安全。近年来，中国金融双向开放，民间对外投资增加。到2021年9月底，民间对外金融资产规模为5.68万亿美元，6.35倍于2007年底的规模，其中既有直接投资也有间接投资，既有成熟市场资产也有新兴市场资产。若全球金融动荡，包括脆弱新兴市场发生"缩减恐慌"，将危及中国在当地的资产（包括债权）安全。

第六，影响中资机构海外融资安排。美联储紧缩催生全球流动性拐点，将加大中国企业海外融资成本。虽然从短债与外汇储备之比看，国家整体偿债风险较低，但中国短债平均占比近60%（国际警戒标准为低于25%），个别企业短债占比可能更高，面临更大的外汇流动性风险。同时，国内不少企业以境外机构名义海外筹资，不在中国外债统计口径内。若全球流动性收紧，美元利率汇率上扬、人民币汇率走弱，将推升相关企业海外筹资的风险溢价。

四、应对中美货币政策分化冲击的对策建议

第一，保持经济运行在合理区间。经济强则货币强。只要中国能够充分利用疫情防控有效、政策空间较大的优势，做好自己的事情，保持和巩固经济稳中向好、稳中加固的发展势头，外部冲击只会是临时性的，跨境资本流动和人民币汇率波动终将回归经济基本面。2011—2012年，欧美主权债务危机曾因市场避险情绪上升，引发了中国短暂的资本流向逆转，但2013年又重现资本回流、国际收支"双顺差"。

第二，增强宏观经济政策自主性。拥有正常的财政货币政策空间是留着用而非攒着看的，为中国夯实疫后经济恢复的基础提供了更大回旋余地。中国应该在加强国内外形势研判的基础上，坚持宏观政策以我为

主,当出手时就出手。同时,为实现经济高质量发展,还要保持推进结构性调整的改革定力,但在具体实施过程中要更加精细化、专业化,防止在风险处置过程中引发次生风险。

第三,继续稳慎推进金融双向开放。中国对外开放正步入金融开放的深水区。要统筹发展和安全,坚持协调配套、整体推进;要低调务实、少说多做;要推动制度型开放,提高政策透明度和可预期性,吸引中长期资本流动;要完善宏微观审慎管理,加强国际收支统计监测,不断提高开放条件下的风险防控和应对能力。

第四,进一步增加人民币汇率灵活性。实践表明,汇率双向波动、弹性增加,确有助于吸收内外部冲击,及时释放市场压力,避免单边预期积累。同时,也要在做好情景分析、压力测试的基础上,拟定应对预案,积极引导市场预期,防范化解汇率偏离经济基本面的超调风险。

第五,引导境内机构防范化解个体风险。判断发达经济体政策调整对我国影响有限,不是政府对市场出具的隐性担保。中国无惧美联储货币政策调整,不等于跨境资本流动和人民币汇率不会出现波动;中国整体无对外偿债风险,不等于个体不会出现对外偿债困难。为此,要继续加强市场教育,引导国内企业强化风险中性意识,建立严格的财务纪律,立足主业,加强汇率敞口管理;督促境内机构加强对外投融资管理,既要保障境外资产安全,也要防范对外融资风险。

第二节　中美货币政策再错位下的人民币汇率演进逻辑

中美货币政策错位和均值回归逻辑对2022年汇率走势的影响逐一获得了验证,全年人民币先跌后涨,终结了2020年和2021年持续偏强的走势。我们于2022年底再次提出2023年人民币汇率涨跌不取决于美元强弱和中美利差,而取决于国内经济基本面,并提出三种可能情形。2023年人民币汇率实际走势基本印证了前述预判,2024年因内外部不确定、不稳定因素较多，依然存在悬念，央行汇率调控只是帮经济调整争取时间，且没有无痛的政策选择。

一、2022年人民币汇率的市场纠偏如期而至

2022年是始于2020年6月初的上轮人民币汇率升值的第三个年头。2021年底，全国外汇市场自律机制第八次工作会议指出，双向波动是常态，合理均衡是目标，偏离程度与纠偏力量成正比。同年底的中银证券年度策略会上，我们根据均值回归的逻辑提示，2022年不要执迷于人民币汇率会破6，而是要警惕市场或政策力量引发的汇率纠偏。

2022年初，我们又根据历史经验的逻辑，吸取2014年中国由资本流入、汇率升值逆转为资本流出、汇率贬值的教训，警示美联储紧缩对中国的影响不是线性的而是非线性的。并且提出，本轮美联储紧缩演绎会呈现"四个场景／阶段"：第一阶段是美联储温和有序地紧缩，中国外资流入放缓，人民币延续强势但升值放缓；第二阶段是美联储激进加息和缩表，导致中国阶段性资本外流，人民币汇率双向波动；第三阶段是美联储紧缩力度超预期，引发资产泡沫破灭、美国经济衰退，中国将难以独善其身，人民币汇率承压；第四阶段是美联储重回宽松，如果中国能继续保持经济复苏在全球的领先地位，就可能重现资本回流，人民币汇率重新走强。[①]

2022年4月16日，我们在清华五道口全球金融论坛上进一步指出，当前中国已平稳度过了美联储紧缩的第一阶段，即美联储缩减购债，中美利差收敛，中国外资流入减缓，人民币汇率继续升值，只是升值速度放慢。同时，预警随着美联储在2022年3月启动加息，不久会开启缩表，这将加剧美国经济金融动荡，叠加其他因素影响，中国将出现资本外流，人民币汇率进入有涨有跌、双向波动的第二阶段。

全年人民币汇率走势基本为我们所言中。

---

① 管涛.发达经济体货币紧缩对中国的溢出渠道及应对[N].财经智库，2022-03-21.

2022年前两个月，人民币汇率延续了前两年的强势。2月底俄乌冲突爆发之初，还再现了"美元强、人民币更强"的行情，人民币一度被称为"避险货币"。到3月初，人民币汇率升至6.30比1附近，较2020年5月底累计上涨13%稍强，涨了21个月。

2022年3月中旬，受地缘政治风险外溢、中概股跨境监管加强，以及国内疫情多点散发等因素影响，人民币汇率快速回调，一举抹去了年内所有涨幅，围绕上年底的水平上下波动。4月底以来，人民币汇率又发生了两波幅度较大的调整。先是4月底跌破6.40，启动了本轮弱势调整；到5月中旬跌至6.70附近，盘间跌破了6.80。稍做盘整后，8月中旬起又开始了第二波调整；到9月中旬时隔两年再度跌破7.0；10月底11月初进一步跌至7.30附近，创2007年底以来新低。

这两波调整都是因为2020年下半年支持人民币强势的疫情防控好、经济复苏快、美元走势弱、中美利差大等利好发生逆转。首先，美元指数由弱转强。继2021年美元指数止跌回升之后，随着通胀上行、美债收益率飙升，2022年美元指数进一步走高，4月底站稳在100以上，9月更是升破110，不断刷新20年来的新高。其次，中美利差由正转负。继2021年中美利差大幅收窄后，随着2022年中美货币政策重新错位，4月以来中美利差逐渐转为倒挂；8月中旬，中国人民银行意外降息，中美负利差一度进一步走阔。再次，国内防疫形势严峻。2022年3月以来，国内疫情多点散发，经济循环畅通受阻。最后，经济恢复不及预期。2022年初，经济实现良好开局；但在突发因素的超预期冲击下，3月、4月经济复苏受到严重拖累；5月底，一揽子稳增长政策出台，第三季度经济恢复好于预期；但随即又遭受疫情反弹、极端天气等冲击，外贸出口前景不明，经济再陷弱复苏。

汇率涨多了会跌，跌多了也会涨。继2022年11月初创新低之后，人民币展开了反攻行情，于12月初重新升回7.0以内。到12月底，境内人民币汇率收盘价和中间价较11月初的低点分别反弹了4.2%和5.3%。这主要反映了在强预期、弱现实的背景下，内外部因素的综合作用：一是美国 10 月通胀数据超预期好转，缓解了美联储紧缩预期，美元指数冲高回落，加速了离岸市场做空人民币的投机盘反向平仓，推动离岸人民币汇率（CNH）快速反弹，进而带动在岸人民币汇率（CNY）上涨。二是美债收益率冲高回落，美股飙升，市场风险偏好改善，带动全球风险资产价格反弹，资本回流包括中国在内的新兴市场，中国陆股通 11 月起恢复净买入。三是 11 月中旬以来，国内防疫优化措施加快落地，中国经济重启在即。同时，"金融支持房地产 16 条"和房企股债贷"三箭齐发"，加之人民银行再度降准，市场预期改善、信心提振。四是 2023 年 4 月底以来，伴随人民币汇率快速调整，有关部门频频出手加强汇率预期引导和调控，稳汇率的政策叠加效果逐步显现。

二、2023 年人民币汇率延续调整行情

2022 年底，我们根据历史经验的逻辑提出，2023 年人民币汇率涨跌不取决于美元强弱和中美利差，而取决于国内经济基本面，并据此提出 2023 年人民币可能有基准、乐观和悲观三种情形。其中，基准情形是如预期实现"三稳"工作目标，人民币宽幅震荡、略偏强势，类似 2021 年的情形；乐观情形是超预期完成"三稳"工作目标，人民币趋势性升值，类似 2020 年下半年的情形；悲观情形是完成"三稳"工作目标不及预期，人民币继续承压，类似 1998 年亚洲金融危机时的情形。

在做出三种情形假设的同时，我们还明确指出，以 2022 年中国外贸进出口顺差大增而人民币大跌为由，得出人民币汇率明显被低估、2023 年大概率升值的逻辑不成立。因为汇率贬值不等于汇率被低估，是否被低估要看市场汇率相对均衡汇率的偏离。理论上讲，均衡汇率是一个经济体内外同时达到均衡状态时对应的汇率水平。就中国而言，从对外部门讲，贸易顺差扩大或意味着人民币被低估，需要升值；但从对内部门看，就业不充分、总需求不足、物价低迷显示经济存在负产出缺口，又或意味着人民币被高估，需要贬值。鉴于同时受到这两个正反基本面因素的影响，故 2023 年人民币走势充满悬念，我们根据历史经验而非均值回归

的逻辑提出了三种情形的猜想。

2023年人民币汇率的走势印证了2022年底我们的三个预判。

一是虽然不能说人民币走弱与美联储紧缩预期反复、美元指数震荡无关，但相关性明显减弱。对滞后1期的人民币汇率中间价与ICE美元指数分别取自然对数后的相关性分析结果显示：2022年全年，二者为强正相关，相关系数为0.898；2023年，二者为弱正相关，相关系数仅为0.310。2023年，美元指数累计下跌2.0%，同期境内人民币汇率中间价和下午四点半收盘价分别下跌了1.7%和2.0%。

二是人民币汇率几个重要关口的突破均与国内经济基本面变化有关。2023年5月17日，境内人民币汇率交易价跌破7.0，主要触发因素是5月16日发布的4月经济数据。5月31日，境内收盘价跌破7.10，主要是因为当日上午发布了5月制造业PMI数据。6月26日，境内中间价和收盘价跌破7.20，主要是因为6月13日央行意外降息后，人民币基准利率和市场利率一路下行，中美利差倒挂扩大。8月15日，央行再度意外降息，推动稍后人民币汇率交易价跌破7.30。对月均人民币汇率收盘价与"5年期美债收益率/5年期中债收益率"分别取自然对数后的相关性分析结果显示：2022年全年，二者高度正相关，相关系数为0.904；2023年，二者依然为强正相关，相关系数为0.930。人民币承压部分与中美利差倒挂、卖人民币买美元的利差交易有关，但深层次原因仍是中美经济周期错位导致的货币政策分化加剧。

三是人民币汇率宽幅震荡特征明显。2023年，境内人民币汇率收盘价高至6.7099比1（1月13日），较上年底最多累计上涨3.6%；低至7.3415比1（9月8日），较前期高点最大振幅为9.4%，超过了2021年全年最大振幅3.6%，相当于其他7种主要储备货币汇率同期平均最大振幅的87.2%，较2022年上升了9.8个百分点。

2023年，人民币汇率走势完美再现了汇率研判的相对价格逻辑，即鉴于汇率是两种货币的比价关系，故研判汇率走势不仅要看本国会发生什么，还要看海外特别是美国会发生什么。从内部来讲，2023年防疫平稳转段后，中国经济复苏波浪式发展、曲折式前进，人民银行降准降息、继续宽松；从外部来看，美国经济韧性超预期，美联储进一步紧缩、四次加息并缩表。在中美两国经济周期错位、货币政策分化的背景下，中美负利差进一步走阔，人民币汇率面临阶段性的调整压力。

2023年11月起，人民币汇率又止跌反弹。2023年最后两个月，中间价和收盘价分别累计上涨1.3%和3.2%。然而，本轮反弹同2022年底不太一样。2022年底是"股汇双升"，因为当年11月优化防疫政策、出台房地产金融支持措施，改善了市场对于来年中国经济复苏前景的预期，所以，汇市反弹伴随股市上涨，在3个月的时间内，A股主要指数反弹了10%以上。而2023年最后两个月，人民币汇率企稳，但A股仍处于调整之中。这说明本轮人民币汇率反弹既有内因也有外因，最重要的是受益于外围环境回暖。11月议息会议之后，市场对美联储的紧缩预期有所缓解，加上美国经济增长出现了放缓的迹象，劳动力市场偏紧的情况有所改善，美元指数大幅回落，美债收益率快速下行；到12月底，10年期美债收益率从10月底的5%附近跌至4%以下，同期美元指数下跌了5%。另外，2022年底人民币汇率反弹的时候，伴随着外汇供求形势的改善；但本轮反弹过程中，企业"逢低购汇"，结果11月、12月银行即远期（含期权）结售汇逆差分别为249亿美元和183亿美元。

三、读懂人民币汇率波动与汇率政策

（一）避免将汇率升贬值等同于升贬值压力和预期：央行当出手时就出手

其实，汇率市场化是要让市场在汇率形成中发挥基础性作用，在正常情形下应该是"高（升值）抛低（贬值）吸"。汇率缺乏弹性才容易形成较大的外汇供求失衡、较强的单边汇率预期。

2023年以来，人民币汇率有涨有跌、双向波动，境内外汇供求保持了基本平衡。上半年，银行即远期（含期权）结售汇顺差790亿美元，同比增长63.3%，其中仅3月出现了少量逆差39亿美元。虽然自5月中旬以来，人民币在破7之后加速调整，但"低买高卖"的汇率杠杆调节作用继续正常发挥。5月、6月剔除远期履约的银行代客收汇结汇率均值为58%，较2022年11月至2023年4月上升5.2个百分点，付汇购汇率均值为63.7%，上升5.0个百分点；5月、6月结售汇顺差分别为217亿美元和82亿美元。

这或是监管部门仅仅于2023年5月19日发布新闻稿，警告将遏制投机炒作，坚决抑制汇率大起大落，但事后并未采取实质性举措的重要考量。其实在同一个新闻稿中，央行还明确指出，中国外汇市场广度和深度日益拓展，拥有自主平衡的能力，人民币汇率也有纠偏力量和机制，能够在合理均衡水平上保持基本稳定。这契合了IMF的建议，即日常对于汇率涨跌应善意地忽视，只有当汇率涨跌影响到国内物价和金融稳定时，才需要出手干预。

2023年7月中旬以来央行稳汇率政策不断加码（见表5-1），其触发因素或是第三季度境内外汇供求关系失衡。当季，银行即远期（含期权）结售汇累计逆差743亿美元（7月、8月、9月各月逆差分别为262亿、176亿和306亿美元，而2022年仅有4个月份为逆差，平均逆差42亿美元）；剔除远期履约的银行代客收汇结汇率均值为53.9%，较2022年11月至2023年4月均值高了1.2个百分点，付汇购汇率均值为62.9%，高了4.2个百分点。

表5-1　2022年初至2023年9月底中国外汇宏观审慎措施的梳理

日期	政策内容
2022年4月25日	中国人民银行宣布从5月15日起，将金融机构外汇存款准备金率由9%下调至8%
2022年9月5日	中国人民银行宣布从9月15日起，将金融机构外汇存款准备金率由8%下调至6%
2022年9月26日	中国人民银行宣布从9月28日起，将远期售汇业务的外汇风险准备金率从0上调至20%
2022年10月25日	中国人民银行、国家外汇管理局将企业和金融机构跨境融资宏观审慎调节参数从1上调至1.25
2023年7月20日	中国人民银行、国家外汇管理局将企业和金融机构跨境融资宏观审慎调节参数从1.25上调至1.5

续表

日期	政策内容
2023年8月15日	中国人民银行宣布于8月22日在香港地区增发100亿元3个月期限央票
2023年9月1日	中国人民银行宣布从9月15日起,将金融机构外汇存款准备金率由6%下调至4%
2023年9月13日	中国人民银行宣布于9月19日增发100亿元6个月期限央票

资料来源:中国人民银行,国家外汇管理局。

(二)避免简单认为升值是好事,贬值是坏事:贬值不一定是股市的利空

简单认为升值是好事、贬值是坏事是长期外汇短缺环境下"宽进严出""奖出限入"惯性思维的延续。理论上,汇率波动的影响是"双刃剑",无所谓绝对的好坏。如果认为贬值是绝对的坏事,那怎么理解2023年日元兑美元继续大跌,日本股市却创下33年来的新高呢?如果认为升值是绝对的好事,又怎会有2020年底企业将人民币升值与原材料涨价、国际运费飙升并称为中国外贸出口面临的"三座大山"呢? 2020年底,中央经济工作会议公报时隔两年重提"保持人民币汇率在合理均衡水平上的基本稳定"。2021年全年,央行两次通过外汇市场自律机制工作会议发声,并多次出台宏观审慎措施,抑制人民币过快升值。

结合中国的经济特征,作为贸易顺差大国,在民间对外净负债较少、货币错配情形较轻的情况下,贬值尽管不是政府政策目标,却有助于改善境内上市公司盈利情况。2022年,人民币中间价贬值8.5%,非金融上市公司(剔除财务异常者)实现净汇兑收益274亿元。相反,2020年和2021年人民币中间价分别升值6.9%和2.3%,上市公司分别实现净汇兑损失290亿元和160亿元人民币(详见第七章第二节的讨论)。

至于时常出现的"股汇共振",二者只有相关性而非因果关系,是相同的风险属性导致一个风险事件在两个市场引起价格的同涨同跌。

（三）避免升值时炒作热钱流入，贬值时炒作资本外逃：讲故事更要摆数据

以下两个市场热炒的话题，就是在人民币弱势调整背景下市场担忧资本外流的变相反映，同时也是市场焦虑情绪的宣泄方式。

一个话题是俄罗斯人将所得人民币资金汇出境外购汇，用于对外支付。这首先忽视了可兑换性本身是货币国际化的重要保障。正因为印度不能兑回俄罗斯在对印贸易中获得的卢比，俄印双边的本币计价结算才难以为继。况且，根据《国际货币基金组织协定》第八条款的要求，成员国应兑回非居民从对本国经常项目交易（如商品和劳务出口）中获得的本币收入，否则就违背了 IMF 成员的一般义务。1996 年底实现人民币经常项目可兑换，才结束了中国人考托福要从黑市购汇的历史，因为托福考试中心可以直接收取中国考生人民币费用，然后到银行集中购汇对外支付。其次，评估这部分离岸市场购汇需求的影响要靠数据。实际情况是，2023 年上半年，银行代客涉外人民币收付逆差 60 亿美元，同比下降 46.3%，表明人民币净流出规模也较为有限。但是，2023 年第三季度，银行代客涉外人民币收付逆差 908 亿美元，同比增长 131%，环比增长 1417%，这或是招致有关方面采取措施回收离岸人民币流动性，以稳定离岸人民币汇率的主要原因。

另一个话题是某些国家提取与中国人民银行签署的双边本币互换协议下的人民币互换额度，然后购汇用于本地外汇市场干预。被提取的人民币是否全用于购汇，具体情形不得而知。但是，若相关国家提取互换额度是为了稳定本币汇率，而当地外汇干预货币通常又是美元或其他硬通货，只要符合双边互换协议条款，用人民币换汇就在情理之中。只是，即便所提取的人民币都被换成了外汇，对人民币汇率的影响也不宜过分夸大。据中国人民银行披露的数据，到 2023 年第三季度末，被提取的人民币余额为 1171 亿元（约合 163 亿美元），较上年末增加了 283 亿元人民币（约合 41 亿美元）。而根据 BIS 的抽样调查结果，2022 年 4 月日均全球人民币外汇交易量为 5262 亿美元。

欲戴王冠，必承其重。如果一会儿担心热钱流入，一会儿担心资本外逃，那么汇率市场化和货币国际化就是自寻烦恼。事实上，汇率弹性增加发挥了吸收内外部冲击的"减震器"作用。2022 年，中国民间对外净负债减少 4656 亿美元，其中因人民币贬值 8.3%，导致境外持有的境内人民币金融资产折美元减少，由此产生的汇率负估值效应贡献了 90%。2023 年前三季度民间对外净负债减少 3232 亿美元，其中因人民币贬值 3.0% 产生的汇率负估值效应贡献了 42.5%。

四、2024 年人民币汇率走势的悬念[①]

根据相对价格的逻辑，2024 年人民币汇率走势既要看国内经济恢复情况，同时也要关注美联储货币政策和美元走势。当然，在加强外汇市场管理，保持人民币汇率在合理均衡水平上基本稳定的政策背景下，央行汇率调控短期内也会对市场汇率走势有一定影响。

2023 年底的中央经济工作会议对 2024 年经济工作进行了研究和部署，主要是完成增强经济活力、防范化解风险、改善社会预期三项工作任务，最后落脚到巩固和增强经济回升向好的势头。

2024 年的经济工作有一些有利因素。一是 2023 年底增发国债，提高赤字率，大家期待 2024 年财政政策会更加积极。二是货币政策无论是存款准备金率还是政策性利率都有空间，在一定程度上取决于我们对汇率波动的容忍度。同时，通过货币政策工具创新，在给定的货币供应量及人民币信贷投放增速下，提高存量资金的使用效率值得期待。三是 2024 年房地产市场可能会达到一个新的均衡，对经济的拖累趋于收敛。若房地产企稳，对稳预期会有比较大的提振作用。四是美联储货币紧缩接近尾声，这一方面进一步打开了我国的货币政策空间，另一方面欧美企业

[①] 本节核心观点于 2023 年 12 月 6 日发表在"财经五月花"公众号上，原文标题为《人民币汇率的三种可能》，链接为 https://mp.weixin.qq.com/s/sXad_q14Hv7T95VYc2dm4Q；于 2023 年 12 月 22 日发表中银证券研究报告，原文标题为《蓄势待发：相对价格视角看 2024 年人民币汇率》，链接为 https://mp.weixin.qq.com/s/IngGcuwX3y9mn_u5EFloHQ。

重新补库存有利于我国外需回暖。

当然，2024年的经济工作也存在很多不确定性。一是市场预期偏弱。连续三年的中央经济工作会议都谈到了预期问题。2023年底的中央经济工作会议也明确提出切实改善社会预期，并加强了对做好当前经济工作的指导。但是，大家可能更多还是要看行动、看结果。二是新旧动能转换。目前旧动能下降比较快，房地产、地方政府债务问题没有得到根本解决，培育的新动能能否接上，对2024年经济能否企稳至关重要。三是宏观调控效果。在高质量发展的新阶段、新时代，那些传统的财政货币政策调控手段的有效性如何、传导机制是否顺畅，需要实践和理论的创新。具体而言，即便是积极的财政政策，要扩大赤字，到底是在供给端发力还是在需求端发力也是一个新的课题。四是紧缩尾部效应。现在市场预期的基准情形是2024年美国经济"软着陆"，但实际上美联储仍然面临紧缩不足或者紧缩过度的风险，美国经济既可能"不着陆"，也可能"硬着陆"。从2023年的经验来看，市场共识往往都是错的。2024年会不会有惊喜或惊吓，拭目以待。

如本书第三章第四节所述，对应着美国经济的三种情形，2024年美联储货币政策和美元汇率走势也有三种情形：一是美国经济"软着陆"。此种情形下，美联储小幅降息，美元上下震荡。由于美强欧弱的经济基本面支撑，所以美元可能不会像很多市场人士预期的那样大幅贬值。二是美国经济"不着陆"。此种情形下，再通胀和紧缩预期重燃，会让美元重新走强。三是美国经济"硬着陆"。此种情形下，美联储会快速进入危机应对模式，货币政策将大幅转向。当避险情绪、信用紧缩警报解除后，美元才会真正走弱。总之，从历史经验看，美元汇率的顶部往往晚于美债收益率和美元政策利率的顶部。

相应地，2024年人民币汇率也有三种情形：一是中性情形。如果中国经济恢复比较好，美国经济"软着陆"，美联储小幅降息，人民币汇率会是一个有涨有跌的振荡走势。最终汇率中枢是涨还是跌，取决于中美双方哪方实际经济增速向趋势值或潜在增速收敛得更快。二是乐观情形。

如果中国经济回升向好的势头得到加强，美国经济"硬着陆"，美联储货币政策急剧转向，人民币汇率有可能出现趋势性反弹。三是悲观情形。如果美国经济"不着陆"，美联储不降息甚至重新加息，中国经济继续面临较大调整压力，人民币汇率就可能还会继续承压。

2023年底中央经济工作会议和10月底中央金融工作会议都提到了保持人民币汇率在合理均衡水平上的基本稳定。经济强则货币强。稳汇率的关键是稳经济。如果经济不稳，通过稳汇率来稳预期，只是为经济调整争取时间。同时，保持人民币汇率稳定不仅要靠说，更要靠做，要积极维护汇率政策的公信力。2017年实现"8·11"汇改的成功逆袭，就是因为人民币汇率不仅没有破7，反而涨了6%以上，让所有看空、做空人民币的人全部亏钱，重塑了央行在外汇市场的声誉。

汇率维稳是个选择题，不可能既要、又要、还要。央行汇率调控要破解两个"不可能三角"：一是汇率稳定、货币政策独立和资本自由流动三者不可兼得的"不可能三角"。维持汇率稳定可能意味着要牺牲货币政策的独立性。二是汇率浮动、储备干预和资本管制的"不可能三角"。如果汇率面临贬值压力，又不想让汇率贬值，就得抛售外汇储备；如果既不想汇率贬又不想储备降，就一定需要资本管制。这里的资本管制是广义的，既包括逆周期调节的宏观审慎措施，也包括传统的行政审批、数量控制手段。对于现有宏观审慎措施的有效性，相关部门要做出评估。

五、对策建议

第一，稳汇率的关键在于稳经济。经济稳了，汇率自然而然就能稳住。2022年底的人民币汇率止跌反弹，不是央行调控出来的，而是因为出台了一系列政策措施，改善了市场对于2023年中国经济复苏前景的预期。

第二，深化汇率市场化改革。无论是中央经济工作会议还是中央金融工作会议，都提到了深化汇率市场化改革。有管理浮动既可以是官定汇率，也可以由市场决定。同理，汇率市场化也不等于汇率要自由浮动，在有管理浮动的情况下，汇率波动可以有弹性，汇率政策可以有灵活性。事实上，汇率有弹性有助于及时释放市场压力、避免预期积累。只要前期人民币汇率变化对各种利空定价充分，后期即便有些朦胧利好、边际改善，人民币汇率都可能出现大幅反转，2022年底至2023年初的反弹行情就是典型样本。

第三，做好应对预案。经验表明，很多事情在发生之前，不管是往坏了想还是往好了想，实际情况都会同预测有出入，甚至截然相反。从这个意义上来讲，预案比预测重要。要在加强跨境资本流动监测预警的基础上做好情形分析、压力分析，拟定好应对预案。特别是作为政府部门，如果对坏的情形及早准备，应对起来就能有条不紊，政府有信心，市场就有信心。

第四，充实政策工具箱。唯有如此，才能提高政策有效性，维护政策公信力。否则，如果一些政策工具被反复使用，市场找出它的作用机理后有可能会采取反制措施，影响政策传导、削弱政策效果。当年，香港金管局用加息的方式来捍卫港币联汇制，但一加息港股就跌，结果乔治·索罗斯（George Soros）通过股市、汇市、期货市场三个市场联动，一度把中国香港变成了"提款机"。后来是香港特区政府入市干预，才破了这一招。

第五，强化风险中性意识。市场机构要立足主业，控制好货币错配和汇率敞口风险，不要随意赌汇率的涨跌。因为影响汇率的因素非常多，其中很多因素在非金融从业人员乃至金融专家的认知以外。所以，不论是短期汇率还是中长期汇率，测不准是必然，双向波动是常态。我们就很少讲自己预测到了人民币汇率走势，而只是说自己侥幸猜中了。如果先有观点再去找论据，"打哪儿指哪儿"，往往会出现选择性偏差。风险中性不是以事后的价格评判汇率风险对冲的对错、得失，而是用合适的工具帮助企业锁定风险或收益，让企业能够专注做自己擅长的事情。

第三节 中国外汇储备的充足性问题研究

1994年汇率并轨以来，关于中国外汇储备充足性的讨论持续不断：1994年中国外汇储备规模翻了一番，次年国内开始讨论中国外汇储备是多了还是少了，是来自贸易顺差还是来自热钱流入；2014年6月底，外汇储备余额升至近4万亿美元，市场担心中国外汇储备太多是个负担；2015—2016年，境内外汇供求严重失衡，为缓解人民币贬值压力，外汇储备于2017年1月底一度跌破3万亿美元，随即市场转为担心中国外汇储备不够用。近年来，有人将中国外汇储备余额与外债余额轧差，正缺口仅余数千亿美元，得出在国际石油和粮食价格上涨导致中国一年要对外多支付几千亿美元外汇的情况下，中国外汇储备可能枯竭的结论。然而，本节研究认为，无论从传统的预警标准还是最新的适度标准来看，这种看法均失之偏颇。

一、外汇储备充足性标准的国际演进

（一）外汇储备功能逐渐丰富

根据IMF的定义，储备资产是由货币当局控制并随时可供货币当局用于满足国际收支资金需求，干预汇兑市场影响货币汇率，以及其他相关目的（例如，维护人们对货币和经济的信心，作为向外国借款的基础）的对外资产。[①]

外汇储备是国际储备的重要组成部分，最初其功能主要是调节国际收支，维持汇率稳定。随着经济金融全球化的加深，全球外汇储备规模增长，外汇储备的功能不断拓展和丰富，主要包括五方面：调节国际收

---

① IMF. Balance of Payments and International Investment Position Manual[M].6th edition. Washington D.C.:International Monetary Fund, 2009.

支，保证国际支付；干预外汇市场，维护汇率稳定；应对突发事件，防范金融风险；配合货币政策实施，实现经济增长；提升本币国际地位，促进国际金融合作（见表5-2）。为实现这些功能，一国需要在综合考虑本国经济各方面因素的基础上确定持有的外汇储备规模。①

表5-2 外汇储备功能及具体含义

外汇储备的功能	具体含义
调节国际收支，保证国际支付	外汇储备可随时用于满足进口和偿付外债、弥补国际收支逆差、保证正常的对外经济活动和国际资信不受影响
干预外汇市场，维护汇率稳定	外汇储备反映货币当局干预外汇市场的能力，通过买入或卖出其他国家的货币，可有效防止本币汇率过度波动
应对突发事件，防范金融风险	作为一国重要战略资源，外汇储备能够满足突发事件发生时的对外支付需要，保障本国经济安全。在国际金融危机动荡加剧的年代，别国出现的经济、金融危机很容易传导到本国，也需要外汇储备来缓冲对本国的不利影响
配合货币政策实施，实现经济增长	在一定的经济周期和制度安排下，外汇储备对应了相应数量的货币发行，是中央银行资产负债表中外汇资产的一项重要内容
提升本币国际地位，促进国际金融合作	作为一国能支配的外部资产，外汇储备的充裕程度是投资者的信心指标，也是提高该国货币在国际货币体系中地位的重要条件。在金融全球化的大环境下，国际金融危机的破坏力和波及范围空前加大，各国金融当局之间加强合作、监管资本流动、救助危机国家的必要性上升，外汇储备成为其强大资金后盾

资料来源：国家外汇管理局。

（二）充足性标准的演进过程

第一阶段：关注进口支付能力。二战之后，随着美元主导的国际货币体系逐步确立，以及黄金逐渐非货币化，外汇储备对于缓解外部脆弱性的重要性日渐受到关注。罗伯特·特里芬（Robert Triffin）在1946年首次提出，国际储备需求通常与贸易保持一致，储备与进口比率可以用

---

① 国家外汇管理局. 外汇管理概览[EB/OL].(2009-12-04)[2023-11-01]. http://www.safe.gov.cn/safe/2009/ 1204/6131.html.

来衡量储备充足性[①];1960年,特里芬在《黄金和美元危机》一书中对1950—1957年主要国家储备与进口比率数据分析发现,大多数国家的目标是维持储备占进口比重不低于40%,如果低于30%或33%,则有必要采取调整措施,20%被认为是最低限度[②]。随着美元与黄金脱钩,国际储备中黄金储备占比越来越低,通常用进口支付能力来衡量一国外汇储备的充足性。这意味着,在出口收入停止时,外汇储备需要大致满足3—4个月的进口规模,主要适用于存在经常账户赤字的国家。

第二阶段:关注短债偿付能力。20世纪90年代,金融全球化速度明显加快。由于新兴市场经济增长较快,日元利率偏低,套利交易驱使大量短期资金从发达国家流向新兴市场。受1996年泰国出口减速、经济下滑、房地产泡沫破裂、股价下跌等因素的综合影响,国际资金开始撤离新兴市场。[③]亚洲金融危机重新激发了人们对于外汇储备充足性问题的研究,因为担心如果外部融资渠道枯竭,资本流出国可能缺乏必要的资金来偿还外债。1999年,阿根廷财政部前副部长帕布罗·吉多蒂(Pablo Guidotti)和美联储前主席艾伦·格林斯潘(Alan Greenspan)先后建议各国外汇储备应该覆盖未来1年到期的外币债务[④],短期外债占外汇储备比例等于1可能是合适的目标。Greenspan–Guidotti规则在此后多项实证研究中得到了支持。

第三阶段:IMF开发的储备充足新标准Assessing Reserve Adequacy(ARA)Metric。2011年2月,IMF首次发布ARA Metric,主要考察了各国在外债、经常账户和潜在资本外逃等众多风险来源下的预防性储备需

---

① Triffin R. National central banking and the international economy[J]. The Review of Economic Studies, 1946, 14(2): 53–75.

② Triffin R. Gold and the Dollar Crisis[M]. New Haven: Yale University Press, 1960.

③ 泰国因为危机前外汇储备相当于半年多的进口支付额,所以在货币攻击之初采取了外汇储备干预措施,但在多轮攻击下,泰国外汇储备消耗殆尽,最终于1997年7月2日弃守,引爆了东南亚货币危机,后来逐渐演变成为席卷全球新兴市场的亚洲金融危机。

④ Greenspan A. Currency markets and debt[C]//Remarks at the World Bank Conference on Recent Trends in Reserve Management, Washington, D.C. 1999, 29.

求。ARA Metric 由出口收入（反映外需减少或贸易条件冲击造成的潜在损失）、广义货币（反映资本外逃风险）、短期外债和其他负债（中长期外债和股权负债）四项指标加权计算得到，各项指标在不同汇率制度下的权重不同。为反映国际金融危机期间的资本流出状况，IMF 在 2014 年 12 月将其他负债项权重上调 5 个百分点。根据最新标准，实行固定汇率制度国家的 ARA Metric 等于"10% 的出口 +10% 的广义货币 +30% 的短期债务 +20% 的其他负债"；实行浮动汇率制度国家的 ARA Metric 等于"5% 的出口 +5% 的广义货币 +30% 的短期债务 +15% 的其他负债"。如果一国实行有效的资本管制，可以下调广义货币的权重（固定汇率制度下的权重由 10% 下调至 5%，浮动汇率制度下的权重由 5% 下调至 2.5%）。当一国实际持有的储备余额与 ARA Metric 的比重介于 100%—150% 时，表明该国储备足以满足预防性需求。

（三）新兴市场和发展中国家外汇储备需求更大

一国最优外汇储备规模因本国汇率制度、金融开放程度等情况而异。新兴经济体普遍存在"原罪"，主要是因为本地金融市场欠发达，需要到海外市场为中长期项目进行融资，并且本币并非硬通货，需要用可兑换货币进行对外支付，存在普遍的期限错配和货币错配，因此需要积累大量外汇储备，以应对潜在的国际收支冲击。亚洲金融危机的爆发增加了新兴经济体的风险厌恶情绪，出于预防性需求，新兴经济体加快了外汇储备积累（见图 5-1）。

相对而言，由于发达国家大多实行浮动汇率制度，对汇率波动容忍度较强，其预防性储备需求集中在限制外汇短缺导致市场功能失调的风险上。对于次中心和中心货币发行国，即便出现不利的情况，也可以通过发行货币或者货币互换随时获取其他储备货币，因此，这些国家不需要持有大量外汇储备。例如，2022 年底，美国外汇储备余额仅为 371 亿美元，欧元区为 3200 亿美元，在主要经济体中排名相对靠后，占 GDP 比重分别为 0.1%、2.3%；日本外汇储备虽然接近 1.1 万亿美元，但这主要是 2004 年之前日本央行长期干预外汇市场所致。由于这些国家基本用不着外汇储备,平常也就没有人关心它们的外汇储备是多了还是少了。2022年以来,日元和欧元兑美元汇率均跌至20年来的新低,却没有人炒作日本央行和欧洲央行的外汇储备够不够用。

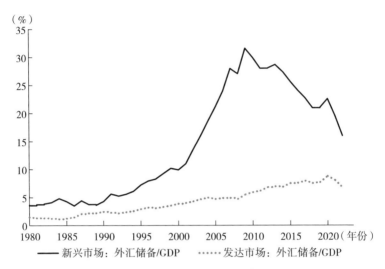

图 5-1 发达市场和新兴市场外汇储备占GDP比重

注:新兴市场包括阿根廷、巴西、中国内地、印度、印尼、马来西亚、墨西哥、波兰、俄罗斯、阿拉伯、南非、泰国和土耳其;发达市场包括澳大利亚、加拿大、欧元区、中国香港地区、日本、韩国、新加坡、瑞典、瑞士、英国和美国。

资料来源:IMF,万得。

二、从传统预警指标看中国外汇储备已经很充裕

(一)1994年前后,中国外汇储备从短缺转为充裕

1994年汇率并轨之前,中国外汇储备长期比较短缺。1985—1988年,短期外债规模约为外汇储备余额的2倍。1989年,由于短期外债减少,而外汇储备增加,二者比重降至100%警戒线下方。1989—1993年最低比重为47.5%。同期,外汇储备几乎持续低于3—4个月的进口支付标准。直到1994年汇率并轨之后,经常项目和资本项目双顺差带动外汇储备增加,自此外汇储备的进口支付能力和短债偿付能力开始同时处于安全范围内(见图5-2和图5-3)。

(二) 2006 年底，中央定调中国外汇储备已经够用

1994—2006 年，中国外汇储备占进口比重震荡上行，覆盖进口范围由 5.4 个月扩大至 16.2 个月；2000 年，短期外债占外汇储备比重降至 7.9%，次年国家外汇管理局根据最新国际标准口径对中国外债统计口径进行了调整①，短期外债占外汇储备比重升至 39.5%，不过 2006 年再次降至 18.7%。2006 年底，中央经济工作会议就做出了中国国际收支的主要矛盾已经从外汇短缺转为贸易顺差过大、外汇储备增长过快的重要判断，提出要把促进国际收支平衡作为保持宏观经济稳定的重要任务。所谓"国际收支平衡"，就是外汇储备既不增加也不减少，中国政府既不追求国际收支顺差越大越好，也不追求外汇储备越多越好。

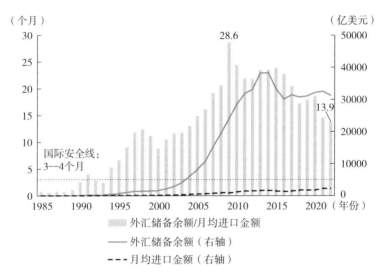

图 5-2 中国外汇储备的进口支付能力

资料来源：中国人民银行，海关总署，万得。

---

① 原外债口径是 1987 年根据当时的国际标准口径确定的，2001 年外债口径调整如下：(1) 将境内外资金融机构对外负债纳入中国外债统计范围，同时扣除境内机构对境内外资金融机构负债；(2) 将 3 个月以内贸易项下对外融资纳入中国外债统计；(3) 将经营离岸业务的中资银行吸收的离岸存款纳入中国外债统计；(4) 在期限结构方面，将未来 1 年内到期的中长期债务纳入短期债务。

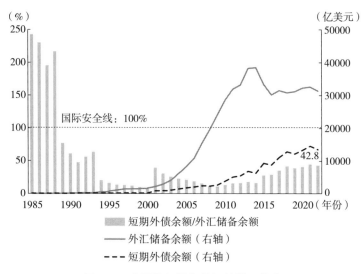

图 5-3　中国外汇储备的短债偿还能力

注：因统计口径调整，2001 年前后以及 2015 年前后短债偿付能力不可比。
资料来源：国家外汇管理局，中国人民银行，万得。

（三）2008—2014 年年中，经济对外平衡让位于对内平衡

2008 年金融危机之后，主要经济体实施非常规货币政策导致全球流动性泛滥，国际资本流入包括中国在内的新兴市场。2009—2013 年，除 2012 年受欧债危机影响以外，中国资本项目均为顺差，并且在 2013 年创历史新高。同期，境内外汇供求出现大规模盈余。在外汇供求严重失衡的情况下，由于担心人民币过快升值打击中国出口，进而影响就业和社会稳定，中国政府以数量出清代替价格出清，措施之一便是增加外汇储备。外汇储备余额从 2006 年的 1 万亿美元最高升至 2014 年 6 月的近 4 万亿美元。其间，外汇储备最多能覆盖 28.6 个月的进口，短期外债占外汇储备比重最低为 10.8%（见图 5-2 和图 5-3）。

（四）2014 年年中以来，中国外汇储备虽冲高回落但依然充裕

中国外汇储备余额自 2014 年年中见顶回落，2015 年"8·11"汇改之后更是加速减少，直到 2017 年才止跌回升。此后，央行基本退出外汇市场常态干预，外汇储备规模变动较小。其间，外汇储备占进口规模

比重在 2015—2018 年持续下降，从 23.8 个月降至 17.3 个月，2019 年、2020 年分别升至 17.9 个月、18.7 个月。2021 年价格因素推动中国进口金额明显增加，2022 年估值因素导致外汇储备余额减少，因此外汇储备占进口规模比重有所下降，不过仍能覆盖 14 个月左右的进口规模。2015 年以来，由于中国短期外债统计口径调整[①]，叠加外贸规模不断扩大，金融开放程度加深，短期外债规模总体呈上升态势，占外汇储备比重从 27.6% 升至 2021 年底的 42.8%，却仍远低于 100% 的国际警戒线（见图 5-2 和图 5-3）。

三、从 IMF 充足标准看中国外汇储备也比较适度

（一）中国储备规模处于适度范围之内

如前所述，IMF 的适度储备规模计算公式根据不同汇率制度进行了区分。除此之外，IMF 也将资本管制因素纳入考量。在其看来，如果一国实施有效的资本管制以防止资本外逃，M2 权重可以降低甚至取消。由于中国资本账户尚未实现完全开放，因此 IMF 在历年对外部门评估报告中均使用"固定汇率＋资本管制调整"后的指标来评估中国的外汇储备充足性（即 ARA Metric=10% 的出口 +5% 的广义货币 +30% 的短期债务 +20% 的其他负债）。

2004—2009 年，中国外汇储备余额占 ARA Metric（经资本管制调整，下同）比重持续上升，2009 年达到最高值 315%。之后，由于广义货币增长较快，ARA Metric 增速快于中国实际持有的储备资产，二者比重转为下降，2017 年仍然位于 150% 上方，表明 2004—2017 年中国外汇储备过多。2018 年以来，由于中国央行退出外汇市场常态干预，实际持有的储备规模变动较小，而出口金额、广义货币、短期外债和其他负债规模

---

① 自 2015 年起，中国人民银行、国家外汇管理局按照 IMF 数据公布特殊标准（SDDS），相应调整了中国外债数据口径，公布包含人民币外债在内的全口径外债，参见 http://www.pbc.gov.cn/goutongjiaoliu/113456/113469/2813879/index.html。

均在增长，导致 ARA Metric 持续增加，因此中国储备余额占 ARA Metric 比重跌至 150% 下方。尤其是 2020—2022 年，广义货币对 ARA Metric 的贡献明显加大，储备余额占 ARA Metric 比重分别跌至 120%、109%、110%，高于储备充足标准下限 100%，表明目前中国储备仍然比较充裕（见图 5-4 和图 5-5）。

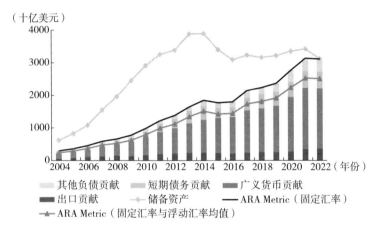

图 5-4　中国储备资产余额与资本管制下的 ARA Metric 对比

资料来源：IMF。

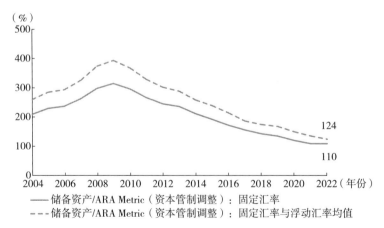

图 5-5　中国储备资产占 ARA Metric 比重变动情况

资料来源：IMF。

(二)IMF 的储备充足标准存在局限性

根据马斯洛需求层次理论,人类需求分为生理、安全、社交、尊重和自我实现需求,其中生理需求是最基本的需求,只有生理需求得到满足,人类才会追求其他更高层次的需求。同样,货币需求也分为三个层次:交易需求、预防性需求和流动性偏好。我们认为,外汇储备需要优先满足进口支付和短债偿还等基础的交易性需求,立足于守住不发生国际收支危机的风险底线,这应该是外汇储备充足性的合理下限。

IMF 储备充足性标准涵盖了外债、经常账户和潜在资本外逃等多种风险来源,计算出来的适度储备规模包含了预防性需求,其下限应该属于高限,上限属于高高限。[①] 因此,这套储备充足性标准,除 IMF 在对外经济部门评估报告中使用外,现实中较少使用。即便如中国香港实行港币联汇制的极端情形,香港特区政府人员通常用香港外汇储备与基础货币之比来衡量外汇储备的充足性,而不会用 IMF 的储备充足指标。[②]

其实,IMF 也明确指出,对各国外汇储备充足性进行简单、全面评估存在局限性,因为储备需求取决于具体国家的具体情况,可以在此基础上对各国具体因素进行补充分析,包括对可能的额外风险、额外外部缓冲可用性的分析。

就中国而言,人民币实行的是有管理的浮动汇率制度,而非严格的固定汇率制度。近年来,人民币汇率灵活性明显增加,市场称之为"类自由浮动"。故我们分别计算固定和浮动汇率制度下的适度储备规模,再取二者均值,作为中国"类自由浮动"下的适度储备规模。结果发现,2018 年、2019 年中国储备余额占 ARA Metric 比重分别为 174%、168%,高于上限 150%,2020—2022 年先后降至 150%、135%、124%,仍处于适度范围内(见图 5–5)。

[①] 一些经济体用超额的外汇储备成立主权财富基金(SWF)对外投资,提高外汇资金使用效率,就属于外汇储备的流动性偏好范畴,但不属于满足外汇储备充足性应该追求的目标。

[②] 余伟文.重温联系汇率制度的设计及运作[EB/OL].(2022–07–22)[2023–11–01]. https://www.hkma.gov.hk/gb_chi/news-and-media/insight/2022/07/20220722/.

货币的反噬

此外，近两年中国外债余额中本币外债占比超40%，这部分外债也可以通过汇率变化影响储备需求。例如，2016年、2018年和2019年人民币贬值使得美元计价的外债余额分别减记366亿、290亿、111亿美元，减缓了相应年份IMF标准下的适度储备规模增长。这也是汇率浮动吸收内外部冲击、促进国际收支平衡和宏观经济稳定的应有之义。

如本节开篇所述，当前有人将外汇储备与外债的差额视为一国实际持有的外汇储备，再将其与进口金额进行对比，以评估储备是否充足，这并非国际通行的做法。因为这属于极端情形，相当于假定这个国家民间没有任何外汇收入来源和对外金融资产，所有外债（不论长短期）和必要的进口都要用外汇储备来支付。这衡量的是外汇储备能否应对被挤兑的风险，现实中绝大多数国家（包括发达国家）都难以满足这一标准。我们按照2022年末各大经济体外汇储备规模进行排序发现，前二十大经济体中，只有中国内地、沙特、俄罗斯和以色列的外汇储备余额大于外债余额（见图5-6）。此外，中国外债中贸易融资占比约为15%，如果将外债余额全部从外汇储备中剔除再与进口金额对比，会涉及重复计算的问题。

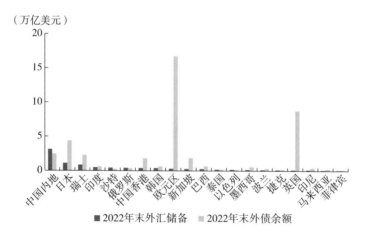

图5-6 前二十大经济体的外汇储备与外债余额对比（按外汇储备规模排序）

注：虽然中国台湾地区、阿联酋和越南的外汇储备规模较大，但缺乏外债数据，因此没有将这三个经济体的外汇储备数据在图中列示。

资料来源：IMF，世界银行。

四、外汇储备并非越多越好

(一)"五重保护"降低对外汇储备的依赖

第一重保护是汇率弹性增加,市场化程度提高,央行基本退出外汇市场常态干预,从根本上减轻了对包括外汇储备干预在内的数量工具的依赖。

第二重保护是中国以货物贸易顺差为主的基础国际收支顺差大,增厚了应对短期资本流动冲击的"防火墙"。

第三重保护是民间外汇资产持有增加较多,增强了二级外汇储备的"蓄水池"功能。

第四重保护是宏观审慎措施,如逆周期因子、外汇风险准备金率、金融机构外汇存款准备金率、跨境投融资宏观审慎调节参数等。

第五重保护是行政审批、数量控制等传统的资本外汇管理手段。

(二)持有外汇储备是有机会成本的

如前所述,外汇储备占进口金额比重、短期外债占外汇储备比重可以分别反映在出口收入停止、外部融资枯竭情况下,外汇储备支付进口、偿还短期外债的能力。此后,为覆盖更广泛的风险来源,包括 IMF 在内的机构开始利用组合指标反映一国储备充足性。不过,IMF 计算的适度储备规模考虑的是众多风险同时爆发的极端情况。在这种情形下,大部分国家都经不起外汇储备的挤兑。

况且,中国持有的储备资产规模明显高于其他国家,对外资产总体大于对外负债,中国是世界第二大净债权国(见图 5-7)。即便剔除储备资产之后民间部门为对外净负债,但近年来净负债规模及其占 GDP 比重均出现明显下降,对外部门韧性增强,意味着抵御外部冲击的能力有所提升。

外汇储备是重要的外部流动性缓冲,尤其对于新兴市场而言,可以显著降低货币危机发生风险,是金融稳定的"压舱石"。但外汇储备规模并非越大越好,因为边际效应会随着外汇储备规模增加而递减,同时机会成本越来越高。①

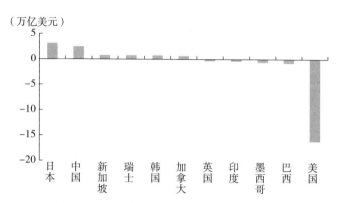

图 5-7 2022 年末主要国家对外投资净头寸

注：中国数据不含港澳台地区数据。
资料来源：IMF。

一是持有过多外汇储备并不经济。外汇储备经营原则是"安全、流动、增值"，即首先保证安全性和流动性，并在此前提下争取提高投资回报，实现外汇储备保值、增值目标。这决定了外汇储备主要投向高信用等级、低回报率的发达国家债券。而由于中国对外投资主要是稳健型的外汇储备资产运用，引进的投资则主要是高成本的外来直接投资，这导致中国虽然是对外净债权国，但投资收益长期为负。

二是持有过多外汇储备影响货币政策独立性。2002—2014 年，为防止人民币汇率过快升值，央行持续干预外汇市场，因此外汇占款规模大幅增加，占央行总资产比重在 2013 年底达到最高值 83.3%，成为央行投放基础货币的主要渠道。而为了降低基础货币投放压力，缓解信贷膨胀和资产泡沫风险，央行不得不采取大规模的冲销干预措施，例如滚动发行央票、多次提高法定存款准备金率，但这些措施并未充分对冲央行资

---

① 这也是IMF框定适度储备规模上下限的重要原因。传统的外汇储备预警指标只强调了储备余额不能少于多少个月进口支付或当年需要偿还的到期外债规模，却没有界定不应该超过多少。IMF. Assessing Reserve Adequacy—Further Considerations [R]. IMF Policy Paper, 2013.

产负债表扩张带来的影响。

三是外汇储备具有向下刚性。2014年5月，我们还在感慨中国外汇储备多了是个负担。①但2015年"8·11"汇改前期，境内外汇形势已经发生变化，外汇供求关系自2014年7月开始逆转，资本账户从同年第二季度开始转为逆差，外汇储备余额开始从2014年6月末高位回落。"8·11"汇改之后，为了稳定汇率，央行进行了外汇干预。2014年7月至2016年底，外汇储备余额累计减少9827亿美元，其中交易引起的外汇储备资产累计减少8208亿美元。2016年底，随着外汇储备距离跌破3万亿美元越来越近，市场担心储备不够用了，于是开始激辩"保汇率"还是"保储备"。

四是需要关注地缘政治风险对国家金融安全的影响。2022年2月俄乌冲突爆发后，西方国家对俄罗斯进行联合制裁，包括冻结俄罗斯央行在西方国家央行或托管银行存放的外汇储备，俄罗斯央行有一半以上的外汇储备不能动用。过去十多年，中国外汇储备中的美元占比下降，意味着外汇储备多元化、分散化经营取得较大进展（见图5-8）。但由于外汇储备可投资的资产种类较少，分散化配置空间相对有限。如果发生地缘政治风险，中国持有的大规模外汇储备会授人以柄。

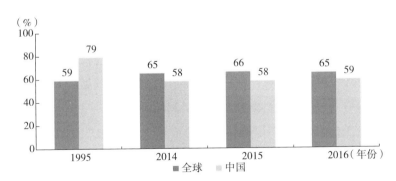

图5-8　全球和中国外汇储备中的美元资产占比

资料来源：国家外汇管理局。

---

① 中国日报网.巨额外汇储备已成中国沉重负担[Z/OL].(2014-05-19)[2023-11-01].http://caijing.chinadaily.com.cn/2014-05/19/content_17518925.htm.

五、主要结论

战后，外汇储备充足性标准经历了从关注进口支付能力，到关注短债偿付能力，再到关注更广泛风险的演进。相对于发达经济体而言，新兴市场国家由于本地金融市场不发达，本币并非硬通货，因此需要积累大量外汇储备，以应对潜在的国际收支冲击。

从传统预警指标来看，中国外汇储备在 1994 年汇率并轨前后从短缺转为充裕，2022 年外汇储备仍能覆盖 13.9 个月的进口规模，短期外债占外汇储备比重为 42.8%，远低于 100% 的国际警戒线。从 IMF 充足标准来看，2004 年以来中国实际外汇储备规模从过多转为适度，2022 年底低于适度规模上限但高于下限。值得指出的是，IMF 对各国外汇储备充足性进行简单、全面评估存在局限性。近年来人民币汇率弹性增强，人民币国际化程度提高，有助于降低对外汇储备的依赖。将中国实际储备与类自由浮动汇率下的适度规模对比发现，迄今为止中国实际储备规模高出适度规模下限更多。

将外汇储备与外债差额视为一国实际持有的外汇储备，再与进口金额对比，以评估储备是否充足，这不是国际通行的做法，而是基于外汇挤兑情形的极端假设。中国是新兴市场国家中少数的外汇储备大于外债余额的国家。并且，外债余额中贸易融资占比约为 15%，如果将外债余额全部从外汇储备中剔除再与进口金额对比，会涉及重复计算问题。

汇率弹性增加、基础顺差较大、民间外汇较多、宏观审慎管理、外汇政策调整构成了维护中国外汇市场稳定的"五重保护"，会降低对外汇储备的依赖。并且，外汇储备持有的边际收益递减、边际成本递增。因此，中国不宜重新追求外汇储备越多越好。

第四节　央行上缴结存利润蕴含的三重含义

2023 年初，中国人民银行在《2022 年第四季度中国货币政策执行报告》专栏1"央行上缴结存利润支持稳增长"中阐释了此举的三重政策含义。

一、重申上缴利润不是赤字货币化操作

早在2022年3月8日,财政部有关负责人答记者问时就已明确指出,根据《中华人民共和国中国人民银行法》第三十九条"中国人民银行每一会计年度的收入减除该年度支出,并按照国务院财政部门核定的比例提取总准备金后的净利润,全部上缴中央财政"的规定,人民银行上缴利润符合中国法律规定。他还特别强调,中央银行利润上缴财政,是世界主要经济体的通行做法,《美联储法案》《日本银行法》《英格兰银行法》等都有类似的规定。

当时,财政部有关负责人解释结存利润的成因是,新冠疫情发生以来,为应对可能出现的风险挑战,在财政政策措施上预留了政策空间,包括对特定国有金融机构和专营机构暂停上缴利润,以备不时之需。有关机构因此形成了一些待上缴的结存利润。2022年,在实施新的组合式税费支持政策的情况下,经按程序批准,安排特定国有金融机构和专营机构上缴了2021年以前形成的部分结存利润。

2022年3月8日,央行在发布的相关新闻稿中表示,人民银行结存利润主要来自过去几年的外汇储备经营收益,不会增加税收或经济主体负担,也不是财政赤字。人民银行依法向中央财政上缴结存利润,不会造成财政向央行透支。这段表述说明,央行上缴结存利润并非有些市场人士所猜测的中国式的量化宽松。

在《2022年第四季度中国货币政策执行报告》中,央行在专栏1中给出了结存利润形成的更多细节。央行指出,当前人民银行利润主要来自历年外汇储备按照市场化原则在国际金融市场中开展投资所实现的经营收益。同时,过去人民银行承担了国有商业银行和农信社等金融机构的改革成本,要从历年人民银行的收益中逐年核销。过去十几年,人民银行坚持将部分利润用于消化金融机构改革历史成本,同时在多数年份

向财政上缴利润。经过多年不懈努力，2022年人民银行完成了金融机构改革历史成本的核销任务。显然，央行过去曾多次依法向中央财政上缴利润，只是之前没有披露其用途，故不为市场知晓。

2022年，我们从资产负债表角度解释央行上缴结存利润的操作时就指出，这只涉及央行资产负债表结构的调整，不会导致其资产负债表总量的变化。① 央行上缴结存利润，会在负债端减少央行其他负债，增加基础货币投放；在资产端减少央行其他资产，增加央行外汇占款。实际情况是，2022年3—6月，央行其他负债减少9568亿元，与央行配合财税部门加快办理企业留抵退税、上缴结存利润9000亿元的规模大体接近。

同期，央行其他资产和外汇占款分别下降1亿元和75亿元，显示央行没有因上缴外汇储备投资收益为主的结存利润而调整相关科目。这或许是因为有些结存利润来自外汇储备投资收益以外，同时也是为了减少央行外汇占款剧烈波动引发的市场猜测。事实上，就2022年11月外汇占款异常增加，央行曾专门发文澄清，指出这是因为银行将前期以外汇资金交存的部分人民币存款准备金自愿逐步置换回人民币形式来交存存款准备金。置换后体现为货币当局资产负债表"国外资产"中"外汇"（即央行外汇占款）科目余额增加。

二、充分体现财政货币政策的协调联动

央行在专栏1中强调，人民银行依法上缴结存利润并对外披露，体现了货币政策与财政政策的协调联动，助力稳定宏观经济大盘。这与2022年初央行在新闻稿中的表述几乎一致。当时，央行表示，结存利润按月均衡上缴，人民银行资产负债表规模保持稳定，体现了货币政策与财政政策的协调联动，共同发力稳定宏观经济大盘。

值得注意的是，2022年3月，中国经济受到了国内疫情多点散发、

---

① 管涛. 从央行资产负债表角度看上缴储备投资收益的金融影响[N]. 证券时报，2022-03-09.

海外地缘冲突等突发事件的影响。2022年3月21日，国务院常务会议指出，针对当前国内外形势新变化，稳定经济运行的政策要抓紧出台实施。2022年增值税留抵退税规模约1.5万亿元，这是坚持"两个毫不动摇"、对各类市场主体直接高效的纾困措施，是稳增长、稳市场主体、保就业的关键举措，也是涵养税源、大力改进增值税制度的改革。会议要求，存量留抵税额在6月底前一次性全额退还，增量留抵税额从4月1日起按月全额退还。

为此，央行加快了利润上缴进度，到2022年4月底就已上缴8000亿元，到6月底进一步增至9000亿元，全年累计上缴1.13万亿元。2022年，中国公共财政收入同比仅增长0.6%，包括上缴结存利润在内的非税收入增长24.4%。其中，央行上缴结存利润拉动公共财政收入增长5.6个百分点。这大大增强了当年国家可用财力，保持了财政支出强度。

财政将央行上缴利润用于留抵退税和地方转移支付虽然属于财政政策操作，但对货币政策也产生了连带影响。央行解释2022年4月15日宣布全面降低存款准备金率0.25而非0.50个百分点的原因时指出，前期央行为支持小微企业留抵退税加速落地，靠前发力加快向中央财政上缴结存利润，截至2022年4月中旬已上缴6000亿元，和全面降准0.25个百分点基本相当。此外，央行还表示，全年人民银行缴款进度靠前发力，视退税需要及时拨付，与其他货币政策操作相互配合，有力保持流动性合理充裕。

用央行上缴利润办理留抵退税和地方转移支付，是直达实体经济的操作。从央行资产负债表看，央行"其他负债"科目余额下降的同时，没有在"政府存款"科目过多停留，直接到达了企业账户，变成了基础货币投放。2022年全年，央行负债端的"政府存款"科目余额减少1659亿元，较上年少增5909亿元；基础货币投放增加3.15万亿元，同比增长9.6%，对M2增长为正贡献81.7%，其中央行上缴结存利润约贡献了基础货币投放增加额的36%，推动M2增速升高约0.5个百分点。自2022年4月、5月起，M2同比增速之所以持续高于人民币贷款和社会融资规模增速，部分原因就是这些直达工具形成的企业现金流在增加社会存款后，暂时没有立即转化为市场融资需求。

三、释放货币政策正常操作的信号

中央经济工作会议明确提出，要推动经济运行整体好转，加大宏观政策调控力度，加强各类政策协调配合。市场对于财政政策和货币政策进一步加码的期望较高，甚至还出现了践行西方赤字货币化操作的呼声。为此，央行在专栏1中再次回应市场关切，打消透支未来、大水漫灌的幻想。

央行在专栏1中指出，中国稳健的货币政策坚持稳字当头、稳中求进，没有大起大落，央行资产负债表规模基本稳定，货币政策操作利息收入和支出大体相当，为保持基本稳定的央行利润提供了重要条件。相较而言，全球一些央行在应对疫情冲击期间大规模购买国债等资产，央行资产负债表大幅扩张，而当利率快速上升时，央行资产负债表及财务状况都受到影响。

截至2022年底，以本币计价的人民银行的资产负债表规模较2019年底仅增长了12.3%。同期，美联储扩张了1.05倍，欧洲央行和日本央行也分别扩张了69.6%和22.8%。2022年底，以美元折算的人民银行资产负债表规模仅相当于美联储的0.70倍。

截至2022年底，在人民银行总资产中，对中央政府债权占比仅为3.7%；在美联储总资产中，美债占比为64.3%；在日本央行总资产中，日本政府债券占比为80.1%。2022年，因通胀高企、美债价格下跌，美联储净利润较上年近乎腰斩。未来日本央行退出收益率曲线控制（YCC）的难题之一是，若日本的国债收益率出现飙升，日本央行或将遭受巨额财务损失。

近年来，人民银行推出了许多结构性货币政策工具，到2022年底规模为6.45万亿元，相当于其总资产的15.5%。其中，有些结构性工具为央行收取国债作为银行向央行再融资的抵押品，但这并非由央行买断。况且，近年来，中国市场利率（包括国债收益率）总体是下行的。

央行在专栏 1 中阐释此次披露央行上缴结存利润的意义时特别指出，这是实质性提高现代央行财务透明度的重要体现，有助于夯实现代中央银行制度的财务基础。央行强调，健康可持续的央行资产负债表是中央银行实施货币政策、维护金融稳定和强化金融服务的履职基础，既保障了央行实现币值稳定、控制通胀的可信度，也确保了央行能够有效履行最后贷款人职责，牢牢守住不发生系统性金融风险的底线。

第五节　美联储货币政策调整对中国境内债市的溢出影响分析

由于美元作为国际储备货币的特殊地位，美联储货币政策调整对新兴市场国家会产生不同程度的溢出影响。美联储经济学家研究发现，议息会议和非农报告隐含的货币政策立场对新兴市场国家的信用利差、国债收益率、股票和汇率具有较强的溢出效应，对国际收支较弱的高风险新兴市场国家影响更甚；而隐含的经济前景则具有相对温和的溢出效应。[①]近年来，中国金融市场加速开放，涉外金融风险越发得到重视。尤其是，在实施了多轮超宽松货币政策后，美国通胀最终"觉醒"并持续"爆表"，包括 IMF 等在内的大部分机构认为低利率时代可能已经结束。中国作为一个较好的"特殊"新兴市场国家，有能力应对美联储货币政策调整的溢出影响，但可能难以在内外经济共振中独善其身。本节将尝试分析美联储货币政策调整对我国债市的传导机制和溢出影响。

一、美联储货币政策调整对我国境内债市的四种传导渠道

中国境内债市投资者深谙"不可能三角"（又称"三元悖论"）理论，

---

① Hoek J, Yoldas E, Kamin S. Are Rising U.S. Interest Rates Destabilizing for Emerging Market Economies?[R/OL]. FED Notes, 2021-06-23. https://www.federalreserve.gov/econres/notes/feds-notes/are-rising-u-s-interest-rates-destabilizing-for-emerging-market-economies-20210623.html.

即一个国家不可能同时实现货币政策独立、汇率固定和资本自由流动。近年来，人民币汇率弹性上升，央行基本退出外汇市场常态化干预。虽然债市投资者依然关注美联储货币政策调整，但是一般不会有较大反应。而且，与美联储的"物价稳定、就业最大化"双重法定目标不同，经济增长一直是国内宏观政策的首要任务。不过，市场共识是，人民币汇率与货币政策独立性可能存在极限。例如，当人民币汇率接近或突破某些关键点位时，媒体"渲染"和外资"怂恿"可能会造成外汇市场的"羊群效应"，同时形成"股汇共振"，进而影响境内金融稳定。而且，随着金融双向开放不断深入，跨境资本流动的干预和监管难度显著上升。即便国内监管层有较多干预措施，不必动用货币政策工具，但是市场仍会有汇率掣肘货币政策的担忧。况且，中国央行的决策函数包含了内外均衡。因而，仍有必要从跨境资本流动、汇率、货币政策和风险偏好（股债"跷跷板效应"）四种渠道分析美联储货币政策对中国债市的溢出影响。

一是资本流动渠道。外资主要配置境内利率债和金融债。据中债登和上清所数据显示，截至 2023 年 9 月末，境外机构债券组合中，国债占比 64.9%（2.07 万亿元），政策性银行债占比 21.6%（0.69 万亿元），其他债券占比 12.6%（0.43 万亿元）。但是，中国债券的境外机构持有规模占比明显低于发达国家。2022 年底，美债的境外投资者持有占比为 23%，日本国债的境外投资者持有占比为 14%。2021 年 7 月，外资持有债券规模在中国本币债托管余额中的占比达到最高的 4.63%，2023 年 8 月降至 3.12%；最高持有规模为 2022 年 1 月的 4.07 万亿元，2023 年 3 月降至 3.18 万亿元。随着近年来金融开放加速和中美负利差走阔，利差交易对外资投资策略的影响逐渐显现。分组回归结果显示，2017 年 7 月—2019 年 12 月，中美利差扩大（缩小）1 个基点，外资流入（流出）2.2 亿元，拟合度仅为 0.05；2020 年 1 月—2023 年 8 月，中美利差扩大（缩小）1 个基点，外资流入（流出）4.4 亿元，拟合度高达 0.46。

二是汇率渠道。汇率是两种货币的比价关系，需要分辨汇率变化的主要驱动因素是来自内部还是外部。理论上，汇率升贬值对债市的影响没有明确的方向。当汇率贬值来自内因时，"股弱债强"的股市"跷跷板效应"和避险需求上升，推动债市形成降息预期，表现为收益率下行、价格上涨，如 2023 年 2—9 月；当汇率贬值来自外因（如美元短缺）时，债市也会出现收益率上升、价格下跌，如 2020 年 3 月 9—19 日"美元灾"期间。当汇率升值主要来自内因时，债市会形成货币紧缩预期，表现为收益率上升、价格下跌，如 2020 年下半年；当汇率升值主要来自外因（美元疲软）时，债市并不一定认为汇市是正确的，典型的是 2020 年 11 月—2022 年 3 月。此外，中债收益率拐点领先于汇率变化，可能与中国货币政策坚持对内优先、"预调微调"领先美联储货币政策有关。不过，与上述跨境资本的低频数据不同，汇率是实时数据，尤其是当人民币汇率接近关键点位时，可能会从心理上影响到境内债市。

实际上，稳汇率政策难以改变利率趋势。外汇工具更多是从技术层面缓解"不可能三角"，例如 2018 年 8 月起实施的一系列稳汇率政策，包括重启逆周期因子、发行央票吸收离岸人民币流动性和恢复对远期购汇征收外汇风险准备金等。2018 年 9 月、10 月，7 日期离岸人民币拆借利率（CNH-HIBOR）月均值环比分别上升了 145 个和 12 个基点，合计上升了 157 个基点，较同期银行间存款类金融机构以利率债为质押的 7 天期回购利率（DR007）分别高了 118 个和 138 个基点。同期 DR007 月均值虽然合计上升了 10 个基点至 2.65%，但是依然大幅低于前 7 个月的均值 3.21%，这说明离岸人民币利率上升、流动性收紧并不会影响到境内银行间市场。这一次"如法炮制"，但离岸利率上升更多。2023 年 8 月、9 月，CNH-HIBOR 月均值环比分别上涨了 82 个和 155 个基点，合计 237 个基点，但 DR007 仅上升了 14 个基点。虽然 10 年期中债收益率在 2018 年第三季度经历了一波调整，但是随后在第四季度出现了一波近 60 个基点的上涨行情。

三是货币政策渠道。2018 年 4 月，时任中国人民银行行长易纲在博鳌亚洲论坛上首次提出中美利差"舒适区间"的概念，自此开始，80—100 个基点似乎成为市场的"心理锚"。实际上，在此之前的 2018 年 5 月至 2019 年 4 月，中美利差持续低于舒适区间，2018 年第四季度接近倒挂，但中国货币政策依然坚持宽松。与之相对的是，2020 年下半年中美正利差一度突破 200 个基点，但中国央行不再跟随美联储继续放松货币政策，同时市场也确有"进可攻、退可守"的舒适感。基于对 2002—2022 年中美 10 年期国债收益率走势的分析，发现中美国债收益率相关性不大，两者整体的相关系数只有 0.20，并且在接近 1/3 的年份里呈现负相关，正相关性超过 0.50 的年份均在 2017 年前，分别为 2008（0.67）、2009 年（0.62）、2012 年（0.54）、2013 年（0.80）、2014 年（0.85）和 2016 年（0.64）。2017—2022 年，中美国债收益率相关性一直处于低位，两者相关性下降至 −0.12（见表 5-3）。这可能与中国日渐成熟的"跨周期调节"有关。

表 5-3　2002—2022 年中美 10 年期国债收益率的相关性

年份	2002	2003	2004	2005	2006	2007	2008
中美国债相关性	−0.49	0.39	0.05	−0.16	0.41	−0.21	0.67
年份	2009	2010	2011	2012	2013	2014	2015
中美国债相关性	0.62	0.08	0.45	0.54	0.80	0.85	−0.18
年份	2016	2017	2018	2019	2020	2021	2022
中美国债相关性	0.64	−0.18	−0.46	0.28	0.17	0.16	−0.12

资料来源：万得。

同时，中国货币政策兼具价格和数量工具，以商业银行为主导的金融系统使得数量工具在中国的作用更大。从联邦基金基准利率和银行信贷审批指数上看，至少有三轮明显的"背离"：2010—2011 年，"四万亿"投资导致国内经济有过热风险，银行信贷收紧，而美联储正处于第一轮量化宽松时期；2013 年下半年—2015 年底，国内经历了一轮整顿"影子银行"和稳增长的轮动，美联储则是第三轮量化宽松向货币正常化过渡；2020 年下半年至 2022 年，中国逐渐完善跨周期调节，美联储则是从无限量化宽松转向 40 年来最为激进的货币紧缩。中国金融条件指数主要看银行态度，因而两者较为同步。同时，这也造成了国内金融条件指数与联邦基金基准利率存在较大的负相关。2009 年 1 月—2023 年 8 月，一财金融条件指数与联邦基金基准利率相关系数为 –0.59，呈现较大负相关。

四是风险偏好渠道。利率债具有避险属性，只要 A 股风险偏好低，利率债便会受益。历史经验显示，美联储货币政策是主导全球风险偏好的重要因素。虽然 A 股波动指数大部分时间受内部因素影响，但在关键时期依然受美联储货币政策调整的影响。当美联储过度紧缩导致美股 VIX 指数飙升时，全球股市会出现阶段性共振，A 股也不例外。债市投资者却不用像海外市场一样担忧美元流动性紧缩，往往会有一波不错的行情。反而是，当 VIX 指数骤降和美联储快速放松货币政策时，境内债市易跌难涨。

二、美联储货币政策对我国境内债市影响的事件性实证分析

借鉴 Hoek、Yoldas 和 Kamin（2021）[①] 对美联储货币政策立场的分析方法，我们对 2015 年 "8·11" 汇改后 FOMC 会议期间（T±2）中债、美债、美股、美元指数、人民币中间价、VIX 指数、沪深 300、DR007 和 7 日 CNH–HIBOR 进行比较分析（见表 5-4）。2015 年 "8·11" 汇改后至 2023 年 9 月一共召开了 64 次 FOMC 会议（不包含 2020 年 3 月两次紧急降息），这一轮经济周期（剔除新冠疫情初期的"异常"时期，2020 年 4 月—2023 年 9 月）一共召开了 28 次会议。主要有三点发现。

一是汇率弹性上升提高了货币政策自主性。汇率方面，"8·11" 汇改以来，美元指数在 FOMC 会议期间的涨跌幅方差为 0.91%，同期人民币中间价的涨跌幅方差为 0.20%；自 2020 年以来，美元指数涨跌幅方差为 0.90%，变化不大，而同期人民币中间价的涨跌幅方差为 0.25%，提升了 25%。对比四个情形的美元指数和人民币中间价可以发现，两者之间的"跷跷板效应"主要发生在美联储货币政策立场调整期间。当美联储

---

① Hoek J, Yoldas E, Kamin S. Are Rising U.S. Interest Rates Destabilizing for Emerging Market Economies?[R/OL]. FED Notes, 2021–06–23. https://www.federalreserve.gov/econres/notes/feds-notes/are-rising-u-s-interest-rates-destabilizing-for-emerging-market-economies-20210623.html.

表 5-4 FOMC 会议期间（T±2）关键金融资产的价格表现

中债（个基点）	美债（个基点）	美元指数（%）	美股（%）	人民币中间价（%）	VIX指数（%）	沪深300（%）	DR007（个基点）	CNH-HIBOR（个基点）	立场	次数
2015年8月—2023年9月											
-4.30	-8.11	-0.01	-2.07	0.12	14.82	-1.89	-0.77	43.15	经济恶化	17
2.10	11.09	0.06	1.85	-0.19	-9.96	2.01	-2.48	1.11	经济改善	11
-1.50	-6.18	-0.31	1.33	-0.05	-5.40	0.06	-5.23	19.69	货币宽松	22
1.26	9.75	0.54	-2.31	0.23	18.88	-0.41	-0.10	13.17	货币紧缩	12
2020年4月—2023年9月											
-1.01	-3.75	0.25	-2.46	0.15	10.73	-1.76	1.04	40.34	经济恶化	4
0.75	12.86	0.02	2.10	-0.11	-8.58	2.97	-2.10	-5.75	经济改善	7
-0.37	-12.14	-0.51	2.44	-0.16	-5.46	0.39	1.19	-11.78	货币宽松	7
0.19	10.70	0.39	-2.12	0.27	8.22	-0.32	-1.02	-16.17	货币紧缩	10

资料来源：万得。

货币政策暗示经济前景变化时，两者可能会同涨同跌。进一步看，当美联储政策指向经济前景改善时，尽管中美利差（10年期中债 – 10年期美债）明显较其他三种情形走阔更多，人民币中间价却依然能够升值。国债收益率方面，虽然中债收益率与美债收益率在FOMC会议期间变动方向一致，但是中债变动幅度明显小于美债。当FOMC指向经济前景恶化时，中债收益率下行幅度为美债的53%；当FOMC指向经济前景改善时，两者上行幅度比率为19%。当FOMC指向货币紧缩时，该比率为24%；当FOMC指向货币宽松时，该比率为13%。尤其是，在这一轮经济周期中，中债依然保持与美债变动同向，但两者变动幅度的比率大幅下降，甚至可以忽略不计。这离不开人民币汇率市场化程度的提升。当美债收益率"上蹿下跳"和美联储货币政策"快进快出"时，中国央行选择不跟，依靠人民币汇率中间价调整吸收外部冲击（美元兑人民币中间价上涨、人民币贬值）。这一轮经济周期更为突出，FOMC会议期间人民币中间价调整方向更加偏向贬值。例如，当2020年以来FOMC会议指向美联储紧缩立场时，美元指数升值幅度不及全部样本的表现，但是人民币中间价调整幅度却较全部样本更大。

二是经济因素对汇率和利率的影响强于货币政策因素。理论上，经济和货币政策可以形成四个组合（紧缩不衰退、紧缩衰退、衰退宽松和复苏宽松）。尽管中债和沪深300与美债、美股变动方向一致，但是当FOMC指向经济因素时，中债和沪深300变动更大，VIX指数依然保持与美股的负相关，但由于人民币中间价依然受到美元指数的"牵引"，而且美元指数更多反映金融属性，导致人民币中间价在政策立场和经济前景方面的调整幅度差别明显小于中债和沪深300。对比FOMC的货币宽松和经济恶化立场，可以发现中债避险属性（股债"跷跷板效应"）主要来自经济前景恶化。正如前文所述，中国有充足的手段应对美联储货币政策立场变动，但难以改变全球美元体系下美联储货币政策引发的经济变动。值得注意的是，此处的分析是将美联储的货币政策立场和经济前景根据美债和美股的表现相互独立开来。实际上，投资者可能认为市场会出现"货币紧缩、经济恶化"的共振情景。如果美联储过度紧缩导致全球经济衰退，人民币资产有可能阶段性地承压。

三是境内银行间流动性不受美联储货币政策影响。FOMC 会议期间，境内 DR007 变动并不大，而且与中债利率变动没有规律可言。虽然 CNH-HIBOR 变动幅度较大，但是也没有规律可言。在离岸市场干预人民币汇率与 FOMC 会议的关系不大，主要是发生在汇率单边变动较大或接近关键点位时。此外，人民币资产价格越来越"以内为主"，中国经济数据和重要会议均与 FOMC 会议及美国经济数据错开，可能是影响结果的重要原因之一。值得注意的是，事件性分析主要是为了区分美联储货币政策的不同组合影响，不足以构成趋势分析。正如美债一样，中债趋势分析既要考虑中长期实际利率和通胀预期走势，也要考虑中性利率和期限溢价的合理水平。如果美联储货币政策调整了中性利率和长期通胀展望，可能会产生更大的影响，涉及海外宏观经济结构性改变。

三、主要结论

外资在中债市场的占比较为有限，远低于发达国家的外资持有份额。理论上，债市跨境资本流动的影响可以忽略不计。但是，我国境内债市投资者深谙"不可能三角"理论，普遍认同人民银行的货币政策存在边界，不可能完全无视美联储的货币政策。随着人民币汇率市场化程度提升和金融对外开放加速，外资买债愈加重视中美利差的变化。中债市场一直流传所谓的汇率"安全墙"概念，即汇率在合理区间运动不会掣肘货币政策，但过快升贬值或升贬值至某个位置可能触发央行的干预。

此外，美联储紧缩性货币政策对中债的影响在多数时候是利好大于利空。不过，近年来，在跨周期调控的概念提出以后，中债对美联储货币政策的反应明显有所下降。事件性分析结果显示，货币政策自主性明显提升，银行间市场流动性并不会受到明显影响，而美联储货币政策折射的经济因素对境内债券和股票市场影响更大，存在股债"跷跷板效应"。

第六节　当前人民币汇率是反弹还是反转[①]

2024年7月25日以来，境内外人民币汇率交易价大幅反拉，并于8月5日创下这轮反弹的高点。这波行情的走向引发了市场热议。以史为鉴，若美国经济果真陷入衰退，将导致美联储大幅降息、美元趋势性走弱，当前或成为2022年以来人民币调整的拐点；若美国经济不衰退，则这次将打破前期单边走势，酝酿新一轮的双向波动。

一、亚洲金融危机时的往事

当前中国面临的形势与亚洲金融危机时期较为相近。当时，受内部自然灾害、结构调整，外部亚洲危机、美元强势的影响，1998年和1999年，我国实际GDP分别增长7.8%和7.7%，未实现经济增速保8的目标。同时，CPI于1998年4月—2000年4月连续25个月同比下降，PPI于1997年6月—1999年12月连续31个月同比下降，国内面临通缩趋势。这两年也正是人民币承压最大的时期。

亚洲金融危机爆发后，中国实行人民币不贬值政策，故外汇市场压力主要反映为资本流向逆转和储备增幅放缓。1994—1996年，中国国际收支呈现经常项目和资本项目（含净误差与遗漏，下同）"双顺差"，外汇储备持续大幅增加。其中，资本项目顺差年均227亿美元，剔除汇率和资产价格变动影响的外汇储备资产年均增加279亿美元。1997年，受泰铢失守引爆东南亚货币危机的影响，全年录得1994年汇率并轨以来首次资本项目逆差12亿美元，但外汇储备资产依然增加了349亿美元，创历史新高。之后，东南亚货币危机逐渐演变成亚洲金融危机。1998年和1999年，中国资本项目连年逆差，平均逆差188亿美元，外汇储备资产虽然继续增加，

[①] 管涛.当前人民币汇率是反弹还是反转[N].第一财经日报，2024-08-12.

但年均仅增加 74 亿美元，远低于前 4 年年均 297 亿美元的规模。

2000 年，中国逐渐走出了亚洲金融危机阴影，结构调整取得积极进展。当年，实际 GDP 增长 8.5%，CPI 和 PPI 同比变动也先后转正。但是，美联储在 1994 年 2 月—1995 年 2 月紧缩周期之后采取预防式降息（指联邦基金利率，下同），美国经济"软着陆"之后于 1999 年又显现"不着陆"迹象。1999 年 6 月—2000 年 5 月，美联储重启加息周期。在此背景下，国际市场美元强势延续，中国继续面临资本外流压力，外汇储备小幅增加。2000 年各季，中国资本项目持续逆差，全年累计逆差 99 亿美元，外汇储备资产累计增加 105 亿美元。

美联储再度紧缩终于在 2000 年底刺破了美国互联网泡沫，并于 2001 年初引发了美国经济衰退。2001 年 1 月初，美联储紧急降息 50 个基点，1 月底例会又降息 50 个基点，全年累计降息十一次、475 个基点。受此影响，国际市场美元由强转弱，中国重现国际收支"双顺差"，资本回流、储备增加。2001 年各季，中国资本项目持续顺差，全年累计顺差 299 亿美元，外汇储备资产累计增加 466 亿美元，均创历史纪录。

鉴于内外部不确定不稳定因素较多，2001 年以来中国继续保持人民币汇率基本稳定，直到 2005 年"7·21"汇改，一次性升值 2.1% 后重归真正的有管理浮动。此后，人民币单边升值，到 2008 年底中间价升至 6.83 比 1，较"7·21"汇改前夕累计升值 21.1%。2005—2008 年，中国外汇储备资产累计增加 14770 亿美元，年增加额连续 4 年创历史新高。

二、美联储延后降息的涟漪

经历 2020 年和 2021 年"两连涨"后，人民币汇率自 2022 年起步入调整，中美经济周期和货币政策分化是其主要背景。2021 年以来，美国就业过热、通胀高企，实际经济增速高于潜在增速，是正产出缺口；中国就业不足、物价偏低，实际经济增速低于潜在增速，是负产出缺口。受此影响，中美货币政策背道而驰，美联储激进紧缩抗通胀，中国人民银行则继续降准降息稳增长，中美利率逐渐倒挂且负利差不断走阔，驱动人民币汇率走弱。

然而,与其说中美利率倒挂是人民币下跌的原因,还不如说二者是一个硬币的两面,都是中美经济周期和货币政策分化的反映。其实,2007 年之前,中美国债收益率经常性倒挂,但"7·21"汇改后人民币依然走出了一波强势行情。因为 2005—2007 年,中国实际 GDP 年均增长 12.8%,远高于美国的 2.8%。经济强则货币强,负利差无碍人民币单边升值。这一直持续到 2008 年 9 月底全球金融海啸爆发,中国强调信心比黄金更重要,主动收窄汇率波幅,直至 2010 年 6 月 19 日重启汇改,增加汇率弹性。

2023 年底,我们曾分析指出 2024 年人民币汇率在中国经济持续回升向好的大背景下,对应美国经济"软着陆""硬着陆"和"不着陆"将会有双向波动的中性、趋势反弹的乐观以及继续承压的悲观等三种情形。

2023 年底至 2024 年初,市场共识是 2024 年美国经济"软着陆",美联储大幅降息,美元走弱。然而,实际情况是,2024 年上半年美国经济运行状况有所反复。第一季度,通胀超预期反弹,就业市场持续偏热,市场预期美国经济"不着陆"概率上升,首次降息时间不断延后,甚至有人预测会零降息或再加息。同期,美元走势偏强。第二季度,通胀如期回落,就业市场逐渐降温,降息预期重新回潮。但是,特朗普在美国大选期间强势回归,于 6 月底催生了一波"特朗普交易",让美元再度走强。

2024 年上半年,人民币汇率实际运行在中性与悲观情形之间,但美联储超预期紧缩和美元走势偏强,掩盖了中国经济开局良好、基本面回暖对人民币汇率的支撑作用,令同期人民币总体承压。

当然,这并非中国特例。由于美联储首次降息一再延后,大部分非美元货币普遍承压。就连过去两年走得非常稳健的拉美货币——墨西哥比索、巴西雷亚尔都没有绷住,上半年分别兑美元下跌 7.5% 和 12.7%,其中第二季度单季分别下跌 9.3% 和 9.8%。亚洲货币中,最惨的当属日元,自 2021 年起兑美元年度"三连跌"。即便 2024 年 3 月日本央行退出负利率时代,甚至 4 月、5 月消耗巨资干预(合计 9.8 万亿日元,约合 620 亿美元),也没有阻止日元汇率于 6 月底跌破 160 比 1,并不断刷新近 40 年新低,上半年累计下跌 12.3%。

三、人民币大幅拉升的性质

进入 2024 年 7 月以来，人民币延续弱势盘整。虽然累计跌幅不深，但 7 月 24 日境内即期汇率仍跌至年内新低 7.2760 比 1。没想到的是，7 月 25 日起，突然否极泰来，境内外人民币汇率持续大幅拉升，均升回 7.10 时代。8 月 5 日，境内人民币汇率交易价（CNY）最高升至 7.1120 比 1，境外人民币汇率交易价（CNH）最高升至 7.0836 比 1。

值得一提的是，7 月 25 日以来，境内美元兑人民币即期汇率（指银行间外汇市场下午四点半交易价）相对当日中间价的偏离逐渐脱离 2% 的涨停板位置。7 月 25 日—8 月 9 日，二者日均偏离 0.99%，较 7 月 1—24 日日均偏离收敛了 0.94 个百分点。特别是自 8 月 5 日创本轮反弹的高点起，到 9 日二者日均偏离仅为 0.31%。与此同时，7 月 25 日—8 月 9 日，境内银行间外汇市场即期询价日均成交 486 亿美元，较 7 月 1—24 日日均成交增长 56.0%。其中，8 月 5 日当日成交 637 亿美元，仅次于 2018 年 10 月 24 日的 663 亿美元。总的来看，人民币汇率恢复双向波动后，境内外汇市场交投活跃，预计其间既有结汇盘蜂拥而出，也有购汇盘逢低买入。

本轮人民币汇率大幅反弹的原因主要有四个。

一是美联储降息预期升温和美元指数走弱，大大缓解了非美元货币压力。进入 7 月以来，市场逐渐由"特朗普交易"切换到"衰退交易"，特别是 8 月 2 日发布的美国失业率数据意外飙升，触及"萨姆法则"的衰退门槛，美元加速下挫。到 8 月 5 日，洲际交易所美元指数（DXY）较 6 月 26 日的前高累计下跌 3.1% 至 102.73。

二是日元利差交易反向平仓，日元强势拉升带动了亚洲货币整体人气回升。在美元回调加速、美股震荡加剧的背景下，日本政府再度入市干预日元贬值（5.53 万亿日元，约合 368 亿美元），加上 7 月 31 日日本央行意外加息 15 个基点至 0.25%，推动了日元利差交易反向平仓，带动日元大幅反弹。7 月上旬，日元汇率还在迭创 38 年来的新低，到 8 月 5 日升至

144.18（最高升至141.69），较7月10日的低点161.68大幅反弹12.1%（最多反弹了14.3%）。

三是政策给力和改革发力，提振国内市场信心。近期中国政策不断加码稳增长。7月19日，国务院常务会议决定统筹安排约3000亿元超长期特别国债支持大规模设备更新和消费品以旧换新。7月19日和25日，央行更是"三连发"出手降息。加之党的二十届三中全会对进一步全面深化改革、推进中国式现代化做出了一系列重大部署，一些改革措施也将相继落地实施，这改善了市场对中国经济复苏前景的预期。

四是前期做空人民币交易较为拥挤，反弹一触即发。2023年7月—2024年6月，境内银行即远期（含期权）结售汇持续逆差，这主要与市场结汇意愿减弱、购汇动机增强有关。同期，银行代客收汇结汇率平均为52.5%，代客付汇购汇率平均为63.4%，较2023年上半年均值分别回落2.6个百分点和上升2.0个百分点。最近市场情绪突然逆转，触发了人民币利差交易的反向平仓。离岸市场做空人民币交易更为拥挤，再次引领了这轮反弹行情。到8月9日，CNH较年内低点最多反弹3.2%，高出CNY最大升幅2.3%近1个百分点。

当前人民币汇率正运行在从前述悲观情形向乐观情形切换的过程中，但这种切换能否顺利完成，还要看内外部环境的演进。一方面，当前国内经济坚持稳中求进的总基调，故对短期内的政策刺激和经济反弹不宜期待过高。不过，根据IMF公布的与中国第四条款磋商报告，预计2024年中国GDP平减指数同比有望由上年下跌0.6%转为增长0.1%，2025年进一步增长1.8%，2026—2029年各增长2.0%，显示中国名义经济增速将重新超过实际经济增速，总供求失衡状况趋于好转，经济增长质量改善，这将有助于夯实人民币汇率稳定的经济基础。

另一方面，海外特别是美国经济、美联储货币政策和美元汇率走势也存在多种可能性。若"萨姆法则"再次显威，美国经济"硬着陆"，美联储势必大幅降息，美元有可能趋势性走弱，这将意味着人民币的拐点来临；若"萨姆法则"失灵，美国经济"软着陆"，则美联储只会预防式降息,美元依然可能略偏强势,这次反弹将是人民币重归双向波动;若美国经济"不着陆",美联储预防式降息后或暂停行动,美元再度走强,则人民币还有可能面临压力。8月6日以来境内外人民币交易价冲高回落,就与美国最新经济数据缓解了市场衰退预期有关。

第六章

人民币国际化的机遇与挑战

2008年全球金融危机爆发，引发了各国对于现行国际货币体系的反思。尤其是近年来主要国际货币发行国宏观政策大起大落，并将货币武器化，进一步加速了国际货币体系多极化发展。在此背景下，过去十多年来人民币国际化应运而生，并取得了一系列长足的进展。然而，人民币国际化程度与传统货币仍存在较大差距，同时人民币国际化也不是以挑战或取代其他货币为目标，而是顺应中国经济发展和改革开放的客观需要、水到渠成的选择。

第一节　2021年对人民币入篮5年来国际化进展的试评估

自2016年10月1日人民币正式加入SDR货币篮子到2021年底已有5年时间。本节拟依据SDR权重审查标准对这5年时间里人民币国际化取得的进展进行评估。

一、2015年SDR篮子货币权重的确定方法

2015年之前，SDR篮子货币权重的确定方法是1978年通过的，每种货币权重由SDR审查之前的5年里货币发行国的出口和其他国家储备中对该货币的持有量相加得到，并且出口和储备持有的权重在不断变化，2010年二者分别为2/3、1/3。但随着国际资本流动的重要性日益凸显，以及私营部门资金流迅速增长，这种权重分配方法不再适用于现实情况。

2015年，IMF重新审查了SDR货币篮子权重的确定方法，在此前公式基础上，降低了出口权重，并增加了补充性金融变量，包括外汇交投量、国际银行负债（IBL）和国际债务证券（IDS）。SDR货币篮子权重的计算公式随即变为：1/2的出口占比加上1/2的综合性金融指标占比。金融指标的权重平均分为正式部门衡量指标（储备持有量，1/3）、外汇交投量（1/3）和私营部门国际金融活动货币使用指标（即IBL与IDS之和，1/3）（见表6-1）。大家耳熟能详的SWIFT每月发布的主要货币全球国际支付份额却不在其中。

表6-1　2010年和2015年SDR篮子货币权重审查中出口和金融指标的权重

审查年份	出口	储备持有量	外汇交投量	IBL+IDS
2010年	2/3	1/3	—	—
2015年	1/2	1/6	1/6	1/6

资料来源：IMF。

根据新的权重计算公式，2016年10月1日正式生效的SDR货币篮子中，美元、欧元、人民币、日元和英镑的权重分别为41.73%、30.93%、10.92%、8.33%和8.09%。相较于2010年的审查结果，美元权重仅下调了0.17个百分点；日元和英镑权重分别下调了1.07个和3.21个百分点；欧元权重下调幅度最大，为6.47个百分点（见图6-1）。从这个意义上讲，人民币的权重主要来自欧元和英镑权重的转移。

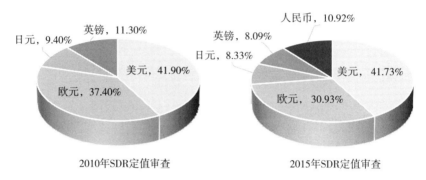

图6-1　SDR篮子货币权重占比变动情况

资料来源：IMF。

二、2015年SDR审查以来中国出口占比上升

为了反映货币在全球贸易中的作用，IMF在确定SDR篮子货币构成和权重时，都会将出口作为重点参考指标。在SDR篮子货币权重计算公式中，出口占比是指审查之前的5年时间里某一篮子货币发行国（或货币联盟）的货物和服务出口均值占所有篮子货币发行国（或货币联盟）出口均值之和的比重。

2015年IMF确定SDR篮子货币权重时采集的是2010—2014年的数据。其间，中国是仅次于欧元区、美国的第三大出口国，出口规模占全球出口总规模的比重为9.6%，仅较美国低0.3个百分点，并且显著高于日本和英国。正是凭借中国庞大的出口规模优势，人民币在2015年SDR定值审查中才得以成为第三大权重货币。

与上次审查期相比，当前欧元区依然是最大出口国，但中国已经替代美国成为第二大出口国。2016—2019 年,欧元区和中国内地的货物及服务出口在全球占比分别为 15.51%、10.61%,较 2010—2014 年年均提高了约 1 个百分点。同期,美国出口占比仅上升 0.5 个百分点,日本和英国出口占比甚至出现下降,这意味着中国在 SDR 篮子货币发行国中的出口占比有所上升。根据 IMF 公布的各国国际收支平衡表数据计算可得,2016—2020 年,中国内地出口占所有篮子货币发行国出口的比例为 24.87%,较 2010—2014 年约上升了 1.80 个百分点(见表 6-2)。根据 SDR 篮子货币权重的计算公式,这 1.80 个百分点的出口占比升幅大约可以使人民币在 SDR 中的权重提升 0.90 个百分点。

表 6-2 主要国家 / 地区货物和服务出口

国家 / 地区	2010—2014 年			2016—2020 年		
	出口均值 (十亿美元)	占全球总 额比重 (%)	占篮子货币 总额比重 (%)	出口均值 (十亿美元)	占全球总 额比重 (%)	占篮子货币 总额比重 (%)
美国	2194	9.87	23.75	2366	10.38	23.28
欧元区	3226	14.51	34.92	3594	15.51	35.35
中国内地	2132	9.59	23.08	2528	10.61	24.87
日本	882	3.96	9.54	863	3.77	8.49
英国	805	3.62	8.72	814	3.56	8.00

注:出口数据为 IMF 公布的国际收支平衡表中的货物和服务贷方数据;由于全球出口数据 IMF 只公布到 2019 年,因此第六列为 2016—2019 年各国出口占全球出口总额比重。
资料来源:IMF。

三、2015 年 SDR 审查以来人民币金融指标有升有降

官方储备占比上升。创设 SDR 的目的之一是补充国际储备资产。为提升 SDR 作为国际储备资产的吸引力,IMF 在确定篮子货币权重时需要重点考虑全球持有该种货币的储备规模。SDR 篮子货币权重计算公式中的储备占比是指,在审查之前的 5 年期末,非发行国货币当局持有的某一篮子货币储备规模占全部篮子货币储备规模的比例。2016 年 10 月 1 日,

人民币正式进入 SDR 篮子，因此 IMF 自 2016 年第四季度开始单独发布参与官方外汇储备货币构成（COFER）调查的国家持有的人民币储备数据。调查数据显示，2020 年第四季度，SDR 篮子货币依然占据了可划分币种外汇储备的 90% 以上。在五种篮子货币中，除美元以外，其他四种货币计价的储备占比较 2016 年第四季度均有所上升，但四种货币的上升幅度之和不及美元的下降幅度。因此，除美元以外的四种货币在 SDR 篮子货币储备总额中的占比也纷纷上升。其中，人民币计价的储备占比由 2016 年第四季度的 1.15%（接近 2014 年 IMF 成员持有的人民币资产占官方外币资产总额的比重 1.1%）上升至 2020 年第四季度的 2.43%（见表 6-3）。按照 SDR 篮子货币权重的计算公式，人民币储备占比上升 1.28 个百分点大约可以使人民币在 SDR 中的权重提升 0.21 个百分点。

表 6-3 可划分币种外汇储备构成情况

币种	2016 年第四季度			2020 年第四季度		
	外汇储备（十亿美元）	占外汇储备总额比重（%）	占篮子货币总额比重（%）	外汇储备（十亿美元）	占外汇储备总额比重（%）	占篮子货币总额比重（%）
美元	5502	65.36	69.62	6996	58.94	63.19
欧元	1611	19.14	20.39	2527	21.29	22.82
人民币	91	1.08	1.15	2695	2.27	2.43
日元	333	3.95	4.21	7176	6.05	6.48
英镑	366	4.35	4.63	5613	4.73	5.07
其他货币	515	6.12	—	799	6.73	—

资料来源：IMF。

外汇交易占比上升。一国货币在主要外汇市场上是否被广泛交易是 IMF 评判该货币是否满足可自由使用标准的指标之一。在 SDR 篮子货币权重计算公式中，外汇交易占比是指在审查之前的 5 年时间里，某一货币占所有篮子货币交易总额的比重。BIS 三年一次的中央银行调查统计了主要货币的外汇交易情况。我们分别用 2010 年和 2013 年、2016 年和 2019

年日均交易额的平均值代表2015年SDR审查和本次SDR审查时采集的数据（根据IMF披露的时间表，拟于2022年对SDR权重进行评审）。数据显示，SDR篮子货币交易额占据了全球外汇市场交易总额的绝大部分。其中，人民币交易额占全球比重上升了2.5个百分点，美元和英镑占比升幅小于人民币，欧元和日元占比下降。在SDR篮子货币交易额中，人民币占比为2.68%，较2010年和2013年均值上升1.63个百分点（见表6-4）。按照SDR货币权重的计算公式，1.63个百分点的外汇交易占比升幅大约可以使人民币在SDR篮子中的权重提升0.27个百分点。

表6-4 SDR篮子货币的外汇交易额变动情况

币种	2010年4月和2013年4月均值			2016年4月和2019年4月均值		
	日均交易（十亿美元）	占全球总额比重（%）	占篮子货币总额比重（%）	日均交易（十亿美元）	占全球总额比重（%）	占篮子货币交投总额比重（%）
美元	4017	86.1	54.79	5131	88.0	56.49
欧元	1671	35.8	22.79	1860	31.9	20.47
人民币	77	1.7	1.05	244	4.2	2.68
日元	995	21.3	13.57	1102	18.9	12.13
英镑	573	12.3	7.81	747	12.8	8.22

注：由于每项交易涉及两种货币，因此每种货币交易额占全球交易额比重之和为200%。
资料来源：BIS。

国际债务证券占比微降。国际债务证券数据反映国际债务市场中的货币使用情况。SDR篮子货币权重计算公式中的国际债务证券占比，是指在审查结束的5年期末，某一篮子货币在全部篮子货币的国际债务证券总值中的占比。BIS数据显示，2020年第四季度，SDR篮子货币占据国际债务证券未清偿余额的95.1%，较2015年第四季度上升0.9个百分点。其中，美元、欧元计价的国际债务证券占比上升，英镑、日元和人民币计价的国际债务证券占比下降。在SDR篮子货币中，人民币计价的国际债务证券余额占比由2015年第四季度的0.63%降至2020年第四季度的0.44%（见表6-5）。值得注意的是，BIS对债务证券数据进行归类的方法是，当直接发行人居住地、发行注册地、管辖法律和上市地点均指向同一国家时，被归为国内债务证券，否则被归为国际债务证券。因此，该数据并不包括由非居民投资于本地发行的证券所引起的跨境投资，即不能完全反映债券市场上国际货币的使用情况。另外，由于BIS并没有单独列出人民币计价的国际银行负债数据，因此我们假定2020年末国际银行负债占比与2015年相同。那么，按照SDR篮子货币权重的计算公式，人民币计价的国际债务证券占比下降0.19个百分点，可以使人民币在SDR中的权重下降0.03个百分点。

表6–5 SDR篮子货币计价的国际债务证券未清偿余额情况

币种	2015年第四季度			2020年第四季度		
	债券余额（十亿美元）	占全球余额比重（%）	占篮子货币余额比重（%）	债券余额（十亿美元）	占全球余额比重（%）	占篮子货币余额比重（%）
美元	9196	44.0	46.68	12156	45.1	47.40
欧元	7992	38.2	40.57	10798	40.0	42.10
人民币	125	0.6	0.63	113	0.4	0.44
日元	399	1.9	2.03	448	1.7	1.75
英镑	1987	9.5	10.09	2131	7.9	8.31

资料来源：BIS。

四、主要结论

按照SDR篮子货币权重的审查标准，近年来人民币国际化程度进一步提升。从各项指标的绝对水平来看，中国货物和服务出口占全部篮子货币发行经济体出口之比较高，2016—2020年平均为24.87%，仅次于欧元区；但金融指标中的人民币占比均较低，2020年末官方储备占比为2.43%，2016年和2019年外汇交易额均值占比为2.68%，2020年末国际债务证券占比为0.44%，明显低于其他四种篮子货币。从各项指标的变动情况来看，出口占比、官方储备占比、外汇交易占比分别上升了1.80个、1.29个和1.63个百分点，国际债务证券占比下降0.19个百分点。已知 SDR 篮子货币权重计算公式中各指标系数，假定人民币计价的国际银行负债占比保持不变，可以估算出人民币在 SDR 中的权重可能上升 1.57 个百分点，即权重从 10.92% 升至 12.49% 附近，仍维持 SDR 第三大权重货币的地位。

需要强调的是，这只是根据现有可得数据粗略估计的结果。由于不同指标的时间范围、公布频率不同，并且 2022 年 IMF 进行 SDR 定值审查时将采集 2017—2021 年的数据，其在测算过程中也会对部分指标进行调整或补充，因此我们的估计结果会与 2022 年 IMF 给出的最新权重有所出入。但由于出口占比数据可调整的空间较小，并且在 SDR 篮子货币权重计算公式中的份额最大，因此在新一轮 SDR 定值审查中，如果 SDR 篮子货币权重计算公式不变，预计人民币权重将有所提升。

第二节　从 2022 年特别提款权份额新定值看人民币国际化的机遇与挑战

2022 年 5 月 11 日，IMF 执董会完成了五年一次的 SDR 定值审查，决定将人民币权重由 10.92% 上调至 12.28%，调升了 1.36 个百分点，于 2022 年 8 月 1 日正式生效。此次审查是 2016 年人民币成为 SDR 篮子货币以来的首次审查。人民币仍居于五大篮子货币之三，仅次于美元和欧元。人民币份额的提升主要来自欧元、日元和英镑份额的下降。

一、人民币权重提升反映了前期中国金融改革开放的成果

SDR 货币篮子的定值规则主要包括出口标准和金融标准（即可自由使用标准）两个维度。最新的 SDR 权重确定方法于 2015 年出台。与 2010 年版的不同之处是，新方法同时降低了商品和服务出口份额、外汇储备份额的权重，分别由原来的 2/3 和 1/3 调低至 1/2 和 1/6，增加了外汇交易份额、国际借贷占比两个补充性金融变量，权重各为 1/6。

根据前述定制规则，对 2017—2021 年的相关数据大致匡算后得出，

人民币 SDR 份额提升分别来自商品和服务出口占比 0.88 个百分点、外汇储备占比 0.27 个百分点、外汇交易量占比 0.17 个百分点和国际借贷占比 0.03 个百分点，合计 1.36 个百分点。由上可知，此次人民币权重的提升，近 2/3 是来自中国货物和服务出口份额的上升，这主要反映了中国疫情防控有效、率先复工复产的出口红利，展现了中国产业链供应链的韧性；1/3 来自金融交易指标的改善，反映了过去 5 年来中国金融市场发展和开放取得的积极进展。

近年来，中国积极推动金融市场市场化、法治化、国际化建设，资本市场基础制度不断完善，上市公司质量不断提高，投资者保护不断健全。与此同时，有序推进金融市场双向开放，合格境外机构投资者（QFII）、人民币合格境外机构投资者（RQFII）逐渐扩容并逐步取消额度管理、简化汇兑手续，"股票通"和"债券通"业务持续推进并简化额度管理，推出大宗商品人民币计价结算，支持境外机构进入境内外汇市场等措施。近年来，人民币股票和债券资产陆续被纳入全球指数，吸引了更多境外资金投资境内人民币金融资产。

据人民银行统计，截至 2021 年底，境外持有境内人民币股票、债券、存款贷款等金融资产合计 10.83 万亿元人民币（约合 1.70 万亿美元），较 2016 年底增长 2.57 倍。据 IMF 统计，截至 2021 年底，全球人民币外汇储备资产余额为 3361 亿美元，占比 2.79%，分别较 2016 年底首次披露时增长了 2.70 倍、提高了 1.71 个百分点。

人民币 SDR 货币篮子权重的提高有助于进一步增强人民币的国际认可和接受程度，增强人民币资产的国际吸引力。反过来，这也将进一步激励中国政府推进金融市场改革开放。2022 年 5 月 15 日，人民银行就此发表声明时表示，将进一步简化境外投资者进入中国市场投资的程序，丰富可投资的资产种类，完善数据披露，延长银行间外汇市场的交易时间，不断提升投资中国市场的便利性。5 月 27 日，中国人民银行、证监会、外汇局联合公告，拟采取简化程序、扩大可投资范围等措施，进一步便利境外机构投资者投资中国债券市场。

二、稳慎扎实推进人民币国际化的机遇与挑战

由于新冠疫情持续冲击，IMF 于 2021 年 5 月推迟了本该公布的 SDR 份额决议至 2022 年 5 月，转而全力推动 SDR 增发和分配来支持全球经济复苏。新的审议周期恰好包含了中国货物出口份额创新高的 2021 年。下轮 SDR 定值审核拟于 2027 年 7 月底之前完成。SDR 定值规则为我们分析展望人民币份额提升的可持续性和潜在机遇及挑战提供了一个独特视角。

出口市场份额的提升更多体现的是全产业链优势。2020 年新冠疫情暴发以后，中国率先控制住疫情，快速复工复产，稳外贸和保市场主体并举，较好填补了全球经济暂停后的空白，出口数据屡超预期。虽然不少人担忧海外复工复产会引发订单逐渐外流，但是两年多的时间里中国企业增加了与客户之间的黏性。新冠疫情进一步凸显了供应链安全可控的重要性，多个国家相继出台政策鼓励供应本土化和盟友化。虽然其他新兴经济体崛起可能会对中国出口的成本优势形成挑战，但是非经济因素的供应链重塑才是最大的挑战。

金融交易份额提升的机遇更大，难度也更大。具体来讲，外汇储备方面，俄乌冲突引发了国际社会对于外汇储备资产安全的担忧。对于部分国家来说，储备资产分散化、币种多元化的重要性进一步上升，它们未来可能会更加重视人民币资产配置。人民币外汇储备资产的吸引力主要依赖中国的综合实力增长，能够为持有国提供资产安全的保障。

外汇交易方面，货币使用的规模效应容易形成路径依赖。美元、欧元在国际支付中的占比和外汇储备份额占比均远高于英镑、日元和人民币。市场对美元、欧元的路径依赖，使人民币短期内快速扩张市场份额的可能性也较小。现阶段人民币国际化依然处于初级阶段，尤其是中国外汇市场基础设施与成熟市场还存在较大差距，市场深度和广度不足，缺乏流动性。

国际借贷方面可拓展的空间最多。从前述测算的人民币 SDR 份额提

升来源可以看出，人民币国际借贷业务在过去 5 年中几乎停滞不前。从结构上看，中国离岸中资美元债和海外上市公司是人民币国际借贷的潜在主力军，这说明国际借贷业务可能也是最具市场化的，需要经过外资的审视。近年来，中国深入推进房地产改革和部分领域制度完善，导致国际借贷业务陷入阵痛期。而且，前期缺乏有效沟通导致境外投资者信心受挫，无意间加大了开展国际借贷业务的难度。不过，改革的初衷是为了更好地开放，查漏补缺、趋利避害和扬长避短后，才能更好地开放。

三、继续稳慎扎实推进人民币国际化的对策建议

从人民币 SDR 份额提升的来源可以看出，部分影响因素可能是暂时的，份额的提升更多是来自中国多年来改革开放和经济持续发展等利好因素的积累。不过，百年变局、世纪疫情和新增的非经济因素也为未来人民币 SDR 份额提升增加了不确定性。为此提出以下建议。

一是做好自己的事情，保持经济增长在合理区间。经济稳则金融稳，经济强则货币强。要着重于做强国内经济，做好金融体系，提升金融监管有效性，完善金融基础设施，利率、汇率等要素价格的市场化也要到位。要维护和完善多边贸易体系，积极参与构建高标准自由贸易区网络，共同维护全球产业链供应链稳定畅通，尽可能长时间地延长中国外贸出口红利。要尽可能地实施正常的财政货币政策，保持人民币内外币值稳定，增强人民币资产的国际吸引力。

二是统筹发展和安全，稳慎推进制度型金融开放。积极稳妥地推进金融改革开放是人民币国际化发展的关键性制度安排，要逐步与国际规则、监管惯例接轨，提高政策透明度和可预期性，及时回应市场关切、稳定市场预期。人民币国际化要坚持市场驱动、企业自主选择，营造以人民币自由使用为基础的新型互利合作关系。要完善宏微观审慎管理，加强国际收支统计监测，不断提高开放条件下的风险防控和应对能力。

三是继续增加人民币汇率灵活性，加快境内外汇市场发展。实践表明，人民币汇率弹性增加有助于吸收内外部冲击，及时释放市场压力，

避免预期积累，进而提高货币政策空间，减轻对资本外汇管理的依赖，增强境内外投资者信心。同时，要扩大市场主体、增加交易品种、放宽交易限制，加快建设有深度、广度、流动性的在岸外汇市场，更好适应汇率弹性增加的需要。此外，在不断改进市场透明度和政策公信力的基础上，积极引导预期，防范化解汇率偏离经济基本面的超调风险。

第三节 理性看待人民币国际化

作为 SDR 中唯一的新兴经济体货币，人民币的国际化进展一直备受关注。尤其是巴西与中国签订本币贸易结算协议、中法完成首单液化天然气人民币结算交易，以及人民币成为莫斯科交易所第一大外汇交易货币、巴西第二大外汇储备货币等事件，迅速点燃了市场情绪。不少市场人士对人民币国际化前景抱有极高期待，甚至认为人民币国际化将推动全球"去美元化"进程，乃至替代美元。然而，我们对此不宜过度解读，更要避免出现误判。

一、不宜与"去美元化"硬性捆绑

人民币国际化是政策支持和市场需求驱动下水到渠成的结果。2008 年金融危机之前，人民币国际化进展较为有限。直到 2008 年金融危机爆发，全球过度依赖美元等主要国际储备货币的弊端暴露无遗。由于危机之后中国经济快速恢复、贸易规模明显扩大，国际上对人民币的使用需求增加，人民币国际化迎来了重要历史机遇。2009 年起，在有关部门推动下，人民币跨境使用范围不断扩大，从货物结算到投资结算，从直接投资到证券投资，从离岸市场先行到在岸市场开放。目前，人民币已稳居世界前六大外汇储备货币、国际支付货币和外汇交易货币之列。

有序推动人民币国际化，是服务于中国经济发展和改革开放的客观需要，是顺其自然的自主选择。然而，"走自己的路"并不是要让别人"无路可走"，人民币国际化从来不以取代其他货币为目标。

美元仍是当今最重要的国际货币。IMF 的数据显示，2022 年末，美元在已分配官方外汇储备中的份额为 58.4%，明显高于欧元（20.5%）、日元（5.5%）、英镑（5.0%）和人民币（2.7%）份额。SWIFT 的数据显示，2022 年，美元在国际支付中 12 个月平均份额为 41.3%，高于欧元（35.7%）、英镑（6.5%）、日元（2.8%）和人民币（2.3%）份额；2023 年前 9 个月，美元平均份额为 43.5%，同比上升 2.3 个百分点，英镑、日元、人民币份额分别为 6.8%、3.6% 和 2.7%，同比分别上升 0.4 个、0.8 个和 0.4 个百分点，欧元份额为 30.3%，同比下降 5.4 个百分点。

诚然，美元储备份额跌至 20 年来的新低，但相对美国在全球的经济和贸易地位而言，其重要性不降反升。2021 年底，美元储备份额与美国经济份额之比由 2000 年底的 2.28 倍升至 2.48 倍；2022 年底，美元储备份额与美国商品贸易份额之比由 2000 年底的 4.57 倍升至 5.42 倍。2022 年 5 月，IMF 完成了新一轮 SDR 定值重估，在提高人民币权重 1.36 个百分点的同时，也将美元权重上调了 1.65 个百分点。

近年来各界对于中国减轻对美元过度依赖有较多呼声。实际情况是，在境内银行代客涉外收付中，人民币自 2011 年起就成为仅次于美元的第二大跨境收付货币，并于 2023 年前 9 个月占比 48.7%，高出美元占比 2.8 个百分点，跃升为境内第一大跨境收付货币。但是，在代客涉外外币收付中，美元占比稳定在 90% 左右，2022 年占比 90.8%，环比上升了 0.5 个百分点；2023 年前 9 个月占比 89.7%，同比下降了 1.2 个百分点，但较 2015 年同期仍上升了 2.4 个百分点。也就是说，若境内企业和居民不用人民币跨境收付的话，绝大部分会选择用美元跨境收付。

根据美国财政部的统计，到 2022 年底，中国投资者持有美债余额为 8671 亿美元，较 2021 年减少 1733 亿美元，其中净减持美债 120 亿美元，美债收益率上升、美债价格下跌形成的负估值效应为 1613 亿美元，贡献了 93%。同时，中国投资者在减持美国国债后，增持了美国机构债和企业债。全年，美国从中国吸收跨境证券投资净流入 1898 亿美元，相当于当期美方统计的对华商品贸易逆差的 49.6%。2018—2022 年，该比例平均为 27.7%，较 2013—2017 年均值高出 7.8 个百分点。根据中方的统计，2018—2022 年，中国银行业对外外币金融资产负债中，美元占比平均为 70.0%，较 2015—2017 年均值高出 4.4 个百分点。

此外，作为双边本币结算（LCS）框架协议的延伸，东盟各国财长和央行行长讨论的本币交易（LCT）计划并不涉及人民币；中国和印尼、巴西等国开展双边本币结算也不一定完全使用人民币，也可能使用对方货币，同时也不排斥继续使用美元。

二、人民币国际化欲速则不达

改革开放以来，随着综合国力不断增强，以及经济市场化、国际化程度不断提高，中国在政策上逐渐完成了从人民币非国际化向国际化的转变。2014 年底中央经济工作会议首次提出"稳步推进人民币国际化"，人民币在跨境使用中的诸多限制被逐步取消，网络效应初步形成。2022 年底党的二十大将 2020 年底党的十九届五中全会中"稳慎推进人民币国际化"的表述改成了"有序推进人民币国际化"。2023 年底中央金融工作会议将表述改为"稳慎扎实推进人民币国际化"。相关表述做出如此调整，是因为未来人民币国际化既存在历史机遇也面临空前挑战。

（一）四个重大机遇

一是中国作为全球系统性重要的经济体和金融市场，人民币资产对外国投资者的吸引力不断增强。近年来，随着中国金融对外开放程度不断加深，金融市场基础制度建设逐步完善，人民币股票和债券被纳入国际重要金融指数，外资在国内金融市场的参与度逐渐提高。特别是当前美欧央行货币政策大收大放酿成的银行业动荡仍未平息，甚至可能演变为金融危机、经济衰退，而中国经济运行有望独立向上。这有助于人民币资产扮演全球"避风港"角色，进一步发挥人民币的投资货币功能。

二是面对逆全球化浪潮，中国坚持高水平开放，稳步扩大规则、规制、管理、标准等制度型开放。2020 年以来，在世纪疫情持续冲击、百年变局加速演进、中美货币政策分化背景下，中国外汇市场经受住了跨境资本大进大出、人民币汇率大起大落的考验，充分展现了大型开放经济体的抗风险能力。在此过程中，中国坚持深化汇率市场化改革，充分发挥汇率吸收内外部冲击的"减震器"作用，进一步增强了更好统筹发展和安全的底气。与此同时，中国除重启部分宏观审慎措施外，没有引入新的资本外汇管制措施，这也进一步增强了境外投资者的信心。

三是与欧美疲于应付过度刺激的"后遗症"，陷入稳物价、稳增长（就业）与稳金融的"三难选择"相比，中国恪守财政货币纪律，保持了经济金融基本稳定，并为应对新挑战、新变化留下了充足的政策空间和工具储备，这有助于为人民币信用加持。此外，由于欧美央行和中国央行的货币政策差异，人民币从此前的高息货币转变为低息货币，融资货币功能有望得到进一步发挥。SWIFT 数据显示，2023 年 9 月，人民币在全球贸易融资中占比 5.8%，同比上升 1.6 个百分点，名列前三大贸易融资货币。

四是现行国际货币体系弊端丛生，多极化发展趋势水滴石穿。近年来，美元潮汐效应进一步凸显了美联储难以兼顾内外均衡的两难境地，新兴经济体频频被"剪羊毛"，其他发达经济体也深受其害。全球范围内地缘政治冲突的频发、美国多次将美元"武器化"的操作，以及不断膨胀的债务规模，进一步动摇了美元信用基础，增强了其他国家降低对美元过度依赖的意愿，转而加强双边或区域内的多边货币合作。特别是西方对俄发起联合制裁后，IMF 多次指出，这有可能会导致其他国家减少对美元、欧元等传统储备资产的持有，导致国际货币体系更加分散化。到 2022 年底，IMF 披露的八种主要储备货币以外的其他货币储备份额合计较 2019 年上升了 0.94 个百分点至 3.45%，是 2020—2022 年美元份额下降 2.39 个百分点的最大受益者，略高于同期人民币外储份额上升的 0.75 个百分点。美国财长耶伦坦承，经济制裁或将影响美元的主导地位。欧洲央行行长拉加德也发出警告，不应将美元和欧元的主导地位视作理所当然。

（二）三个主要挑战

一是国际货币体系演变存在网络效应和路径依赖。网络效应、路径依赖是指一种货币使用的人越多，交易成本就越低，流动性就越好，使用者就越难改变使用习惯、改为使用其他货币。这意味着包括人民币在内的新兴国际化货币存在后发劣势。人民币作为 SDR 第三大权重货币，最新权重为 12.28%，显著高于其最新储备份额 2.69%，但这不足为奇。因为根据 SDR 篮子货币权重的确定方法，人民币的权重主要得益于中国的出口规模优势，然而中国外贸进出口缺乏非价格竞争力和产品定价权。况且，SDR 篮子货币中仅有美元的储备份额（58.36%）超过了其权重（43.38%），欧元、日元、英镑的储备份额同样低于其权重。

二是国内金融市场与海外成熟市场存在较大差距。从外汇市场看，中国境内外汇交易依然以实需原则为主，影响市场流动性，容易形成单边行情，不利于发挥价格发现和避险功能。从资本市场看，中国境内的监管规则与国际规则有差异，上市公司质量有待提升，信用评级公信力不足。更为关键的是，尽管 SDR 篮子货币构成的"可自由使用"标准与资本账户开放程度无关，但若一国资本管制过多，该国货币在国际上使用的范围和便利程度将受到影响。从资本项目可兑换的最高国际标准——负面清单管理（开放是原则，限制是例外）的角度看，中国只有个别资本项目交易实现了完全可兑换，大多数项目还存在不同程度的管制。即便是有些已经开放的项目，中国还存在由部门规范性文件决定其存废、立法层次较低的问题，有些政策表态也没有转换为有约束性的法律承诺或制度安排，这会影响开放政策的透明度和可预期性，进而制约外资持有人民币资产的意愿。

三是地缘政治因素对人民币国际化是"双刃剑"。如前所述，传统储备发行国将货币武器化，加速了国际储备货币的多极化发展，有助于人民币扮演区域避险货币角色；但也导致一些外国投资者因惧怕中国被制裁或被二级制裁，控制对人民币金融资产的风险敞口，反过来又导致人民币成为地缘政治风险货币，抑制人民币金融资产的国际吸引力。更为重要的是，如果中国由此被拉入全球经济阵营化、对立化的进程，甚至被推为"领头羊"角色，这将有违中国高水平开放的本意，不利于中国经济双循环和高质量发展。

三、少说多做、顺势而为

美元储备份额的下降不及美国在全球经济贸易中份额的减少，这显示美元国际地位依然稳固，反映了美国"一超多强"的综合国力。人民币的情况是，到2021年底，人民币储备份额与中国经济份额之比由2016年底（当年IMF开始披露全球人民币外汇储备构成）的0.07倍升至0.15倍；到2022年底，人民币储备份额与中国商品贸易份额之比由2016年底的0.09倍升至0.22倍。这反映了"入篮"以来人民币国际化取得的积极进展，同时也表明人民币国际化的潜力仍未充分兑现（欧元、日元、英镑的相关比例均为1倍以上）。但是，我们也要清醒意识到"罗马不是一日建成的"，更要摒弃"冷战思维"。

稳慎扎实推进人民币国际化首先要保持经济运行在合理区间。经济强则货币强。当务之急，要按照高质量发展的要求，更好统筹发展和安全，在全面深化改革开放的同时，用好正常的财政货币政策空间，把实施扩大内需战略与深化供给侧结构性改革有机结合起来，有效防范化解重大风险，推动经济运行整体好转，实现质的有效提升和量的合理增长。

稳慎扎实推进人民币国际化还需要进一步清除体制机制障碍。2023年初，时任国家外汇管理局局长潘功胜表示，下一步要做好以下工作：一是进一步完善人民币跨境投融资交易结算等基础性制度，完善跨境人民币基础设施，扩大清算行网络；二是加快金融市场向制度型开放转变，进一步提高中国外汇和金融市场开放和准入程度；三是支持推动离岸人民币市场的健康发展，完善离岸市场人民币流动性的供给机制，丰富离岸市场人民币产品体系；四是提升在开放条件下跨境资金流动的管理能力和风险防控能力，建立健全本外币一体化的跨境资金流动的宏观审慎管理框架。

稳慎扎实推进人民币国际化还要坚持市场驱动、企业自主选择。人民币国际化离不开国家的政策支持，但更需要市场的接受和认可。要引导境内企业用好现有政策，下大力气培育市场对人民币跨境使用的需求。金融机构要积极顺应市场需求，改进和丰富相关金融服务。2023年前9个月的中国外贸进出口中，人民币结算占比25.1%，较2022年全年上升6.2个百分点。值得一提的是，近年来中国实行本外币跨境资金池业务的改革，有助于支持中国企业以人民币跨境计价结算，因为跨国公司通常会以结算中心所在地货币进行计价结算和流动性管理。

稳慎扎实推进人民币国际化，还要讲好中国故事。高调的人民币国际化口惠而实不至，反而容易招致外界猜忌或算计，给人民币国际化制造麻烦和障碍。对于抹黑中国对外经贸合作、抹黑人民币国际化的噪声，有关部门、机构和企业要及时有理有据地给予有力回应，维护中国形象。此外，还要开展持续的市场教育，普及国际金融常识，正确看待跨境资本流动和人民币汇率波动，为扩大金融开放、推进人民币国际化营造良好的舆论环境。

第四节　人民币资产的风险属性辨析

2022年2月24日，俄乌冲突爆发，以往风险货币属性明显的人民币汇率表现较为强势。人民币的避险货币属性再度引发市场热议。如何认识人民币的避险货币属性？人民币的避险货币属性等同于人民币是避险资产吗？

一、传统避险货币和人民币在历次风险事件后如何表现

所谓避险货币，是指当全球投资者选择规避风险或者经济基本面不确定性增加时出现升值的货币。美元、日元和瑞士法郎（简称"瑞郎"）通常被视为避险货币。VIX指数反映了市场对未来30天波动率的预期，通常VIX指数超过40则表明市场处于非理性恐慌状态。因此，我们以VIX指数大于40为标准，以1990—2020年不同时间段的VIX指数最高点为零点，分析零点前后传统避险货币和人民币汇率的表现。

8个时间段的阶段性高点分别是：1998年10月8日（亚洲金融危机）、2001年9月20日（"9·11"事件）、2002年8月5日（互联网泡沫破裂）、2008年11月20日（全球金融海啸）、2010年5月20日（希腊债务危机）、2011年8月8日（美债信用降级）、2015年8月24日（全球股市动荡）、2020年3月16日（新冠疫情蔓延）（见图6-2）。

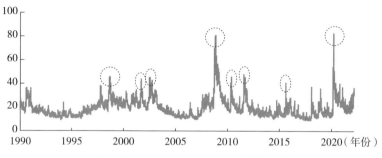

图6-2　1990—2020年VIX指数走势

资料来源：万得。

（一）美元在恐慌情绪高点以上涨为主

在8个时间段内，VIX指数达到阶段性高点当天的美元指数较上一交易日上涨的次数为4（最大涨幅为2008年11月20日的0.9%），基本持平次数为1，贬值次数为3（最大跌幅为2015年8月24日的1.4%）；高点后5个交易日（包括VIX高点当天，下同）均值较前5个交易日均值上涨和下跌的次数均为3（最大涨幅为2020年3月16日的4.0%，最大跌幅为1998年10月8日的1.4%），基本持平次数为2。

（二）日元的避险属性明显强于瑞郎

在8个时间段内，VIX指数达到阶段性高点当天的日元较上一交易日升值的次数为7（最大升值幅度为2010年5月20日、2015年8月24日的2.9%），贬值次数为1（2002年8月5日贬值0.5%）；高点后5个交易日均值较前5个交易日均值升值的次数为6（最大升值幅度为1998年10月8日的11.3%），贬值的次数为2（最大贬值幅度为2020年3月16日的3.3%）。

在 8 个时间段内，VIX 指数达到阶段性高点当天的瑞郎较上一交易日升值的次数为 2（2011 年 8 月 8 日、2015 年 8 月 24 日分别升值 1.3%、1.4%），持平次数为 3，贬值次数为 3（贬值幅度均小于 1%）；高点后 5 个交易日均值较前 5 个交易日均值升值和贬值的次数均为 4（最大升值幅度为 2011 年 8 月 8 日的 2.9%，最大贬值幅度为 2020 年 3 月 16 日的 3.3%）。

（三）人民币表现出一定的风险货币属性

由于 MSCI 新兴市场货币指数自 1999 年开始公布日度数据，因此我们只能观察 1999 年以来风险事件发生前后的新兴市场货币走势。在 7 个时间段内，VIX 指数达到阶段性高点当天的新兴市场货币指数较上一交易日，以及此后 5 个交易日均值较前 5 个交易日均值均出现下跌，单日和均值最大跌幅均出现在 2010 年 5 月 20 日，分别下跌 1.3%、2.6%。

由于人民币在 2005 年"7·21"汇改之前变化幅度较小，我们只分析 2005 年以来风险事件发生前后人民币汇率的收盘价走势。在 5 个时间段内，VIX 指数达到阶段性高点当天的人民币汇率较上一交易日贬值的次数为 3（最大贬值幅度为 2015 年 8 月 24 日的 0.25%），基本持平次数为 1，小幅升值次数为 1；此后 5 个交易日均值较前 5 个交易日均值贬值的次数为 4，升值次数为 1。单日和均值升值均出现在 2011 年 8 月 8 日，分别升值了 0.07%、0.36%。不过，此后人民币贬值压力明显增大，风险货币属性凸显。2011 年 9 月下旬至 12 月底，68 个交易日中有 63 个交易日人民币汇率收盘价弱于中间价，其间二者偏离幅度均值为 0.3%（2011 年 12 月前两周，人民币汇率连续触及跌停位置[①]）。不过，总体来看，人民币的风险属性仍然弱于新兴市场货币整体。

二、俄乌冲突爆发导致全球资金逃向安全资产

2022 年 2 月 24 日，俄罗斯总统普京发表全国讲话，正式宣布俄军在

---

① 国家外汇管理局. 双向波动符合人民币改革方向 跌停不等于贬值[Z/OL].(2011-12-19)[2023-11-01]. https://finance.ifeng.com/a/20111219/5288942_0.shtml.

乌克兰东部地区的军事行动。俄乌冲突爆发后,市场恐慌情绪加剧,VIX指数从2月23日的31.0最高升至3月7日的36.5。受此影响,全球资金逃向安全资产,推动美债和黄金价格上涨、美元指数上行,欧元、英镑如期大跌,不过人民币意外走强,表现出一定的避险货币属性(见表6-6)。由于3月9日以后,市场关注点重新转向欧洲央行的议息会议,故本节仅分析3月8日之前地缘政治因素对国际金融市场的影响。

表6-6 俄乌冲突发生后各类资产表现

时间	伦敦金现(%)	10年期美债(个基点)	美元指数(%)	日元兑美元(%)	瑞郎兑美元(%)	欧元兑美元(%)	英镑兑美元(%)	人民币中间价(%)	人民币收盘价(%)	人民币预估指数(%)	新兴货币指数(%)
2022年3月8日较2月23日变动	7.1	−13.0	3.0	−0.6	−1.2	−3.6	−3.3	0.2	0.1	3.3	−2.6
2022年2月24日—3月8日均值较2月1—23日变动	5.1	−9.5	2.0	−0.1	0.1	−2.5	−1.9	0.4	0.5	1.9	−1.2

注:伦敦金现为伦敦现货黄金价格;双边汇率均为本币兑美元汇率,正值代表本币升值,负值代表贬值;人民币预估指数是万得人民币汇率预估指数;新兴货币指数是指MSCI新兴市场货币指数。
资料来源:万得,彭博。

(一)10年期美债收益率急跌,一度跌破1.8%

2022年以来,受美国通胀加速上行、美联储加快紧缩的影响,全球无风险资产定价之锚——10年期美债收益率飙升。到2022年2月23日,美债收益率连破1.60%、1.70%、1.80%、1.90%关口,一度升破2%,收在1.99%,较上年底累计上涨47个基点。然而,俄乌军事冲突发生后,美债收益率急速下行,3月8日收在1.86%,较2月23日回落了13个基点;2月24日至3月8日,美债收益率均值为1.84%,较2月1—23日均值回落9.5个基点。

（二）黄金价格飙升，一度升破 2000 美元 / 盎司

疫情暴发以来，金价在 2020 年 8 月一度升破 2000 美元 / 盎司，此后震荡下行，在 1700—1800 美元 / 盎司范围内反复震荡。俄乌冲突发生后，金价迅速突破 2000 美元 / 盎司，2 月 24 日至 3 月 8 日累计上涨 7.1%，其间均值为 1942 美元 / 盎司，较 2 月 1—23 日均值上涨 5.1%。"乱世买黄金"，黄金再度扮演了避险资产角色。

（三）美元指数明显上涨，日元、瑞郎走势较弱

2021 年，受美国在发达经济体中经济率先复苏、通胀上行、货币紧缩预期影响，ICE 美元指数止跌反弹，全年上涨 6.7%，从年内低点 89 升至年末的 96。但 2022 年以来，在其他发达经济体逐步复苏、主要央行尤其是欧洲央行也开始酝酿加快货币退出步伐的情况下，美元指数总体在 95—97 附近震荡。直到俄乌冲突爆发，美指再度走强。2 月 24 日至 3 月 8 日，美元指数接连升破 97、98、99 关口，累计上涨 3.0%，其间均值较 2 月 1—23 日期间均值上涨 2.0%。

同为传统避险货币的日元和瑞郎表现则相对较弱，2 月 24 日至 3 月 8 日，两者的时点汇率分别下跌了 0.6%、1.2%，均值汇率变动较小。以往避险属性明显的日元的汇率在这次不升反跌，主要是因为日本央行与其他主要央行货币政策分化，投资者发起套息交易卖出日元，加之国际油价上涨导致日本贸易条件恶化等。不过，无论从时点汇率还是平均汇率看，日元和瑞郎的变动均远小于同期美元指数的变动，仍体现了避险货币特征。

（四）俄乌冲突发生后，欧元、英镑明显走弱

2021 年上半年，欧元和英镑汇率先上后下；下半年，随着美联储转向"鹰派"、美元走强，欧元、英镑走弱，二者汇率最低分别跌至 1.12、1.32。2022 年 1 月，欧元和英镑继续走弱，2 月初有所反弹，但此后再次一路下跌。尤其是俄乌冲突爆发后，能源价格上涨，压制欧洲经济复苏，欧元和英镑明显走弱。2022 年 2 月 24 日至 3 月 7 日，二者分别跌至 1.09、1.31，累计下跌 4.0%、3.3%。

（五）新兴市场货币跌幅较大，人民币汇率继续升值

俄乌冲突爆发前，新兴市场货币与人民币均在升值。2月1—23日，MSCI新兴市场货币指数累计上涨0.8%，略大于人民币汇率中间价0.7%的涨幅。不过，俄乌冲突之后，新兴市场货币转为下跌，而人民币仍在升值。从时点汇率来看，2月24日至3月8日，MSCI新兴市场货币指数累计下跌2.6%，人民币中间价和收盘价则分别上涨0.2%、0.1%，强于其他非美元货币，因此万得人民币汇率预估指数上涨3.3%。从均值汇率来看，2月24日至3月8日，人民币中间价和收盘价均值分别较2月1—23日均值上涨0.4%、0.5%，表明俄乌冲突之后人民币确实走得比较强。

三、避险货币的理论影响因素和实际升值机制

（一）避险货币的理论影响因素

一是国家经济政治稳定。一国经济政治局势相对稳定是保障该国货币币值稳定的重要基础。美国的经济实力及其在国际贸易和金融市场中的重要地位，有效推动了美元结算、计价、投融资和储备功能的发挥，使美元成为全球第一大支付货币和储备货币，也塑造了美元的逆周期属性，即当全球经济下行时，资金往往流入美国，推动美元升值。而瑞士是永久中立国，当外部发生地缘政治冲突时，其受到的负面影响较小，这保障了瑞郎的稳定购买力。

二是货币流动性较强。货币流动性状况决定了全球投资者是否可以在风险事件发生后迅速将其他货币和资产转换为该国货币。可见，一国完备的金融体系和较高的金融开放程度是避险货币属性发挥的重要条件。Chinn等根据IMF《汇兑安排与汇兑限制年报》对各国跨境金融交易限制的评估编制的资本账户开放程度指数（Chinn-Ito index）显示，美国、日本和瑞士资本账户开放指数在20世纪90年代已经升到最大值。[①] BIS数据显示，2022年4月，美元、日元和瑞郎的日均交易量分别为6.64万亿、

---

① 参见 http://web.pdx.edu/~ito/Chinn-Ito_website.htm。

1.25万亿和3897亿美元,全球排名分别为第一、第三和第七。充足的流动性可以使国内外投资者在短时间内快速调整金融资产结构,达到规避风险的目的。

三是长期低利率环境。日本的长期低利率环境,一方面促使日元成为融资货币,即投资者在追逐风险(risk-on)时期会借入低息日元、买入高息货币资产,在规避风险(risk-off)时期会卖出高息货币资产、买入低息日元,进而推动日元升值;另一方面促使日本国内居民增加海外投资,积累了大量对外净资产头寸,当外部风险事件发生后,日本国内投资者可能减持海外资产,资金回流日本,推动日元升值。

(二)避险货币的实际升值机制

1. 美元避险升值的核心在于美国的"避风港"角色,往往表现为"债汇双升"

统计发现,除了2011年8月、2015年8月,美元指数在其他7个时间段VIX高点前后5个交易日中均有上涨,其中有4个时间段美元上涨伴随美债收益率回落,尤其是2008年11月和2010年5月,美债收益率分别回落62个、34个基点,当月外资分别增持美债560亿、70亿美元;2020年3月是特例,美元指数和美债收益率同时上涨,当月外资减持美债277亿美元(见表6-7)。从历史数据来看,当VIX指数处于高位时,外资确实以增持美债为主。

2022年初以来,受美国通胀加速上行、美联储加快紧缩的影响,10年期美债收益率飙升。到2月23日,美债收益率较上年底累计上涨47个基点。然而,俄乌冲突发生后,尽管美联储仍在加速缩减购债,但美债收益率急速下行。2月24日至3月7日,10年期美债收益率最多较2月23日回调了27个基点。据统计,2月24日至3月9日,美联储净增持美债116亿美元,仅相当于同期美债新增额的12.7%,占比较1月6日至2月23日期间低了4.8个百分点。

2. 日元、瑞郎的避险升值机制主要是套息交易平仓和升值预期自我实现

正如美元升值一样,通常认为,外资在市场动荡期间会流入更安全

表 6-7　历次风险事件发生前后美元指数和 10 年期美债表现

项目	交易日	1998年10月8日	2001年9月20日	2002年8月5日	2008年11月20日	2010年5月20日	2011年8月8日	2015年8月24日	2020年3月16日	2022年3月7日
美元指数	-5	95.4	114.2	107.1	86.9	85.4	74.3	96.8	95.1	96.7
	-4	95.4	112.3	106.8	86.3	86.3	74.6	97.0	96.6	97.4
	-3	94.9	112.2	107.4	86.8	86.1	73.9	96.4	96.6	97.4
	-2	94.5	111.9	106.9	87.1	87.3	75.3	95.8	97.4	97.7
	-1	92.6	111.9	106.7	87.5	86.1	74.6	94.9	98.5	98.5
	0	93.1	111.9	107.3	88.2	86.0	74.9	93.5	98.0	99.3
	1	93.1	113.0	108.7	87.7	85.5	73.9	94.0	99.6	99.1
	2	93.8	112.8	107.8	85.9	86.5	74.8	95.3	100.9	98.0
	3	93.1	112.3	108.6	84.8	86.4	74.6	95.8	102.7	98.5
	4	93.4	112.3	108.2	85.8	87.4	74.6	95.8	102.4	99.1
10年期美债收益率	-5	4.3	4.6	4.6	3.8	3.6	2.8	2.2	0.5	1.8
	-4	4.3	4.6	4.7	3.7	3.4	2.7	2.2	0.8	1.7
	-3	4.2	4.6	4.5	3.7	3.5	2.6	2.1	0.8	1.9
	-2	4.2	4.7	4.5	3.5	3.4	2.5	2.1	0.9	1.9
	-1	4.3	4.7	4.3	3.4	3.4	2.6	2.1	0.9	1.7
	0	4.6	4.8	4.3	3.1	3.3	2.4	2.0	0.7	1.8
	1	4.7	4.7	4.4	3.2	3.2	2.2	2.1	1.0	1.9
	2	4.7	4.7	4.4	3.4	3.2	2.2	2.2	1.2	1.9
	3	4.6	4.7	4.4	3.1	3.2	2.3	2.2	1.1	2.0
	4	4.6	4.7	4.3	3.0	3.2	2.2	2.2	0.9	2.0

注：上、下框线对应 10 个交易日中的美元指数高点或低点；灰色部分表示债券和汇率同方向变动。

资料来源：万得。

的政治和经济环境中，推动日元和瑞郎升值。此前国际金融机构普遍认为，瑞郎在全球金融危机和欧洲主权债务危机期间的升值主要受资本流入推动。例如，IMF指出，2011年夏天欧元区动荡带来的避险资金流入将瑞郎推至新高①；OECD指出，在欧元区债务市场动荡背景下，瑞郎受益于资本流入，贸易加权实际汇率升至创纪录水平②。

不过，瑞士和日本非储备性质的金融账户差额与其本币汇率走势之间不存在明确关系。例如，2020年全年瑞士金融项目出现较大规模逆差，但瑞郎在持续升值；2011年第三、第四季度日本金融项目顺差收窄至转为逆差，日元也在升值。部分学术研究也对上述机制提出了挑战。De Carvalho Filho（2013）研究发现，瑞郎避险升值伴随私人资本流入，但主要是由瑞士居民减少资本流出驱动：初始阶段，资本净流入主要是由于瑞士居民减少外债证券购买、瑞士银行减少外汇敞口；几个季度之后，避险事件可能和瑞士居民减少对外直接投资有关。③ Yesin（2017）研究表明，资本流入对瑞郎实际有效汇率变化的解释力度较小，只有组合投资流入在部分样本阶段对瑞郎有解释力度，但解释力在样本范围扩大之后消失。④ IMF（2013）的一篇工作论文也指出，日元避险升值并未伴随明显的跨境资本流入。⑤

日元和瑞郎升值与跨境资本流动之间的关系不明显的主要原因有二。

一是套息交易平仓没有体现在国际收支数据中。日元和瑞郎均为低

---

① IMF. Article IV staff report on Switzerland[R/OL]. (2012–04–17)[2023–11–01]. https://www.imf.org/external/pubs/ft/scr/2012/cr12106.pdf.

② OECD. OECD Economic Surveys: Switzerland 2011[M/OL]. Paris: OECD Publishing, 2011[2023–11–01]. https://doi.org/10.1787/eco_surveys-che-2011-en.

③ Filho D C, Evangelista I. Risk-off Episodes and Swiss Franc Appreciation: the Role of Capital Flows[R]. Working Paper, 2013.

④ Yesin P. Capital flows and the Swiss franc[J]. Swiss Journal of Economics and Statistics, 2017, 153: 403–436.

⑤ Botman D P, Filho I D C, Lam W R. The Curious Case of the Yen as a Safe Haven Currency: A Forensic Analysis[R]. IMF Working Paper, WP/13/228.

息货币，套息交易平仓是在市场动荡时期推动两种货币升值的重要渠道。然而，如果套息交易发起或平仓是在居民与非居民之间展开，相关操作不会体现在以净额列示的国际收支数据中。①

例如，当非居民发起日元套息交易时，向日本的银行借入低息日元、买入高息澳元对外投资，在日本的国际收支中体现为银行部门增加海外债权、减少海外资产运用；当国际金融动荡时，非居民套息交易平仓，卖出澳元、买入日元，向日本的银行归还日元贷款，在日本的国际收支中体现为银行部门减少海外债权、增加海外资产运用。这两种交易都体现金融账户资产方的变化，以净额列示，故从国际收支数据中看不到其真实的变动情况。如果套息交易是在居民之间或非居民之间展开，不涉及国际收支交易，自然更不会反映在国际收支数据中。不过，上述操作因为涉及外汇买卖，仍然会影响汇率走势。

二是避险货币升值预期的自我实现。2011年3月11日，日本地震发生后，市场普遍预期日本保险公司为了应付赔付会抛售其海外资产，进而推动日元升值，而实际上其海外资产并未出现抛售，日元兑美元汇率却在3月11—16日四个交易日中累计升值了7.1%。前述IMF（2013）的研究表明，日元避险升值更多反映为市场参与者风险认知变化触发的衍生品交易。从数据上可以看出，2008年金融危机以来，日元汇率和非商业多头净持仓的正相关关系较为明显，2008年、2015年和2020年3月，市场恐慌情绪上升、日元升值时，非商业多头净持仓均明显增加。在跨境资本没有明显流入的情况下，日元升值可能反映市场主体并非真正对日元资产感兴趣，而是基于以往风险事件期间日元升值的普遍现象，出于惯性进行衍生品交易的结果。

---

① 根据IMF编制的《国际收支手册（5.0版）》，国际收支平衡表中的金融账户的资产方（对外投资）和负债方（外来投资），除直接投资是按发生额统计外，证券投资、金融衍生品交易及其他投资等项目均按净额统计。

四、人民币初步具有避险货币特征，但只是非典型的避险货币

（一）人民币成为避险货币的理论条件尚不成熟

中国稳定的宏观经济环境是保持人民币购买力稳定的重要基础。但目前来看，中国在金融市场发展、金融开放程度和利率水平等多个方面均与美国、日本和瑞士存在较大差异。这些因素决定了人民币虽然初步具有避险特征，但不同于传统的避险货币。

人民币流动性仍然有限。如前所述，完备的金融体系和较高的开放程度是提高货币流动性、使国内外投资者在短时间内快速调整金融资产结构、达到规避风险目的的重要条件。但与发达经济体相比，中国金融体系尚待完善，金融市场缺乏深度和广度，资本账户开放指数也长期维持在0.2，远小于美国、日本和瑞士的资本账户开放指数（见表6-8）。这些问题限制了境外投资者大规模持有人民币资产的意愿和能力。

表6-8 中国与美国、日本和瑞士金融市场发展程度对比

国家	上市公司总市值/GDP（%）	外汇交易规模（十亿美元）	资本账户开放指数（十亿美元）
美国	194.3	5824	1.0
日本	132.8	1108	1.0
瑞士	266.1	327	1.0
中国	83.0	285	0.2

注：上市公司总市值/GDP为2020年数据，外汇交易规模为2019年4月日均交易数据，资本账户开放指数为2019年数据。
资料来源：世界银行，BIS，Chinn等（2006），万得。

人民币投资货币属性明显。一国利率水平主要由潜在产出增速等因素决定。得益于中国经济增长速度较快，在2022年主要央行启动本轮激进加息周期之前，中国的利率水平明显高于发达国家。高利率环境意味着人民币并非套息交易中的融资货币，而是投资货币。基于同样的原因，剔除储备资产之后，中国对外金融负债规模大于金融资产规模，即民间

部门是对外净负债。随着中国金融开放程度不断加深，对外资产和负债规模基本处于趋势上行状态。这意味着尚无证据表明外部风险事件会通过本国资金回流推动人民币升值，但人民币资产对境外投资者而言具有较强吸引力。不过，自2022年3月以美联储为代表的主要央行激进加息后，人民币已转为低息货币，有一定的融资货币潜力。2022年末，BIS公布的人民币国际债务证券存量为1733亿美元，排名升至第7位，同比提升2位。

（二）人民币汇率表现出避险特征，但人民币债券缺乏安全资产属性

统计发现，6个时间段内，只有2011年8月VIX指数高点前后5个交易日内人民币汇率有所升值，中债收益率回落；其他时间段人民币均为贬值，但中债收益率有升有降，显示在市场恐慌期间，人民币汇率和中债收益率没有规律性联系（见表6-9）。

2022年2月，无论是人民币时点汇率还是平均汇率，均较上月有所上涨，但日均中美利差较1月收窄17个基点至81个基点，跌至所谓"舒适区间"（80—100个基点）的下限附近。受此影响，2月，债券通项下境外机构净减持人民币债券804亿元，为2021年4月以来首次净减持，并且是债券通业务启动以来最大单月净减持规模，其中人民币国债净减持354亿元，贡献了44%。

之所以人民币汇率具有避险货币特征而人民币债券缺乏安全资产属性，原因可能在于来华避险资金的代表性不足。俄乌冲突发生后，西方联合对俄罗斯进行经济金融制裁，限制其使用美元、欧元、英镑、日元等主要国际货币，同时冻结了俄罗斯央行、主权财富基金及部分商业实体在美国和其他主要西方国家的资产。对于俄罗斯或其他有类似地缘政治风险的经济体或市场主体来讲，人民币就成了其避险货币，因而孕育了这波"美元强、人民币更强"的行情。不排除他们用外币兑换人民币以后买入了人民币债券。但2022年2月境外净减持境内人民币债券意味着这部分避险资金显然不抵利差收窄和其他因素导致抛售的资金规模。

表 6-9 历次风险事件发生前后人民币汇率收盘价和 10 年期中债表现

项目	交易日	1998年10月8日	2010年5月20日	2011年8月8日	2015年8月24日	2020年3月16日	2022年3月7日
人民币汇率	-5	6.8283	6.8287	6.4340	6.3947	6.9499	6.3111
	-4	6.8236	6.8269	6.4382	6.3938	6.9469	6.3127
	-3	6.8265	6.8276	6.4341	6.3955	6.9499	6.3107
	-2	6.8239	6.8274	6.4390	6.3890	6.9840	6.3184
	-1	6.8295	6.8274	6.4404	6.3887	6.9926	6.3189
	0	6.8340	6.8275	6.4360	6.4044	6.9974	6.3183
	1	6.8302	6.8279	6.4306	6.4124	7.0096	6.3141
	2	6.8249	6.8283	6.4181	6.4105	7.0260	6.3163
	3	6.8220	6.8318	6.3945	6.4053	7.0910	6.3216
	4	6.8282	6.8291	6.3895	6.3885	7.0661	6.3228
10年期中债收益率	-5	2.86	3.27	4.05	3.52	2.52	2.78
	-4	2.95	3.27	4.06	3.51	2.61	2.80
	-3	3.00	3.23	4.12	3.52	2.61	2.82
	-2	3.00	3.21	4.09	3.51	2.64	2.83
	-1	3.09	3.19	4.04	3.50	2.68	2.81
	0	3.05	3.21	4.00	3.47	2.68	2.81
	1	3.00	3.20	3.96	3.46	2.71	2.83
	2	3.06	3.23	3.96	3.43	2.71	2.84
	3	3.17	3.20	3.93	3.39	2.73	2.85
	4	3.10	3.23	3.93	3.38	2.68	2.79

注：上、下框线对应 10 个交易日中的人民币汇率高点或低点，灰色部分表示债券和汇率同方向变动。

资料来源：万得。

五、主要结论

避险货币,是指当全球投资者选择规避风险或者经济基本面不确定性增加时出现升值的货币。俄乌冲突爆发后,全球资金逃向安全资产,人民币跟随美元一同升值,初步展现出了避险货币的特征。

从避险货币的理论影响因素来看,一国稳定的经济政治环境、较强的货币流动性以及长期低利率环境是货币避险属性发挥的重要条件。从避险货币的实际升值机制来看,美元避险升值的核心在于美国的"避风港"角色,往往表现为"债汇双升",日元和瑞郎的避险升值机制则主要是套息交易平仓和升值预期的自我实现。

目前来看,中国在金融市场发展、金融开放程度和利率水平等多个方面与美国、日本和瑞士存在较大差异,人民币流动性有限且投资货币属性明显,成为避险货币的理论条件尚不成熟。俄乌冲突爆发之后,人民币汇率虽然升值,但2022年2月人民币债券遭到外资减持,表明人民币并非普遍意义上的避险资产,最多只能算是区域性避险货币。

人民币资产能否成为避险资产,取决于相关风险对中国而言是优势项还是弱势项。比如,面对境内外不确定性引发的全球金融动荡,股票作为风险资产,显然难以成为避风港,美股也不例外。再如,面对地缘政治风险,如果中国能够置身事外,人民币就有可能成为避险资产,但如果中国身涉其中,人民币就难以成为避险资产。还如,面对全球经济滞胀的风险,如果中国经济发展能够保持全球领先优势,人民币就有可能成为避险资产,反之则不能。

第五节　2023年中国汇市印象

2023年,受内外部因素共振影响,人民币汇率延续调整。全年,人民币汇率(如非特指,本节均指境内银行间市场下午四点半交易价)下跌2.0%,年均值环比下跌4.9%。在此背景下,境内外汇供求关系和跨境资金流动出现了一些新变化，有些问题或现象也引发市场关注，本节拟就此进行探讨。

一、跨境资本流动冲击加大但远不及七八年前

在人民币汇率继续调整的背景下，从银行即远期（含期权）结售汇差额看，境内外汇供求失衡加剧。2022年，仅有2月、5月、9月、10月累计4个月份出现少量结售汇逆差，平均逆差仅为42亿美元，全年累计顺差1073亿美元。可见，2022年3月初至11月初8个月的时间人民币汇率就从6.30跌至7.30，外汇市场波澜不惊。2023年，尽管国内经济反弹、美联储紧缩放缓，但3月及7—12月累计7个月份结售汇逆差，平均逆差200亿美元，全年累计逆差573亿美元。这是2019年以来再度出现年度逆差。

不过，2023年境内外汇市场压力远不及于2015年"8·11"汇改初期。由于国家外汇管理局2016年开始公布外汇期权交易数据，故年度银行即远期（含期权）结售汇的数据从2017年起计算。从可比的银行即远期结售汇差额看，2023年逆差436亿美元，远低于2015年、2016年分别逆差5712亿和3695亿美元的规模，也低于2017年的893亿美元。

外汇供求逆转主要是因为市场主体结汇意愿基本稳定而购汇动机大幅增强。2023年，剔除远期结售汇履约的银行代客收汇结汇率为54.0%，较上年小幅回落0.4个百分点，付汇购汇率为62.2%，大幅上升8.2个百分点。2022年则是收汇结汇率基本持平，付汇购汇率小幅回落0.6个百分点。需要指出的是，年度银行代客收汇结汇率跌至有数据以来新低，付汇购汇率却仍远低于2015年（69.6%）、2016年（66.4%）的水平。这表明当前市场囤积外汇的意愿虽略强于七八年前（2015年、2016年分别为58.4%和54.3%），但抢购外汇的动机远弱于彼时。其背后的底层逻辑是，经历了2015年和2016年两年藏汇于民与偿还外债的集中调整后，我国民间对外净负债大幅减少、货币错配明显改善，加之人民币汇率双向波动日益明显，增强了市场主体对于汇率波动的容忍度和承受力。

银行代客跨境收付差额也呈现类似的变化。2022年，银行代客（包括家庭、公司、非银金融机构和政府等非银行部门）跨境收付顺差763亿美元，虽然较上年骤减78.6%，却延续了2019年以来持续净流入的态势。2023年，跨境收付转为逆差687亿美元，净流出较上年增加1450亿美元。其中，跨境人民币收付逆差1200亿美元，净流出增加354亿美元（增长41.9%），贡献了前述增加额的24.4%；跨境外币收付顺差513亿美元，净流入减少1096亿美元（下降68.1%），贡献了75.6%。可见，2023年跨境资金流向逆转主要是源于外币收付顺差锐减。尽管如此，全年跨境收付逆差同样远低于2015年、2016年分别为1940亿和3053亿美元的水平。实际上，国际收支数据也显示本轮冲击远不及当年的烈度及强度：2022年，我国非储备性质资本项目（含净误差与遗漏）净流出3019亿美元，较上年骤增83.3%，但绝对额远低于2015年、2016年分别为6360亿和6350亿美元的规模；2023年前三季度净流出2055亿美元，同比下降14.7%。

跨境以人民币收款替代外汇收入增加较多，加速了跨境外币收付顺差收敛。2023年，银行代客跨境收付中，人民币占比48.6%，较上年上升6.2个百分点，超过美元跃居境内第一大跨境收付币种。其中，跨境人民币收入占比47.9%，上升6.4个百分点；付款占比49.3%，上升5.9个百分点。同期，银行代客跨境收入下降0.9%，付款增长1.4%；跨境外币收入减少4286亿美元（下降11.7%），贡献了同期跨境外币收付顺差减少额的391.0%，跨境外币付款减少3190亿美元（下降9.1%），负贡献291.0%。

二、人民币国际化有新进展也有新挑战

跨境人民币收付占比大幅上升是2023年我国跨境资金流动的一大亮点，反映了越来越多的对外贸易和投融资活动使用人民币结算。据人民银行统计，2023年，跨境货物贸易人民币结算额为10.69万亿元，增长35.0%，相当于海关进出口额的25.6%，跳升了6.7个百分点，较2015年高点仅差了0.4个百分点；熊猫债托管量增加373亿元，较上年增长3.31倍。

人民币国际支付和融资功能得到提升。据SWIFT统计，2023年最后两个月，人民币国际支付份额跃居第四位，分别为4.61%和4.14%，年度（12个月平均）份额为3.05%，较上年提高0.74个百分点；2023年9月，人民币在全球贸易融资中占比5.8%，同比上升1.6个百分点，排名升至第二位。

但是，跨境人民币收付占比上升意味着越来越多的人民币外汇兑换（即银行结售汇）转移到离岸市场进行。2023年，银行代客跨境收付总额为12.46万亿美元，较上年微涨0.3%，较同期跨境人民币收付总额增速低了15.2个百分点。同期，银行代客结售汇合计4.31万亿美元，减少10.0%；代客结售汇相当于代客涉外收付的34.6%，较上年回落3.9个百分点。离岸人民币外汇交易可以通过境内外汇差影响市场汇率预期，而且跨境人民币清算会间接影响境内外汇供求关系。

跨境以人民币收款会直接减少境内外汇供给，以人民币支付也会直接减少境内外汇需求，具体影响存在不确定性。2023年，银行代客跨境人民币收入增长14.3%，外币收入下降11.7%，后者高出银行代客跨境收入平均降速10.8个百分点；跨境人民币付款增长15.2%，外币付款下降9.1%，后者低于银行代客跨境付款平均增速10.6个百分点。同期，银行代客结售汇逆差563亿美元，顺差较上年减少1679亿美元。其中，因外币收入减少叠加市场结汇意愿减弱，代客结汇减少3225亿美元（下降13.2%），贡献了代客结售汇顺差减少额的192.1%；尽管市场购汇动机增强，但因外币支付需求减少，代客售汇减少1546亿美元（下降6.6%），负贡献92.1%。

跨境人民币结算不等于计价，不必然可以帮助境内主体规避人民币汇率波动风险。据人民银行统计，目前我国跨境人民币结算中，资本项目占到七成以上（近六成发生在证券投资项下，主要是债券通项下跨境资金往来），货物贸易占比不到两成。贸易项下，如果计价货币依然是外币，只是收付款时用本币办理，这相当于将人民币外汇兑换放在境外，境内进出口商仍要承担汇率波动风险。资本项下，用人民币对外投资，若在境外不能买到人民币计价的金融资产，则仍需在离岸换成硬通货或当地货币；用人民币利用外资或对外举债，虽然境内主体可以规避汇率波动风险，但境外投资者或债权人仍需承担资产与负债币种错配引发的汇率风险。

第六节　从货币的功能看数字货币与货币国际化的关系

2022年1月，美联储理事会发布报告，指出发行以美元计价、面向公众的央行数字货币（CBDC）具有维持美元国际地位等潜在收益。[①] 美联储前副主席莱尔·布雷纳德（Lael Brainard）在发言中也表示，需要谨慎考虑其他国家发行的CBDC如何影响美元在全球支付中的使用。[②] 这些表态再次将CBDC与货币的国际化联系到一起。CBDC是否可以作为一国货币国际化的突破口？进一步而言，与主权货币挂钩的稳定币是否可以在一国货币国际化进程中发挥更大作用？本节拟从货币功能的角度加以分析，以期进一步厘清数字货币与货币国际化的关系。

一、数字货币的分类及其特征

数字货币是数字形态的加密货币。按照货币的定义，数字货币包括CBDC和部分稳定币，具有记账单位、交易媒介、价值储藏等完整的货币功能。与之相对比，基于分布式账簿技术（DLT）的其他加密货币由于价值不稳定、交易效率低、交易成本高、不具备网络效应、安全风险突出等

---

① Board of Governors of the Federal Reserve System. Money and Payments: The U.S. Dollar in the Age of Digital Transformation[R/OL].(2022-06-10)[2023-11-01]. https://www.federalreserve.gov/publications/files/money-and-payments-20220120.pdf.

② Statement by Lael Brainard Vice Chair, Board of Governors of the Federal Reserve System, before the Committee on Financial Services U.S. House of Representatives[EB/OL].(2022-05-26)[2022-06-03]. https://www.federalreserve.gov/newsevents/testimony/files/brainard20220526a.pdf.

原因，难以成为交易媒介，通常被认为是一种数字资产而非数字货币。①

（一）CBDC 及其主要特征

CBDC 是数字形态的中央银行负债，包括批发型 CBDC 和零售型 CBDC。其中，批发型 CBDC 主要面向银行和其他金融机构，与当前这些机构在中央银行账户上持有的准备金非常相似，只是批发型 CBDC 依赖的底层技术使其具备可编程性（programmability）和可组合性（composability）的功能，同时能够供更多金融机构使用；而零售型 CBDC 在现金之外为公众提供了以数字形式持有中央银行负债的新选择，主要在小额交易场景中使用，与当前普遍使用的零售支付工具之间的核心区别在于代表不同主体的债务，因此安全性存在差异。

根据 BIS 的调查，截至 2021 年末，81 家受访央行中有超过 90% 的央行正在从事 CBDC 的研究或开发工作，超过一半的央行预计在可预见的未来发行 CBDC。② 各国中央银行推动 CBDC 发展的目标主要包括发展普惠金融、便利公众支付、提高支付效率、用于财政补贴支付、减少现金非法使用、维护货币主权、促进支付领域竞争等。③ 从这些目的看，零售型 CBDC 更契合中央银行的需求，因此其研发进展较批发型 CBDC 更快。目前，巴哈马群岛和尼日利亚的零售型 CBDC（the Sand Dollar 和 eNaira）已经正式发行并投入使用，中国和东加勒比的零售型 CBDC（e-CNY 和 DCash）已进入试点阶段。

（二）稳定币及其主要特征

稳定币是旨在相对特定资产或一篮子资产保持稳定价值的特殊加密

---

① World Economic Forum. The Macroeconomic Impact of Cryptocurrency and Stablecoins[R/OL].(2022-07-20)[2023-11-01]. https://www3.weforum.org/docs/WEF_The_Macroeconomic_Impact_of_Cryptocurrency_and_Stablecoins_2022.pdf.

② Kosse A, Mattei I. Gaining momentum—Results of the 2021 BIS survey on central bank digital currencies[J]. BIS papers, No. 125, 2022.

③ Soderberg G, Bechara M M, Bossu W, et al. Behind the scenes of central bank digital currency: Emerging trends, insights, and policy lessons[R/OL].(2022-02-09)[2023-11-01]. https://www.imf.org/en/Publications/fintech-notes/Issues/2022/02/07/Behind-the-Scenes-of-Central-Bank-Digital-Currency-512174.

货币,其挂钩的资产包括主权货币、商品或者其他数字资产等。①

2021年以来,稳定币的市值实现了快速增长。虽然市值在整体加密货币中的占比不高,但是稳定币价值相对稳定的特性使其在交易量中占有更高份额。截至2022年9月,主要稳定币的市值已接近1500亿美元,在加密货币整体市值出现崩盘后占比已上升到接近20%;与之相对的是,稳定币的日成交量在400亿美元以上,占比超过了90%。②

根据币值稳定机制的不同,稳定币可分为基于算法的稳定币和具有资产支持的稳定币。其中,前者通过特定的算法实现供给随需求的变化而变化,币值稳定机制的核心在于源源不断的新投资者对其自身价值形成的共识;后者通过持有金融资产、实物资产甚至是加密资产来保持稳定币值③,持有的资产往往就是其挂钩的资产,与传统的货币市场基金有一定的相似性,币值稳定机制的核心是对底层资产价值的认可。一般而言,与主权货币挂钩的稳定币在币值稳定方面的表现要远优于其他类型稳定币,原因是其他类型的稳定币更容易触发恐慌性的挤兑风险。

挂钩美元的稳定币占据了稳定币绝对的市场份额。目前,市值前10位的稳定币均与美元1:1挂钩,美元稳定币市值在全部稳定币市值中的占比超过99%。只有少数稳定币与黄金(如Tether Gold)、欧元(如EURS)、新加坡元(如XSGD)或其他加密货币(如USDX)挂钩,且其流动性远低于美元稳定币。美元稳定币的主导地位得益于美元可自由流通的属性、美元资产市场的深度和广度,这些特征也保证了在需求变化时,币值稳定机制能够较好地发挥作用。与之相比,非自由汇兑货币挂钩的稳定币难以

---

① Financial Stability Board. Regulation, Supervision and Oversight of "Global Stablecoin" Arrangements: Final Report and High-level Recommendations[R/OL].(2020–10–13)[2023–11–01]. https://www.fsb.org/wp-content/uploads/P131020–3.pdf.

② CoinMarketCap. Top Stablecoin Tokens by Market Capitalization[EB/OL]. [2022–10–22]. https://coinmarketcap.com/view/stablecoin/.

③ Financial Stability Board. Regulation, Supervision and Oversight of "Global Stablecoin" Arrangements: Final Report and High-level Recommendations[R/OL].(2020–10–13)[2023–11–01]. https://www.fsb.org/wp-content/uploads/P131020–3.pdf.

为市场所接受，也无法保持币值稳定，实际上并不稳定。

除了挂钩单一主权货币的稳定币，挂钩一篮子货币的稳定币也引发了积极讨论，尤其是进一步赋予 IMF 特别提款权（SDR）储备货币功能、探索推动数字形式的 SDR（即 eSDR）。① 从国际货币体系的演进方向看，由 IMF 等国际组织发行超主权货币从长远看是取代美元本位的一个选项，eSDR 也具有跨境使用方便灵活、实际币值更加稳定的优势。但是，由于涉及货币主权的让渡问题，发行 eSDR 至今并未被纳入 IMF 和主要央行的考虑范畴。脸书（Facebook，后改名为 Meta）最早提出的挂钩美元、欧元、英镑、日元的天秤币（Libra），也因为各国监管的不确定性被迫选择放弃。此外，eSDR 的稳定性是否好于美元稳定币仍然存疑，毕竟以一篮子货币构成的超主权货币的信誉，不一定好于某个篮子货币发行国家的信誉。②

（三）其他加密货币及其主要特征

加密货币的概念最早由 2009 年出现的比特币所引入，随后出现了数以千计设计理念与之类似的加密货币。加密货币运用 DLT 技术和加密算法，采取点对点的方式进行支付，意在摆脱对于主权国家货币当局和传统金融中介的依赖。加密货币体系由三方面元素组成：指定参与者如何进行交易的计算机代码，即协议（protocol）；存储历史交易信息的账簿，即区块链（blockchain）；以及由众多参与者组成的去中心化网络，按照协议规则更新、存储和阅读交易账簿。③

虽然带有浓厚的投机色彩，但以比特币为代表的加密货币被一部分

---

① Adrian T. Stablecoins, Central Bank Digital Currencies, and Cross-Border Payments: A New Look at the International Monetary System, speech given at the IMF-Swiss National Bank Conference [EB/OL]. (2019–05–13)[2022–10–22]. https://www.imf.org/en/News/Articles/2019/05/13/sp051419-stablecoins-central-bank-digital-currencies-and-cross-border-payments.

② 管涛, 赵玉超, 高铮. 未竟的改革: 后布雷顿森林时代的国际货币体系[J]. 国际金融研究, 2014 (10): 3–9.

③ BIS. Cryptocurrencies: Looking beyond the Hype, Annual Economic Report 2018[R/OL]. (2018–06–17)[2022–10–22]. https://www.bis.org/publ/arpdf/ar2018e5.pdf.

投资者认为可以作为一种去中心化的价值储藏方式。但是，价值不稳定、交易效率低、交易成本高、不具备网络效应、安全风险突出等因素阻碍了加密货币成为一种合格的交易媒介，因此加密货币并不是真正的货币。

一是加密货币缺乏主权国家信用背书导致其价值天然不稳定。与算法稳定币相似，加密货币的价值仅源于使用者的共识。但是，与稳定币不同，加密货币并不追求相对于任何其他资产的价值稳定，对加密货币需求的变化往往都会在价格上体现出来，甚至价格的波动性才是吸引投资者进入加密货币市场的最重要原因。由于价格波动巨大，加密货币作为法定货币的试验已经被证明是失败的。如2021年9月，萨尔瓦多成为全球首个通过立法形式将比特币确定为法定货币的国家，同时该国政府动用公共资金购买了超过1亿美元的比特币。然而，随着比特币价格崩盘，目前该笔投资已经浮亏超过50%。[1] IMF也在与萨尔瓦多的2021年第四条磋商中指出，以加密货币作为法定货币的做法可能产生或有负债。[2]

二是加密货币烦琐的验证方式以牺牲交易效率作为代价。为了产生去中心化的信任，加密货币机制往往要求绝大多数参与者验证所有的交易历史；而为了使账簿长度和验证时间可控，加密货币系统对于交易容量具有严格限制。这些设定使得加密货币系统经常会陷入堵塞，众多交易不得不排队处理，交易效率低下。

三是加密货币较高的交易成本是维系其正常运转的重要特征。加密货币系统一定程度上的堵塞使得加密货币使用者被迫提高交易费用，以吸引其他参与者（"矿工"）对交易进行记账，这对于维持加密货币系统的稳定至关重要，从某种程度上来讲是有意设计的。原因在于，"矿工"需要通过工作量证明（proof-of-work，PoW）来进行记账活动，需要消耗

---

[1] Bitcoin in El Salvador[EB/OL].[2022–10–22]. https://en.wikipedia.org/wiki/Bitcoin in El Salvador.

[2] IMF Executive Board Concludes 2021 Article IV Consultation with El Salvador[EB/OL]. (2022–01–25)[2022–10–22]. https://www.imf.org/en/News/Articles/2022/01/25/pr2213–el–salvador–imf-executive-board-concludes–2021–article-iv-consultation.

大量的计算资源。如果加密货币系统一直保持通畅，支付给"矿工"的交易费用难以弥补其成本，可能会导致加密货币价格的崩溃。

四是加密货币系统缺乏可扩展性（scalability）使其不具备网络效应。当前的法定货币及传统支付体系具有较强的可扩展性，交易成本并不会随着使用规模的增加而等比例增加，因此具有"赢者通吃"的特点，网络效应使某一种或几种货币在国际交易中成为主导的交易媒介。然而，由于加密货币缺乏可扩展性，因而其使用者之间实际上是竞争关系，使用某种加密货币的人越多，支付就越不方便，由此导致的碎片化问题可能是影响其成为货币体系基础的最重要原因。①

五是加密货币存在严重的安全隐患。虽然加密货币具有"去中心化"的特征，但随着投资者交易需求的增加，各类加密货币交易所陆续出现并发挥了"中心化"的角色。加密货币交易所集中管理账户和托管资金不仅使得其极易遭受黑客攻击，而且存在巨大的信用风险。根据区块链分析公司 Chainalysis 的报告，2021 年共有价值 32 亿美元的加密货币失窃，是 2020 年的近 6 倍。② 此外，随着加密货币持有者的集中，加密货币可能被控制大量计算能力的"矿工"所操纵，这意味着伪造"账簿"是有可能的。

二、央行数字货币恐难成为货币国际化的主要载体

货币的国际化表现为货币在国际范围中发挥计价、结算、融资、投资、储备等职能。从这些角度分析，商业银行货币（即广义货币）而非 CBDC 才是货币国际化中被普遍使用的货币，商业银行等金融中介机构更能发挥市场驱动的力量推动货币国际化。

---

① BIS. The Future Monetary System, Annual Economic Report 2022, Chapter Ⅲ [R/OL]. (2022–06–21)[2022–10–22]. https://www.bis.org/publ/arpdf/ar2022e3.htm.
② Chainalysis. The 2022 Crypto Crime Report: Original Data and Research into Cryptocurrency-based Crime[R]. 2022.

(一)从计价货币角度：CBDC与其他形态的法定货币并无本质区别

计价货币是交易双方在合同中规定清偿债务债权关系的货币。由于法律的规定和中央银行的制度支持（包括存款保险制度、清算体系、央行流动性支持、金融监管要求等），同一法定货币制度下的CBDC、现金、银行存款等代表的都是同一种等值的计价货币。

交易双方签订合同时，不会规定计价货币的具体形态，而关注的是货币符号。因此，计价货币的职能与货币的具体形态没有直接联系，无论是批发型CBDC还是零售型CBDC，都并不是一种特殊的计价货币。

(二)从结算货币角度：提升跨境支付效率的关键是全新的跨境支付基础设施，而非CBDC境外使用本身

货币体系包括货币本身和与之相适应的支付系统。① 当前，跨境支付中普遍面临成本高、用时长和透明度不足等问题。针对这些问题，支付与市场基础设施委员会（CPMI）在关于改进跨境支付的报告中建议将国际维度纳入CBDC的设计中。②

具体看，CBDC可以采取两种不同的方式实现更加安全、快捷、低成本的跨境支付选择：直接向境外主体非居民提供CBDC以用于国际支付，或者以多种形式实现基于CBDC的各国支付系统相互连接。③ 其中，前者主要针对零售型CBDC，只需要单个中央银行对境内零售型CBDC的使用规则进行调整，但面临与现金境外使用相似的风险（如用于非法活动等），因此各国中央银行对此较为审慎；而后者更多针对批发型CBDC，依赖于中央银行间的相互合作以提高支付系统的交互性（interoperability），已有多个项目进行了探索性试验，这些项目往往被称为多货币央行数字货币

---

① BIS. The Future Monetary System, Annual Economic Report 2022, Chapter Ⅲ [R/OL].(2022–06–21)[2022–10–22]. https://www.bis.org/publ/arpdf/ar2022e3.htm.

② CPMI. Enhancing Cross-border Payments: Building Blocks of A Global Roadmap, Stage 2 Report to the G20[R]. 2020.

③ BIS, BIS Innovation Hub (BISIH), the International Monetary Fund (IMF), and the World Bank. Central Bank Digital Currencies for Cross-border Payments Joint Report to the G20[R]. 2021.

（Multi-currency Central Bank Digital Currency，mCBDC）机制。[①]

然而，基于CBDC的支付系统相互连接并不代表一国货币在国际交易中成为结算货币。以中国香港金管局和泰国中央银行的Inthanon–LionRock项目为例，其建立了一个走廊网络（corridor network）并发行了存托凭证（depository receipt，DR），两地商业银行可以将境内发行的批发型CBDC与走廊网络中的DR进行"映射"（即相互转换），从而在走廊网络中实现实时跨境支付和外汇PvP交易。[②] 可见，在这一过程中，批发型CBDC的作用仅仅是本国商业银行兑换DR的权益证明，并没有被支付给境外商业银行；参与跨境交易的客户仍需要通过商业银行完成交易，最终支付和收到的也是本国商业银行货币。事实上，这种合作与人民币银联卡境外使用的案例非常相似：当境内持卡人在境外消费商品和服务时，虽然支付的是人民币，但是境外商户收到的仍然是当地货币。在这一过程中，银联组织负责集中清算和境内集中购汇，境内发卡行并不承担汇率风险。可见，银联卡走出国门只是银联服务的出海而非人民币出海。

因此，应更加关注应用CBDC底层技术建立的跨境支付系统，而非CBDC本身。以Inthanon–LionRock为代表的多个跨国CBDC合作项目通过应用封闭型分布式账簿技术（permissioned DLT）、智能合约、流动性节约机制，建立了高效的跨境清结算体系，缩短了跨境支付链条，减少了在代理行开立往来账户的操作成本和相关合规成本，这才是提升跨境支付效率的关键。

此外，中央银行直接向公众提供支付服务，可能会影响私人部门的积极性，乃至受到其抵制。[③] 出于隐私考虑，市场主体可能对由中央银行

[①] Bech M, Boar C, Eidan D, et al. Using CBDCs across Borders: Lessons from Practical Experiments[J]. BIS Innovation Hub, Bank for International Settlements, Basel, 2022.

[②] Hong Kong Monetary Authority (HKMA) and Bank of Thailand (BOT). Inthanon-LionRock: Leveraging Distributed Ledger Technology to Increase Efficiency in Cross-Border Payments[R]. 2020.

[③] CPMI. Enhancing Cross-border Payments: Building Blocks of a Global Roadmap, Stage 2 Report to the G20[R]. 2020.

完全主导的跨境支付系统存有疑虑，因为中央银行能够通过 CBDC 的流向掌握全部交易数据。因此，在进行跨境支付时，公众往往更加相信银行等商业机构。正如美联储前副主席莱尔·布雷纳德指出的，私人部门可以在中央银行建立的跨境支付渠道基础上进行充分的竞争，以推动创新服务的出现。①

进一步讲，如果支持 CBDC 的底层技术被证明可以有效优化跨境支付，这些技术也一样可以供商业银行使用，在现有金融监管框架下发行代币形式的存款（tokenized deposit）。②例如，参照 mCBDC 的设计理念，摩根大通和星展银行已经建立了基于 M1 的多货币数字走廊网络（multi-currency digital corridor network，mDCN），便利美元和新加坡元的跨境支付。③

（三）从融资货币角度：CBDC 无法满足普遍的融资需要

根据世界贸易组织的统计，80%—90% 国际贸易的开展都伴随融资活动。④因此，货币的国际化要求相关主体可以较为便利地借入这种货币用于国际贸易。理论上，以 CBDC 满足这种融资需要，可以通过中央银行货币创造或商业银行等其他金融机构货币转移的方式进行。

如果中央银行利用 CBDC 开展信贷业务，其无法对交易对手进行尽职调查、"三反"管理、抵押品评估等工作，融资过程中的信用风险也可

---

① Board of Governors of the Federal Reserve System. Preparing for the Financial System of the Future Remarks by Lael Brainard Member at the 2022 US Monetary Policy Forum[EB/OL].(2022–02–18) [2022–06–05]. https://www.federalreserve.gov/newsevents/speech/files/brainard20220218a.pdf.

② Garratt R, Lee M, Martin A, et al. The Future of Payments Is Not Stablecoins[EB/OL]. (2022–02–07)[2022–06–05]. https://libertystreeteconomics.newyorkfed.org/2022/02/the-future-of-payments-is-not-stablecoins/.

③ Ekberg J, Ho M, Chia T Y, et al. Unlocking $120 Billion Value In Cross-Border Payments: How banks can leverage central bank dogotal currencies for corporates[R/OL].(2021–11–03) [2022–06–05]. https://www.jpmorgan.com/onyx/documents/mCBDCs-Unlocking–120–billion-value-in-cross-border-payments.pdf.

④ Auboin M. Restoring trade finance during a period of financial crisis: stock-taking of recent initiatives[R]. WTO Working Papers, No. ERSD–2009–16, 2009.

能危害央行资产负债表，造成道德风险。①而最重要的是，中央银行并非商业机构，难以根据交易对手的情况确定合适的利率水平，更不宜主动筛选客户来开展业务。

商业银行更没有动力以 CBDC 发放贷款，因为这会使其面临更高的流动性风险。商业银行以 CBDC 发放贷款，意味着必须提前以其在中央银行持有的准备金兑换 CBDC，然后将其转移给融资方，这会等量减少其在中央银行的流动性；而以银行货币开展的传统国际贸易贷款业务（如信用证业务）中，融资方必须在商业银行开立账户，流动性占用的时间较短、总量较少。

（四）从投资货币角度：CBDC 并非一国汇兑安排的政策洼地

货币国际化主要依赖的是制度供给而非技术供给，技术并不能解决所有问题。对于尚未完全放开资本项目的国家，中央银行并没有动力给予 CBDC 在金融交易中特殊的汇兑安排以突破其资本项目管制，因为这将使得 CBDC 的需求出现更大幅度的波动，加剧金融中介脱媒风险和跨境资金流动风险。

如果对于 CBDC 并没有特殊的汇兑安排，那么从金融市场清结算安排、交易对手的接受程度等方面看，CBDC 均不优于商业银行货币。

（五）从储备货币角度：CBDC 并非供应优质充足的储备资产

一国货币发挥储备货币功能往往并非通过直接被境外主体持有而实现，更多是指境外主体持有以该货币计价的金融资产，尤其是中长期资产。

然而，为了维护银行体系的稳定、避免发生金融脱媒，CBDC 尤其是零售型 CBDC 往往被设计为不支付利息，这就使其难以与安全性相当但有息的短期国债、银行存款竞争，更无法像中长期债券、股权类资产等一样起到长期保值增值作用。除此之外，为了防止 CBDC 被用于洗钱、

---

① Stacy T. Will the COVID-19 Stimulus Package Strengthen the Case for Central Bank Digital Currency? [EB/OL]. (2020-05-30) [2022-07-14]. https://ksr.hkspublications.org/2020/05/30/will-the-covid-19-stimulus-package-strengthen-the-case-for-central-bank-digital-currency/.

恐怖融资等非法活动，借鉴对现金的管理方式，各中央银行在 CBDC 的设计中往往对单一主体的持有额和一定时期内的交易量加以限制，这就使得 CBDC 无法灵活获得和处理，限制了其储备资产功能的实现。

三、稳定币的国际化并非其挂钩货币的国际化

根据金融稳定委员会的定义，一种稳定币如果具有在多个国家或地区广泛覆盖和使用的潜力，那么就可称其为全球稳定币。[①] 目前看，绝大多数具有足额资产储备的稳定币都符合这一特征，可以说稳定币本质上就是全球货币。但是，稳定币的国际化并非其挂钩货币的国际化，以稳定币的国际化推动主权货币国际化在逻辑上并不成立。从支付、投资、储备等功能来看，稳定币也并非唯一或最优选择，而且对于一国金融体系可能造成的风险目前仍未可知。

（一）从计价货币角度：稳定币与挂钩货币是两种货币

有一种观点认为，挂钩主权货币并持有相同币种金融资产的稳定币类似于 100% 储备金的狭义银行体系，因此可以将稳定币与其挂钩货币视为同一种货币。但是，与狭义银行不同，稳定币并没有被纳入挂钩货币发行国家金融监管部门的监管框架，得不到法律的认可、存款保险的保护以及中央银行流动性的支持，随时都具有与挂钩货币脱钩的风险。

从某种意义上讲，稳定币的发行制度更像是香港等地的货币局制度，只有稳定币的发行主体具有维持币值稳定的义务，而对于被挂钩货币当局不具有约束力。

可见，稳定币和其挂钩货币是两种完全不同的货币，即使一种稳定币成为国际稳定币，也并不代表其挂钩的货币也是国际货币。

---

① Financial Stability Board. Regulation, Supervision and Oversight of "Global Stablecoin" Arrangements: Final Report and High-level Recommendations [R/OL].(2020–10–13)[2023–11–01]. https://www.fsb.org/wp-content/uploads/P131020–3.pdf.

（二）从结算货币角度：稳定币具有降低跨境交易成本的潜力，但汇兑成本、交易速度等因素阻碍了其日常应用

与 CBDC 相似，稳定币的底层技术支持点对点交易，因此可以实现交易即结算，理论上能够大幅提高跨境支付效率、降低跨境支付成本。

但是，由于稳定币的使用场景有限，使用稳定币进行跨境支付涉及法定货币与稳定币的双向兑换过程，汇兑成本较高且并不方便。以最大的稳定币 USDT 为例，以法定货币向 Tether 公司购买或赎回 USDT 的最低限额为 10 万美元，手续费为 0.1%（其中赎回手续费上限为 1000 美元）。而且，USDT 每周只能赎回一次，历史上已经有多次暂停赎回的情况发生。此外，类似于银行针对不同货币挂牌汇率买卖差价不同，小币种或非主流币种与稳定币的双向兑换可能面临的交易成本更高。

同时，稳定币的交易速度同其他加密货币一样难以满足日常交易需要。目前，以太坊仍然是稳定币所依托的最主流的区块链，基于其发行的 USDT、USDC 和 DAI 的平均区块时间（即产生一个新区块所需要的时间）约为 10—20 秒，这使得其交易效率非常低。当然，稳定币的发行主体正在试图采用新的区块链技术（如 Tron、Avalanche、Solana 等），通过引入权益证明（proof-of-stake，PoS）或历史证明（proof-of-history，PoH）的方式解决稳定币的低交易效率问题，但可扩展性、安全性和去中心化之间的权衡问题依旧存在。

（三）从融资货币角度：稳定币发行主体的信用创造能力极为有限

对于以资产挂钩的稳定币，稳定币的发行主体并没有信用创造能力，其发行的稳定币数量取决于用户的兑换量。稳定币的发行主体在面临额外的融资需求时，只能依赖自有资本的投入增发稳定币，否则就会违背其足额储备的承诺，最终使得稳定币对其是否能够保证币值稳定产生怀疑。

而对于基于算法的稳定币，发行主体的确可以在融资需求增加时提供额外的稳定币供应，但是一旦需求发生逆转，就需要及时收回超发的稳定币，这意味着信贷活动必须是短期的，难以稳定地满足使用主体的融资需求。

（四）从投资货币角度：稳定币更多用于开展逃避监管的数字资产交易

根据美国总统金融市场工作小组（PWGFM）、联邦存款保险公司（FDIC）与美国货币监管署（OCC）联合发布的报告，稳定币在美国主要用于在数字资产交易平台上为其他数字资产的交易和借贷提供便利。[①]

由此可见，稳定币目前已成为连接法定货币和加密货币的中介渠道。使用稳定币可以避免加密货币与主权货币之间频繁转换所需的较高费用，也可以在加密货币出现价格波动时起到"避风港"的作用。根据数字资产市场数据服务商 CryptoCompare 的数据，2020 年 1 月以来，一半左右的比特币和以太币的交易是通过 USDT 进行的。[②]

然而，这一优势在数字资产之外的其他资产类别的投资中并不存在，因为这些资产的交易平台及对手方往往并不认可稳定币，需要稳定币持有者先将其转换为法定货币后再进行交易。因此，稳定币并不是一种良好的投资货币。

（五）从储备货币角度：稳定币无法提供较高的收益率，否则就是庞氏骗局

稳定币的发行机构在资产端往往持有短期政府债券、银行存款、高等级短期公司债券等高流动性资产以应对可能的赎回压力，收益率往往较低。从商业可持续性的角度看，稳定币的发行机构不可能为其支付高于这些资产平均收益率的回报，否则就是击鼓传花的庞氏骗局。实践中，主要的稳定币发行机构的确并不向持有者支付利息。可见，从储备货币的角度看，持有稳定币甚至不如直接持有支持稳定币的底层资产。

[①] PWGFM, FDIC, OCC. Report on Stablecoins[R]. 2021.
[②] CryptoCompare[EB/OL]. [2022–10–20]. https://data.cryptocompare.com/.

四、以数字人民币和人民币稳定币作为人民币国际化的突破口并不现实

（一）数字人民币已处于全球领先地位，引发了借助其推动人民币国际化的讨论

2014年，人民银行成立法定数字货币研究小组，开始进行数字人民币的专项研究；2016年，成立数字货币研究所，完成第一代原型系统搭建；2017年，开始组织商业机构共同开展研发试验；2019年末以来，逐步在各地进行试点测试。截至2022年8月末，数字人民币累计交易3.6亿笔，金额达1000.4亿元，支持数字人民币支付的商户门店数量超过560万个。

数字人民币的发展进程在主要经济体中已经处于领先位置。根据普华永道2022年4月发布的全球CBDC指数，数字人民币位列零售型CBDC的第3位，且前10位中只有中国和韩国两个G20国家（后者位列第10位）。[①] 因此，虽然当前数字人民币定位为M0，主要用于满足国内零售支付需求，但对于推动数字人民币跨境使用、助力人民币国际化，各方具有较高期待。

（二）数字人民币具备跨境使用的技术条件，但并不意味着未来的发展重点是推动数字人民币在境外直接使用

根据人民银行2021年7月发布的《数字人民币白皮书》，数字人民币将遵循无损、合规、互通三项要求，并与有关货币当局建立CBDC汇兑安排和监管合作机制。具体来看，"无损"意味着一国CBDC不应损害其他央行货币主权；"合规"要求CBDC遵守各国关于外汇管理、资本管理等的法规要求；"互通"则意味着要实现CBDC间及其与传统基础设施间的互联互通。

可以看出，这三项要求意味着数字人民币致力于避免对其他国家产生大规模货币替代，并不依靠放松相关跨境资金流动管理政策而在境外

---

① PwC. PwC Global CBDC Index and Stablecoin Overview 2022[R]. 2022.

推广数字人民币的使用。与之相反，政策目标更倾向于使用一个可以在进行跨境支付时将境内数字人民币转化为其他货币的支付系统。①

从数字人民币的命名中可以看出这一政策倾向。数字人民币系统最早被命名为 DC/EP（Digital Currency/ Electronic Payment）。对于这一概念，2018 年人民银行原行长周小川在演讲时表示："DC 是数字货币，EP 是电子支付；中间是一个斜杠，意味着两者既可以是'和'的关系，也可以是'或'的关系。也就是说，数字货币和电子支付并不需要对立起来。"② 可见，数字人民币与其所依托的支付系统同等重要。对于数字人民币的境内使用，"支付即结算"的特点意味着支付系统已暗含在数字人民币本身之中；但对于数字人民币的跨境流通，则需要建立一套满足跨境同步交收需要的支付系统，实现与其他国家数字货币的互联互通。目前人民银行数字货币研究所与香港金管局、泰国银行、阿联酋中央银行共同参与的多货币央行数字货币桥（mCBDC Bridge）项目，更多的其实是在 EP 而非 DC 层面的合作。

从人民银行高层的表态中也可以看出，发展数字人民币的目的并非推动人民币国际化或挑战美元。例如，周小川就多次表示，数字人民币在跨境使用中的潜力主要不是依靠数字化发展，而是看人民币本身的使用份额是否会增加③；数字人民币为零售设计，不是为了替代美元，也不会轻易被当作军事武器来使用④。

---

① Soderberg G, Bechara M M, Bossu W, et al. Behind the scenes of central bank digital currency: Emerging trends, insights, and policy lessons[R/OL].(2022–02–09)[2023–11–01]. https://www.imf.org/en/Publications/fintech-notes/Issues/2022/02/07/Behind-the-Scenes-of-Central-Bank-Digital-Currency–512174.

② 财新网.周小川谈数字货币和电子支付[EB/OL].(2018–11–21)[2022–09–12]. https://topics.caixin.com/2018–11–21/101350169.html.

③ 财新网.周小川博鳌谈数字人民币 跨境探索仍以小额零售为主[EB/OL].(2021–04–22)[2022–10–20]. https://finance.caixin.com/2021–04–22/101694693.html.

④ 财新网.周小川：数字人民币是为方便百姓 不能当军事武器[EB/OL].(2022–04–17)[2022–10–20]. https://finance.caixin.com/2022–04–17/101871609.html.

五、主要结论

CBDC 和稳定币及其依托的底层技术在推动改善跨境支付方面具有重要潜力，有可能成为货币国际化的重要补充。但是，其作用的发挥依赖于建立配套的现代化跨境支付基础设施。而且，除跨境支付外，货币的国际化还需要在国际范围中发挥计价、融资、投资、储备等职能，在这些方面，CBDC 和稳定币并不优于当前的银行货币，更不要说完全取代银行货币。

虽然当前各国信用货币体系远非完美，但这并不意味着仅靠发展 CBDC 就可以实现货币国际化，更不意味着应当通过支持与本币挂钩的稳定币来实现货币国际化的"弯道超车"。毕竟，货币国际化是一项系统工程，取决于一国的综合国力、金融市场深度以及货币当局的政策目标等，技术本身在这一进程中并不能发挥决定性作用，制度供给才是最关键的因素。

对于中国而言，虽然数字人民币具备跨境使用的技术条件，但是数字人民币的跨境使用依然面临大量的问题。例如，如何对境外开户主体进行尽职审查（KYC），如何履行"三反"义务，如何保护个人隐私和用户数据安全等。同时，数字人民币大规模跨境使用也会对当前的外汇管理制度、货币政策执行以及金融体系稳定造成一定影响。发展数字人民币不是推动人民币国际化的捷径，也难以成为应对货币霸权的"武器"。人为赋予 CBDC 探索过多的政治解读，既可能导致方向偏离，更可能制造国际麻烦。

第七章

人民币汇率与中国股市和外贸进出口

市场热炒的"股汇共振"并不存在可信的因果关系，即便偶尔可能受到共同因素影响同涨同跌，但多数时期两者都是相互独立的。通过稳汇率来稳股市、稳外资大概率是事倍功半，除非汇率大幅波动影响到国内金融和物价稳定。历史多次证明，金融开放和汇率僵化是危险组合。况且，汇率波动对宏观经济和微观主体的影响不尽相同，其利弊权衡需要具体情况具体分析。2022年以来，随着汇率贬值压力上升，市场再次热议"贬值提升外贸竞争力"和"贬值损害市场信心"，孰轻孰重难有定论。本章将以数据事实逐一分析这些热门话题。

第一节　2022年人民币整数关口附近的"股汇共振"

2022年人民币汇率走出了宽幅震荡行情，自3月初由6.30比1冲高回落，到10月底跌至7.30比1附近，8个月时间累计调整超过10%。类似级别的调整于2018年4月初也有过一次，当时人民币汇率由6.28到10月底跌至整数位附近，7个月时间累计回调约10%。不过，与本次调整相比仍有不及。人民币汇率从上次跌破整数关口到2020年5月底跌至2008年全球金融海啸以来新低，耗时26个月，而这次仅仅耗时8个月。迄今为止，境内外汇市场表现与上次调整如出一辙。虽然期间出现了"股汇共振"，但性质与7年前有天壤之别。

一、2018年4月以来人民币急跌中有惊无险的外汇市场

上次触发人民币汇率调整的背景之一是，2015年"8·11"汇改初期，中国遭遇了高强度的资本流动冲击，到2016年底人民币汇率跌至7附近，外汇储备眼看也要破3万亿美元。当时，市场激辩"保汇率"还是"保储备"。但是，通过引入逆周期调节因子，完善中间价报价机制，2017年人民币汇率止跌反弹将近7%，外汇储备也不跌反涨上千亿美元。这打破了人民币单边走势和预期，实现了"8·11"汇改的成功逆袭，央行、外汇局由此回归监管政策和汇率政策中性。

2018年第一季度，人民币汇率延续了2017年初的升值走势。4月初起，随着美元指数反弹、经贸摩擦升级和中美货币政策分化，人民币汇率震荡走低，到10月底再度跌至整数位附近。之后，对外经贸摩擦打打谈谈，人民币汇率有涨有跌、双向波动，但总体走弱。2019年8月，因为经贸谈判再陷僵局，人民币汇率应声破7，打开了可上可下的弹性空间，汇率市场化程度显著提高。接着，2020年初新冠疫情暴发，中国央

行率先进入抗疫模式,叠加其他因素的影响,人民币汇率再度承压。直至当年6月初,在疫情防控好、经济复苏快、中美利差大、美元走势弱等多重利好支撑下,人民币汇率重新走强,到年底7个月的时间里累计升值将近10%。

常言讲,"人民币汇改,机制比水平更重要"。这里的"机制"指的是人民币汇率市场化形成机制,即让市场在汇率形成中发挥越来越大的作用。正常的外汇市场应该是"低(升值)买高(贬值)卖",即人民币升值的时候,买外汇的多、卖外汇的少;人民币贬值的时候,卖外汇的多、买外汇的少。像2016年底那样,人民币越跌,市场越抢购和囤积外汇,那是外汇市场失灵。将升贬值等同于升贬值压力和预期,属于典型的"刻舟求剑",还停留在不成熟、不健康的外汇市场发展阶段和运行状态。

2018年4月—2020年5月,尽管人民币持续承压,但境内外汇供求保持基本平衡。其间,反映境内主要外汇供求关系的银行即远期(含期权)结售汇(以下简称银行结售汇)累计顺差986亿美元,其中有10个月为逆差,月均逆差85亿美元,16个月为顺差,月均顺差115亿美元。2017年1月—2018年3月人民币升值期间,银行结售汇累计逆差978亿美元,其中仅有2017年8月顺差18亿美元。可见,2018年4月—2020年5月,境内并未出现严重的外汇供不应求,相反,还是结售汇顺差月份占优,月均规模也占优。特别是2019年8—12月和2020年2—7月,人民币汇率破7的11个月中有5个月为逆差,平均逆差29亿美元,其他6个月为顺差,平均顺差103亿美元。

市场再度跌至整数关口附近乃至跌破整数关口,也未再现贬值恐慌。鉴于远期履约是前期远期结售汇签约到期形成的,如果市场主体对人民币汇率有预期的话,反映的也是其之前的判断。为更好反映即期市场结售汇意愿变化,故从银行代客结售汇中剔除了远期结售汇履约额。2018年4月—2020年5月,剔除远期履约的银行代客收汇结汇率平均为57.7%,付汇购汇率平均为59.1%,分别较2017年1月—2018年3月升值期间的均值高出0.8个和1.9个百分点,反映市场主体总体是"逢高结汇"。即便同期购汇动机有所增强，也远不及"8·11"汇改初期的剧烈变化。2015年8月—2016年12月，银行代客收汇结汇率和付汇购汇率均值分别较2013年1月—2015年7月均值下降5.8个百分点和跳升9.5个百分点，反映了典型的贬值恐慌下的市场失灵。另外，如果仅考察2018年4—10月的情形，前述比例较2017年1月—2018年3月均值分别上升3.6个百分点和下降0.8个百分点，则体现了更为明显的"低买高卖"的市场特征。

二、2022年汇率宽幅震荡中外汇市场韧性更胜从前

2022年初，人民币汇率延续了2020年6月初以来的升值走势，2月底俄乌冲突爆发后还走出了一波"美元强、人民币更强"的独立行情，人民币一度被贴上了"避险货币"的标签，3月初之前还在不断刷新4年来的高点。然而，受疫情多点散发、经济恢复受阻、中美利差倒挂、美元指数走强等内外部因素影响，3月中旬之后人民币汇率的市场纠偏如期而至。9月中旬，人民币汇率重新跌破整数关口，到11月初跌破7.30，为14年来的低点。2022年，人民币汇率中间价的最大振幅高达15.1%，收盘价最大振幅高达16.0%，均创下1994年汇率并轨以来新高。

面对较上次更大级别的调整，中国外汇市场再度经受住了考验，银行结售汇总体顺差，境内外汇供求保持基本平衡。2022年，银行即远期（含期权）结售汇顺差771亿美元，同比下降71.9%。其中，3—10月人民币汇率回调以来，累计顺差562亿美元，同比下降50.8%，但仅有5月、9月和10月分别出现少量逆差40亿、49亿和13亿美元，其他月份均为顺差。

汇率杠杆调节作用继续正常发挥。2022年3—10月人民币汇率调整期间，剔除远期履约的银行代客收汇结汇率平均为56.5%，付汇购汇率平均为54.2%，分别较2020年6月—2022年2月人民币汇率升值期间的均值上升2.5个百分点和下降1.7个百分点，显示市场结汇意愿增强、购汇动机减弱。尤其是9月，人民币再度跌破整数关口，收汇结汇率较升

值期间的均值仍上升 1.4 个百分点，付汇购汇率更是回落 6.0 个百分点，表明市场主体"逢高结汇、落袋为安"或者更多用自有外汇对外支付。

外汇交易模式以及跨境收支结构更加优化。2022 年 3—10 月，银行代客结汇中远期履约占比平均为 18.5%，较前期升值期间的均值高出 1.6 个百分点；银行代客售汇中远期履约占比平均为 20.8%，更是高出 8.1 个百分点。这好于 4 年前相关指标改善的幅度：2018 年 4—10 月，相关比例较 2017 年 1 月—2018 年 3 月人民币升值期间均值分别高出 2.1 个和 2.6 个百分点；较 2018 年 4 月—2020 年 5 月分别高出 2.8 个百分点和低了 1.8 个百分点，主要反映了 2018 年 8 月初上调外汇风险准备金率对远期购汇的调节作用。这表明由于近年来人民币汇率双向波动的弹性增加，企业"汇率风险中性"意识不断提升，加大了风险对冲力度，尤其是对人民币贬值风险进行了更为充分的对冲。若加上期权交易，前述占比将会更高。

三、2022 年的"股汇共振"与 7 年前同表不同里

2022 年前 10 个月，人民币汇率中间价累计下跌 11.1%[①]，万得全 A 股指累计下跌 23.0%。中国再现"股汇共振"，但这与 2015 年"8·11"汇改前后的"股汇共振"性质截然不同。

在不同国家以及一国不同时期，汇率与股价的关系并不稳定。比方说，2022 年初人民币汇率还在不断刷新 4 年来的高点，但 A 股受海外市场动荡、国内疫情反弹等因素影响，一路震荡下跌至 4 月底。在 A 股 7 月初之前走出触底反弹行情之际，境内汇市又自 4 月底至 5 月中旬接连跌破 6.40—6.70 关口。2022 年"股汇共振"主要发生在 8 月中旬以来的人民币汇率第二波快速调整中。

7 年前的"股汇共振"，刚开始是股市异动酿成的市场恐慌和外资流出压力向外汇市场传染。之后是"8·11"汇改期间人民币意外走弱，一方面，引发汇率预期脱锚，形成"资本外流—储备下降—汇率贬值"的

---

① 2022 年 11 月初至 2023 年 1 月，人民币汇率有一波止跌反弹的行情。

恶性循环，导致外汇市场的恐慌向股票市场传染；另一方面，由于汇改之前中国民间积累了巨额对外净负债，人民币贬值增加了对外偿债负担，导致金融渠道的副作用超过了贸易渠道对出口的提振效应。

这一次的情形却大不相同。如前所述，由于近年来人民币汇率有涨有跌的双向波动日益常态化，外汇市场没有发生贬值恐慌，也就没有恐慌情绪可以向其他市场传染，同时无论其他市场有没有恐慌情绪，至少外汇市场没有受到传染。经历了2015年和2016年的集中调整后，中国民间货币错配明显改善，这次人民币贬值在金融渠道产生的副作用有限，反而更多体现为贸易渠道的正效应。

根据万得数据统计，2022年，人民币汇率中间价累计下跌8.5%，A股上市公司（不包含财务数据异常的公司）汇兑收益与损失轧差以后为净汇兑收益274亿元；2021年，人民币汇率上涨2.3%，汇兑收益与损失轧差后为净损失160亿元。2022年，有2551家上市公司出现汇兑收益，占到A股非金融上市公司（披露汇兑损益者）的78.2%（详见本章第二节的讨论）。显然，从微观层面看，贸易和金融渠道的正副作用抵消后，本轮人民币汇率调整利好大部分上市公司，同时也整体利好上市公司盈利改善。

根据国际收支数据，到2022年底，中国民间对外净负债7752亿美元，与年化名义GDP之比为4.5%，分别较2015年6月底减少1.6万亿美元和下降17.3个百分点。尤其是全年民间对外净负债减少4656亿美元，其中因人民币汇率贬值8.3%，境外持有的人民币金融资产（包括股票、债券、存款、贷款以及外商来华股权投资等）折美元减少，负估值效应贡献了总降幅的90%。人民币汇率灵活的确有助于发挥吸收内外部冲击的"减震器"作用，缓解外部金融冲击，促进国际收支平衡和宏观经济稳定。

目前，市场还存在对于汇率波动掣肘国内货币政策的担忧，这也是汇市对股市的一个传导机制。然而，IMF在2022年秋季年会上建议，各国应保持汇率政策灵活性，以适应各国货币政策收紧步伐的差异；但同时提出，如果汇率变动阻碍了央行货币政策的传导机制和/或产生了更广泛的金融稳定风险，则可以使用外汇干预措施。①也就是说，央行对汇率日常的涨跌应该善意地忽视，只有当汇率波动影响国内金融和物价稳定时，央行才有必要采取外汇干预措施。中国尚不存在这方面的突出问题。

如前所述，本轮人民币汇率调整没有影响中国金融稳定。至于对国内物价稳定的影响，目前也不显著。2022年，中国PPI同比增速单边下行，CPI从4月起同比增速持续高于2%但未超过3%，且自8月起重新高于PPI，核心CPI维持在1%左右（详见第八章第四节的讨论）。中国远未遭遇欧洲、日本面临的本币汇率贬值叠加大宗商品价格上涨形成的输入型通胀压力加大的挑战。

诚然，2022年受内外部环境变化的影响，中国遭遇了外资流出，但因为货物贸易大顺差、直接投资净流入、基础国际收支强劲，跨境资金流动继续保持了平衡有余的格局。2022年，中国银行代客涉外收支顺差763亿美元，其中涉外外币收付顺差1609亿美元。3月以来，除7月涉外外币收付净流出16亿美元外，其他月份均为净流入，3—10月涉外外币收付顺差累计781亿美元。如果非要说股汇之间的相互影响，也是在经常项目顺差扩大的情况下，外资流出扩大令人民币承压，而不是反之。

2022年，央行除了采取下调金融机构外汇存款准备金率、上调远期购汇外汇风险准备金和上调跨境融资宏观审慎调节参数等措施，以及加快境内金融市场开放、扩大企业对外自主借债试点外，既没有采取新的"控流出"的资本外汇管制措施，也没有用外汇储备实施直接干预。这是近年来人民币股票和债券资产纷纷被纳入主要全球指数的重要原因。继2022年IMF提高人民币在SDR篮子货币中的权重后，BIS公布的最新抽样调查数据又显示，人民币成为全球第五大外汇交易币种，较2019年前进了三位。

综上，投资者与其关注人民币汇率涨跌，还不如关心人民币汇率涨

---

① IMF. Interest Rate Increases, Volatile Markets Signal Rising Financial Stability Risks[EB/OL].(2022–10–11)[2023–11–17]. https://www.imf.org/en/Blogs/Articles/2022/10/11/interest-rate-increases-volatile-markets-signal-rising-financial-stability-risks.

跌背后的影响因素，如美联储紧缩、美债收益率飙升、美股震荡、美指上涨、地缘政治风险上升等，是否也会对其他金融资产价格走势产生影响，以及关注投资标的（或底层资产）的对外风险敞口（如进出口依赖度和对外金融资产负债）状况。

第二节　人民币汇率波动对上市公司盈利的影响分析

近年来，人民币汇率（如非特指，本节均指人民币兑美元双边汇率）弹性显著增加，双向波动特征明显。受同一个风险事件影响，人民币汇率和 A 股经常出现同涨同跌，如 2020 年下半年 A 股上涨伴随汇率升值，2022 年全年 A 股下跌伴随汇率调整。对此，不少人简单认为汇率升值就是好事，贬值就是坏事，并将 A 股调整归咎于人民币汇率下跌，将汇率升值视作 A 股的有利因素。汇率波动究竟如何影响微观主体？本节拟使用具有代表性的 A 股上市企业盈利数据对此问题进行探讨。

一、人民币汇率升贬值的影响是"双刃剑"

（一）双边汇率贬值改善了出口企业的财务状况

由于中国常年为贸易顺差，人民币贬值在贸易渠道是正效益，但因为民间对外净负债，金融渠道则会有负效应（收紧货币金融条件，加重外债偿还负担）。2015 年"8·11"汇改初期，中国遭遇"股汇双杀"，正是因为汇率贬值通过贸易渠道的正效应被金融渠道的负效应所抵消。

截至 2015 年第二季度末（"8·11"汇改前夕），中国民间部门对外净负债（即不含储备资产，下同）为 2.37 万亿美元，占名义 GDP 比重为 21.8%。由于"8·11"汇改期间人民币汇率中间价意外走弱，这引起了竞争性贬值的市场恐慌，导致资本流出压力急剧扩大。加之此前人民币持续升值，市场主体抱有较强的单边预期，积累了一定规模的对外负债，民间货币错配程度较高。人民币的意外贬值导致民间加快了海外资产配置和对外债务偿还，酿成了"资本外流—储备下降—汇率贬值"的高烈度跨境资本流动冲击。

经历了 2015 年和 2016 年两年的集中调整,中国民间对外部门净负债减少,货币错配大幅改善,人民币汇率贬值在金融渠道产生的负面作用大大减轻。截至 2022 年末,中国民间对外净负债仅为 7752 亿美元,占名义 GDP 比重为 4.5%,较 2015 年第二季度末下降 1.56 万亿美元和 17.2 个百分点。这总体是利好上市公司盈利改善。

从微观主体的角度分析,我们使用 A 股非金融上市公司[①]财务数据中外币借款占总负债的比重来衡量货币错配程度。2015—2022 年,A 股非金融企业外币借款占总负债比重均值由 10.5% 降至 6.5%,美元借款占总负债比重均值由 9.2% 降至 5.1%,美元借款占外币借款比重均值由 89% 降至 82.9%(见图 7-1),表明微观企业主体总量上降低了外币负债,结构上小幅降低了美元负债。

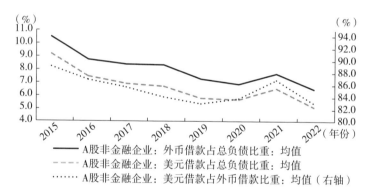

图 7-1 A 股非金融企业外币和美元借款占总负债比重及美元借款占外币借款比重

资料来源:万得。

分行业来看,对比 2022 年与 2015 年的数据,27 个申万一级行业中有 24 个行业外币负债占总负债的比重下降,其余 3 个行业(农林牧渔、

---

① 本节如非特指,均使用剔除财务异常(*ST)公司以及非银金融和银行业的 A 股非金融上市公司进行财务数据统计。

通信、美容护理）占比仅平均上升 1.3 个百分点（见图 7-2）。这对应于 2015 年和 2022 年人民币汇率中间价分别贬值 4.5% 和 8.3%。两年对比来看，27 个行业中有 23 个行业汇兑收益占营业收入比重提高，平均提高 0.25 个百分点（见图 7-3）。这说明 A 股非金融企业的外币借款负担总体减轻，货币错配程度降低，微观主体对于汇率波动的适应性和承受力明显增强。

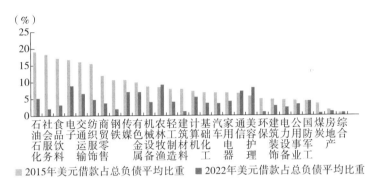

图 7-2　2015 年和 2022 年 A 股非金融企业美元借款占总负债平均比重（分行业）

资料来源：万得。

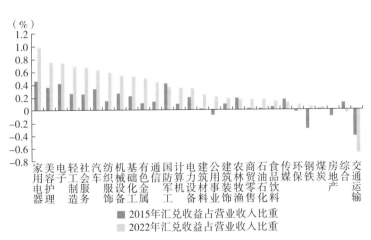

图 7-3　2015 年和 2022 年 A 股非金融企业汇兑收益占营业收入比重（分行业）

注：由于医药行业部分上市企业仍处于研发阶段，尚未形成营业收入，此处未计算在内。
资料来源：万得。

中国并非特例，日本的情况与此类似。长期来看，日本常年为贸易和经常项目顺差国①，且是世界第一大对外净债权国，日元汇率和日股呈现明显的正相关关系，通常日元兑美元汇率贬值对应日本上市公司盈利改善，伴随日股上涨。以日经225指数为例，1992—2022年，在日元汇率贬值的年份，日经225指数中平均有54.6%的非金融企业产生汇兑收益；在日元汇率升值的年份，仅平均有33%的非金融企业产生汇兑收益。2013年和2022年日元汇率分别贬值17.6%和12.2%，日经225指数中所有非金融企业分别实现净汇兑收益2739亿和902亿日元；2011年和2020年日元分别升值5.5%和5.2%，则分别实现净汇兑损失3975亿和5308亿日元。1992—2022年，日元兑美元汇率变动与日经225指数非金融企业的净汇兑收益具有明显的负相关关系，二者相关系数为-0.4。

从A股上市公司的财务数据来看，2015—2022年，人民币汇率在2017年、2020年和2021年升值，其余年份贬值。根据上市公司披露的盈利数据，A股非金融企业中在升值年份产生汇兑收益的平均比例为20.6%，在贬值年份该比例达到70.8%（见图7-4）。

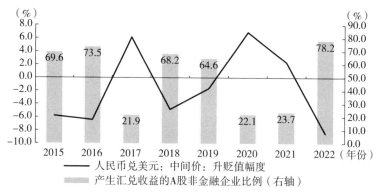

图7-4 A股非金融企业产生汇兑收益的比例及人民币汇率中间价变动
注：人民币兑美元汇率采用间接标价法，正值代表升值，负值代表贬值，下同。
资料来源：万得。

---

① 1985—2022年，虽然日本在个别年份出现贸易逆差，如2011—2015年和2022年，但由于日本经常项目收益项顺差规模较大，基本覆盖了贸易逆差，故日本常年维持经常项目顺差。

在人民币汇率贬值幅度较大的 2016 年和 2022 年，汇率中间价分别贬值 6.6% 和 8.3%，分别有 73.5% 和 78.2% 的 A 股非金融企业产生汇兑收益，汇兑收益和汇兑损失的公司轧差合计分别产生净汇兑收益 75 亿元和 274 亿元。在人民币汇率升值幅度较大的 2017 年和 2020 年，汇率中间价分别升值 6.7% 和 6.5%，分别仅有 21.9% 和 22.1% 的 A 股非金融企业产生汇兑收益，合计分别产生净汇兑损失 196 亿元和 290 亿元（见图 7-4 和图 7-5）。

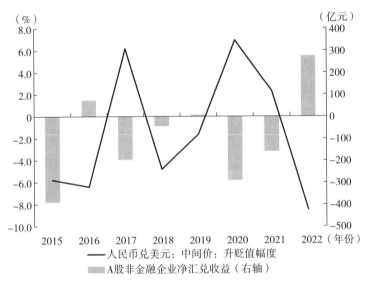

图 7-5　A 股非金融企业净汇兑收益及人民币汇率中间价变动
资料来源：万得。

从汇兑收益对非金融企业营业收入和净利润影响来看，2015—2022 年，在人民币汇率升值和贬值的年份，净汇兑收益占营业收入平均比重分别为 -0.22% 和 0.18%，占净利润平均比重分别为 -3.22% 和 2.36%（见图 7-6），这意味着在汇率升值年份，汇率变动对企业盈利的影响幅度大于贬值年份。分行业来看，汇率贬值对家用电器、电子、美容护理等行业盈利有更明显的改善作用，对于交通运输、钢铁和煤炭等行业盈利则有较大的负面作用（见图 7-7）。

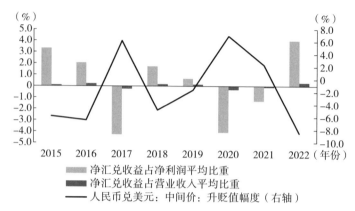

图 7-6　A 股非金融企业净汇兑收益占净利润和营业收入平均比重及人民币汇率中间价变动

资料来源：万得。

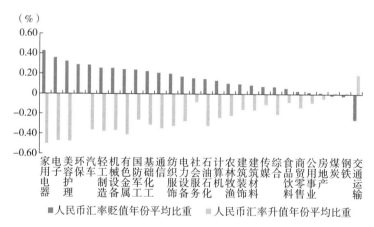

图 7-7　人民币汇率升贬值年份 A 股非金融企业净汇兑收益占营业收入平均比重（分行业）

资料来源：万得。

2023 年上半年，人民币汇率再度调整，人民币兑美元汇率中间价下跌 3.6%，A 股非金融企业合计净汇兑收益为 421 亿元。2021 年同期，人民币兑美元汇率中间价上涨 1.0%，A 股非金融企业合计净汇兑损失 25 亿元。截至 2023 年 8 月末，共有 4046 家 A 股非金融企业披露汇兑收益，其中有 3147 家出现汇兑收益，占比为 77.8%。2021 年同期，共有 3716 家 A 股非金融企业披露汇兑收益，其中有2756家出现汇兑损失，占比为74.2%。分行业来看，出口型行业如电力设备、机械设备和汽车等，海外业务收入占比高，汇兑收益较多；而进口依赖程度较高的交通运输和煤炭行业，以及外债较多的房地产行业，产生汇兑损失较多（见图7-8）。

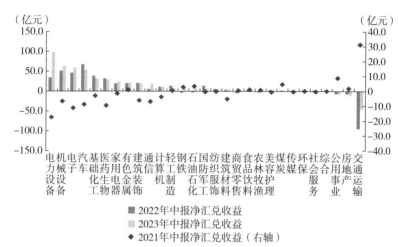

图7-8 2021—2023年A股非金融企业中报净汇兑收益情况（分行业）

资料来源：万得。

（二）多边汇率回调改善了出口企业的竞争力

2020年下半年，中国经济领先全球复苏，起初是人民币兑美元双边汇率升值，导致企业出口从接单、生产、发货到收款期间蒙受财务损失。2020年底，出口企业将人民币升值与原材料涨价、国际运费飙升并称为中国外贸出口面临的"三座大山"。当年底中央经济工作会议公报时隔两年重提"保持人民币汇率在合理均衡水平上的基本稳定"。2021年，逐渐转为人民币双边汇率升幅收窄，但多个口径的人民币多边汇率指数刷新历史新高，对企业出口造成竞争力冲击。2022年以来前述情况发生逆转，2022年BIS编制的人民币名义和实际有效汇率指数累计下跌2.9%和3.9%，中国外汇交易中心（CFETS）口径的人民币汇率指数累计下降3.7%。

2023年以来，人民币多边汇率延续调整趋势。截至8月末，BIS人民币名义有效汇率指数累计下跌2.6%，基本抹平了2021年以来的涨幅；由于海外通胀仍高而国内通胀温和，人民币实际有效汇率指数较2022年底累计下跌6.0%，降至2014年7月以来的低位；CFETS人民币汇率指数累计下跌1.6%。这缓解了2020—2021年人民币多边汇率升值对中国出口竞争力的冲击。

据测算，人民币实际有效汇率对应的出口价格弹性约为−0.27，即人民币多边汇率每下跌1个百分点，出口金额增加0.27个百分点（详见本章第五节的讨论）。但值得指出的是，外需强弱对于出口的影响远大于汇率变动的影响，收入弹性约为1.34，即当外需扩大1个百分点，出口金额增加1.34个百分点，故不宜对于汇率调整对短期出口的提振作用期望过高。此外，从历史经验看，人民币实际有效汇率指数与中国出口价格指数（以美元计价）有一定的正相关性，2015年以来二者相关系数为0.32，即人民币多边汇率回调对应中国出口价格指数下降。

（三）汇率贬值也增加了进口成本和偿债负担

汇率波动对于不同的主体影响不同。对于原材料高度依赖进口的行业，人民币汇率贬值加大了其进口成本，比如交通运输和煤炭行业，由于需要大量进口航运油及设备和铁矿石原料，在人民币贬值年份产生的净汇兑损失较多，在升值年份则产生净汇兑收益。如2015年和2022年，人民币兑美元汇率中间价分别贬值5.8%和8.3%，交通运输行业平均净汇兑损失约为2.2亿元和1.2亿元，煤炭行业平均净汇兑损失为5348万元和1467万元；2020年和2021年，人民币汇率连续升值，交通运输行业平均净汇兑收益约为1.13亿元和6000万元，煤炭行业平均净汇兑收益为2555万元和3257万元（见图7-9）。

作为中资美元债的重要融资主体，2022年人民币汇率贬值，房地产企业平均遭受了2958万元的净汇兑损失（见图7-9）。此类企业外汇收入较少，而美元债务是其重要的融资来源，货币错配、汇率贬值叠加国内地产市场降温，加大了其外债偿还压力。

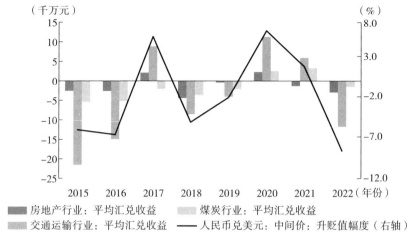

图 7-9 交通运输、煤炭和房地产行业平均汇兑收益及人民币汇率中间价变动
资料来源：万得。

二、风险中性意识增强减轻了汇率波动的实际影响

（一）汇率避险操作减轻了汇兑损益的影响

近年来，人民币汇率有涨有跌、双向波动的弹性增加，企业风险中性意识和汇率敞口管理能力加强，更多运用远期结售汇、掉期和期权等外汇衍生品对冲汇率风险。2020—2022 年，银行对客户的外汇交易中，远期、掉期和期权交易合计占比平均为 23.7%，高于 2015—2019 年均值 17.7% 的水平；2023 年前 9 个月，该比例为 24.6%（见图 7-10）。这提前锁定了部分汇兑损益，企业的实际汇兑收益或损失没有预想的多。不过，这仍远低于国际平均水平。根据 BIS 抽样调查的数据，2022 年 4 月，全球外汇市场场外交易衍生品占比高达 72%。

此外，企业使用保值避险工具增多，套保比率上升。2020—2022 年，银行代客结汇中远期履约平均占比为 16.8%，较 2015—2019 年均值提升 6.0 个百分点；代客售汇中远期履约占比 13.9%，提升 2.3 个百分点。同期，远期结汇和购汇套保比率分别为 12.0% 和 10.0%，分别上升 5.8 个和 2.2 个百分点。2023 年前 9 个月，银行代客结汇远期履约占比 18.6%，较 2020—2022 年同期均值进一步提高了 2.0 个百分点；代客售汇中远期履约占比 10.4%，下降 3.0 个百分点。同期，远期结汇和购汇套保比率分别为 12.2% 和 5.2%，分别上升 0.2 个百分点和下降 5.4 个百分点，后者主要反映了 2022 年 9 月远期购汇外汇风险准备金率上调政策的影响，这会增加企业使用远期和期权对冲汇率风险的成本，进而减少远期购汇需求。

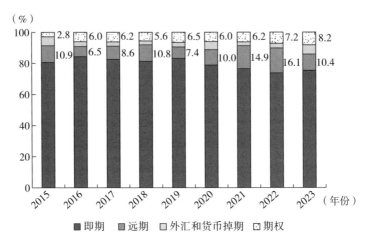

图 7-10 中国境内银行对客户的外汇交易构成情况

注：2023 年为前 9 个月数据。
资料来源：国家外汇管理局，万得。

（二）本币计价结算和收外汇付外汇对冲汇率风险

随着人民币国际化有序推进，人民币在全球外汇储备和支付结算中的占比提高，也有助于降低货币错配风险。2020—2022 年，跨境贸易中人民币收付占比平均为 16.2%，较 2015—2019 年均值 16% 提升 0.2 个百分点；2023 年前 9 个月，人民币收付占比为 25.1%[①]，较 2022 年全年提高了 6.2 个百分点（见图 7-11），这反映出境内企业在外贸进出口中越来越多地采用本币计价结算来规避汇率波动和地缘政治等风险[②]。

---

① 鉴于加工贸易、易货贸易、补偿贸易及外商投资企业设备进口等通常没有对应的跨境资金收付，该占比数据或低估了跨境贸易人民币计价结算的重要性。
② 跨境贸易以人民币收付只反映用人民币结算的情况，不完全等同于以人民币计价。

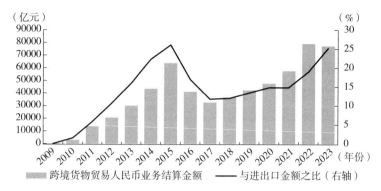

图 7–11 跨境货物贸易人民币结算金额及其占进出口总额比例

注：（1）跨境货物贸易中人民币结算占比＝人民币跨境货物贸易结算金额/海关进出口金额；（2）2023 年为前 9 个月数据。

资料来源：国家外汇管理局，万得。

2020—2022 年，银行代客涉外收付款中人民币占比均值为 40%，较 2015—2019 年均值 24.1% 大幅提升 15.9 个百分点；同期，美元占比由 66.5% 降至 54%，下降了 12.5 百分点。自 2023 年 3 月以来，银行代客涉外收付款中，人民币占比持续超过美元，2023 年前 9 个月人民币收付累计占比 48.7%，同比上升 6.2 个百分点，高出同期美元占比 2.8 个百分点（见图 7-12），跃升为境内第一大跨境收付货币，这有助于提升人民币国际支付功能。

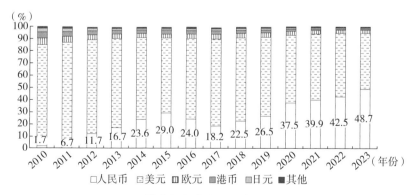

图 7–12 境内银行代客涉外收付款币种占比

注：2023 年为前 9 个月数据。

资料来源：国家外汇管理局，万得。

不过，值得指出的是，在银行代客外币涉外收付款中，美元占比依然较高，2020—2022 年美元占比均值为 90%，较 2015—2019 年均值高出 2.4 个百分点。2023 年前 9 个月该比例为 89.7%（见图 7-13），虽然较 2022 年同期下降了 1.2 个百分点，但较 2015 年同期仍然高出 3.2 个百分点。这意味着"8·11"汇改参考一篮子货币调节以来，银行代客跨境外币收付中，企业和居民对美元使用的集中度是提高而非下降的，因此人民币兑美元双边汇率变化依然对于国内涉外企业的财务状况有着重大影响。结合历史经验来看，美国从中国进口的商品价格指数与人民币兑美元汇率呈负相关关系，2015 年以来二者相关性为 –0.35，这反映在人民币双边汇率贬值的情况下，境外采购商通常会要求国内供货商降价，以共同分享贬值形成的财务收益。

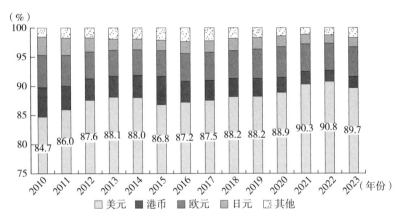

图 7-13　境内银行代客外币收付款币种占比

注：2023 年为前 9 个月数据。
资料来源：国家外汇管理局，万得。

在本币计价计算之外，涉外企业还可以选择"收外汇付外汇"的方式自然对冲汇率风险。根据中国人民银行的统计，2020—2021 年人民币汇率升值，境内非金融外汇存款分别增加 601 亿和 948 亿美元；2022 年和 2023 年前 9 个月人民币汇率贬值，境内非金融外汇存款分别减少 532 亿和 596 亿美元。这显示，当人民币升值时，境内非金融企业倾向于积累外汇存款，这增厚了民间二级外汇储备，起到了"蓄水池"的作用；当人民币贬值时，企业倾向于减少外汇存款，用于对外支付或结汇。从微观的企业财务数据来看，2023年上半年，A股非金融企业中海外业务收入、美元存款与汇兑收益占营业收入比重呈现正相关关系，即海外业务收入越多或者美元存款越多的企业，其净汇兑收益占营业收入比重越高。

三、主要结论及建议

2023年以来，在内外部多重因素的综合作用下，人民币汇率再度出现调整，同时A股也出现阶段性下跌，再次引发了市场关于人民币汇率和股市涨跌关系的讨论。将汇率贬值视作A股利空、升值视作利好，其实是外汇短缺背景下"宽进严出""奖出限入"思维惯性的延续。

从理论上来讲，汇率波动通过贸易、资产负债表、资本流动和货币供给渠道对国内宏观经济和微观主体产生影响，但影响方向不尽相同，其利弊权衡需要具体情况具体分析。中国作为传统的贸易顺差大国，近年来在民间对外净负债减少、货币错配减轻的情况下，汇率波动在金融渠道的负向作用减轻，在贸易渠道的正向作用更加明显，贬值虽不是政策目标，但总体上有助于改善境内上市公司盈利状况。根据A股非金融企业的财务数据，在人民币汇率贬值的年份，平均有超过七成的企业产生汇兑收益，而在汇率升值的年份，仅有不到三成的企业产生汇兑收益。

随着汇率形成机制市场化改革的推进，人民币汇率呈现有涨有跌、双向波动的态势，不同于以往的人民币汇率单边走势和升值预期，这更加考验涉外企业的汇率风险管理能力。对于企业来说，一是要增强汇率风险中性的财务意识，基于实际的贸易投资活动对汇率敞口做套保，不应故意扩大敞口追逐风险，而应将汇率风险管理纳入日常财务决策。二是不要赌汇率单边涨跌或点位，不应以事后的市场价格来评估外汇套保的盈亏，而是要通过汇率的风险对冲锁定成本收益，把汇率波动的不确定性变成确定性，以集中精力做好主业。此外，无论是用本币计价结算对外转嫁汇率风险，还是以"收外汇付外汇"自然对冲汇率风险，都有助于缓解汇率波动的冲击。

对于政府部门来说，一方面，要拓展外汇市场的广度和深度，丰富外汇市场交易品种，放松外汇产品交易限制，为市场参与者提供有效的汇率避险工具；另一方面，要做好市场风险教育，引导企业聚焦主业，增强汇率风险中性的意识。此外，有关部门还需要完善相关人民币跨境交易结算的基础设施，让人民币跨境交易变得更为安全、便捷和成本低廉，为涉外主体使用人民币跨境交易结算提供便利。

第三节　从2023年9月中旬A股与人民币汇率走势的背离说起

近年来，A股与人民币汇率走势经常性地同涨同跌（即股汇共振）。由此，A股下跌被归咎为人民币贬值，而人民币升值被认为是提振A股的重要工具。然而，2023年9月中旬人民币汇率止跌企稳，A股走势却依然低迷，其原因是什么？有何启示？如何应对？本节拟就此进行探讨。

一、特殊时期的两大因素造成"股汇共振"失灵

2015年"8·11"汇改以后，沪深300指数与离岸人民币兑美元汇率（CNH）经常在同一因素作用下同涨同跌，形成了一定的负相关关系，即CNH下跌，沪深300指数大概率会下跌，反之亦然（人民币汇率采用直接标价法，数值上升则本币贬值）。2020年下半年，沪深300指数与CNH的负相关性达到了0.93。2023年初至9月19日，二者负相关性依然高达0.86，说明在本轮行情中权益市场继续高度关注CNH走势。

但是，伴随稳汇率政策加码，境内外人民币汇率交易价止跌企稳，国内股市却延续了调整行情。具体情况是，2023年9月8日，在岸人民币汇率（CNY）一度跌至7.3510，下午四点半收盘价为7.3415，创2007年12月26日以来新低；CNH盘中最低跌至7.3682，接近2022年10月末低位7.3748，收在7.3650。9月11—19日，CNY反弹至7.30以内，CNH

也快速回升并在 7.30 附近企稳，脱离了前期低点。同期，沪深 300 指数却累计下跌 1.0%，创业板下跌 2.6%，万得基金重仓指数下跌 2.8%。

2023 年 9 月中旬，汇市涨、股市跌部分与以下因素有关。

一是离岸人民币利率（CNH-HIBOR）飙升在推高 CNH 的同时打压了陆股通的投资热情。9 月 8 日境内外人民币汇率交易价创年内新低之后，境外人民币流动性被进一步收紧。受此影响，9 月 11—19 日，CNH-HIBOR 隔夜日均 4.37%，较 8 月初—9 月 8 日日均水平跳升了近 200 个基点，增加了境外做空人民币的成本。但由于陆股通投资者通常在离岸市场融入人民币，CNH-HIBOR 走高也增加了其融资成本，引发北上资金抛售 A 股。9 月 11—19 日，陆股通日均净卖出 21 亿元，高出 9 月 4—8 日日均净卖出 12 亿元的水平。

二是边际定价决定 A 股表现。虽然外资持股仍不足 A 股总市值的 5%，但陆股通成交额占比已经不低，是股市流动性的重要提供者。2023 年 9 月 4—19 日，陆股通日均成交额在 A 股的占比达到 13.8%，连续 3 个月上升。同期，沪深 300 换手率日均 0.31%，中证 500 换手率日均 0.82%，接近 2018 年第二、第三季度的状态。在市场成交量和流动性下降的情况下，外资力量被动放大。此外，内资喜欢"抄作业"，陆股通变化经常被 A 股投资者当作"风向标"。虽然 8 月底降低融资保证金比例让融资融券余额有所回升，但是 8 月陆股通和两融余额变动依然呈现高度同步的"V"形走势，前者持续净卖出，后者不断降杠杆。尤其陆股通是高频数据，对信心的影响要大于低频的经济数据和政策"小作文"。

二、近期"股汇共振"失灵的三大启示

一是关注外资日益上升的境内金融影响力。2018 年 8 月重启逆周期因子、9 月发央票收离岸流动性与当前形势较为相似，但当时股汇相关性大幅下降，外资边际力量也相对较低。2018 年 8 月、9 月，CNH 与沪深 300 指数的相关性为 -0.08，远低于前 7 个月的 -0.65。同期，CNH 在 6.80—6.90 窄幅波动，沪深 300 仅小幅下跌 0.2%；8 月陆股通日均成

交额占比为 7%，9 月为 8%。虽然当年 9 月离岸流动性收紧导致 CNH-HIBOR 飙升，北上资金也阶段性地出现了净流出，但 A 股一直比较淡定。而且，当时内资对外资重视程度不高，都知道外资是以配置盘为主，内资"抄作业"主要是疫情以后兴起的。最近几年，随着外资参与中国金融市场程度加深，交易盘也逐渐增加。

二是全面客观看待人民币国际化的影响。2015 年"8·11"汇改后，由离岸市场驱动变成在岸市场驱动，人民币已发展成为一种重要的国际化货币，这是中国综合国力和国际影响力提升的一个重要标志。然而，这也给跨境资本流动管理和金融调控带来了新挑战。近年来，伴随 CNH 相对 CNY 持续运行在偏弱方向，显示做空力量主要来自境外。从国际经验看，限制境外做空关键在于限制非居民获得本币的能力：1997 年，对冲基金通过离岸市场融资持续做空泰铢，最终令泰铢失守，引爆东南亚货币危机，并逐渐演变成席卷全球新兴市场的亚洲金融危机；1998 年，马来西亚恢复外汇管制的一记重拳是，要求离岸林吉特限期调回。随着人民币国际化程度不断提高，越来越多的人民币外汇买卖在离岸市场完成，之后再通过境内外汇差以及跨境人民币清算渠道到境内平盘，影响汇率预期和境内外汇供求关系。而对于离岸市场，境内既缺乏监管又缺乏数据，对于境外人民币业务参加行来境内平盘，管理上也是颇多顾忌。当境内外人民币汇率利率出现较大差异时，还可能诱发跨市场套利和监管政策套利，削弱境内金融外汇管制的有效性。

三是重视金融市场开放的趋利避害。2015 年以来，在风险可控前提下，境内加快了股票、债券、外汇和商品等金融市场的对外开放。近年来，人民币股票和债券先后被纳入主要国际指数并提高权重。同时，这也促进了国内金融市场市场化、法制化、国际化建设。然而，2022 年以来，外资在境内金融市场出现了阶段性的减持行为，增加了中国相关金融子市场的调整压力，加剧了市场信心低迷。此外，金融市场越开放，监管环境越复杂，不排除投机者利用各个子市场及境内外市场的联动关系，构建立体式交易策略。1998 年，对冲基金就构建了股市、汇市和期货市场的立体式攻击,"狙击"港币联汇制——若港币脱钩,炒家可以在外汇市场获利;若港币不脱钩,加息对股市形成打压,炒家也可以在期货市场提前布局而获利。

三、对策建议

境内金融市场预期不振的核心是经济转型成果尚未兑现。当前市场关注的许多热点、焦点问题大都与房地产或"土地财政"有关,内外资也是天天追踪房地产销售高频数据。即便深知不能依靠房地产短期刺激,但无奈新旧动能衔接存在时间差,而资本市场往往缺乏耐心。

针对预期差、信心弱的问题,建议持续开展投资者教育,引导各方加强对稳增长政策的理解,增强对金融市场波动的容忍度和平常心。欲戴皇冠,必先承其重。所有资本流动冲击都是从流入开始的,并非流入就是好事、流出就是坏事。同时,如果一会儿炒作(担心)资本流入,一会儿炒作(担心)资本流出,推动金融开放和货币国际化就是自寻烦恼。当然,更要避免对资本流动波动的过度解读乃至误判,如境内投资者"迷信"外资,相信外资具有信息优势,却忘了A股是自己的主场。

针对前文所述的股市、汇市和商品等跨市场溢出影响,建议在加强部际信息共享和监管协调的基础上,构筑与更高水平开放相匹配的监管和风险防控体系。为此,预案比预测更重要。要在健全跨境资本流动监测预警的基础上,加强情景分析、压力测试,拟定应对预案,提高政策前瞻性和政策响应能力。同时,要不断充实和丰富政策工具箱,提高政策的针对性和有效性。面对潜在的金融攻击,监管部门不能向投机者暴露所有的底牌,要不断推陈出新、与时俱进。当年,对冲基金就是利用香港金融管理局加息应对货币攻击的"一招鲜",一度将香港变成了"提款机"。

最后,前述问题本质上是金融开放、人民币国际化提升与汇率灵活性不足的矛盾。未来一个时期,中美博弈和美联储货币政策周期变化依然会接踵而至,内部结构调整也意味着国内经济恢复仍将是波浪式发展、曲折式前进。而且，随着金融开放不断扩大，人民币国际化程度不断提高，跨境资本流动监管的难度和成本会越来越大。为此，要深化汇率市场化改革，完善汇率政策操作，更好发挥汇率吸收内外部冲击的"减震器"作用，在稳步推动制度型开放的同时，更好地统筹发展和安全。

第四节　美股调整对 A 股的传导机制研究

由于中国货币政策独立性增强，只要汇市不遭受较大外部冲击，国内债市几乎无须讨论独立行情。市场讨论独立行情，往往指的是中国股市能否与美股走出阶段性的不同行情。而且，大多数时候，独立行情的呼声是出现在国内市场对美股信心不足或外部压力依然较大的时候。但是，不考虑中美经济所处阶段、金融体系和市场参与者结构等因素的不同，A 股相对于美股的历史成绩并不亮眼。一是自 1991 年以来，除 2000 年和 2015 年[①]以外，在以标普 500 指数衡量的美股全年收跌的年份里，以沪深 300 指数衡量的 A 股（本节下文如无特指，均以沪深 300 衡量 A 股）全部跟跌。二是美股调整或者跌入"熊市"，A 股也从未独善其身。自从中国加入 WTO 以来，美股一共经历了 9 次调整或者"熊市"，A 股仅在 2002 年底至 2003 年第一季度国内经济高增长和资本市场改革乐观预期[②]支持下幸免于难。其间，标普 500 指数平均下跌 23.3%，沪深 300 指数平均下跌 18.2%。A 股总体较美股调整较少，主要来自 A 股在最近四轮美股调整行情中表现较为坚挺（见表 7–1）。当然，从统计数据上总结 A 股追随美股"应跌尽跌"略显简单粗暴。本节尝试从四个传导路径和"案发"数据分析美股调整对 A 股的影响。

[①] 2000 年中国 GDP 实现反弹，逐渐走出亚洲金融危机影响，且当时中国尚未加入 WTO，与美股关联性较低；而 2015 年股市暴涨暴跌发生在 2—8 月，第四季度稳增长政策密集出台，股市最终收红。

[②] 2002 年召开五年一次的全国金融工作会议，2003 年是资本市场改革逐步落地的元年，包括放宽券商融资渠道、QFII 和社保长期资金入市、商业银行改革等。

表 7-1 美股调整时期标普 500 与沪深 300 指数表现

时间	标普 500 跌幅（%）	沪深 300 跌幅（%）
2002 年 11 月 27 日—2003 年 3 月 11 日	−14.7	5.3
2007 年 10 月 9 日—2009 年 3 月 9 日	−56.8	−61.2
2010 年 4 月 23 日—2010 年 7 月 2 日	−16.0	−20.6
2011 年 4 月 29 日—2011 年 10 月 3 日	−19.4	−19.9
2015 年 11 月 3 日—2016 年 2 月 11 日	−13.3	−15.0
2018 年 1 月 26 日—2018 年 2 月 8 日	−10.2	−8.4
2018 年 9 月 20 日—2018 年 12 月 24 日	−19.8	−8.2
2020 年 2 月 19 日—2020 年 3 月 23 日	−33.9	−12.9
2022 年 1 月 3 日—2022 年 10 月 12 日	−25.4	−23.0
平均值	−23.3	−18.2

注：事前很难界定市场调整会不会最终进入"熊市"，均是事后验证；美股调整为标普500指数从最近高点下跌10%—20%，但未打破上行趋势，即调整后再创新高；"熊市"为标普500从最近高点下跌超20%，配合经济指标和市场恐慌，最终约定俗成；2022 年的"熊市"是长周期还是短周期还需要事后验证。

资料来源：Ycharts，万得。

一、A 股与美股的相关性

A 股大多数时候存在独立行情。周度数据显示，2010 年 1 月至 2022 年 12 月，沪深 300 指数与标普 500 指数相关性不高，最大值为 0.80，最小值为 −0.44，平均值仅有 0.24；而沪深 300 指数与恒生指数的相关性较强，平均值达到 0.60，符合港股上市、大陆经营的规律。虽然同期沪深 300 指数与标普 500 指数的月度涨跌幅相关性进一步上升到 0.36，但 t 检验结果显示沪深 300 指数与标普 500 指数的月度涨跌幅具有显著差异，前者标准差为6.5%，显著大于后者的4.3%，说明A股波动更大，尤其是2020年以前。Yujie Shi（2022）[1]通过对主要股市周度数据的研究发现，中国股市与周边国家或地区的股市同步性要强于与发达经济体股市的相关性，中国股市与美股的相关性仅有0.11，而与新加坡、韩国和香港地区股市的相关性分别为0.33、0.33和0.57；国家间的贸易关联和经济相似性对股市同步性的解释力度并不强，反而是宏观事件冲击会在短期内显著提高同步性（见表7-2）。由于股市存在本土偏好和中美经济差异，低相关性确实支持A股独立行情的说法。

表7-2 A股与印太地区主要股市的同步性

发达经济体	同步系数均值
澳大利亚	0.27
中国香港	0.57
日本	0.29
新西兰	0.11
新加坡	0.33
美国	0.11
新兴市场经济体	同步系数均值
印度	0.22
印度尼西亚	0.23
马来西亚	0.21
韩国	0.33
中国台湾	0.35
泰国	0.21

资料来源：Yujie Shi（2022）。

但不能低估A股特殊时期的外部冲击。除2022年全球"熊市"两阶段受不同因素影响以外[2]，中美股市周度环比6个月滚动相关系数在

---

[1] Shi Y J. What Influences Stock Market Co-movements Between China and its Asia–Pacific Trading Partners After the Global Financial Crisis?[J].Pacific–Basin finance journal, 2022, 72.

[2] 虽然全球股市均因美联储激进加息而承压，但2022年A股受地缘政治风险和国内疫情扰动的影响也不小。

VIX 飙升期间均有快速上升的情形，且出现"时间越短、相关性跳升越大"的情况，如 2010 年第二季度欧债危机发酵、2018 年第一季度中美贸易摩擦爆发和 2020 年第一季度新冠疫情全球蔓延（见图 7-14）。由于港股受美元流动性和外资影响较大，且 A 股与港股相关性较高，美股可能通过港股的传导间接影响 A 股。通过港股与美股、美股与 A 股的交叉计算，A 股与美股的相关性能够达到 0.37，是直接计算结果（0.19）的近两倍。考虑到港股受外资影响较大[①]和 A 股投资者在港股的比例上升，港股大跌可能会通过资产再平衡和情绪传导影响 A 股投资者。此外，A 股在近四轮美股大幅下挫期间更"抗跌"，可能是因为前期已经跌了不少。在 2018 年美股两次技术调整之间，沪深 300 指数累计下跌 17%，而标普 500 指数依然延续"长牛"趋势，累计上涨 13%。2020 年春节结束就拉开了 A 股大幅震荡行情，而美股在 2 月下旬才后知后觉新冠疫情的危险性。更别说，2021 年大部分时间 A 股都处于风险偏好下降阶段，而美股还在"庆祝"美联储大水漫灌。因而，仍有必要研究美国大跌时的内外联动机制。

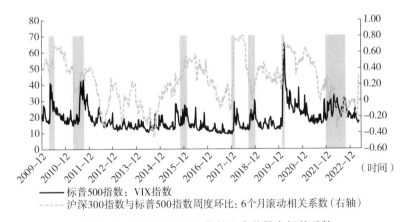

图 7-14　标普 500 VIX 指数和中美股市相关系数

注：灰色区域为美股调整或者"熊市"的时间区间。
资料来源：万得。

---

① 香港的联系汇率机制和更为自由的交易机制使得恒生指数与标普 500 指数周度环比相关性达到更高的 0.62。

二、美股调整对 A 股的四种传导渠道

2020 年 4 月，IMF 在《全球金融稳定报告》中提示，警惕金融市场乐观情绪与经济基本面脱节。2021 年 5 月，欧洲央行发布了一篇针对美股调整对欧元区股票影响的博客文章，认为美股下跌 10% 可能会通过利率掣肘、宏观冲击和避险情绪共振等渠道引发欧元区股票约 9% 的下跌，基本上是"一换一"。[①] 虽然 2021 年全球经济共振复苏成功抵消了利率上行和货币紧缩预期对股市的影响，美股继续领涨全球，但是 2022 年人们担忧的情形还是发生了，美股在利率飙升和盈利见顶双重冲击下全年下跌 19.4%，最多下跌 25.4%，德国 DAX 指数全年下跌 12.3%，最多下跌 26.4%。美股作为全球风向标，对欧元区股票的影响机制也值得我们借鉴。在欧洲央行的基础上，结合中国数据，我们总结了四种传导渠道。

一是资本流动渠道。截至 2023 年 2 月，外资持有 A 股市值占流动市值比例为 4.8%，最高时达到 5.5%。世界银行和美联储数据显示，2020 年底外资直接持有美股 11.5 万亿美元，占美股总市值比重达到 28.3%。而日本和德国的外资持有股票市值占比更高，2020 年日本达到 30%，2019 年德国达到 44%。如此看来，外资在 A 股持仓占比较低，难以掀起大风大浪。不过，从成交金额上看，陆股通日均成交金额占 A 股成交额比重已经稳定在 10% 以上，远高于持有市值占比，说明外资是股市流动性的重要提供来源。[②] 此外，由于 A 股缺乏衍生品交易（做空机制），外资流动变化经常被 A 股投资者当作做空或做多的风向标。[③] 以 30 日移动均值看，陆股通项下净买入金额在一定程度上领先国内融资余额环比

[①] Grothe M, Helmersson T, Ouint D, Vassallo D. Risk of spillovers from US equity market corrections to euro area markets and financial conditions[R/OL]. (2021-05-19)[2022-10-22]. https://www.ecb.europa.eu/pub/financial-stability/fsr/focus/2021/html/ecb.fsrbox202105_03~5ddb769981.en.html.

[②] 外资持股较为集中，多为白马蓝筹，对部分板块的影响力不容忽视。

[③] 缺乏做空机制导致 A 股在上涨时容易"上头"，需要靠外资"泼一盆冷水"。

变动。2016 年以来，一共出现 10 次当月陆股通净流出，沪深 300 指数全部收跌，平均跌幅为 6.4%。尽管美股外资的持有市值和成交量占比更高，但衍生品市场能够大幅提升市场有效性，从而抑制美股外资"兴风作浪"的能力。

二是货币政策渠道。股市投资者担忧美联储紧缩可能会通过施压汇率来掣肘中国央行的货币政策。然而，自 2015 年"8·11"汇改以来，人民币汇率双向波动逐渐成为新常态，中国货币政策独立性显著增强，"不可能三角"矛盾有所缓解。况且，汇率本身也是一种资产价格，呈现随机波动，股票项下资本跨境流动规模在汇市成交占比非常小。因而，2016 年 1 月至 2022 年 8 月，股汇涨跌正相关性（0.43）要明显低于陆股通净额与沪深 300 指数涨跌的正相关性（0.53）。而且，当月汇率贬值并不必然引发股市调整。不过，国内货币政策对信用作用（credit channel）的影响却难以对抗美联储风险行为（risk-taking channel）的影响。① 中国央行在 2018 年和 2022 年两次顶着美联储加息紧缩实施中性偏宽松的货币政策，货币政策立场差异引发人民币汇率调整。宽松的货币政策并未明显提振股市，反而是跌多涨少。而 2020 年下半年中国货币政策率先实现正常化，监管领导在陆家嘴论坛提示大水漫灌风险，人民币快速升值，股市估值也快速扩张带动股价不断上涨。从沪深 300 指数和标普 500 指数估值走势也可以看出，2015 年、2018 年和 2022 年，标普 500 指数受美联储加息紧缩影响进入杀估值阶段，A 股基本上也没逃过，说明 A 股投资者依然绕不开美联储。估值趋同意味着股市结构性行情可能也会趋同（见图 7-15）。

---

① 美元在全球金融周期占据主导地位，学术界一般从两条渠道系统性分析美联储紧缩货币政策的全球影响，一是信用渠道，利息上升、美元升值、信用利差扩大造成全球融资难，但中国美元外债较为有限，且跨周期调节以货币扩张和国有经济部门扩张来稳定国内信用，中美居民杠杆率当季同比变动周期同步的背后机理值得深入研究，20 世纪 80 年代起日美居民杠杆行为就相对独立；二是风险行为，资产价格缩水造成财富损失和去杠杆（全球资产价格周期共振也是美联储政策溢出的重要途径），中国跨周期调节此时会鼓励风险投资行为，奈何人心跟着全球金融周期走。

货币的反噬

值得注意的是,虽然美联储加息紧缩会对美股造成估值压力,但是不少时期美股估值与基准利率同升同降,一种情形是市场陷入狂热时期(2020年互联网泡沫、人心思涨),另一种情形是大部分经济危机时期。

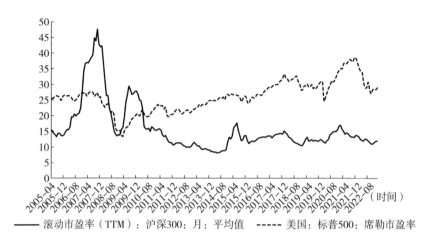

图 7-15 沪深 300 月均市盈率和标普 500 席勒市盈率
资料来源:万得。

国内市场间歇性讨论的"股汇双涨"更多指的是"美联储放水—全球流动性泛滥—美元贬值、人民币升值—外部风险偏好改善"传导链条,美联储紧缩和全球"股汇双杀"的时候反而听到更多的是"独立行情"。现行美元主导的国际货币体系下,非美元资产大多数都是风险资产,不然美联储也不会说美债收益率是全球资产定价之锚。

三是基本面渠道。股市投资者的另一大关注点是景气度和盈利,其中代表指标是 PMI 指数。随着中国经济深度融入全球化,外需是中国总需求的重要组成部分。虽然中国 PMI 指数波动较低,但是整体走势与美国制造业 PMI 趋同。[1] 从彭博统计的标普 500 指数未来 12 个月每股收

---

[1] 中国 PMI 指数低波动可能与国内改革有关,全球经济共振向上时抓住窗口期改革,共振向下时内需稳增长。由于不再搞强刺激,加上历史经验,A 股投资者似乎并不相信中美 PMI 能够持续背离。

益（EPS）一致预期和美国制造业 PMI 关系看，只有 PMI 指数触底，美股 EPS 下调才可能停止（见图 7-16）。此外，PMI 指数下行期间，股市投资者如鲠在喉，美股 VIX 指数一般会有所上升，但是不一定会引发流动性危机的"熊市"。鲜有人能准确判断美国经济下行尾部会否引发大危机。另一方面，由于美国处于全球产业链的中心，不少美股上市公司是行业龙头，中国深度嵌入的产业只能以美股"马首是瞻"。典型的例子就是半导体行业。费城半导体指数涵盖了在美上市的 30 家最大的半导体公司，基本上代表了全球半导体行业景气度。如果整个半导体行业承压下行，国内半导体企业股价很难走出"独立行情"。

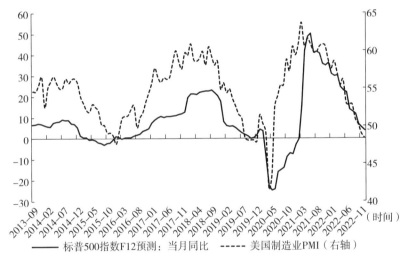

图 7-16　美国制造业 PMI 与标普 500 指数未来 12 个月 EPS 同比
资料来源：万得。

四是情绪传导渠道。恐慌情绪传染可能是美股调整的最重要传导渠道。芝加哥期权交易所（CBOE）数据显示，2011 年 3 月至 2022 年 2 月（停更），中国 ETF 波动指数与美股 VIX 高度正相关（0.76）；大部分时间内，3 个月滚动相关系数维持在 0.6 以上。此外，股市大跌时期，经济基本面变量鲜有巨大变化，无序下跌只能用恐慌来解释。当 VIX 当月涨幅超 50% 时，当月 A 股全部下跌，平均跌幅为 7.8%，最少下跌 1.6%，最多下跌近 26%，美元指数平均上涨 2.3%（见表 7-3）。这里既有金融危机和新冠疫情，也有美联储紧缩、财政悬崖和地缘政治风险，还有"莫名其妙"的"黑色星期一"。有趣的是，陆股通在 VIX 飙升月份大多数是净流入，反而在上个月或者下个月大幅净流出。两大规律叠加，造成 A 股连续下跌。当市场处于高度不确定时期，投资者更愿意持币观望，流动性偏好显著上升。不过，预测 VIX 飙升和预测股市暴跌或者经济危机一样困难。虽然 VIX 在经济景气下行时趋于上升，但是鲜有人能准确判断 VIX 何时飙升，何时发生危机。

表 7-3　VIX 涨幅超过 50% 时期沪深 300 和美元指数表现

时间	沪深 300 涨跌幅（%）	美元指数涨跌幅（%）
2008 年 9 月、10 月（雷曼时刻）	−6.2 和 −25.9	2.4 和 8.0
2011 年 7 月（欧债危机、财政悬崖）	−2.4	−0.8
2015 年 8 月（"黑色星期一"）	−11.8	−1.3
2018 年 10 月（鲍威尔"鹰派"加息发言）	−8.3	2.0
2020 年 2 月（新冠疫情）	−6.4	0.8
2021 年 11 月（全球疫情蔓延、美联储转向）	−1.6	1.9
2022 年 4 月（俄乌冲突、美联储发声加速紧缩）	−4.9	4.9
平均值	−7.8	2.3

资料来源：CBOE，万得。

三、主要结论

大多数时候 A 股与美股相对独立，但只要作为全球风险资产风向标的美股出现大幅下挫或者进入"熊市"，A 股便鲜有独立行情。市场研判

A股"独立行情"的前提假设是美股不会出现VIX飙升的恐慌下跌。一旦美股调整，外溢效应可能会通过资本流动、货币政策、基本面冲击和恐慌情绪传染影响A股。随着中国金融市场不断开放和外资在A股的话语权上升，A股经常会将外资大进大出视为"做多、做空"的信号。由于"不可能三角"矛盾有所缓解和中国经济总量提升，货币政策和经济基本面冲击并不一定大到足够引发A股大幅追跌，反而是恐慌情绪传染更为关键。这点同样适用于其他主要股票市场。在高度不确定的情况下，不管是A股还是美股投资者都会选择持币观望，秉承"第一个出去最为安全"的原则引发"无序"下跌。

第五节　人民币汇率变化对中国外贸进出口的影响分析

2022年以来，人民币汇率在内外部因素共同作用下出现调整。有观点认为，汇率贬值有助于提振出口，可以部分对冲外需萎缩。人民币汇率变动究竟如何影响外贸进出口？汇率调整能够有效提振外贸出口吗？本节拟对此进行探讨。

一、汇率与外贸进出口影响机制及理论综述

（一）影响机制

一国汇率变动是影响进出口外贸变化的重要因素，与此同时，贸易差额反之对汇率水平形成基本面支撑。按照传统经济学理论，汇率贬值有利于增加出口、减少进口，从而改善国际收支；贸易收支则通过外汇供求关系带动本国汇率升贬值。

汇率变动主要通过商品价格和国民收支渠道来影响外贸进出口。从商品价格渠道来看，汇率将首先影响贸易品价格，这会传导至出口价格和数量。此外，贸易商品价格变动也将通过国内生产要素（工资、原材料成本等）、进口商品价格（最终消费品）传导至一般商品价格。进而，物价

水平变化又将影响利率、产出等基本面因素，这可能又反向传导至贸易部门。从国民收支渠道来看，汇率变动会影响本国居民的实际购买力，同时也会影响居民的支出数量和结构，进而带来进口的变化（见图7-17）。

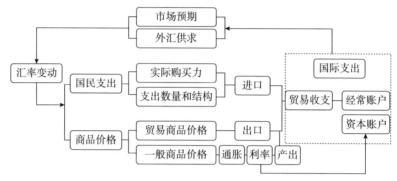

图7-17 汇率与贸易收支影响机制

资料来源：作者整理。

（二）理论综述

传统学界更为关注汇率变动对于调节国际收支的作用，主要研究理论有弹性分析法、乘数分析法、货币分析法和汇率不完全传递理论等。

1. 弹性分析法

汇率是否可以改善国际收支取决于进出口需求弹性。早在1923年，马歇尔从微观经济学视角和局部均衡视角对货币贬值和贸易收支关系进行研究，并提出了著名的"进出口弹性需求理论"。具体而言，如果一国出口商品是以本国货币计价，那么本国货币贬值将会引起出口商品的价格变动，从而引起出口数量的变化，最终引起贸易收支额的变化。如果将进出口需求变动率与价格变动率相比，则可以得到需求价格弹性。根据马歇尔-勒纳条件，在供给具有完全弹性的前提下，贸易顺差由需求的价格弹性决定，当进出口价格需求弹性之和大于1时，本币贬值有利于提升出口商品竞争力，改善贸易收支。本节第二部分对中国进出口需求弹性进行了测算，并尝试验证是否满足马歇尔-勒纳条件。

汇率的变动对外贸进出口的影响还存在滞后效应。即使一国外贸进出口弹性之和满足马歇尔－勒纳条件，但在短期内，本币贬值也不一定能够立即改善出口。由于此前签订的贸易合同需要时间调整，在此期间，贸易收支有可能首先恶化（因为出口商品以本币计价，之前签订的订单在短期内数量不会发生变化；而进口商品则以外币计价，进口额会增加），经过一段时间后贸易收支才能得以改善，这被称为"J曲线效应"（J-Curve Effect）。对于不同的国家而言，滞后期的时间长短各不相同，一般为6—18个月，具体取决于采取的汇率制度以及外汇市场的发展程度。

2. 乘数分析法

此理论以凯恩斯的乘数原理为基础，首次从一般均衡视角分析国际收支与国民收入的关系。具体来说，一国的汇率变动除直接作用于对外部门的贸易变动之外，还将通过乘数效应改变国民的收入水平，进而影响贸易收支。该理论认为，进口支出是国民收入的函数，一国可以通过实施扩张（紧缩）的财政政策来进行需求管理，进而增加（减少）国民收入，达到调节国际收支的目的。具体影响程度取决于一国边际进口倾向、进口需求弹性和对外开放程度。

3. 货币分析法

20世纪60年代后期，部分经济学家将封闭经济下的货币分析原理引入开放经济研究中来。该理论认为，国际收支本质是一种货币现象，所有的国际收支失衡都可以依靠国内的货币政策来解决。当一国货币供给与名义货币需求不匹配时，将导致国际收支失衡。固定汇率制度下，需要通过国际储备变动来进行调节；浮动汇率制度下，则需要通过汇率水平变化来调节。当一国货币供给大于需求时，国际收支呈现逆差，汇率则会贬值，这导致国内商品价格上涨，本国居民实际购买力下降，国外进口减少，国际收支差额增加；反之，货币供给小于需求，国际收支将出现顺差，此时汇率将会升值，本国居民实际购买力上升，进口增加，国际收支差额减少。

4. 汇率不完全传递理论

随着20世纪70年代布雷顿森林体系的瓦解，各国逐渐开始实行浮动汇率制度，汇率的波动明显加大，然而贸易品价格和贸易差额却没有出现预期的大幅变动，汇率走势与贸易收支状况经常出现背离，传统理论已无法完全解释二者之间的关系。比如，1976—1980年和1985—1987年美元分别大幅贬值17%和32%，而美国的贸易赤字不但没有改善，反而分别同比增加219%、39%。1976—1978年和1985—1987年，日元分别累计升值29%、39%，日本的贸易顺差却分别增加443%、7%。

基于此，20世纪80年代以后便产生了汇率的不完全传递理论，该理论认为在汇率变化后，贸易品价格的调整幅度小于汇率的变动幅度，具体有多种因素可能导致不完全传递，诸如市场不完全竞争、厂商出于沉淀成本的考虑或追求市场份额的战略需要，以及全球价值链的发展等。比如20世纪80年代日本对美出口商在日元升值时，选择主动降低利润率，只为保持其市场份额。[①] 因此，当汇率变动时，出口商并不会快速调整其产品的出口价格，而是综合考虑商品需求弹性、沉淀成本和市场份额等多重因素，克鲁格曼称此现象为"因市定价"（pricing to market）。由此，汇率短期波动加大不一定能够完全传导至商品价格，这使得汇率变动对改善国家间贸易不平衡、调节贸易收支的直接作用大不如前。

（三）局限因素

1. 贸易计价货币选择

前述几种国际收支调节理论的前提是，生产方利用本国货币进行出口计价，即所谓"生产者货币计价范式"（Producer Currency Pricing, PCP）。在此情形下，本国汇率变动对于出口的影响才能够显现。另一种计价范式则是，以出口商品目的地国的货币进行计价（Local Currency Pricing, LCP），此时本国汇率的变动对出口商品价格的影响较为有限，而且从他国进口的商品也是以本国货币计价，受到本币汇率的影响也比较小。

随着近年来大量贸易数据的积累，经济学家能够通过分析实际数据

---

① Hooper P, Mann C L. Exchange rate pass-through in the 1980s: the case of US imports of manufactures[J]. Brookings Papers on Economic Activity, 1989(1): 297–337.

对计价范式进行验证,结果发现现实中前述两种计价范式都不成立。以 IMF 第一副总裁吉塔·戈皮纳特为代表的研究认为,现实中国际贸易仅用几种世界主要货币进行计价,其中美元占据主导地位,并称此为"主导货币定价范式"(Dominant Currency Pricing,DCP)。他们通过研究 102 个国家和地区在 1990—2019 年的贸易数据(占全球贸易的 75%),发现全球贸易中美元和欧元平均计价份额分别为 48%、41%,分别是其贸易份额的 4.7 倍、1.2 倍(见图 7-18),在众多新兴市场国家中美元的贸易计价份额超过 80%。①

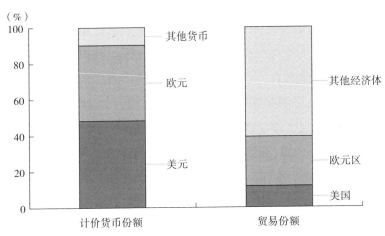

图 7-18　1990—2019 年全球平均计价货币和贸易份额

资料来源:Gopinath(2015)和 Boz, et al.(2022)。

鉴于跨境人民币贸易计价结算推出的时间较短,中国的贸易活动中仍较多使用美元等外币进行结算。2023 年前 9 个月,跨境贸易人民币结算仅占中国贸易总额的 25.1%。银行涉外收付款中的人民币占比虽近年来显著提升,并于 2023 年首度超过美元,前 9 个月累计占比 48.7%,但

---

① Gopinath G. The international price system[R]. National Bureau of Economic Research, 2015; Boz E, Casas C, Georgiadis G, et al. Patterns of invoicing currency in global trade: New evidence[J]. Journal of International Economics, 2022, 136: 103604.

外币占比仍有 51.3%，在外币收付中美元占比更是达到 89.7%。

因此，人民币汇率调整对于出口的直接影响可能有限（如出口企业在交易中收外汇付外汇），更多是通过间接渠道影响，比如出口企业在人民币贬值时结汇会改善企业盈利。2022 年，人民币兑美元汇率中间价贬值 8.3%，A 股非金融上市公司（不包含财务数据异常的公司）净汇兑收益共为 274 亿元，其中，78.2% 的披露汇兑损益的 A 股非金融上市公司有汇兑收益；2020 年，人民币兑美元汇率中间价升值 6.5%，则为净损失 290 亿元，其中，仅 22.1% 的披露汇兑损益的上市公司有汇兑收益。特别是上游产业和产品出口型行业，由于进口依赖程度较低，海外业务收入占比高，汇兑收益较多，如煤炭、汽车、建筑和石油石化行业汇兑收益居前列（详见本章第二节的讨论）。

2. 贸易结构的变化

近些年来，中国在贸易量迅速扩大的基础上也逐渐调整贸易结构，不同贸易结构对于汇率变动的响应程度也不同。

从贸易方式来看，进出口中加工贸易比重下降，一般贸易比重明显上升，2008 年之后更是加速了该趋势。中国加工贸易的进出口占比已分别由 2009 年的 32%、49% 降至 2022 年的 17%、23%，同期一般贸易进出口占比则分别由 53%、44% 升至 64%。

从产品结构来看，自 20 世纪 90 年代以来，中国初级产品进出口占比逐渐下降，工业制成品占据主导地位，到 2000 年占比已超过 90%。在工业制成品中，不同技术含量产品的需求价格弹性也有较大区别。过去中国以劳动密集型产品出口（如纺织服装）为主，此类产品附加值较低，利润率低，出口竞争激烈，对于汇率变动反应更为敏感。

随着中国加快产业结构转型，机电产品、高新技术产品等资本和技术密集型产品出口占比明显提升。此类产品有更强的议价能力、更少的替代产品和更高的利润率，对于汇率变动的承受能力也更强。另外，近年来人民币渐进升值，在一定程度上降低了企业引进高科技产品和设备的进口成本，也有助于进一步推动中国贸易结构转型。

3. 金融渠道对汇率的影响

随着全球金融市场发展不断深化，金融渠道与汇率的联系越发紧密，在金融市场中价格调整更加迅速，短期内跨境资金流动对于汇率的影响越来越占据主导地位，贸易渠道对汇率短期变动的解释力则逐渐减弱。BIS研究发现，一国汇率的变动可以同时通过贸易渠道和金融渠道对国内经济产生影响，而这两个渠道的作用方向是相反的，且在一定程度上可以互相抵消，该作用在新兴市场更为突出。[①] 具体原理是，当一国汇率贬值时，通过贸易渠道可以扩大出口、减少进口、增加贸易差额，对国内经济增长有拉动作用。但是，从金融渠道来看，如果该国存在大量的货币错配，汇率贬值则会通过估值效应增加外币负债，加重本国主体的偿债负担，恶化资本项目收支；还会带来快速的资本流出，收紧货币金融条件，给国内投资和产出带来负面影响。

特别是，结合前述贸易计价货币的选择，大多数新兴市场国家美元化程度较高，出口多用美元计价，而同时又有大部分外币负债，那么在本币贬值时，对于出口量的刺激效果十分有限，而贬值却加大了偿还外债的成本。此时贸易渠道的正面效果在短期内无法显现，而金融渠道的负面效果却可以快速显现。由此带来的启示是，当一国希望通过货币竞争性贬值来拉动经济增长时，需要同时考虑金融渠道的影响，如果金融渠道的影响大于贸易渠道的影响，贬值不但起不到拉动经济的效果，反而可能会得不偿失。

类似的情况如2015年的人民币贬值恐慌。当时中国季度贸易差额连续保持双位数增长，到年底，中国海关口径的贸易顺差创下5939亿美元的历史新高，经常账户顺差达到2930亿美元，但资本项目（含净误差与遗漏）逆差却高达6360亿美元，资本净流出超过了经常项目顺差。这主要是因为"8·11"汇改期间人民币意外走弱贬值，引起了关于人民币加

---

① Kearns J, Patel N. Does the financial channel of exchange rates offset the trade channel?[J]. BIS Quarterly Review, 2016.

入竞争性贬值的市场恐慌，导致资本流出压力急剧扩大。加之中国过去积累了大量的民间货币错配，国内主体增加了海外资产配置、加快了对外债务偿还，酿成了"资本外流—储备下降—汇率贬值"的恶性循环。在此情形下，金融渠道对于汇率的影响远远超过了贸易渠道的影响，此时的汇率更多具有资产价格属性，而不再单纯是由贸易收支状况决定的商品价格。

二、人民币汇率对外贸进出口影响的实证分析

（一）外贸进出口需求弹性测算

1. 模型设定和数据处理

我们借鉴文献中常用的进出口需求方程，假设出口需求是由外国实际居民收入（收入效应）、出口商品相对价格水平（价格效应）决定，进口需求则由本国实际居民收入、进口商品相对价格水平决定。此处的进出口相对价格水平可使用剔除两国间物价水平差异的实际汇率作为衡量，实际居民收入在实证分析中常用国内生产总值或者工业增加值作为替代。

在传统贸易方程的基础之上，结合中国的贸易发展特点和贸易结构的变化，加入部分控制变量以完善进出口模型，在出口模型中加入了外商直接投资（FDI）。[①]主要由于中国对外开放以来，通过吸引外商直接投资来带动出口增长是重要的发展战略，出口金额的增加伴随外商直接投资的快速增长。一方面，外商直接投资可以直接促进进出口金额的增长；另一方面，外商直接投资有助于带动中国产业升级，提高产品的技术含量，从而改变中国的贸易结构。

进口模型中，中国进口中以原油为代表的大宗商品占比较高，2022年中国进口前10位的大宗商品占比超30%，其中前三位的原油、铁矿石和粮食合计占比21.3%。因此，国际大宗商品价格变化对中国进口金额影响较大，2002—2022年中国进口金额与CRB大宗商品价格指数同比相

---

① 郑甘澍，蔡宏波，翁鑫.人民币汇率与中国出口商品结构：短期、长期和未来变动[J].国际商务研究，2019（1）.

关性为 0.78，故在进口需求方程中加入 CRB 综合指数作为控制变量。

此外，自 2015 年"8·11"汇改以来，人民币汇率参考一篮子货币调节，汇率弹性增加，双向波动更频繁。在汇率的水平值直接影响外贸进出口之外，汇率的波动率也可能会影响进出口。关于汇率波动对贸易的影响方向，学术界尚未对此达成共识。汇率波动对一国的贸易总量既有正面冲击也有负面冲击，但负面冲击相对更显著，具体取决于市场主体对风险的态度和规避能力，以及金融衍生工具的发展和使用等。还有观点认为，汇率波动对不同贸易企业的影响是非对称的。比如陈六傅等（2007）研究了 1995—2005 年人民币实际汇率波动率对中国六大类企业的影响，发现实际汇率波动会对国有企业、中外合资企业和外商独资企业的出口产生正向冲击，但只有对中外合资企业的正面影响显著；而汇率波动对集体企业和其他类企业的出口则会产生显著的负向抑制作用。[1]

汇率的波动无法直接观测，以往文献中对汇率波动率的测算常用以下三种方法：（1）汇率标准差的移动平均值；（2）汇率变化率的移动标准差（通常选取 4 阶、8 阶或 12 阶，但研究表明阶数的影响不大）[2]；（3）广义自回归条件异方差（GARCH）模型[3]。

前两种方法测算的为历史波动率，第三种方法测算的为条件预测波动率，在文献中使用更为广泛。我们分别通过第二种和第三种方法计算人民币实际有效汇率（多边汇率）和美元兑人民币汇率的波动率进行对比。可以看出，1994—2015 年人民币多边汇率波动较大，双边汇率波动较小；2015 年之后，多边汇率波动有所下降，双边汇率波动明显加大，波动频率也显著提高（见图 7-19）。

---

[1] 陈六傅，钱学锋，刘厚俊.人民币实际汇率波动风险对中国各类企业出口的影响[J]. 数量经济技术经济研究，2007，24(7): 81–88.

[2] Kenen P B, Rodrik D. Measuring and analyzing the effects of short-term volatility in real exchange rates[J]. The Review of Economics and Statistics, 1986: 311–315.

[3] Rapach D E, Strauss J K. Structural breaks and GARCH models of exchange rate volatility[J]. Journal of Applied Econometrics, 2008, 23(1): 65–90.

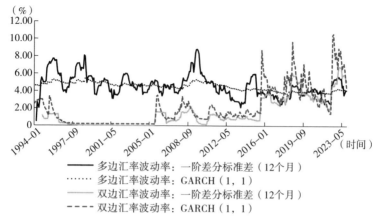

图 7-19 人民币多边与双边汇率波动率

资料来源：万得，作者整理。

本节选取 1994 年 8 月—2023 年 9 月的月度数据进行实证分析，其中进出口数据选用海关总署公布的以美元计价的月度金额。汇率首先选取 BIS 统计的人民币实际有效汇率指数，以多边汇率衡量对出口竞争力的影响；其次使用美元兑人民币汇率中间价月均值（直接标价法，下同），以衡量双边汇率对外贸企业的财务影响。如前所述，中国较高比例的贸易活动仍以美元计价结算，人民币和美元的双边汇率对于企业盈利的影响更为直接，进而影响外贸企业的商品定价。实际居民收入选用更为高频的月度工业增加值数据，国外选用 OECD 工业生产指数，国内则选用国家统计局发布的工业增加值，并均经过通胀调整得到实际增加值。

为了剔除季节因素的影响，我们使用 X12 季调分析包对数据进行季节调整，经季调后的进出口金额、实际工业增加值和实际有效汇率指数（见图 7-20 和图 7-21）可以看到变量的趋势项明显，数据是非平稳的。因此，对所有变量进行自然对数转换，但取对数后的数据经统计检验仍不平稳，进一步对所有变量做一阶差分处理[①]，使时间序列平稳。

[①] 学术文献中多使用年度或季度贸易数据，本节使用相对高频的月度数据，此处对数据进行一阶差分同比处理。

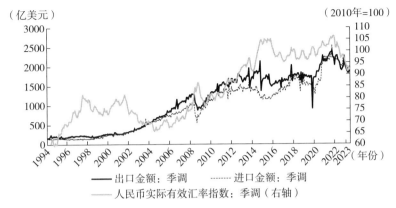

图 7-20　进出口金额与人民币实际有效汇率指数季调值

资料来源：BIS，海关总署，万得，作者整理。

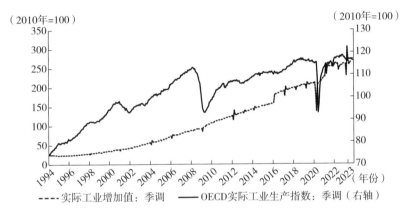

图 7-21　OECD 实际工业生产指数与实际工业增加值季调值

资料来源：OECD，国家统计局，万得，作者整理。

2. 多边汇率与进出口贸易弹性测算

基于前述模型，首先测算进出口总体多边汇率弹性。结果显示，出口方程中，当用人民币汇率（包括水平值和波动率）回归时，人民币多边汇率升值和波动增加对当期出口有显著负向作用，这与理论较为一致，即人民币升值影响产品出口竞争力，导致出口金额下降。当加入国外工业增加值和外商直接投资变量后，出口汇率弹性有所减小，汇率波动影响减弱且不显著，模型解释力得到提高。整体看，对出口的影响程度依次为外国实际工业生产指数（外需）、人民币实际有效汇率和外商直接投资，其中出口需求价格弹性为 –0.27（见表 7-4）。

表 7-4　出口需求方程多边汇率回归结果

变量	（1）	（2）	（3）	（4）
人民币实际有效汇率指数	–0.471***	–0.461***	–0.337**	–0.273*
	（–3.16）	（–3.32）	（–2.57）	（–1.73）
多边汇率波动率	—	–1.075***	–0.639***	–0.381**
	—	（–7.41）	（–4.31）	（–2.24）
OECD 实际工业生产指数	—	—	1.263***	1.339***
	—	—	–7.13	–6.82
外商直接投资	—	—	—	0.141***
	—	—	—	–3.39
常数项	0.090***	0.085***	0.068***	0.073***
	–10.08	–10.19	–8.3	–8.58
N	338	338	337	284
R^2	0.029	0.165	0.28	0.32
Adj. R^2	0.03	0.16	0.27	0.31

注：（1）括号中为 t 值，* 为 10% 显著性，** 为 5% 显著性，*** 为 1% 显著性；（2）外商直接投资数据始于 1999 年 1 月，故变量总数较少，下同。
资料来源：万得，作者整理。

进口方程中，实际有效汇率和汇率波动对进口也起到负向作用，但汇率波动率影响也不显著，尤其是加入 CRB 综合指数后，模型拟合度显著提高。对进口影响程度的变量依次为中国实际工业增加值（内需）、人民币实际有效汇率和大宗商品价格，进口需求弹性为 –0.57（见表 7-5）。

表 7-5　进口需求方程多边汇率回归结果

变量	（1）	（2）	（3）	（4）
人民币实际有效汇率指数	–1.160***	–1.151***	–0.832***	–0.576***
	（–7.80）	（–8.17）	（–6.56）	（–5.26）
多边汇率波动率	—	–0.930***	–0.761***	–0.281**
	—	（–6.30）	（–5.87）	（–2.39）
中国实际工业增加值	—	—	1.181***	0.994***
	—	—	–10.27	–10.08

续表

变量	（1）	（2）	（3）	（4）
CRB 综合指数	—	—	—	0.563***
	—	—	—	−11.57
常数项	0.114***	0.110***	0.004	0.004
	−12.85	−12.99	−0.29	−0.4
N	338	338	338	338
R^2	0.153	0.243	0.425	0.59
Adj. R^2	0.15	0.24	0.42	0.58

注：括号中为 t 值，* 为 10% 显著性，** 为 5% 显著性，*** 为 1% 显著性。
资料来源：万得，作者整理。

按照传统理论，汇率升值应该有利于进口，但由于中国进口货物中较大比例为原材料和中间品，需经过加工后再出口。1994—2006 年中国加工贸易平均占比超过 40%，而加工贸易的特点便是"大进大出、两头在外"，这使得汇率变动的作用在进出口环节相互抵消。当汇率升（贬）值时，进出口同时减少（上升），故人民币贬值对进口的抑制作用相对有限。许多研究也得出相同结论，如李宏彬等（2011）通过分析 2000—2006 年所有进出口企业数据，从微观层面研究发现进出口商品的汇率弹性均为负值，人民币实际有效汇率每升值 1%，进口金额降低 0.71%。[①]

总的来看，在控制内外需、外商直接投资和大宗商品价格之后的贸易需求方程显示，中国进出口价格弹性分别为 0.57、0.27，两者之和为 0.84，表明不满足马歇尔-勒纳条件，即人民币汇率变动对改善国际收支收效甚微。此外，进出口的收入弹性更大，而且系数显著。给定多边汇率等其他因素不变，当外需扩大 1% 时，出口金额增加 1.37%；当内需增加 1% 时，进口金额增加 0.99%（见表 7-4 和表 7-5）。

3. 双边汇率与进出口贸易弹性测算

美元兑人民币双边汇率回归结果显示，人民币贬值对当期出口没有促

---

① 李宏彬，马弘，熊艳艳，等. 人民币汇率对企业进出口贸易的影响——来自中国企业的实证研究 [J]. 金融研究，2011（2）：1-16.

进作用,反而有一定抑制作用(见表7-6)。一方面,由于双边汇率对中国进出口企业多为财务影响,从接到出口订单、生产、发货到实际收款存在时间差,当期汇率变动对外贸的影响尚未完全显现;另一方面,由于早期中国进出口贸易中美元计价占比较高,传统的"J曲线效应"可能在双边汇率中更为显著(对此在下一部分进行探讨)。进口需求方程中,起初双边汇率对进口金额影响为负且系数较大,即当人民币兑美元升值时,进口金额增加,这表明双边汇率升值有助于降低中国进口成本,与理论相符。但随着国内需求、大宗商品价格指数加入模型,双边汇率的影响系数逐渐减小,且不再显著(见表7-7),说明内需和国际大宗商品价格对进口金额的影响更大。

表7-6 出口需求方程双边汇率回归结果

变量	(1)	(2)	(3)	(4)
美元兑人民币	−1.561***	−1.577***	−1.351***	−1.205***
	(−7.43)	(−7.50)	(−7.20)	(−6.39)
双边汇率波动率	—	0.014	0.008	−0.008
	—	−1.27	−0.87	(−0.81)
OECD实际工业生产指数	—	—	1.502***	1.552***
	—	—	−9.69	−9.74
外商直接投资	—	—	—	0.079*
	—	—	—	−1.91
常数项	0.072***	0.071***	0.052***	0.067***
	−8.79	−8.7	−6.96	−8.39
N	338	338	337	284
R^2	0.141	0.145	0.332	0.397
Adj. R^2	0.14	0.14	0.33	0.39

注:括号中为 t 值,* 为10%显著性,** 为5%显著性,*** 为1%显著性。
资料来源:万得,作者整理。

表7-7 进口需求方程双边汇率回归结果

变量	(1)	(2)	(3)	(4)
美元兑人民币	−1.219***	−1.240***	−0.879***	−0.201
	(−5.24)	(−5.34)	(−4.38)	(−1.16)
双边汇率波动率	—	0.018	0.015	0.013
	—	−1.53	−1.5	−1.55
中国实际工业增加值	—	—	1.358***	1.094***
	—	—	−11.27	−10.86

续表

变量	（1）	（2）	（3）	（4）
CRB综合指数	—	—	—	0.628***
	—	—	—	−12.86
常数项	0.087***	0.086***	−0.028**	−0.016
	−9.61	−9.51	（−2.22）	（−1.54）
N	338	338	338	338
R^2	0.076	0.082	0.335	0.556
Adj. R^2	0.07	0.08	0.33	0.55

注：括号中为 t 值，* 为10%显著性，** 为5%显著性，*** 为1%显著性。
资料来源：万得，作者整理。

（二）人民币汇率对外贸进出口的"J曲线效应"

在考察当期汇率变动对进出口影响之外，进一步分析人民币汇率与进出口的动态关系，验证是否存在"J曲线效应"。此处使用向量自回归（VAR）模型，一方面考虑到变量间的内生性问题，另一方面也可以检验变量滞后项的影响。

结果显示，人民币实际有效汇率贬值在当期会短暂改善贸易差额，但从第二个月开始对贸易差额呈现负面效应，随后在第10个月汇率贬值的小幅促进作用显现，但整体不显著（见图7-22），即多边汇率对贸易收支存在"J曲线效应"，滞后时长约为10个月。从双边汇率来看，美元兑人民币汇率贬值在短期内对贸易差额有持续的负面作用，在第12个月后，贬值对贸易差额的正向作用开始显现。

相较而言，双边汇率的"J曲线效应"更为明显，但滞后时间稍长于多边汇率。这与实证文献中的结论基本一致，即人民币汇率变动对贸易收支的滞后效应约为1年（见图7-23）。比如徐康宁和施海洋（2002）运用年均美元兑人民币汇率与滞后的外贸出口额进行回归发现，滞后1年的出口额与人民币汇率相关性最强。[①]

[①] 徐康宁，施海洋. 亚洲金融危机五年后看人民币汇率保持稳定的原因——关于人民币币值与中国进出口贸易关系的分析 [J]. 东南大学学报：哲学社会科学版，2002，4（3）：38-44.

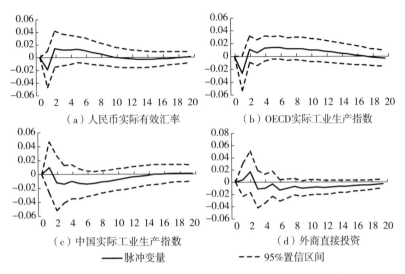

图 7-22　多边汇率与贸易差额 VAR 模型脉冲响应函数

注：VAR 模型中包括贸易差额、人民币实际有效汇率、OECD 实际工业生产指数、中国实际工业增加值、外商直接投资、CRB 综合指数，选取滞后阶数为 3 阶。
资料来源：作者整理。

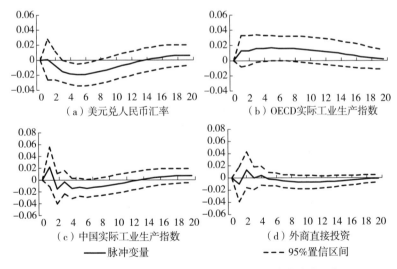

图 7-23　双边汇率与贸易差额 VAR 模型脉冲响应函数

注：VAR 模型中包括贸易差额、美元兑人民币汇率、OECD 实际工业生产指数、中国实际工业增加值、外商直接投资、CRB 综合指数，选取滞后阶数为 3 阶。
资料来源：作者整理。

三、主要结论

对于人民币汇率调整对中国外贸出口的提振作用不要期望过高。通过对中国进出口贸易弹性的测算和"J曲线效应"的估计，结果显示，人民币汇率变动对于调节外贸进出口及其差额的作用有限。由于过去中国贸易结构中以加工贸易为主，进口中很大部分需求是以原材料等商品为主，在国内加工后再出口，进出口汇率弹性均为负值，即人民币汇率升贬值会同向影响进出口，对于贸易收支改善收效甚微。而且，外需对于出口额影响较大，内需和大宗商品价格则对于进口额影响较大，这表明外贸进出口的收入效应远大于汇率的价格效应。此外，汇率变动对贸易收支变动的时滞约为1年，双边汇率的"J曲线效应"更为显著，这与中国进出口计价结算中美元占比较高有关。

未来影响外贸进出口的关键因素仍是内外需走势。随着海外持续货币紧缩，外需将进一步放缓，出口增速可能逐渐回落；进口增速受到内需和大宗商品价格影响，如果内需不能得到有效提振，叠加大宗商品高基数的影响，进口增速可能持续处于低位，不排除贸易顺差进一步扩大。当务之急，要在外需实质性走弱之前，抓住内需恢复的关键时间窗口，落实好一揽子稳增长接续政策，加力巩固内需复苏基础，尽快实现内外增长动力的有效切换，这也有助于改善市场预期和提振信心，对人民币汇率形成支撑。

第八章

透视中国物价走势

2023 年以来,中国 CPI 持续疲软和 PPI 连续处于负区间,引发国内外热议。其中,最引人注意的是"资产负债表衰退"理论,即"资产弹性、债务刚性"可能导致中国通缩式去杠杆。在过去物价疲软时期,中国依靠较强的逆周期调节扭转了通胀趋势。但是,这也埋下了不少债务风险。外界担忧中国可能正处于某种"过度负债"状态,政策空间已经捉襟见肘,不得不依靠一次重大债务重组来"挤泡沫"。本章,我们拟从短期经济周期理论和长期"债务与通胀"视角解析中国通胀问题,并以此提出政策建议。

第一节　高度关注短期问题长期化的风险

1932 年，美国经济学家欧文·费雪（Irving Fisher）在《繁荣与萧条》中首次提出"债务—通货紧缩"理论，即经济主体的过度负债和通货紧缩这两个因素会相互作用、相互增强，从而导致经济衰退甚至引起严重的萧条。①"债务—通缩"螺旋的起点是：经济在某个时点处于"过度负债"的状态，债务人或债权人出于谨慎，往往会引发债务的清偿。近期，市场热议辜朝明的"资产弹性、债务刚性"观点，其中的一个重要前提假设也是中国可能处于"过度负债"的状态。实际利率上升导致资产价格承压、企业现金流不足，流动性压力迫使企业被动去杠杆，债务收缩和银行业危机等一系列次生结果将进一步增强通胀下行压力。因而，缺少通胀可能会导致债务率越还越高。费雪特别强调，在"债务—通缩"的逻辑顺序中，除了初始条件"过度债务"以及最终的结果"利率的变化"之外，其他所有变量的变动都源自价格水平的下降。如果过度负债没有引起价格水平的下降，也就是说价格下降的趋势受到通胀力量的阻碍，则最终的循环波动将会温和许多。因而，学术界普遍建议采用外生性的再通胀来干预阻止"债务—通缩"螺旋。

一、判断中国是否处于"过度负债"状态

根据复利公式，未来现金流的净现值等于即期的负债＋权益。如果净现值低于负债，债务人就有违约冲动，而债权人也会抛售债务或要求清偿债务。举一个简单的例子，一个估价 100 亿元、负债 80 亿元和 20 亿元权益的资产，在平衡状态下该资产每年产生现金流 2 亿元，债务为 25 年期，预计未来增长率为 5%，通胀率为 3%，贴现率为 3%。如果增长

---

① 欧文·费雪. 繁荣与萧条[M]. 李彬, 译. 北京：商务印书馆，2014.

率和通胀率下降到 4% 和 2%，该资产净现值就会变成 75 亿元，低于负债 80 亿元。

过去高增长、高通胀时期举债投资的资产可能因为遭遇经济下行变得不再值钱，但债务是刚性的。如果再考虑增长率不确定性上升，资产需要进一步折价才能吸引到投资者。映射到宏观经济上也是一样的道理。因而，判断过度负债就需要准确评估资产价格的合理性。目前看，与疫情前相比，中国经济和通胀明显降档，导致实际债务压力上升，短期的流动性压力也逐渐显现。

分部门看，对于政府来说，本币债不是债。按照萨默斯和杰森·福尔曼（Jason Furman）在 2020 年疫情初期提出的建议，政府的未来现金流是 GDP 和财政收入，只要不违约，财政空间将会变得非常大。因而，政府部门不存在过度负债的问题，其最大阻碍是通胀，化债的最优方法也是通胀。当前通胀不是财政政策的掣肘，地方财权和事权不匹配才是问题的关键，这也导致了历史积累的地方债务成为当下最热的议题之一。

对于企业来说，债务总量已经不低。BIS 数据显示，截至 2023 年第一季度末，中国非金融企业部门宏观杠杆率为 165.1%，较 2019 年底高了 15 个百分点；G20 的非金融企业部门宏观杠杆率为 98.5%，仅较 2019 年底高了 4.3 个百分点。社科院数据显示，截至 2023 年第三季度末，中国非金融企业部门宏观杠杆率达到 169.0%，较 2019 年底上升 17.1 个百分点，创有数据以来新高。中国企业债务恶化主要发生在 2022 年第一季度至 2023 年第三季度，7 个季度累计上升了 14.9 个百分点。此外，由于疫情以来社会活动下降和内需不足，私营企业负债率上升更快。国家统计局数据显示，2023 年 8 月，私营工业企业资产负债率为 60.3%，较 2019 年同期高了 2.5 个百分点；国有工业企业资产负债率为 57.7%，低了 0.7 个百分点。

中国依靠投资托底经济的方法影响地方平台公司的债务风险。国际上通过负债率（债务规模/GDP）衡量政府债务负担，并且将 60% 的负债率作为警戒线。万得统计数据显示，2022 年，中国地方政府负债率

（城投+地方债）达74.4%，三分之二的省份负债率突破60%。国际上通过债务率（债务规模/地方综合财力）衡量债务创收能力，并将120%作为这一指标警戒线。2022年，中国地方政府债务率达到332%，高于国际警戒线。其中，地方政府性基金收入大幅下降，是推动地方综合财力下降和债务率上升的重要原因。尤其是，区域之间存在差异性，则必然有个别地方高估未来收益而过度举债。如果使用预算内财政资金清偿和置换债务，就会挤压其他支出，从而降低支持经济增长的力度，甚至可能出现负债率越还越高的现象。值得注意的是，房地产和土地市场是区域性的，在房地产大周期下行和区域分化加剧的背景下大概率会持续影响地方财政；但地方债务是全国性、系统性的，牵一发而动全身，需要做好风险隔离。

需辩证看待国有企业和私营企业债务问题。根据财政部数据，2020年中国国有企业债务总额达到171.5万亿元，相当于同期社科院口径下企业债务的92%，说明国有企业债务占比较大且民企仍有加杠杆空间。但民企债务行为是顺周期的，在经济下行时需要外生性刺激，既可以是发达经济体带动的出口扩张，也可以是国内政府主导的逆周期调节。而国有企业举债行为受制于政府对债务上限和经济下限的容忍。债务优化与逆周期调节并不矛盾。

对于居民来说，房地产稳则杠杆稳。根据人民银行发布的《2019年中国城镇居民家庭资产负债情况调查》，房产在中国居民财富中占比超七成，金融资产占比低，仅为20.4%。不管是房价租售比还是房价收入比，中国在主要国家里都是偏高的。房屋租售比是国际上用来衡量地区楼市运行是否良好的指标之一，国际标准认为房地产运行状况良好的租售比通常为1∶200到1∶300。从诸葛找房数据研究中心监测的重点50城数据来看，2022年中国平均租售比为1∶620，明显偏离国际标准，且较2021年偏离程度有所扩大。同期，2022年100个重点城市房价收入比为12.4，也显著高于其他主要经济体。

由于城镇化和房地产金融化，中国居民宏观杠杆率攀升速度要快于同阶段的美国、日本和韩国。BIS 数据显示，以居民宏观杠杆率从 10% 到 60% 的时长来衡量，中国用了 15 年，韩国用了 34 年，日本至少用了 25 年，美国则是用了半个多世纪。中国房地产是否存在泡沫一直有争议。土地价格（土地成交价款 / 购置面积）从 2004 年的 722 元 / 平方米涨到 2022 年的 9118 元 / 平方米，涨幅达 11.6 倍，远高于同期名义 GDP（近似于收入）6.5 倍的涨幅。当居民不买账时，土地财政难以为继。2023 年 7 月底，中央政治局会议做出了中国房地产市场供求关系发生重大变化的重要判断。

二、判断物价低位运行是否有长期化趋势

人口结构、全球化发展和结构性改革是影响国内中长期通胀的重要因素。在人口结构变化方面，老龄化可能更多表现为通胀压力。根据 2023 年联合国中国方案预测，2022 年中国出生人口为 956 万人，在基准预测的情形下，中国出生人口到 2050 年跌破 700 万人，到 2100 年出生人口只有 238 万人；中国总人口到 2050 年下降至 12.3 亿人，到 2100 年下降至 6.3 亿人，其中 65 岁以上老年人口占比为 49.2%，中国人口的年龄中位数接近 65 岁。查尔斯·古德哈特（Charles Goodhart）和马诺杰·普拉丹（Manoj Pradhan）在《人口大逆转》一书中提出老龄化社会将导致经济增长率下降，工作时间也将不可避免地下降，老年人占比上升和出生人口不足将显著提高抚养比，前者是净消费者，将会消耗储蓄和降低投资需求，后者会造成劳动力供给短缺，从而提高劳动力成本和通胀水平。[①]

值得注意的是，储蓄率或投资率变化对债务和杠杆率的影响不尽相同，需要考虑历史积累的问题。一般情况下，储蓄（资金供给）下降会提高投融资成本，抑制杠杆率上升。20 世纪七八十年代，日本经济快速增长，投资率和储蓄率"被动"提升，实体部门不断加杠杆；20 世纪

---

① 查尔斯·古德哈特，马诺杰·普拉丹.人口大逆转：老龄化、不平等与通胀[M].廖岷，缪延亮，译.北京：中信出版集团，2021.

90年代至2013年"安倍经济学"前则是储蓄率与杠杆率一起下降。因而，日本储蓄率和杠杆率呈现的是正相关性。美国经验却恰恰相反。20世纪90年代至2008年，美国储蓄率持续下降，但杠杆率不断上升，为后续"房地产泡沫"破裂埋下了伏笔。中国在2008年以后储蓄率也出现了一波下降，但为了应对经济下行压力，杠杆率快速上升，说明可能存在投资、储蓄与债务不匹配或部分领域金融化严重的问题。随着老龄化加剧，产出下降将进一步提高债务流动性压力，难以出清就只能依靠金融抑制来"时间换空间"。

在全球化方面，逆全球化推升通胀压力，但对中国物价走势的影响仍然较为模糊。贸易摩擦必然会产生隐性成本，前期全球化快速发展阶段形成的资源优化配置将被扭转。IMF在2019年4月的《世界经济展望》专栏里专门分析了中美贸易冲突对两国经济和通胀的影响：如果中美彻底"脱钩"，美国将通胀，中国将通缩；对中美经济的长期影响不亚于2008年全球金融危机，且中国经济受损更多。[①] 近年来，受美国推动、新冠疫情和俄乌冲突等影响，许多国家更加强调"供应链安全"，以此引入了各种进口关税或其他贸易壁垒，同时大幅补贴境内制造业投资。美国和包括欧盟国家在内的一些国家计划通过补贴激励企业将生产搬回国内或将供应链转向"友岸"。虽然逆全球化会打击中国企业信心，产生通缩压力，但是"没有密不透风的墙"。中国企业可能会加大对东南亚、墨西哥等国家或区域的投资，加速产业转移。成本的增加和国内供应的下降会产生通胀压力。因而，中国如何应对和适应逆全球化将决定何种力量占据上风。

在结构性改革方面，科技创新、反垄断、统一大市场和地方化债等政策均是不利于通胀上行的。不管是生成式人工智能等高科技制造业还

---

① IMF. World Economic Outlook, April 2019: Growth Slowdown, Precarious Recovery[R/OL]. (2019–03–28)[2022–10–22]. https://www.imf.org/en/Publications/WEO/Issues/2019/03/28/world-economic-outlook-april-2019.

是传统制造业，在中美科技竞争压力带动下，贷款激增和产能扩张恐将继续。受财政贴息影响，部分制造业贷款利率甚至低于国债收益率。此外，由于要素流通变快和行业门槛下降，市场竞争进一步加剧，投资边际收益率仍将趋于下降。不过，有一个重要政策例外，即共同富裕政策。理论上，增加劳动收入占比是利于通胀上行的，但实际执行中存在两个阻力，一是以利润最大化为目标的投资不受地域控制，而劳动要素流通较为困难；二是"搭顺风车"的道德风险问题。

三、判断实际利率走势

新冠疫情以来，中国债务偿付压力有增无减。BIS 数据显示，2023 年第一季度中国私人非金融部门（居民＋企业）的债务备付率为 21.3%，较 2019 年底上升 2 个百分点。同期中国贷款加权利率下降了 1.1 个百分点，但是债务总量上升和可支配收入下降的速度明显跑过了利率下调速度。2023 年前 9 个月，债务付息支出占公共财政支出 4.3%，较 2019 年同期上升了 0.8 个百分点。考虑到金融空转和内外均衡，人民银行货币政策以一年降息 10 个基点和两次降准的节奏"小步慢跑"调降政策利率。至 2023 年第二季度末，金融机构加权利率较 2019 年底下降 125 个基点，低于 2020—2023 年第一季度名义 GDP 较 2016—2019 年同期的增速降幅。但针对性工具配合财政政策加大了对部分负担较大的领域的支持。

中国利率政策越来越"微观"。据有关人士的测算，中国目前中性利率应该在 2% 左右。但是，政策利率由中性利率和通胀预期组成。2023 年 4 月，易纲在美国彼得森国际经济研究所（PIIE）的演讲中表示，过去 5 年和 10 年中国的通胀均值为 2%。[①] 以此判断，至 2023 年 10 月底，2.5% 的 1 年期中期借贷便利（MLF）利率应该是宽松的。不过，此处存

---

① 财新网. 易纲谈利率、汇率、结构性货币政策和人民币国际化 [EB/OL].（2023-04-23）[2023-11-01]. https://opinion.caixin.com/2023-04-23/102023317.html.

在两点争议：一是历史不能判断未来趋势，中国 CPI 于 2020—2023 年连续 4 年在 1% 左右徘徊；二是中长期趋势忽略了短期的超调，而短期较高的实际利率可能会让通缩预期"根深蒂固"。当前有一个重要的趋势，即有针对性的债务置换或存量利率下降。虽然总量利率节奏缓慢，但是有通缩压力的领域均可以获得针对性的调降利率，如普惠小微企业、受疫情影响较大的服务业和房地产领域。

四、对策建议

当前中国国内经济恢复面临的困难和挑战，既有内部"三重压力"不断演进的因素，也有外部百年变局演进、国际环境更趋复杂严峻的持续影响；既有企业和家庭资产负债表受损等疫情"疤痕效应"，也有疫情前结构性、体制性、周期性问题交织，"三期叠加"影响深化，经济下行压力加大的持续冲击。2023 年 7 月底中央政治局会议指出，国内需求不足是当前经济运行面临的困难挑战之一，同时强调下半年要积极扩大国内需求，发挥消费拉动经济增长的基础性作用。结合对 2022 年党的二十大提出"高质量发展"的理解，提出以下四条政策建议。

一是及时遏制住经济下滑势头。发展是解决任何问题的关键，不发展是最大的风险。风险行为是顺周期行为，谨防收缩的自我强化机制。美国大萧条、日本化和欧债危机等经验显示，一旦陷入持续去杠杆和物价下行的困境，很难靠内生动能自己摆脱。这就意味着既要使用强有力的政府手段支撑必要的经济增长，也要深化改革和调结构，培育新动能和改善旧动能。市场预期转弱已经说了两年多，当前稳住增长才能够稳住市场预期、提振市场信心（详见第九章第四节的讨论）。

二是维持适度的宏观政策支持。货币政策要保持流动性合理充裕，根据形势变化合理把握货币信贷增长节奏和力度，为经济回升向好创造良好的货币金融环境。但当前缺乏的是有效信贷需求，内生动能疲软，实体部门风险偏好较低。疫情期间，市场主体普遍遭受了流动性和偿付能力的双重冲击。货币政策只能解决流动性问题，却不能解决偿付能力问题，需要积极的财政政策加力提效（详见本章第四节的讨论）。疫情前期中国对最终需求刺激较少，增值税、企业所得税等减税降费措施更倾向于鼓励生产和供给，既难以形成有效的二次分配，又无法对受疫情影响严重的企业和劳动者直接"输血"。此外，基础设施和制造业等投资向中小企业倾斜也存在问题，仍需控制专项债项目成本和应对收益下降。短期财政政策可以考虑在青年就业、社会保障、服务业复苏等方向发力，提高消费性乘数效应。

三是妥善解决地方债务和房地产风险。两者是捆绑在一起的，房地产大周期下行等同于地方土地财政难以为继。中国经济总量大了，政府支持的边际成本在上升，不能再像以前那样大包大揽。而且，如果再来一次2015年的棚改货币化安置，政府兜底反而会产生道德风险，结构进一步扭曲，地方债务并未见收敛，房企更是继续高杠杆、高债务、高周转的"三高"模式。当然，房地产是重要民生行业，不可能无视其在经济中的高比重。没有无痛的改革，地方债务处理需要考虑系统性风险溢出影响，长期只能依靠发展模式的转变。2023年10月底的中央金融工作会议提出，建立防范化解地方债务风险长效机制，建立同高质量发展相适应的政府债务管理机制，优化中央和地方政府债务结构。

四是坚持实施就业优先战略。年轻人就业难是社会问题，年轻人比起"上有老、下有小"的中年人更容易冲动，少子化的长期影响也非常大。鉴于国企吸收就业有限，短期只能依靠民企和服务业吸收就业，同时加强职业教育；长期要优化职业教育和本科教育的比例，引导社会观念转变。此外，灵活就业在短期内有助于缓解就业压力，但过多的灵活就业可能造成人力资源浪费，同时还得考虑未来潜在的社会保障问题。

第二节　如何看待疫后中外宏观杠杆率的变化

2020年新冠疫情暴发以来，不同于美国等西方国家的财政货币双刺激、大水漫灌，中国财政货币政策应对总体保持了克制。但是，三年下来，中国宏观杠杆率升幅高于大部分主要经济体。

一、三个维度显示疫情三年中国杠杆率升幅高于其他主要经济体

疫情三年，尽管中国没有实施负利率和量化宽松，没有实施赤字货币化操作，但从某些数量指标看，中国这次公共卫生危机应对政策的力度相比主要发达经济体并不弱。

据 IMF 统计，2020 年，发达经济体一般政府债务占 GDP 比重平均上升 18.9 个百分点，美国更是飙升 24.8 个百分点，中国仅上升 9.7 个百分点。但到 2022 年底，发达经济体政府杠杆率平均较 2019 年上升 8.4 个百分点，美国上升了 12.9 个百分点，中国上升 16.7 个百分点。

2020 年，美国、日本、欧元区 M2 与 GDP 之比分别跳升了 19.3 个、24.3 个和 16.6 个百分点，中国仅上升了 14.4 个百分点。但到 2022 年底，美国、欧元区该比例较 2019 年底分别上升了 12.1 个、11.6 个百分点，中国上升了 18.8 个百分点，日本上升了 31.5 个百分点。

据 BIS 统计，2020 年，中国非金融部门杠杆率（宏观杠杆率）上升了 27.8 个百分点，美国、欧元区、英国和日本分别上升了 39.1 个、31.1 个、48.6 个和 40.0 个百分点。但到 2022 年底，中国该比例较 2019 年底上升了 30.9 个百分点，美国上升了 0.7 个百分点，欧元区、英国分别下降了 7.7 个、20.9 个百分点，日本上升了 33.7 个百分点。中国三年宏观杠杆率的升幅仅低于日本，但高于其他主要经济体，欧元区和英国的三年杠杆率不增反降。

需要指出的是，BIS 口径的宏观杠杆率变化显示，中国宏观杠杆率在 2021—2022 年两年上升 3.1 个百分点，美国下降 38.4 个百分点，日本下降 6.3 个百分点，英国、欧元区分别下降 69.5 个和 38.3 个百分点。此外，从非金融企业部门的杠杆率变化来看，2021—2022 年，中国累计下降了 0.8 个百分点，美国下降 6.6 个百分点，日本上升 2.7 个百分点，英国和欧元区分别下降 14.6 个和 8.5 个百分点；从居民部门的杠杆率变化来看，中国 2021—2022 年累计下降 0.6 个百分点，美国下降 4.5 个百分点，日本

上升 8.0 个百分点，英国和欧元区分别下降 7.5 个和 4.6 个百分点。显然，仅由杠杆率变化判断是否有资产负债表衰退是失之简单了，或许称之为"去杠杆"或"降杠杆"更为合适。

二、杠杆率变化反映了中外疫情应对政策各有侧重也各有优劣

世纪疫情持续冲击，经济循环畅通受阻，使得市场主体面临流动性和偿付能力两方面的压力。IMF 曾提出，针对流动性问题可考虑低息贷款和还款支付延期等举措，解决偿付压力问题则需要政府补贴和直接转移支付（详见本章第五节的讨论）。尽管各个国家均使用了这两种"药方"，但侧重点略有不同。中国宏观政策主要是保供给侧的市场主体，以流动性支持为主；而以美国为首的发达经济体则是直接刺激终端需求，着力改善偿付能力。

结果，疫情三年，中国消费恢复缓慢，涨幅明显低于疫情前三年的水平，而发达经济体的名义消费涨幅在高通胀带动下飙升。以零售消费衡量，2020—2022 年，中国消费增长 7.4%，远低于 2017—2019 年增长 24.0% 的水平。同期，美国、日本、英国、德国分别增长 29.1%、27.1%、13.6% 和 16.2%，均高于 2017—2019 年分别增长 12.2%、4.0%、10.9% 和 9.3% 的水平。

尽管海外主要央行不断将通胀责任推到供应链断裂、地缘政治冲突和劳动力紧缩等供给端因素上，但是过度刺激后的需求过热和通胀爆表是不争的事实，也彻底戳破了 MMT 的"遮羞布"。2022 年以来，大多数发达经济体央行不得不激进紧缩，陷入稳物价、稳增长（就业）和稳金融的"三难选择"。

中国模式没有让通胀失控，却也有照顾不到的地方。一方面，依靠投资带动就业、提高劳动收入和促进消费的传导链较长，难以迅速弥补收入下滑的"空白"；另一方面，居民消费就是企业收入，内生性更强的民营企业眼见消费增长疲软，投资和创造就业也就更趋谨慎。当前中国低通胀表象下的总需求不足和资产负债表受损是不争的事实，是中国所

要面对的疫情"疤痕效应",这关系到疫后中国经济修复的进度和质量。

中国在疫情第一年的杠杆率变化不大,但三年下来杠杆率却大幅增加,这主要不是因为"分子"(债务)的大幅扩张,而是因为"分母"(名义GDP)的增速较慢。后者一方面反映为中国实际GDP增速回落较多。2020—2022年,中国实际GDP的三年复合平均增速为4.53%,较2017—2019年回落了2.02个百分点。同期,美国、英国、欧元区和日本分别回落了0.89个、1.37个、1.07个和0.84个百分点。另一方面反映为中国GDP平减指数增长较慢。2020—2022年,美国、英国、欧元区的GDP平减指数复合增长率分别是4.4%、3.4%、2.9%,中国和日本这一数据分别是2.6%、0.3%。如果加上实际GDP增速差距的收敛,2020—2022年美国、英国、欧元区和日本的三年复合平均名义GDP增速与中国的差距,较2017—2019年分别收敛了4.2个、2.7个、2.9个和1.8个百分点。从一定意义上讲,美国等西方国家杠杆率的变化更好地体现了"前松后紧"的跨周期调节,而中国却因物价涨幅偏低有陷入债务越还越多的"通缩—债务"螺旋之隐忧。

三、对策建议

首先,应该跳出"通货紧缩""流动性陷阱""资产负债表衰退"等概念之争,研究真问题,拿出真的解决方案。尽管从定义上看,中国不存在真正的通货紧缩,但物价走势偏弱背后反映的依然是有效需求不足、经济大循环存在堵点,以及无通缩之实却有"通缩—债务"螺旋之虞等问题。因此,要抛开争议,切实采取有效措施,遏制这种发展势头,否则将来治理起来会更困难。

其次,任何政策决策都是在给定的约束条件下做出选择。低物价背后的国内需求不足反映的是实际经济增速低于潜在增速的负产出缺口,这是当前中国经济恢复面临的主要挑战。但这也表明通胀不是经济反弹的掣肘。我们应该增加对通胀的容忍度,强化逆周期和跨周期调节,支持经济有力复苏。正如日本即便从2022年4月起通胀数据持续超过2%,

却一直保持超级宽松的货币政策立场，没有急于退出负利率时代、收益率曲线控制，基于将来有可能出现的通胀，中国初期应更多考虑用财政工具去应对结构性通胀问题。

再次，要抓住低物价的有利时机，用好正常的财政货币政策空间。保留政策的财政货币政策空间是留着用的而不是攒着看的，"该出手时就出手"，特别是要进一步发挥财政政策的作用。近年来，IMF 多次建议中国财政政策要进一步发力，并将更多的财政工具用于支持消费，实际上就是帮助市场主体改善资产负债表，提升偿付能力。如果政府在这方面做得太少，市场主体的自我修复将会是一个漫长的过程，同时也意味着经济有可能会在较长时期处于一个较低水平的均衡状态（即较长时间的负产出缺口乃至潜在经济增速下滑）。

最后，在扩投资的同时要更加重视促消费，通过最终消费需求带动有效供给，进而带动民间投资。2023 年，中国房地产开发投资持续负增长，占固定资产投资的 22.0%，虽然较 2020—2022 年均值低了 3.8 个百分点，却比疫情前 5 年（2015—2019 年）的趋势值高了 3.1 个百分点。同期，民间投资占比 50.3%，较 2020—2022 年均值低了 5.1 个百分点，较疫情前 5 年趋势值更是低了 10.4 个百分点。由此可见，房地产投资下滑固然堪忧，但更重要的问题是民间投资持续偏弱。除了监管政策调整、行业发展出现波动以外，另一个很重要的原因是没有最终的消费需求，民间投资缺乏扩大生产和投资的积极性。所有问题的解决都要通过发展的方式来进行，不发展是最大的风险，我们应该采取措施巩固前期经济回升向好的势头，同时要进一步夯实经济恢复的基础。

第三节 1998—2002 年通货紧缩趋势的成因、应对及启示

亚洲金融危机之后，中国曾经出现了较长时间的通货紧缩趋势，不过当时对于这一论断，多位专家持有不同看法。本节拟回顾当时国内通

缩趋势的表象、成因和政策应对思路，以期从中获得启示。

一、1998—2002年中国物价走势

亚洲金融危机之后，关于中国是否出现通货紧缩存在多种看法，少数人认为中国没有出现通货紧缩，另外有人认为仅出现了通缩压力或者轻度通缩，也有人认为中国出现了重度通缩。

各方对通货紧缩的看法不同源于定义差异。经济学界主要存在三种定义："单一要素论"认为通货紧缩是指价格水平普遍、持续下降；"两要素论"认为通货紧缩包括价格水平和货币供应量持续下降；"三要素论"则认为通货紧缩应该包括价格水平、货币供应量和经济增长率持续下降。

无论是否承认通货紧缩，亚洲金融危机期间，中国出现价格水平持续下行是客观事实。中国零售价格指数（RPI）和居民消费价格指数（CPI）先后自1997年10月和1998年2月开始转为负增长；2000年物价下行压力有所缓解，CPI同比增速转正，但2001年再次转为负增长。1997年10月—2003年9月，RPI有68个月同比负增长；1998年2月—2002年12月，CPI有39个月同比负增长。1998年和1999年，中国GDP平减指数连续两年为负，分别下降0.9%和1.3%，也显示当时国内出现了较为广泛的物价下行压力。后来，官方将这段历史称为"通货紧缩趋势"。

二、1998—2002年通货紧缩趋势的成因分析

前期重复建设导致生产能力严重过剩。1992年南方谈话之后，全国兴起了一轮空前的投资热潮。1992年和1993年，全社会固定资产投资分别增长44%、62%，房地产开发投资分别增长117%、165%，CPI增速也从1992年的6.4%飙升至14.7%，1994年进一步升至24.1%，经济出现过热迹象。政府自1993年中开始加强宏观调控，实施从紧的财政货币政策，固定资产投资增速大幅回落，但前期大量重复投资导致产能过剩问题十分突出，对产品价格带来较大下行压力。1999年初政府工作报告指出，经济中存在的困难和问题之一是，多年重复建设造成大多数工业行

业生产能力过剩,经济结构矛盾更加突出,经济运行质量和效益不高。

银行信贷收紧导致总需求增长放缓。由于国有企业在市场份额中占据绝大部分,国有资本以国有企业形式追求产权收益的过程中,存在投资事前效率损失、事后费用最大化的问题。其结果是,有关个人来自国有企业的收入高速增长,而国有资本净利润率很低,国有企业必须依赖国有银行的信贷资金支持,导致后者积累的不良资产规模快速增长。政府自1995年开始强调控制银行坏账,1997年的亚洲金融危机进一步强化了政府严格推行商业化贷款标准的决心。受此影响,银行贷款增速在1996年高达44%后快速回落,1998年之后基本稳定在20%下方。大量效益低下或者亏损的国有企业因为缺乏资金支持而被迫关停,同时国企改革、减员增效,国企下岗人员增加,1998年国有单位就业人数减少了1986万人,1999—2002年平均每年减少474万人。工人实际和预期收入减少,带动总需求增长放缓、价格下行,价格下行又进一步推高真实利率,加大了企业融资压力。

经济转轨叠加外部冲击,加重需求疲弱态势。1994年之后中国经济转轨进程加快,政府推出了教育、住房和医疗等一系列改革措施。改革带来的不确定性上升,且相关商品和服务价格大幅上涨改变了居民消费的预算约束。在流动性约束条件下,居民储蓄动机强化,现期消费减少。亚洲金融危机爆发给全球经济带来了较大冲击。同时,中国政府对外承诺人民币不贬值,进一步加大了出口下行压力。1998年下半年到1999年上半年,中国出口金额基本为持续负增长,货物和服务净出口对GDP增速的拉动作用由1997年的4.0%分别降至1998年、1999年的0.5%、–0.7%。而且,亚洲金融危机之后,人民币不贬值的政策在亚洲货币普遍走软的情况下,具有通过本国物价下行维持实际有效汇率基本稳定(即出口竞争力)的通缩效应。1998—2002年,BIS编制的人民币名义有效汇率指数累计上涨5.3%,而人民币实际有效汇率指数下跌了6.4%。

供需因素相互作用,形成"通货紧缩螺旋"。价格是供需关系的反映。1998年开始的"通货紧缩螺旋"是上述供需因素相互影响的结果:

前期重复投资、产能过剩导致价格下跌、真实利率上行，企业效益和融资能力下降，银行坏账规模增加，严监管要求导致银行被迫收缩信贷，企业财务状况恶化，投资和消费需求放缓，价格继续下跌，真实利率上行，企业效益和融资情况进一步恶化。当时，银行"惜贷"、企业"慎贷"并存。摆脱通缩趋势既需要宏观政策支持总需求扩张，更需要从微观机制入手提升企业效益。

三、1998—2002 年针对通货紧缩趋势的应对措施

及时采取扩内需政策。1993年开始，伴随中国经济快速增长，国内通胀迅速走高。中国政府实施从紧的财政货币政策，于1995年、1996年逐步将通胀从两位数降到了个位数，中国经济成功实现了"软着陆"。为巩固宏观调控的成果，"坚持实施适度从紧的财政货币政策"被写入了"九五"计划。然而，亚洲金融危机爆发，国内外经济形势明显恶化。1998年初党的十五届二中全会指出，应对亚洲金融危机最根本的是要做好我们国内的经济工作，要努力扩大内需，发挥国内市场的巨大潜力。1998年底中央经济工作会议明确提出，扩大国内需求、开拓国内市场，是中国经济发展的基本立足点和长期战略方针。为此，中国政府制定了扩大内需的宏观经济政策，居民住房建设和汽车消费成为新的经济增长点，财政货币政策也逐步转向扩张性。随着住宅商品化时代开启，住宅实现投资额和销售额快速增长，1998—2002年分别平均增长28%、29%。同期，在汽车消费贷款政策支持下，汽车销售年均增长17%。1999—2002年，最终消费支出对中国经济增长的贡献率平均为68.9%，较1994—1998年均值高出18.4个百分点。

货币政策转向但效果相对有限。1996年5月开始，央行多次下调银行存贷款利率，截至2002年底，银行存款基准利率和贷款基准利率分别累计下降9个、6.75个百分点。1998年，中国正式开始实施稳健的货币政策，此后两次下调法定存款准备金率，从13%降至6%，并采取了取消贷款规模控制等措施。不过，由于严监管背景下银行"惜贷"，同时债

台高筑、产能过剩等问题导致企业"慎贷",而且经济转轨背景下居民消费需求的利率弹性较低,扩张性货币政策对实体经济的刺激效果有限。1997年,M2与金融机构人民币贷款余额同比增速的月均差值为-5.7个百分点,1998—2002年分别为-0.2、1.8、0.7、1.1和2.1个百分点。M2增速持续高于人民币贷款增速,显示宽货币向宽信用转化的渠道不畅。

积极的财政政策发挥了重要的稳增长作用。中国政府自1998年下半年开始果断实施积极的财政政策,并且成为宏观政策重点,具体政策包括:增发国债加强基础设施投资,调整税收政策支持出口,增加社会保障、科教等重点领域支出,通过提高机关事业单位职工工资标准等措施增强居民消费能力。1998—2002年,财政部共发行长期建设国债6600亿元,银行配套贷款1.32万亿元,加上其他社会投资,共安排项目投资3.28万亿元,累计完成投资2.46万亿元。截至2002年末,社科院口径的政府部门杠杆率从1998年6月末的9.1%上升到25.0%。1999—2002年,资本形成对中国经济增长的贡献率平均为36.6%,较1994—1998年均值高出5.4个百分点;在最终消费支出中,政府消费平均占比26.4%,较1994—1998年均值高出3.1个百分点。

推进国有企业改革,提升企业盈利能力。如前所述,企业效益低下是"通货紧缩螺旋"形成的主要原因,因此政府在实施扩张性财政货币政策的同时,还出台了一系列结构性改革措施。1997年,党的十五届一中全会明确指出,用3年左右时间,通过改革、改组、改造和加强管理,使大多数国有大中型亏损企业摆脱困境,大多数国有大中型骨干企业初步建立现代企业制度。2000年,国有企业改革与脱困3年目标基本实现。其中,财政政策发挥了重要作用,包括支持国有企业关闭破产、支持重点行业重组改革、推动重点行业和企业技术改革等;实行"债转股",降低重点企业资产负债率,增强企业活力等。1998—2002年,工业企业利润分别累计同比下降17%,增长52%、86%、8%、21%。

加强金融改革与监管。1997年11月,第一次全国金融工作会议指出,要从根本上解决金融领域存在的问题,开创金融改革和发展的新局面，必须根据社会主义市场经济发展的要求，把银行办成真正的银行，强化人民银行的金融监管职能，加快国有商业银行的商业化步伐。一方面，政府对央行管理体制实行改革，减少了地方政府对央行分支机构的干预。另一方面，加大了国有银行的改革力度，例如，财政部向中、农、工、建四大行出售 2700 亿元特别国债，提高了四大行的资本充足率；设立四大资产管理公司，剥离处理银行不良资产等。

加强和改进外汇管理。亚洲金融危机爆发后，中国面临资本外流和人民币贬值压力。为了维护人民币汇率稳定，同时增加外汇储备，中国政府在坚持经常项目可兑换原则不变的同时，强化经常项目购付汇真实性审核，进一步收紧资本项下的购汇限制，加大对违法违规外汇收支行为的立法和执法力度。1998—2002 年，人民币汇率基本稳定在 8.28 元人民币兑 1 美元的水平，外汇储备不降反增 1465 亿美元。这为保持货币政策独立性创造了条件。

四、应对通货紧缩趋势的政策启示

一是财政政策是政策重点，但货币政策也不容忽视。在 1998—2002 年的通货紧缩阶段，中国宏观经济政策是以财政政策为主，在稳增长、调结构方面均发挥了重要作用。相比较而言，货币政策在应对通货膨胀问题上效果显著，然而在应对通货紧缩方面，由于面临企业效益低、债务率高，居民储蓄动机增强等结构性问题，货币政策对投资和消费的影响减弱。当然，这本身契合了蒙代尔－弗莱明模型预示的宏观政策组合，即在汇率缺乏弹性的情况下，财政政策较货币政策效果更佳。当然，这并不代表宽松货币政策没有作用，降息仍然有助于降低企业负债成本和财政政策成本，发挥政策合力，增强经济活力。

二是宏观经济政策应更具前瞻性、及时性。1997 年下半年亚洲金融危机爆发，国内经济下行和通缩迹象已经显现，而 1997 年底中央经济工作会议要求"继续实行适度从紧的财政货币政策，抑制通货膨胀"；1998 年初《政府工作报告》设定的宏观调控目标是"经济增长速度 8%，商品零售价格涨幅控制在3%以内",实现这样的目标,就能保持高增长、低通胀的良好发展势头。货币政策基调从1998年才开始由适度从紧转向稳健,财政政策也从1998年下半年起由适度从紧转为积极。

三是结构性改革是解决通货紧缩的关键。虽然宽松的财政货币政策有助于支撑总需求恢复,但通货紧缩背后的微观机制问题仍然需要结构性改革政策加以解决,对症下药。从近期中国通胀指标来看,PPI同比增速自2022年10月以来为持续负增长,但CPI同比增速仍然总体为正。虽然不能据此判断中国已经进入通货紧缩阶段,但这反映的仍是供给过剩和总需求不足的问题。对此,要保持战略定力和耐心,把实施扩大内需战略同深化供给侧结构性改革有机结合起来,有破有立、稳扎稳打。

四是加强预期管理。为防止出现通缩预期,在1998年之后的价格下行阶段,官方并没有公开表示国内进入通货紧缩,而是强调存在通货紧缩趋势。例如,央行货币政策委员会在2000年第四季度例会上强调,"九五"时期,中国不仅成功地制止了通货膨胀,也积累了克服和扭转通货紧缩趋势的经验。

五是中国同样适用"三元悖论"。"三元悖论"是指,在开放条件下,任何经济体在货币政策独立性、资本自由流动和汇率稳定之间只能三选二。亚洲金融危机期间,在人民币不贬值的目标下,货币政策要服务于保增长,当时中国只能加强和改进外汇管理。近年来,央行基本退出外汇常态干预,人民币汇率进入双向波动的新常态。汇率弹性增加发挥了吸收内外部冲击的"减震器"作用,汇率波动未对货币政策形成掣肘,同时减轻了对资本外汇管制手段的依赖,我们要继续深化汇率市场化改革,为更好统筹发展和安全提供体制保障。

第四节　关于人民币汇率对中国物价走势的传导效应研究

汇率变化有可能影响通胀走势,进而影响国内货币政策。因而,汇率的价格传导效应（Pass-through Effect）一直备受学术界和市场关注。2020 年和 2021 年，由于国内防疫工作和经济复苏领先，人民币兑美元汇率较快升值，有学者建议用人民币升值来应对输入型通胀压力。2022 年以来，由于中美经济周期和货币政策分化，人民币汇率持续承压，又引发了加剧输入型通胀的担忧。从物价稳定的问题思考中国货币政策与汇率政策应当如何协调联动，事关经济大局和预期稳定。本节拟就此进行探讨。

一、人民币汇率与通胀的表象特征

汇率是货币与货币之间的比价关系，有双边汇率（即一种货币对另一种货币的比价关系）与多边汇率（即一种货币对多种货币的平均比价关系，又称汇率指数或有效汇率）之分。由于 CFETS 口径人民币汇率指数的时间序列较短，从 2015 年 11 月才开始公布，本节主要使用 BIS 编制的人民币名义有效汇率。根据 BIS 官方介绍，人民币名义有效汇率是基于双边汇率的贸易加权均值编制而成的指数，包含了美元、欧元、日元和英镑等国际重要货币。因为 CFETS 与 BIS 汇率的编制方式和内涵不尽相同，所以两者存在些许差异，尤其在 2017 年出现了较为明显的差异，但是并不妨碍本节的分析。

2015 年"8·11"汇改是人民币汇率波动的分水岭。在此之前，人民币兑美元单边浮动，更为稳定，而名义有效汇率双向浮动；在此之后，两者皆可以双向浮动，人民币兑美元汇率的弹性进一步上升，"变相"降低了人民币有效汇率弹性。[①]2021 年 6 月以后两者出现较为明显的背离，人民币兑美元升值放缓，而名义有效汇率仍进一步升值；2022 年 11 月以后人民币兑美元调整放缓，名义有效汇率则进一步调整。两者背离长期不可持续，未来或会逐渐收敛。根据数据时间长度和国内外学术的普遍

---

① 根据中间价定价公式，若人民币汇率整体保持稳定，则美元部分波动上升会适度降低其他货币的波动影响。同时，一篮子货币的数量增加也可能会降低人民币有效汇率的波动。

做法，考虑到中国对外经贸关系日益多元化，本节选择采用人民币名义有效汇率（以下如非特指，人民币汇率均指 BIS 编制的人民币名义有效汇率）。这也有助于降低 2015 年"8·11"汇改前人民币兑美元单边升值对分析结果的影响。

人民币名义有效汇率与物价走势存在较强负相关，但近几年相关性有所下降。[①] 由于汇率对物价的影响具有时滞效应，我们以 3 个月的时滞关系检测不同时期汇率与物价的相关性。

生产通胀（PPI）方面，2017 年 10 月是转折点，在此之前人民币名义有效汇率同比与 PPI 同比的相关性为 -0.7，即人民币升值（贬值）、PPI 下行（上行）；在此之后相关性转为 0.8，即人民币升值（贬值）伴随 PPI 上行（下行）。PPI 与汇率走势的背离可能受不同时期的两个主要因素影响，一是 2017 年 5 月逆周期因子首次被引入使用，主要用来支撑人民币兑美元的双边汇率，而非扭转国内去杠杆和全球经济疲软；二是新冠疫情以来供给冲击引发大通胀和强劲贸易形势支撑人民币双边汇率走强。

消费通胀（CPI）方面，人民币名义有效汇率同比与 CPI 同比的负相关性也在减弱。不同的是，2012 年是 CPI 的转折点，明显早于 PPI，2012 年前为 -0.34，2012 年后为 0.01，主要可能受国内粮食价格波动骤降、特有的猪周期和近几年内需不足等因素影响。而且 CPI 与汇率的相关性低于 PPI 与汇率的相关性，这表明汇率对 CPI 的影响可能要小于PPI。由于进出口价格指数与 PPI 同比增速在走势上高度一致，汇率与PPI 的规律同样体现在进出口价格指数上。这与中国 PPI 和进出口价格受全球经济影响较大以及 CPI 以内为主的直观感受相符。

我们将人民币名义有效汇率同比变化率对滞后 3 个月的 CPI 和 PPI 同比增速做简单线性回归。结果显示，与 2015 年"8·11"汇改前相比，

[①] 人民币兑美元双边汇率是采取直接标价法，数值下降代表升值，数值上升代表贬值；人民币名义有效汇率采用间接标价法，数值上升代表升值，数值下降代表贬值。

人民币名义有效汇率对 CPI 和 PPI 的影响均有所下降，且均不再显著。汇改前，当汇率同比升值（贬值）1 个百分点时，CPI 和 PPI 同比分别降低（提高）约 0.12 个和 0.47 个百分点；汇改后，人民币名义有效汇率对 CPI 和 PPI 的影响几乎可以忽略不计。汇改前 PPI 的单一变量模型拟合度可以达到 0.43，汇改后的模型拟合度仅有 0.001。CPI 规律则比较有趣，在汇率升值的样本里系数为 –0.25，即升值 1 个百分点会降低 CPI 约 0.25 个百分点，拟合度为 0.21；在贬值的样本里系数为 0.03 且不显著，拟合度不足 0.01，表明人民币名义有效汇率贬值对提高 CPI 的作用不大，参数方向也与理论相悖。进一步使用 2015 年以前的贬值时期数据，虽然参数系数为 –0.04，存在较小的提升作用，但是显著性和拟合值并没有较大改善（见表 8–1）。

表 8–1 滞后 3 个月汇率同比变动对 CPI 和 PPI 的简单线性回归结果

时间区间	CPI	PPI
1996 年 10 月—2015 年 7 月	–0.120***	–0.471***
2015 年 8 月—2023 年 9 月	–0.013	0.041
升值期间回归系数	–0.245***	–0.590***
贬值期间回归系数	0.025	–0.674***
2015 年前贬值期间	–0.045	–0.328**

注：* 为 10% 显著性，** 为 5% 显著性，*** 为 1% 显著性。
资料来源：作者整理。

综上，根据数据特征显示，汇率对 PPI 和进口价格影响较大，对 CPI 影响较小，有时甚至可以忽略不计。国内现在仍存在不少关于 PPI 对 CPI 传导不畅的争论和研究，尤其是近两年 CPI 与 PPI 剪刀差不断走扩，创下历史新高。关于汇率在国内物价变化中扮演何种角色，将是本节的重点。

二、人民币汇率对物价的传导机制

汇率对 CPI 的传导离不开大宗商品渠道，同时也需要综合考虑进出口企业竞争程度、国内价格调整频率（价格管理工具）、产业结构（供应链传导）、外向依赖程度（国内消费品主要来源）、汇率暴露度（企业汇兑损失传导）、金融深度（风险对冲工具）、货币政策机制（货币供应和通胀控制力度，汇率可能是一个货币传导媒介）。虽然本节主要分析汇率的单向传导（见图 8-1），在叙事上尽量避免通胀、政策和经济变量之间的动态均衡机制，但是实证分析仍会考虑主要变量的内生性问题。此外，因为政策制定者深知汇率对价格的传导机制，当价格有过度上涨或下跌的压力时，政策会对症下药，例如，中国油价的"天花板"机制和猪肉价格的收储保价机制、俄乌冲突期间各国对能源价格的财政补贴，所以对汇率传导的分析离不开对政策干预的分析，两者环环相扣。我们会在传导机制分析中涉及对政策干预的讨论。

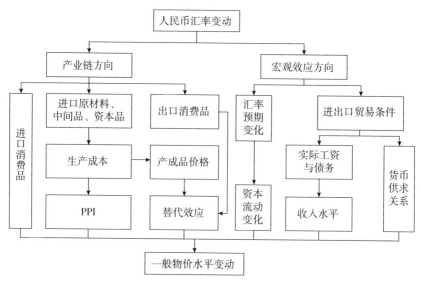

图 8-1　汇率变动对物价的单向传导路径示意

资料来源：作者整理。

（一）产业链视角

中国消费品进口依赖小，汇率的直接影响较为有限。世界银行 WITS 数据显示，2020 年中国进口中原材料、中间品、消费品和资本品占比分别为 25.6%、19.3%、13.7% 和 40.9%，其中消费品占比显著低于美国的 38%。按照 2020 年美元兑人民币平均汇率中间价 6.9 换算，中国进口消费品占国内社会消费品零售总额仅在 5.0% 左右，远低于美国消费品进口占美国零售总额的 14.5%，说明中国消费基本上是"自产自销"模式，汇率的直接影响较小。而美国作为全球通胀发动机，内部需求和通胀压力带动外部需求的能力更强。

汇率对物价的间接影响主要受产业链分布特征和企业间竞争程度（或市场地位）影响。从上文的进口结构可以看出，中国进出口以加工贸易为主，原材料、中间品和资本品进口占比合计达到 86%，三项都高于美国。其中，原材料和中间品更容易对国内物价产生短期冲击，也是汇率传导的重要途径；资本品属于消耗品，可以通过长期价值分摊平抑汇率的影响。而且，企业也有更高的动机在购买资本品时使用金融租赁服务和汇率对冲手段。理论上，产业链越长越宽，竞争程度越高，自上而下的传导会越弱；反之亦然。

典型的如农林牧渔，从进口到形成消费品的产业链较短，汇率的影响应该较大。实际上，食用油脂进口价格和 CRB 油脂价格指数不仅波动较大，而且在新冠疫情以来涨跌幅也较大，2021 年和 2022 年持续录得两位数的同比增长，最高分别达到 52.5% 和 86.3%，而 2023 年以来持续同比负增长；反而国内 CPI 食用油同比增速稳定，最高升至 2022 年 10 月的 8.4%，2023 年 9 月已经下滑至 -3.1%。在"中国人的饭碗任何时候都要牢牢端在自己手上"的号召下，中国基本上能做到粮食自给自足，粮油食品价格极其稳定。

再以同样传导链条较短的石油为例。尽管国内对油价也有干预措施，但石油进口依赖较高，从石油到燃油的工序较短，汇率变动的传导效应较为突出。2022 年 6 月国内 CPI 燃料价格同比增速见顶，同期布伦特油价同比增速仍高达 69.2%；2023 年 9 月国内 CPI 燃料价格同比增速降至 -1.1%，同期布伦特油价同比增速也降至 4.5%。从财务上看，人民币兑美元汇率升值或贬值，有助于降低或提高国内原油进口商成本，存在向消费者转移的动机。从数据上看，大宗商品价格确实呈现输入型通胀的特征，汇率可能会在其中扮演"加速器"的作用。不过，实证分析发现，国内原油期货价格变动与离岸人民币兑美元汇率之间的传导效应并不显著，反而是国内利率较好地反映出了国内外原油价格、离岸人民币兑美元汇率的传导作用。[①] 我们将在下文的"汇率—货币—价格"的货币视角着重分析。

再如传导链条较长的工业制成品，距离原材料越远，传导效率越低，表现为PPI上中下游的波动性逐层下降。虽然成本推动确实存在，但是由于中国企业数量分布呈现上游少、下游多的特征，竞争程度逐层上升，市场占有率和客户关系往往是下游企业的核心考虑因素之一，导致价格从PPI向CPI传导较弱。对于一个国家来说，如果汇率变动以相近的比例带动进出口价格变动，那么汇率对贸易行业的影响就是相对中性的，更多影响体现在可贸易企业之间的利润分配上。不过，由于国际和国内市场存在替代作用，在供给稳定的情况下，贬值带动出口量上升，从而减少国内供给和提升国内通胀压力。从过去三轮有效汇率贬值或者升值放缓（2001—2003年、2009年、2015—2016年）的表现来看，在三次汇率下行中后期，进出口价格增速均有明显上升趋势，同时伴随贸易条件逐渐恶化；而前两次CPI也同样有上升趋势。因而，我们仍需实证检验大宗商品价格的输入型通胀会否显著影响国内的CPI。

（二）贸易视角

研究表明，美联储紧缩造成的数量抑制要远远超过人民币兑美元汇率贬值带来的出口价格优势，故贬值可能增厚中国出口企业汇兑收益，却未必能刺激出口，影响国内物价走势。尤其当全球需求处于下行趋势时，国际资本不看好生产型国家，日元、韩元和人民币兑美元汇率的贬值压力均会上升。2023年前9个月，人民币、日元和韩元兑美元的即期

---

① 曹剑涛.上海原油期货价格变动传导效应研究[J].经济理论与实践，2019（6）：107-111.

汇率分别贬值4.8%、12.2%和6.5%。同时，由于国内产能过剩，外需萎缩进一步凸显需求不足的问题，消费通缩压力（工业增加值负缺口）和汇率贬值并存是中国"独有"的状态，这有别于新兴经济体常见的"贬值—通胀"现象。值得注意的是，2023年前5个月，中国出口缺口触底回升并非形势好转，这是2022年第四季度断崖式下降后的"补交货"，同时出口仍处于负缺口，而美欧经济开年超预期不一定持续。2023年前9个月，以美元计价的出口同比下降5.7%，降幅较上半年扩大2.3个百分点。

（三）预期和货币视角

2023年，市场一直存在一个争议，即输入型反通胀力量和国内经济弱复苏对抗时，到底是前者通缩压力大，还是后者通胀压力大。一般情况下，经济下行期间，居民收入下降，储蓄倾向上升，消费支出也会有所减少；反之亦然。根据市场和学术界的普遍方法，对季调后的工业增加值做HP滤波处理计算产出缺口，并以此代表国内经济预期。[①] 从产出缺口走势上看，最近两次负缺口底部分别发生在2019年第二季度中美贸易摩擦和2021年第四季度国内稳增长政策发力期间（见图8-2）。值得注意的是，产出缺口自2021年9月触底反弹后，2022年第一季度再次下滑，与国内疫情散发时间一致。同时，2021年第二季度开始下滑，同年第三季度产出陷入负缺口，与国内经济快速下滑时间也一致。2023年第一季度有企稳回升迹象，但第二季度开始进一步下滑。这表明当前中国经济处于收缩区间，与其他主要经济指标表现"弱势"相符。2023年第三季度经济活动在一系列稳增长政策带动下有所好转，说明当前经济高度依赖政策支持。如果输入型反通胀力量会显著影响国内CPI走势，则可能出现"汇率贬值—货币宽松"的螺旋强化，即汇率因宽松货币政策

---

① 我们使用Stata的X12季调分析包，同时根据春节假期在1—2月的天数分布加入春节效应，以此生成季调后的工业增加值。由于中国是生产型经济体，故以工业增加值为经济产出缺口。出口缺口和货币缺口均采用同样的方法。

预期而贬值，直到通胀前景改善。但市场共识是，汇率波动是货币政策调整的次生结果，且波动呈现"上有顶、下有底"的隐性区间，本外币政策之间的独立运作可以打破强化循环。

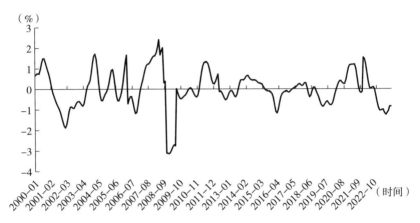

图 8-2　中国工业产出缺口

注：负向表示工业产出低于潜在产出，为负缺口，代表经济处于偏冷状态；正向则相反。
资料来源：万得，作者整理。

这一轮全球大通胀在很大程度上源于发达国家史无前例的超级宽松货币政策。疫情以来，中国货币政策先进先出，在 2020 年第二季度经济快速反弹时便开启正常化进程。同时，在 2022 年下半年经济下行压力加大时，中国货币政策开始转向"稳中偏松"阶段，总量和结构性工具相继加码稳增长。我们以前述同样的方法对 M2 进行处理获得 M2 的供需缺口。2012 年是 M2 供需缺口的转折点，之前表现为"大开大合"和"快进快出"，之后转变为围绕趋势小幅波动，基本上与潜在货币需求匹配。波动下降不代表经济规律失效，例如，2017 年国内金融去杠杆开启 M2 供需缺口下行，至 2019 年年中中美贸易最悲观时刻逐渐过去后触底，再至 2019 年第三季度 M2 供需缺口触及上轮高点，最后是 2021 年第三季度稳中偏松的货币政策推动缺口触底反弹（见图 8-3 和图 8-4）。

第八章 透视中国物价走势

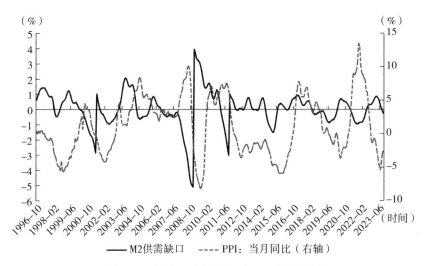

图 8–3　中国 M2 供需缺口与 PPI 同比增速

资料来源：万得，作者整理。

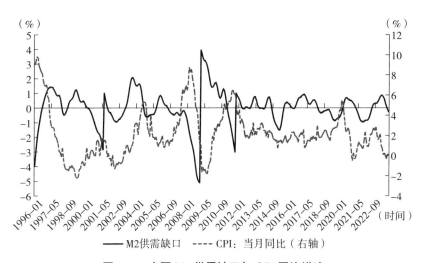

图 8–4　中国 M2 供需缺口与 CPI 同比增速

资料来源：万得，作者整理。

中国的 M2 供需缺口对 PPI 的领先性较为明显，似乎与 PPI 受美联储政策主导的感觉略有出入。实际上，中国经济快速成长，稳居全球第二大经济体之位，货币政策必然会对外产生溢出效应。值得注意的是，

323

PPI 依然在 2012 年后保持较高波动，而中国 M2 供需缺口明显缩小。CPI 与 M2 供需缺口的领先性在 2012 年后变得不再突出。此前，2007 年至 2008 年上半年，中国仍在担忧投资过热会引发过高的通胀压力，采取了持续紧缩的货币政策，反而未特别关注美国次贷危机蔓延的苗头，创下了有数据以来的最大货币供需负缺口；此后，中国在 2019 年发生猪瘟而 CPI 高增的情况下坚持宽松货币政策，在 2020 年下半年 CPI 负增长的情况下坚持货币正常化。因而，直观上看，中国货币供需可能仍会影响 PPI 走势，尤其是中国擅长投资驱动的经济模式，CPI 则越发与货币供需无关。

汇率既是宏观经济的自动稳定器，又是利率政策的传导和反应媒介。直观来看，从 M2 供需缺口与人民币名义有效汇率的走势关系看，M2 供需缺口领先于人民币名义有效汇率同比增速，表明货币环境迟早会反映到汇率上，不存在放水不贬值的状况；2017—2019 年，M2 供需缺口与人民币名义有效汇率的规律出现"背离"[①]（见图 8-5）。考虑到疫情对国内经济影响大和金融数据结构差，货币政策理应维持宽松，但是会加剧汇率贬值压力。如果货币供应与物价传导突然"觉醒"到 2012 年前的状况，"一松一贬"双重作用下通胀风险大概率会有所上升。至少，宽松货币环境有利于投资，可能会进一步提升 PPI 的韧性。不过，反过来思考，如果货币政策对当前经济过冷放任不管，虽然短期内通胀预期压力小了，但是依靠经济不振治理通胀的长期成本将令人更为痛苦（日本化）。此外，如果利率、汇率和 CPI 之间的三角传导并非完美的双向反馈机制，即汇率受利率影响，但不显著影响 CPI，则过于担忧汇率贬值的货币政策可能是"捡了芝麻、丢了西瓜"。因而，判断汇率、输入型通胀和经济状况对 CPI 的影响至关重要。

---

① 2017—2019 年，货币政策不再影响汇率，可能是其他因素掩盖了两者的反馈机制，2020—2022 年，汇率对货币松紧的反应机制再次回归。

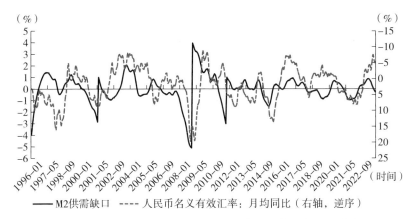

图 8-5　中国 M2 供需缺口与人民币名义有效汇率同比增速

资料来源：万得，作者整理。

三、实证分析：汇率、CPI、PPI、产出缺口、M2 供需缺口和大宗商品价格

在进入 VAR 模型之前，首先对第一部分 CPI、PPI 与人民币名义有效汇率模型的解释力低进行补充。从第二部分的分析可以看出，产出缺口、M2 供需缺口和汇率对物价的影响有滞后效应；同时，中国 CPI 和 PPI 可能还会受输入型通胀影响，我们以 CRB 综合指数和农产品价格指数分别代表国际商品价格和国内粮食价格。将这些影响因素相继加入简单的线性回归，模型的拟合度明显提升，CPI 和 PPI 模型提升至 0.75 和 0.73。[①] 产出缺口对 CPI 和 PPI 的影响最为明显，输入型通胀次之，出口缺口对 PPI 的影响大于 CPI，汇率对 CPI 的影响小于 PPI，且有时并不显著（包含农产品价格，汇率不显著；包含大宗商品价格，汇率则显著）；而 M2 供需缺口和输入型通胀对 CPI 的影响均小于 PPI（见表 8-2）。值得注意的是，是否包含输入型通胀对 M2 供需缺口和汇率的结果影响较

---

① 当 CPI 模型加入 CRB 商品指数同比时，拟合度为 0.37。由于 CPI 编制中食品权重较高，结果也在情理之中。但是，用 CPI 分项检测对整体 CPI 的影响存在参数估计的解释问题，即食品项的参数是权重读数还是影响读数。因而，我们在此不予以展示。

大，M2供需缺口甚至会出现方向上的变化。叠加各变量之间的内生性问题，简单的线性模型可能无法揭示完整的传导机制。因而，我们遵循学术界的普遍做法，采用VAR模型。

表8-2 CPI、PPI线性回归结果

项目	CPI同比		PPI同比	
汇率（L3）	−0.065***	0.004	−0.228***	−0.110***
产出缺口（L3）	0.536***	0.367***	0.759***	0.259
M2供需缺口（L9）	0.105	−0.029	0.624***	0.062
出口缺口（L3）	0.121***	0.111***	0.329***	0.153***
农产品价格指数（L3）	—	0.204***	—	—
CRB（L3）	—	—	—	0.189***
拟合度	0.344	0.745	0.485	0.726

注：（1）对1996年1月至2023年5月的CPI和2002年1月至2023年5月的PPI数据分别进行简单线性回归；（2）L3和L9分别代表滞后3个月和9个月；* 为10%显著性，** 为5%显著性，*** 为1%显著性。

资料来源：万得，作者整理。

我们使用人民币名义有效汇率（BIS口径）、CPI和PPI的月度环比增速以及上文的产出缺口和M2供需缺口来进行VAR实证分析。数据时序的长度以可取得的最短时长为主，CPI模型从1996年1月至2023年5月，PPI模型从2002年1月至2023年5月。新冠疫情期间，中国首次经历了有数据以来的全球性供给冲击大通胀，尤其是2021年的"类滞胀"格局。因而，我们会在实证分析时进行比较，检验2020年以来的实证结果是否出现明显变化。此外，我们仍然以CRB大宗商品指数作为国际商品价格的观察指标，以此检测大宗商品对PPI和CPI的影响，以及其是否会干扰汇率对CPI的回归结果。

首先看CPI结果（见表8-3）。不管是否包含新冠疫情期间的样本，CPI增速均存在显著自相关，且自身冲击随着时间推移逐渐衰退，而汇率和大宗商品价格变动对CPI的影响并不显著。从方向上看，虽然汇率贬值可能会带动CPI环比上升，但是效果非常有限，1%的汇率贬值仅带动 0.02% 左右的 CPI 增速。大宗商品价格亦是如此，参数不显著且绝对值非常小。刘亚、李伟平和杨宇俊（2008）也得出了相近的结论，他们的模型中加入了食品价格，并发现食品价格也是主导 CPI 变动的主要因素。[①] 这可能与中国 CPI 编制中食品项目权重更为突出有关，而且本节使用的大宗商品价格是综合指数，并不仅代表国际食品价格。值得注意的是，国内产出缺口对 CPI 影响较为显著，而 M2 供需缺口却对 CPI 没有显著影响。当产出缺口为正（或负）时，CPI 有上行（或下降）压力。同时，仅产出缺口在格兰杰检测中表现稳定，全部模型都通过了格兰杰检测，是引发 CPI 变动的格兰杰原因。这也部分解释了，2021 年下半年以来，国际大宗商品价格节节上升，中国 CPI 却持续低于预期的原因，主要还是需求疲弱。至于货币影响较小，可能与前文所述逻辑相似，即中国的货币政策以刺激投资为主，带动 PPI 上涨，而 PPI 到 CPI 的传导自 2012 年以后几乎失效。虽然我们未列出汇率部分结果，但是汇率呈现较强的自相关（系数为正，羊群效应），出口缺口和滞后两期的产出缺口会显著正向影响汇率表现，其他均不显著。

表 8-3　CPI 部分 VAR 结果和格兰杰检测

CPI（应变量）	不包含新冠疫情		全部	
CPI（L1）	0.347***	0.339***	0.349***	0.341***
CPI（L2）	−0.182***	−0.173***	−0.188***	−0.182***
汇率（L1）	−0.022	−0.009	−0.027	−0.009
汇率（L2）	−0.018	−0.048	−0.031	−0.058
产出缺口（L1）	0.152**	0.151**	0.134**	0.132**
产出缺口（L2）	−0.055	−0.050	−0.055	−0.047
出口缺口（L1）	−0.015	−0.002	−0.011	0.002
出口缺口（L2）	0.013	−0.001	0.011	−0.001
M2 供需缺口（L1）	−0.029	−0.055	−0.034	−0.066

① 刘亚，李伟平，杨宇俊.人民币汇率变动对中国通货膨胀的影响：汇率传递视角的研究[J].金融研究，2008（3）：28-41.

续表

CPI（应变量）	不包含新冠疫情		全部	
M2 供需缺口（L2）	0.041	0.077	0.041	0.079
大宗（L1）	—	0.015	—	0.024
大宗（L2）	—	−0.048**	—	−0.050***
样本量	286	286	327	327
格兰杰检测				
汇率	否	否	否	否
产出缺口	是（*）	是（*）	是（*）	是（*）
出口缺口	否	否	否	否
M2 供需缺口	否	否	否	否
大宗	—	是（*）	—	是（*）
全部	否	否	否	否

注：L1 和 L2 分别代表滞后 1 个月和 2 个月；* 为 10% 显著性，** 为 5% 显著性，*** 为 1% 显著性。
资料来源：万得，作者整理。

再看 PPI 结果（见表 8-4）。PPI 较 CPI 存在更强的自相关性。不同的是，不管是否包含新冠疫情期间的样本，滞后 1 个月的汇率变动均会显著影响 PPI 增速，具体表现为 1% 的升值会带动 PPI 增速下降 0.05—0.11 个百分点，说明汇率对 PPI 的传导效应显著强于 CPI。这与第一部分的数据特征相符。此外，国际大宗商品价格的输入型通胀对 PPI 影响也更显著。同时，产出缺口对 PPI 的影响也较为显著，且效果强于 CPI。但在包含新冠疫情的样本数据后，产出缺口对 PPI 的影响有所减弱。2008 年的四万亿元基建和 2016 年的棚改都是中国政策发力带动 PPI 上行，为全球经济走出低迷做出了较大贡献。这次，虽然中国仍出力不少，为疫情期间的全球供需平衡做出了巨大努力，但是全球的供给端通胀冲击和中美经济错位使得近两年数据屡屡"打架"，第二大经济体的产出负缺口（需求不足）并未缓解全球通胀压力。比较有趣的是，当不包含出口缺口时，货币缺口能够通过格兰杰检测，即 M2 是影响 PPI 的原因；而在包含出口缺口后，货币缺口无法通过格兰杰检测，这可能说明两者之间存在相互抑制的关系（使用出口缺口对货币缺口做简单线性回归，参数结果显著负影响，即 1% 的出口缺口上行会降低 0.1% 的货币缺口，拟合度为 0.13）。此外，格兰杰检测显示，汇率、产出缺口和大宗商品价格均是中国 PPI 的格兰杰原因。汇率部分结论与 CPI 相同。

表 8-4 PPI 部分 VAR 结果和格兰杰检测

PPI（应变量）	不包含新冠疫情		全部	
PPI（L1）	0.736***	0.699***	0.758***	0.685***
PPI（L2）	−0.147**	−0.157**	−0.201**	−0.211***
汇率（L1）	−0.089***	−0.054**	−0.107***	−0.079***
汇率（L2）	0.011	−0.002	0.038	0.030
产出缺口（L1）	0.293***	0.237***	0.239***	0.182**
产出缺口（L2）	−0.189**	−0.130*	−0.101	0.051
出口缺口（L1）	−0.028*	−0.032*	−0.020	−0.026
出口缺口（L2）	0.022	0.026	0.015	0.021
M2 供需缺口（L1）	0.037	−0.016	0.038	−0.006
M2 供需缺口（L2）	0.023	0.058	0.027	0.051
大宗（L1）	—	0.055***	—	0.051***
大宗（L2）	—	−0.018	—	−0.001
样本量	214	214	255	255
格兰杰检测				
汇率	是（***）	是（*）	是（***）	是（**）
产出缺口	是（***）	是（***）	是（***）	是（***）
出口缺口	否	否	否	否
M2 供需缺口	否	否	否	否
大宗	—	是（***）	—	是（***）
全部	是（***）	是（***）	是（***）	是（***）

注：L1 和 L2 分别代表滞后 1 个月和 2 个月；* 为 10% 显著性，** 为 5% 显著性，*** 为 1% 显著性。

资料来源：万得，作者整理。

CPI 和 PPI 的结果还有两点启示。一是如果稳增长政策无法形成有效需求并带动经济升温，则 CPI 和 PPI 较难形成通胀压力，而在宽松货币环境带动下，汇率可能领先经济率先反应调整。一旦货币持续空转，通胀低迷会不断强化宽松预期，汇率调整压力上升。如果出现汇率单边快速贬值，则不但无法起到拉升通胀的作用，反而可能会打击市场信心，进而形成通缩压力。二是如果经济回到疫情前的常态，PPI 结果中的汇率贬值与大宗商品价格回落可能会接近相互抵消。但是，内需带动的 CPI 和 PPI 上涨，肯定好于当前国内物价下行压力较大的格局。

四、主要结论

不管是经验规律还是 VAR 实证分析结果，都反映了汇率对 PPI 的影响更大、传导更为通畅。同时也说明，若人民币汇率走低，主要是因为美元太强引起的，人民币多边汇率跌幅小于双边汇率，则人民币弱势对 PPI 的影响有限。而 CPI 则更多以内为主，国内经济景气可能才是影响 CPI 走势的主要因素。或者说，汇率对 CPI 的传导极其有限。此外，中国货币供应对 CPI 的传导明显弱于 PPI，可能与中国经济主要由投资驱动有关。实际上，除贸易企业以外，内销企业和国内消费者鲜有关注汇率走势，这部分解释了汇率对 CPI 的影响较小的原因。

新冠疫情以来，中国经历了有数据以来罕见的全球大通胀和国内经济较快下行的组合。虽然输入型通胀对 PPI 走势影响较大，但是国内需求不足、负产出缺口的问题可能更大。前期，输入型通胀基本上难以有效传导至国内 CPI。当前，则是海外输入型反通胀力量在导致国内 PPI 持续负增长的同时，进一步加剧了国内 CPI 的下行压力。

本节实证研究的结果表明，汇率波动对国内物价稳定的影响有限，人民币贬值不是当前货币政策的掣肘，同时也不能指望靠贬值拉动国内物价摆脱下行趋势。保持汇率灵活性有助于拓展货币政策自主空间，促进经济增长和防范通胀下行风险。但也要注意，在国内产能过剩的情况下，若货币政策无法作用到实体经济，即货币宽松未能充分改善经济基本面，短期货币宽松会加剧汇率波动风险，有可能打击市场信心。为此，相关部门要加强对国内外经济金融形势边际变化的监测分析，做好应对预案，适时出手，合理引导市场预期，有效防化重大风险。

第五节 美英企业纾困计划的经验与启示

新冠疫情初期，美国和英国都曾推出一系列企业纾困政策，实现了保市场主体和保就业的效果。本节拟通过梳理美英两国的相关经验，为中国助企纾困提供政策参考。

一、疫情下的企业纾困政策思路

疫情持续冲击带来的影响不同于传统的经济下行周期，尤其是对不同地区、行业、人群带来的影响是非对称、不均衡的，而传统宏观调控政策更偏向总量，如何定向支持受疫情重创的市场主体成为政策面临的难题。由此，许多国家开始创新直达实体的政策工具，具体来看，疫情下的企业纾困政策应有两大侧重点。

一是需为市场主体解决流动性和偿付能力问题。在新冠疫情暴发初期，IMF曾总结出疫情下经济活动受限使得市场主体面临流动性和偿付能力两方面的压力。由此建议，针对流动性问题可以考虑低息贷款和延期还款等举措，解决偿付压力则需要借助政府补贴和直接转移支付（见表8-5）。货币政策可以通过降准、降息等总量工具为市场主体提供流动性，但是在疫情持续发展演变、不确定性加大的情形下，市场主体加杠杆意愿减弱，财政政策可以更有效地通过转移支付等手段，帮助市场主体解决偿付能力问题。[①]

---

① IMF. Economic Policies for the COVID-19 War[EB/OL]. (2020-04-01) [2023-11-13]. https://blogs.imf.org/2020/04/01/economic-policies-for-the-covid-19-war/.

表 8-5 助企纾困的政策选项

流动性	偿付能力
贷款展期	基于过去收入直接补贴（税收相关）
延期缴税和社保缴费	发放稳岗补贴
政府提供信用担保	债务豁免
购买商业票据和债券	注资
央行直接提供信贷	

资料来源：IMF。

美联储主席鲍威尔在 2020 年新冠疫情暴发初期，也就货币政策在应对公共卫生危机中的作用表达过三层意思：第一，货币政策能购买有毒资产，但不能解决新冠病毒；第二，货币政策能够维护企业资金链，但恢复不了供应链；第三，货币政策能提供流动性，但是解决不了企业和家庭的现金流问题。尤其是针对第三点，鲍威尔强调，美联储拥有借贷权（lending power），而不是支出权（spending power）。美联储的贷款可以在企业流动性暂时中断时提供一座桥梁，帮助借款人度过危机。但经济复苏需要一些时间聚力，随着时间拉长，流动性问题可能会变成偿付能力问题。疫情下，有偿债能力的借款人可以从各项贷款计划中受益，但许多市场主体需要直接的财政支持，而不是难以偿还的贷款。①

二是应以稳就业、稳民生为优先导向。就业是最大的民生，也是稳定经济的重要支撑。各国中小企业都是吸纳就业的主力军。比如在美国，截至 2021 年末，雇佣人数在 500 人以下的小企业共有 3250 万家，占企业总数的 99.9%，总雇员数占美国总就业人数的 47%；在英国，截至 2021 年初，雇佣人数在 250 人以下的小企业共有 558 万家，占企业总数

---

① Board of Governors of the Federal Reserve System.Current Economic Issues [EB/OL].(2020–05–13) [2023–11–13]. https://www.federalreserve.gov/newsevents/speech/powell20200513a.htm; Board of Governors of the Federal Reserve System.COVID–19 and the Economy [EB/OL].(2020–04–19) [2023–11–13]. https://www.federalreserve.gov/newsevents/speech/powell20200409a.htm.

的 99.9%，总雇员数占总就业人数的 61%。①然而，在疫情持续冲击的作用下，小企业面临收入骤减、成本刚性、经营恢复不确定等多重压力，其抗风险能力较弱，迫于经济压力很可能通过裁员来降低成本，这将直接导致失业率上升，居民收入下降，社会消费下滑，经济循环运转不畅。因此，保市场主体是保就业的关键，有助于防止经济陷入"企业破产裁员—失业率上升—消费下滑"的负向循环。

二、美国的企业纾困计划

（一）薪资保障计划

美国国会在 2020 年 3 月的《冠状病毒援助、救济和经济安全法案》（CARES Act）中，推出了针对小型企业和非营利组织的"薪资保障计划"（Paycheck Protection Program，PPP），帮助小企业维持经营运转，减少裁员和破产。

1. 运作流程及特点

借款企业将 PPP 贷款的主要资金用于支付工资即可免还。PPP 贷款计划全程由美国小企业管理局（Small Business Administration，SBA）管理，其运作流程是，符合规模在 500 人以下或其他符合条件的小企业或者个体工商户可以向金融机构无抵押申请低息贷款，由美国小企业管理局提供 100% 担保（见图 8-6）。如果申请主体在获得贷款的 8 周内将至少 75% 的贷款资金用于支付员工工资，且保证不裁员，则企业有资格获得贷款免除。2020 年 6 月 5 日，美国国会进一步放松了 PPP 计划的一些限制条件，将要求的薪酬支出比例下调为 60%，资金使用周期延长至 24 周，贷款期限从 2 年延长至 5 年，延期支付时间由 6 个月增加至 10 个月。

---

① Hutton G, The House of Commons Library. Business statistics[R/OL]. (2022-12-06)[2023-11-13].https://researchbriefings.files.parliament.uk/documents/SN0 6152/SN06152.pdf.

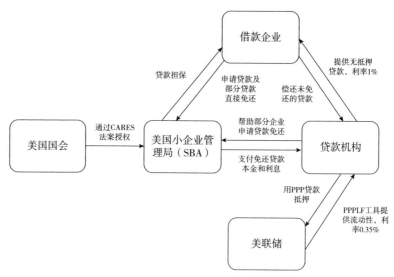

图 8-6　美国 PPP 计划运作流程

资料来源：SBA。

贷款计划的激励机制设计较为完善。一是 SBA 为所有 PPP 贷款提供担保且不收取任何费用，借款企业通过贷款免除后，SBA 将全额支付本金和利息，金融机构几乎不用承担任何风险和坏账责任。二是监管方面对放贷机构没有最低资本要求，传统商业银行、保险机构、非银存款机构以及金融科技公司等通过申请后，都可以参与放贷。三是美国监管机构（包括美联储理事会、美国联邦存款保险公司）联合发布声明，PPP 贷款不会纳入金融机构的资本和流动性监管考核指标。

美联储协同参与 PPP 计划为贷款机构提供流动性。在 2020 年 3 月 PPP 贷款计划推出后，美联储于 4 月 9 日推出了薪资保障计划流动性便利（Paycheck Protection Program Liquidity Facility，PPPLF）。参与计划的金融机构可用 PPP 贷款作为抵押向美联储申请贷款，可贷金额为抵押 PPP 贷款的总面值。PPPLF 的特点是利率低，无其他手续费用，而且无追索权，贷款条款对于金融机构相对友好。美联储通过 PPPLF 工具向贷款机构提供流动性支持，激励金融机构参与 PPP 贷款发放，提高计划实施的有效性。

2. 实施进展及结果

PPP 贷款共发放了三轮，第一轮发放速度最快。第一轮总金额为 3490 亿美元，包括在美国国会 3 月 27 日通过的 CARES 法案中；第二轮通过 4 月 24 日推出的《薪资保护计划和医疗保健增强法案》发放，总金额为 3200 亿美元；第三轮通过 2020 年 12 月 27 日的《冠状病毒救助和政府资助法案》发放，金额为 2840 亿美元。2020 年 4 月 3 日，第一轮额度开放申请，贷款需求非常旺盛，13 日内 3490 亿美元的额度就已用完，最终获批金额为 3423 亿美元。相较而言，第二轮额度使用比例最低，最终仅使用了 1889 亿美元；第三轮额度最终使用了 2777 亿美元（见表 8-6）。总体来看，三轮获批 PPP 贷款总数量为 1082 万笔，共有 5467 家金融机构参与贷款，金额合计 7998 亿美元。

表 8-6 美国 PPP 三轮计划推出时间及使用情况[①]

PPP轮次	法案	申请时间	计划总金额（亿美元）	最终获批金额（亿美元）	单笔贷款平均金额（美元）
第一轮	《冠状病毒援助、救济和经济安全法案》（"CARES 法案"）	2020.4.3—2020.4.16	3490	3423	206022
第二轮	《薪资保护计划和医疗保健增强法案》	2020.4.27—2020.8.8	3200	1889	73485
第三轮	《冠状病毒救助和政府资助法案》	2020.12.27—2021.5.31	2840	2777	41560
总计			9530	7998	74115

注：SBA 于 2021 年 5 月 31 日公布最终贷款总额，其中剔除了重复和未获批的贷款。
资料来源：SBA。

整体来说，第一轮贷款发放更集中于中型规模企业，单笔贷款规模为 35 万—100 万美元的比例最高；第二轮贷款规模分布相对均匀但支出

---

① U.S. Small Business Administration. Paycheck Protection Program (PPP) Report[R/OL]. (2021-05-31)[2023-11-13]. https://www.sba.gov/sites/default/files/2021-06/PPP_Report_Public_210531-508.pdf/.

进度缓慢，3200亿美元的额度最终仅有1889亿美元获批；第三轮贷款发放更侧重于小型公司，单笔贷款规模为5万美元以下的比例最高。而且，不同规模的企业申请获批的进度不同，前两轮贷款申请中，员工数量在200人以上的企业完成比例达到93%，而小于200人的企业仅完成64%。

此外，美联储的PPPLF工具发挥了积极作用，为金融机构的融资提供有力支撑。到2021年7月30日PPPLF工具使用终止，累计使用金额为845亿美元，约占PPP贷款总规模的10%。其中，大部分使用量集中在2021年第三轮PPP贷款发放后，缓解了金融机构在计划后期的流动性压力。

从实现效果来看，在PPP计划实行后，美国失业率从2020年4月的高点14.7%开始快速下降，到2021年5月第三轮贷款结束，失业率已降至5.8%。不同规模企业的就业人数均逐渐回升，尤其是1—19人规模的企业最快回升至疫情前水平。同期，每周初次申请失业金人数也由662万人的高点降至39万人。美国NBER的研究发现，PPP计划的保就业效果在2020年5月时最佳，随后逐渐下降。据测算，截至2020年5月，PPP计划将获得贷款企业的就业率提高了2—5个百分点，帮助小企业多保留了360万个工作岗位。至2020年末，就业率的提高比例降至0—3个百分点，多保留了140万个工作岗位。[①]

3. 运作过程存在的问题

第一，PPP贷款发放规模不均匀。由于计划从推出到执行时间过于仓促，因此美国政府在法案中没有给出计划的详细说明和流程指导，SBA只是规定"先到先得"原则，这导致大银行优先将贷款发放给此前有过合作的公司，以此来尽量降低贷款违约风险。[②] 结果是较大规模的企业优先获得贷款，这使得真正需要资金救济的小微企业和个体户，因为

---

① Autor D, Cho D, Crane L D, et al. An evaluation of the paycheck protection program using administrative payroll microdata[J]. Journal of Public Economics, 2022, 211: 104664.

② 国家发展和改革委员会对外经济研究所课题组, 叶辅靖, 李馥伊, 等. 美国薪资保障计划及效果[J]. 中国金融, 2020（15）：84-86.

此前没有和大银行合作的信用记录而无法获得贷款。①

第二，PPP 计划的性价比不高。政府一方面在制定贷款计划时很难估计贷款实际需求量，另一方面又想尽全力覆盖所有的中小企业，这就需要在贷款覆盖面和计划额度之间进行权衡。据 NBER 研究测算，保存一个工作岗位 1 年的成本为 16.9 万—25.8 万美元，约为美国薪酬中位数 5.8 万美元的 3.4—5.2 倍。

第三，PPP 贷款存在道德风险。根据华尔街日报的报道，PPP 贷款中仍有不少欺诈行为，不少借款企业将资金另作他用，或是新成立公司骗取贷款。美国财政部数据显示，仅 2020 年 9 月，美国的银行共报告了 2495 起贷款欺诈事件，超过了过去 6 年数据的总和。②

（二）主街贷款计划

美国还推出了规模达 6000 亿美元的"主街贷款计划"（Main Street Lending Program，MSLP），由美联储和财政部共同发起，旨在向企业员工人数不超过 1.5 万人或营收不超过 50 亿美元的公司或非营利组织提供贷款。此类公司规模居中，一方面规模不满足在资本市场募集资金的条件，另一方面 PPP 贷款额度太小不足以满足其经营需要。

1. 运作流程及特点

主街贷款计划的具体操作是，由美国财政部出资 750 亿美元的股权成立一家特殊经营实体公司（SPV），借款人通过银行申请贷款，银行可以将贷款面值的 95% 出售给该 SPV，美联储向银行提供贷款资金，计划规模为 6000 亿美元。理论上，这种机制设计令财政部成为最终损失的承担主体，在央行和金融体系的杠杆效应下，试图通过运用少量的财政资金起到大规模支持实体经济的效果。

---

① Cole A. The impact of the Paycheck Protection Program on small businesses: Evidence from administrative payroll data[J]. SSRN Electronic Journal, 2020.

② Wall Street Journal. Evidence of PPP Fraud Mounts, Officials Say[EB/OL].(2020–11–08) [2023–11–13]. https://www.wsj.com/articles/ppp-was-a-fraudster-free-for-all-investigators-say–11604832072.

该计划在 2020 年 4 月 9 日宣布并开始征求广泛意见,一直到 2020 年 7 月 6 日才正式实施,到 2021 年 1 月 8 日结束,主要推出了三种工具:主街新增贷款工具(Main Street New Loan Facility,MSNLF),主街优先贷款工具(Main Street Priority Loan Facility,MSPLF)和主街扩展贷款工具(Main Street Expanded Loan Facility,MSELF)。三者的主要区别是,新增贷款工具和优先贷款工具是对企业发放新增贷款,此两者的主要区别是对企业杠杆率的要求不同;扩展贷款工具则是对企业现有贷款的补充,而且使用门槛更低,可申请贷款额度区间更大(见表 8-7)。

表 8-7 美国主街贷款计划主要条款

项目	新增贷款工具（MSNLF）	优先贷款工具（MSPLF）	扩展贷款工具（MSELF）
贷款期限	5 年		
本金支付	本金支付可延期两年,第 3—5 年还款比例:15%、15%、70%		
利息支付	可延期 1 年		
利率	LIBOR + 3%		
贷款规模	10 万—3500 万美元	10 万—5000 万美元	1000 万—3 亿美元
所有未偿债务 /2019 年调整后 EBITDA	4 倍	6 倍	6 倍
贷方金融机构参与率	5%		
美联储参与率	95%		
是否允许提前还款	允许,且没有罚款		
企业规模限制	1.5 万名员工及以下,或 2019 年收入 50 亿美元及以下		
贷款费用	收取部分发行手续费和交易费用		

资料来源:美联储。

2. 实施进展及结果

最终主街贷款计划的实施效果不及预期。截至 2020 年 12 月底,三项贷款工具仅总共使用了 165 亿美元(共 1830 笔贷款),而且有 106 亿美元(共 1184 笔贷款)是在计划的最后两个月发放的,这与使用规模超 8000 亿美元的 PPP 贷款形成鲜明对比。主要有以下三个原因。

第一,主街贷款计划的条款相对严格,尤其是对杠杆率的要求严格,把很多需要资金但负债率高的企业拒之门外。

第二,主街贷款的利率不具有吸引力。按照规定,三类贷款工具的利率均为 LIBOR+3%,而且还会收取贷款手续费和交易费用。根据美联储公布的主街贷款数据,所有主街贷款的平均利率为 3.18%,大幅高于薪资保障计划的 1%。而且,与同时期美国企业信用债收益率相比,利率基本接近最低级别的投资级债券,资质好的公司其实可以更低的利率在市场上获得融资。

第三,银行缺乏参与动力。所有主街贷款均由银行完成信贷审查并发放,流程上与普通贷款没有差别,还额外增加了给美联储审批的步骤,但是贷款手续费用却没有增加。另外,计划规定美联储对主街贷款拥有追索权,这一条款对银行来说并不友好,加之银行需要保留 5% 的贷款金额,银行仍要承担风险,这意味着贷款审核更严格。美联储问卷显示,在接受调查的 86 名贷款审批人员中,有 44 名曾拒绝向受疫情影响较大但疫情前财务状况良好的企业提供主街贷款。[①]

总体来说,主街贷款申请门槛较高,利率对借方没有吸引力,机制设计令金融机构缺乏参与动力,最终没有解决中小企业贷款难的问题。

三、英国的企业纾困政策

(一)就业保障计划

相较于美国的薪资保障计划,英国则在保就业上更进一步。2020 年疫情初期,英国推出针对企业的"就业保障计划"(Coronavirus Job Retention Scheme,CJRS)和针对自雇者的"收入支持计划"(Self-Employment Income Support Scheme,SEISS)来稳定就业。两项计划于 2020 年 3 月 1 日开始实施,到 2021 年 9 月 30 日结束。

---

① NPR. Trouble On Main Street[EB/OL].(2020–10–13) [2023–11–13]. https://www.npr.org/sections/money/2020/10/13/922199563/trouble-on-main-street.

以就业保障计划为例,其具体操作是,针对疫情期间经营困难的企业,如果企业保留员工的岗位,政府将支付员工80%的工资,最高可达每月2500英镑。随后,CJRS计划的政府覆盖率在2020年9月降为工资的70%,10月降至60%(最高1875英镑)。此项计划帮企业负担了大部分人力成本,类似于让企业进入了"休眠"模式,员工带薪休假,政府帮助企业度过疫情冲击,待经济重启后再让员工重返工作岗位。

该计划非常有效地起到了保就业的效果。英国失业率在疫情严重期间并未出现大幅攀升,16—64岁人口的失业率最高点为2020年12月的5.3%。在整个计划实施过程中,累计有1170万名员工接受了CJRS的补助,约占英国总就业人数的36%,共花费了英国政府700亿英镑,约占其2020年GDP的3%。

(二)政府贷款担保计划

在2020年疫情初期,英国财政部先后推出了三项针对不同规模企业的贷款担保计划,包括最早在3月23日推出的"冠状病毒业务中断贷款计划"(Coronavirus Business Interruption Loan Scheme,CBILS),其主要用来支持中小企业;4月20日延伸至大型企业,推出"冠状病毒大企业中断贷款计划"(Coronavirus Large Business Interruption Loan Scheme,CLBILS)。政府通过两项贷款担保计划给因疫情业务中断的企业贷款提供80%担保,中小企业最高担保金额为500万英镑,大企业金额最高为2亿英镑。

随后,CBILS计划出现申请门槛高、获批时间长等问题,真正需要资金的小企业仍无法获得贷款。英国政府进一步降低了贷款门槛,加大政府担保比例,并简化申请流程,于5月4日推出针对小企业的"反弹贷款计划"(Bounce Back Loan Scheme,BBLS),最高可为5万英镑的贷款提供100%的担保,而且贷款期限最长为10年(见表8-8)。结果该项计划推出后需求异常旺盛,一周之内,三项计划便收到了43万份申请,政府最后批准了30万笔贷款,总贷款金额超150亿英镑,其中BBLS占批准数量的88%以上,占总贷款金额超56%。

表 8-8 英国三项贷款担保计划条款

项目	冠状病毒业务中断贷款计划（CBILS）	冠状病毒大企业中断贷款计划（CLBILS）	反弹贷款计划（BBLS）
推出时间	2020年3月23日	2020年4月20日	2020年5月4日
申请条件	年营业额4500万英镑以下	年营业额4500万英镑以上	无营业额要求
最高担保金额	500万英镑	2亿英镑	从2000英镑到营业额的25%不等，最高为5万英镑
担保比例	80%	80%	100%
政府贡献	政府负担前12个月的贷款利息和相关贷款费用	—	政府负担前12个月的贷款利息，前12个月无须还款
利率	由贷款机构决定	由贷款机构决定	年化2.5%
贷款期限	3年或6年	3个月到3年	最长10年，允许提前还款，并且没有额外费用
担保费用	中小企业无担保费，贷款机构需支付部分费用参与该计划	贷款机构需支付部分费用参与该计划	贷款方和借款方都没有担保费用

资料来源：英国财政部。

最终，三项计划于2021年3月31日结束，总获批贷款金额达到793亿英镑，共批准贷款167万笔，大致相当于英国28%的企业都获得了贷款。[①] 其中，BBLS贷款金额占比接近60%，数量占比超过93%。

作为财政部贷款担保计划的辅助，英格兰银行也在2020年4月推出了新冠疫情企业融资工具（Covid Corporate Financing Facility，CCFF）来满足更大型企业的资金需求。英格兰银行可以直接在一级和二级市场上购买投资级公司的商业票据，为大公司进一步提供资金支持。根据英格兰银行的数据，最终有107家公司参与CCFF计划，总使用金额达到378亿英镑。三项贷款担保计划和英格兰银行的CCFF工具有效覆盖了各类型企业的资金需求，总计提供了1171亿英镑的流动性，占2020年英国GDP的5.5%。

四、美英经验的借鉴与启示

一是流动性和偿付能力支持政策双管齐下，全力保市场主体从而保就业。从美国和英国的经验看，政策都是从两方面发力。一方面，货币政策可以帮助市场主体降低贷款融资成本，缓解短期的流动性压力。具体可以通过直达实体的借贷工具，如美国的主街贷款计划。另一方面，财政政策重点解决中期的偿付能力问题，为市场主体提供财政补贴。最具代表性的是英国的就业保障计划，为企业支付80%的工资，直接作用于就业端，帮助市场主体担负人工成本。美国的薪资保障计划算是准财政补贴，将贷款使用条件与稳定就业挂钩。

二是政府部门通过杠杆的腾挪，加大对民间部门的支持力度。2020年以来，英美两国都是借助财政政策，政府部门加杠杆，增加对于私人部门的支出和直接补贴，稳住居民就业和需求，促进经济快速复苏。根据BIS的数据，到2022年底，美国和英国政府部门的杠杆率分别较2019年

---

① Hutton G, Keep M. Coronavirus business support schemes: Statistics[R/OL]. (2023-01-18) [2023-11-01]. https://researchbriefings.files.parliament.uk/documents/CBP-8938/CBP-8938.pdf.

底增加了 12.1 个和 16.3 个百分点，非金融企业和居民部门分别增加了 1.1 个百分点和下降了 3.9 个百分点（同期，中国分别增加了 16.9 个和 13.9 个百分点）。其好处是维护了企业和居民部门的资产负债表健康，一旦疫情冲击缓解，能够立即轻装上阵，促进经济恢复；其坏处是刺激过度加剧了需求过热，叠加供给侧冲击，酿成了当前美英的高通胀难题。

三是设计有效的贷款激励机制，调动金融机构积极性。美国和英国都设计了可以直达实体的贷款工具，但是如何调动金融机构积极性，同时做好风险控制，便需要有效的贷款机制设计。比如，英国的担保计划相比于美国的主街贷款计划更为成功，一方面是因为担保计划对借款企业没有杠杆率方面的限制，门槛更低；另一方面是因为英国针对不同规模的企业推出了不同的贷款计划。对于两项有营业额要求的贷款计划，政府只提供 80% 的担保，贷款利率由银行决定，政府用市场化的手段激励金融机构发放贷款。而针对小微企业的反弹贷款计划，则没有营业额要求，并明确规定低利率，政府提供 100% 担保，风险损失由政府承担，降低了银行向小微企业贷款的风险顾虑。

四是强调财政货币政策协同，提升政策实施效能。比如，美国的 PPP 计划由财政部主导，美联储便推出 PPP 流动性便利为金融机构提供流动性，并且放松金融机构 PPP 贷款的监管要求；美国的主街贷款计划，美联储利用 750 亿美元的财政资金作为担保，计划用 6000 亿美元资金直接支持中小企业。英国财政部推出贷款担保计划，英格兰银行作为辅助，放松政府担保贷款的监管要求，并额外推出疫情企业融资工具来缓解票据市场融资压力，共同覆盖各类型企业的资金需求。

第九章

中国经济的波浪式复苏

2022年居民部门的"多存少贷"引发热议,既有观点认为这可能成为未来消费的"子弹",也有观点认为这可能是反映经济复苏不充分的预防性储蓄。最终,万众期待的"报复性"消费并未在2023年出现,反而是在旧动能较快放缓、"疤痕效应"尚存和外部形势复杂严峻等作用下,有效需求不足和通胀疲软进一步显现。中国在1998年亚洲金融危机和2008年全球金融海啸时期也遭遇了相似的挑战,依靠积极扩大内需和加速推进改革等对策成功渡过难关。其中,21世纪初国有制银行股改更是中国改革实用主义哲学的体现。本章将在回顾两次"波澜壮阔"的重大外部冲击的同时,带领读者体验"对症下药"的中国式应对之道。

第一节　2023年恢复性的消费反弹

2022年底召开的中央经济工作会议将着力扩大国内需求置于2023年五项重点工作之首,并要求把恢复和扩大消费摆在优先位置。2023年,我国实际经济增长5.2%,其中内需对经济增长的贡献率超过了100%,特别是消费的贡献率达到82.5%,为2000年以来最高。本节拟就2023年消费复苏的成效进行探讨。

一、服务业较快恢复推动疫后消费复苏

2020—2022年,受疫情持续蔓延扩散、防疫政策间歇性收紧的影响,接触性、聚集性服务和消费受到较大冲击。2020—2022年,我国复合平均实际经济增长4.53%,较疫情暴发前的2015—2019年趋势值低了2.18个百分点。从三次产业看,第一产业平均增速较疫前趋势值高了1.25个百分点,第二产业低了1.16个百分点,第三产业低了3.62个百分点。从主要服务行业看,交通运输、仓储和邮政业平均增速低了1.78个百分点,批发和零售业低了2.82个百分点,住宿和餐饮业低了9.16个百分点,租赁和商务服务业低了6.95个百分点(见表9-1)。后两个以线下为主的行业下滑幅度均高于第三产业的平均降幅。

2023年,随着防疫措施转段,人员流动限制解除,服务业显著恢复。全年,服务业生产指数增长8.1%,较上年增速回升8.2个百分点,较2020—2022年复合平均增速高出3.9个百分点。从复苏趋势看,当年实际经济增速较上年高了2.2个百分点,三次产业增速较上年分别低了0.1个百分点、高了2.1个和2.8个百分点;交通运输、仓储和邮政业高了7.3个百分点,批发和零售业高了3.7个百分点,住宿和餐饮业高了17.3个百分点,租赁和商务服务业高了5.0个百分点,升幅均高于第三产业平均水平。从复苏动能看,2020—2023年复合平均增速与2020—2022年相

表 9-1　中国三次产业及主要行业恢复情况

产业/行业	2023年增速(1)(%)	2022年增速(2)(%)	2020—2022年复合增速(3)(%)	2020—2023年复合增速(4)(%)	2015—2019年复合均速(5)(%)	复苏趋势(1)−(2)(个百分点)	动能放缓(4)−(3)(个百分点)	疤痕效应(4)−(5)(个百分点)	(3)−(5)(个百分点)
GDP：不变价	5.20	3.00	4.53	4.69	6.71	2.20	0.16	-2.02	-2.18
第一产业	4.10	4.20	4.79	4.62	3.54	-0.10	-0.17	1.08	1.25
第二产业	4.70	2.60	4.54	4.58	5.70	2.10	0.04	-1.12	-1.16
第三产业	5.80	3.00	4.44	4.78	8.06	2.80	0.34	-3.28	-3.62
农林牧渔业	4.20	4.40	4.92	4.74	3.70	-0.20	-0.18	1.04	1.22
工业	4.20	2.70	5.09	4.86	5.69	1.50	-0.23	-0.83	-0.61
工业：制造业	4.40	1.70	5.08	4.91	5.86	2.70	-0.17	-0.95	-0.78
建筑业	7.10	2.90	2.22	3.42	5.80	4.20	1.20	-2.38	-3.57
交通运输、仓储和邮政业	8.00	0.70	5.34	6.00	7.12	7.30	0.66	-1.12	-1.77
批发和零售业	6.20	2.50	4.08	4.60	6.90	3.70	0.52	-2.30	-2.82
住宿和餐饮业	14.50	-2.80	-2.24	1.70	6.92	17.30	3.94	-5.22	-9.16
金融业	6.80	3.10	4.31	4.93	7.45	3.70	0.62	-2.52	-3.14
房地产业	-1.30	-3.90	0.25	-0.14	5.10	2.60	-0.39	-5.24	-4.85
信息传输、软件和信息技术服务业	11.90	12.20	15.94	14.91	20.03	-0.30	-1.03	-5.12	-4.09
租赁和商务服务业	9.30	4.30	4.18	5.44	11.13	5.00	1.26	-5.69	-6.95
其他服务业	4.20	4.50	4.04	4.08	7.80	-0.30	0.04	-3.72	-3.76

资料来源：国家统计局，万得。

比，实际经济增速高了0.16个百分点，三次产业增速分别低了0.17个百分点、高了0.04个和0.34个百分点；交通运输、仓储和邮政业高了0.66个百分点，批发和零售业高了0.52个百分点，住宿和餐饮业高了3.94个百分点，租赁和商务服务业高了1.26个百分点，四个服务行业的回升幅度均高于第三产业平均升幅（见表9-1）。

疫情暴发之前，第三产业是我国吸收农村劳动力转移的主力。但疫情期间，服务业饱受冲击，不仅不能吸收农村劳动力转移，反而成为失业的主要来源，加大了全社会就业压力。据统计，2020—2022年，我国就业人员累计减少2096万人，其中，第一产业减少989万人，第二产业减少129万人，第三产业减少978万人。而2017—2019年，就业人员累计减少798万人，其中，第一产业减少2256万人，第二产业减少1061万人，第三产业增加2519万人。

由于接触性、聚集性的服务业通常是劳动密集型产业，也是农民工就业的重要去向，这些行业的加速复苏有助于改善居民特别是农民工就业状况。据统计，2023年我国城镇调查失业率为5.2%，较上年回落了0.4个百分点，其中，本地户籍和外来户籍人口调查失业率均为5.1%，分别回落了0.3个和0.7个百分点；外来农业户籍人口调查失业率为4.8%，回落了0.6个百分点，为有数据以来新低。同期，农村外出务工劳动力人数四个季度平均为18333万人，为有数据以来新高。

受益于就业状况的改善，居民收入稳定增长。2023年，剔除价格因素后，我国居民人均可支配收入实际同比增长6.1%，较2020—2022年复合平均增速高了1.77个百分点，其中工资性收入占比56.2%，较2020—2022年均值高了0.44个百分点。同期，城镇和农村居民人均可支配收入分别实际增长4.8%和7.6%，较2020—2022年均速分别高了1.43个和1.73个百分点，其中工资性收入分别占比60.4%和42.2%，较2020—2022年均值分别高了0.35个和0.67个百分点。

居民收入增长又推动了消费能力恢复。2023年，剔除价格因素后，全国居民人均消费支出实际增长9.0%，较2020—2022年复合平均增速高出 6.44 个百分点，其中城镇和农村居民人均消费支出分别实际增长 8.3% 和 9.2%，较 2020—2022 年复合平均增速分别高出 7.42 个和 3.51 个百分点。同期，全国居民消费倾向（人均可支配收入/人均消费性支出）为 68.3%，较 2020—2022 年均值高出 1.32 个百分点，城镇和农村居民消费倾向分别为 63.7% 和 83.8%，分别高出 1.27 个和 1.55 个百分点。出人意料的是，边际消费倾向（人均消费支出变动/人均可支配收入变动）出现跳升。2023 年，全国、城镇和农村居民边际消费倾向分别为 0.97 元、1.03 元和 0.99 元，分别相当于 2020—2022 年均值的 2.92 倍、12.25 倍和 1.37 倍，反映了城镇居民前期被压抑的消费意愿集中爆发。

服务消费较快回暖是消费恢复的一大亮点。2023 年，全国电影票房为 513 亿元，较上年增长 72.0%，恢复到了 2019 年度票房的 81.4%。同期，服务零售额比上年增长 20.4%，快于商品零售额增长 14.6 个百分点；服务零售额占社会消费品零售总额之比为 11.2%，较上年提升 1.2 个百分点；居民人均服务性消费支出增长 14.4%，占到居民人均消费支出的 45.2%，较上年提升 2 个百分点。

二、推动消费从疫后恢复转向持续扩大依然任重道远

2023 年消费反弹有低基数的原因。2020—2023 年，我国实际经济增速算术平均值为 4.72%，较 2015—2019 年均值低了 1.99 个百分点。其中，消费对经济增长平均拉动 2.56 个百分点，较 2015—2019 年均值低了 1.66 个百分点，贡献了同期实际经济增速均值降幅的 83.4%。2023 年，消费对经济增长贡献率高达八成以上，是低水平上的均衡，还存在较深的"疤痕效应"。

首先，服务业恢复与疫情前还有较大差距。2020—2023 年，第三产业增加值不变价复合平均增速为 4.78%，较疫情前 5 年趋势值低了 3.28 个百分点，大于实际经济增速 2.02 个百分点的负缺口。其中，交通运输、仓储和邮政业均速低了 1.12 个百分点，批发和零售业低了 2.30 个百分点，住宿和餐饮业低了 5.22 个百分点，租赁和商务服务业低了 5.69 个百分点

(见表9-1)。这反映了,尽管受益于疫情解封,2023年以线下为主的住宿餐饮和租赁商务服务业恢复较快,但仍远未恢复至疫前趋势值。

其次,重点人群就业状况仍有待改善。2023年上半年,老口径的16—24岁调查失业率为19.6%,同比上升2.5个百分点。2023年7月起不再公布分年龄组的失业率数据,直到2024年初才开始公布不含在校生的数据。2023年12月,16—24岁调查失业率为14.9%,好于2023年6月老口径的21.3%。然而,据统计局介绍,我国该年龄组城镇人口中,在校生占六成多。对照可比的老口径,其数值依然不低。这次统计局还披露了不含在校生的25—29岁调查失业率,以反映青年毕业后一段时间内的就业状况。该数值为6.1%,较当期城镇调查失业率高出0.9个百分点。

再次,居民可支配收入恢复还有更大空间。2020—2023年,居民人均可支配收入复合平均实际增速为4.77%,较疫前趋势值低了1.89个百分点,其中,城镇和农村居民人均可支配收入实际均速分别低了2.12个和0.45个百分点,可见城镇居民收入损失更大。

最后,居民消费支出恢复还有较多余地。2020—2023年,居民人均消费支出复合平均实际增速为4.13%,较2015—2019年平均增速低了2.02个百分点,其中,城镇和农村居民人均消费支出实际均速分别低了2.22个和1.05个百分点,也是城镇居民消费支出回落更多。虽然如前所述,2023年居民边际消费倾向出现了报复性反弹,但全国、城镇和农村居民过去4年边际消费倾向平均分别为0.49元、0.32元和0.79元,较2015—2019年均值分别低了27.0%、46.9%和11.9%,显示疫情以来城镇居民消费意愿受损更多。

此外,消费复苏依然不均衡不充分。2023年,18个限额以上商品零售分项中,仅有文化办公用品和建筑及装潢材料2个分项负增长,其他分项均为正增长,显示消费确实在复苏(见表9-2)。其中,服装,金银珠宝,烟酒,体育娱乐用品,以及服装鞋帽、针纺织品类5个分项均有两位数的增长。从复苏趋势看,有11个分项增速较2022年增速有所回升,其中6个分项回升幅度为两位数。从复苏动能看,有10个分项2020—2023

表 9-2 2023 年限额以上企业分行业零售增长情况

商品类别	2023年(1)(%)	2022年(2)(%)	2020—2023年复合平均(3)(%)	2020—2022年复合平均(4)(%)	2015—2019年复合平均(5)(%)	复苏趋势(1)-(2)(个百分点)	动能放缓(3)-(4)(个百分点)	疤痕效应(3)-(5)(个百分点)
限额以上企业商品零售总额	5.50	1.90	4.67	4.40	6.74	3.60	0.27	-2.06
粮油、食品类	5.20	8.70	8.63	9.80	11.30	-3.50	-1.17	-2.68
饮料类	3.20	5.30	10.51	13.06	11.07	-2.10	-2.55	-0.56
烟酒类	10.60	2.30	9.65	9.33	8.93	8.30	0.32	0.72
服装鞋帽、针纺织品类	12.90	-6.50	2.67	-0.53	7.08	19.40	3.20	-4.41
化妆品类	15.40	-7.70	2.82	-1.05	7.02	23.10	3.88	-4.20
金银珠宝类	5.10	-4.50	5.80	6.03	10.55	9.60	-0.23	-4.75
日用品类	13.30	-1.10	8.50	6.95	4.10	14.40	1.55	4.41
体育、娱乐用品类	2.70	-0.70	5.83	6.89	11.84	3.40	-1.06	-6.01
书报杂志类	11.20	-1.20	9.79	9.32	10.03	12.40	0.47	-0.24
家用电器和音像器材类	4.80	6.40	5.42	5.62	9.52	-1.60	-0.21	-4.10
中西药品类	0.50	-3.90	0.55	0.56	8.76	4.40	-0.02	-8.22
文化办公用品类	5.10	12.40	8.77	10.02	11.39	-7.30	-1.25	-2.62
家具类	-6.10	4.40	5.36	9.48	8.39	-10.50	-4.12	-3.03
通信器材类	2.80	-7.50	0.31	-0.50	11.31	10.30	0.82	-10.99
石油及制品类	7.00	-3.40	7.54	7.72	13.44	10.40	-0.18	-5.90
建筑及装潢材料类	6.60	9.70	4.92	4.37	3.42	-3.10	0.55	1.50
汽车类	-7.80	-6.20	0.30	3.16	10.66	-1.60	-2.86	-10.35
	5.90	0.70	3.03	2.09	3.46	5.20	0.94	-0.43

资料来源：国家统计局，万得。

年复合平均增速较 2020—2022 年有所下滑，其中有 6 个分项的下滑幅度在 1 个百分点以上。从疤痕效应看，仅有 3 个分项 2020—2023 年复合平均增速较 2015—2019 年有所回升，剩余分项中有 12 个分项回落幅度超过了 2.06 个百分点的总体降幅。金银珠宝类增长均速高于疫前趋势值 4.41 个百分点，既可能是消费升级，也可能是储蓄保值；家具、建筑及装潢材料、家用电器和音像器材、日用品类分别低了 10.99 个、10.35 个、8.22 个和 6.01 个百分点，进一步佐证了房地产周期下行。

综上，当前消费是低基数上的恢复性增长，较疫情前的趋势水平仍有差距。未来，居民就业和收入增长的可持续性，将决定消费复苏势头能否得到巩固和加强。鉴于房地产的产业链条较长、财富效应较强，楼市走向将会影响消费者预期及其行为。

第二节　当前与亚洲金融危机时期宏观形势的比较

2023 年是中国正式进入后疫情时代经济正常化的元年。7 月底中央政治局会议指出，疫情防控平稳转段后，经济恢复是一个波浪式发展、曲折式前进的过程。过去一段时间以来，经济波动和预期摇摆之大实属少见。面对国内需求不足、企业经营困难、外需走弱、重点领域风险隐患较多等现实问题，社会各界看法和意见不一。20 世纪末亚洲金融危机时期中国所处的内外部环境，可能对今天更具借鉴和参考价值。

一、外部环境更趋复杂严峻

（一）同样是美联储紧缩

美联储在 20 世纪 80 年代末至 90 年代中的货币政策调整是亚洲金融危机爆发的重要外因之一。1989 年 6 月—1992 年 9 月，美联储连续二十四次降息，将联邦基金目标利率由 9.81% 下调至 3%，货币宽松导致热钱流入东南亚等新兴市场。1994 年 2 月开始，美联储转向货币紧缩，连续七次加息，将联邦基金目标利率升至 1995 年 2 月的 6%。1996 年和 1997 年美联储货币政策虽然时松时紧，但联邦基金利率维持在 5% 以上。这导致热钱快速流出亚洲新兴市场，引爆了 1997 年下半年东南亚货币危机，并逐渐演变成席卷全球新兴市场的亚洲金融危机。1998 年，美联储在亚洲金融危机高潮期进行了三次预防性降息，但鉴于对美国通胀上行及美股"非理性繁荣"的担忧，美联储不得不再度紧缩，于 1999 年 6 月—2000 年 5 月连续加息六次，累计加息 175 个基点。当时，中国在承诺人民币兑美元汇率不贬值、加强和改进外汇管理的同时，实施积极的财政政策和稳健的货币政策保增长。1997 年 10 月—2002 年 2 月，中国连续六次降息，将 1 年期人民币存款基准利率由 7.47% 降至 1.98%，并两次降准，将金融机构法定存款准备金率由 13% 降至 6%。1998 年 7 月—2001 年 10 月，1 年期人民币存款基准利率低于美国联邦基金目标利率，人民币持续承压。

这一次的外部货币政策紧缩更为激进。由于美国正遭遇 40 年一遇的高通胀，美联储在 2022 年 3 月—2023 年 5 月连续加息十次，并在 6 月跳过一次后于 7 月继续加息 25 个基点，累计加息 525 个基点。[①] 而且，美国的通胀韧性可能超预期。2023 年 10 月，美国失业率为 3.9%，处于历史低位，明显低于 CBO 测算的自然失业率 4.4%。这与 1999 年美联储重启加息时失业率负缺口一样，即劳动力市场偏紧支撑核心通胀。中国坚持货币政策以我为主，2021 年下半年以来为保持经济运行在合理区间，稳增长不断加码。到 2023 年 9 月，连续六次、累计降准 2 个百分点，连续四次、累计各下调 7 天逆回购和 1 年期中期借贷便利利率（MLF）45 个基点，连续四次、累计下调 1 年期贷款市场报价利率（LPR）40 个基点，连续四次、累计下调 5 年期 LPR 利率 45 个基点。由于中美货币政策分化，中美利差逐渐由正转负，负利差不断走阔。

（二）同样是美元汇率强势

ICE 美元指数在 20 世纪 90 年代下半段的强势是毋庸置疑的，尤其

---

① 2023 年 9 月—2024 年 1 月议息会议，美联储有连续四次会议暂停加息。

是 1995 年美国前财长鲁宾提出了强势美元的政策主张。从 1995 年初到 2000 年 5 月底加息结束，美元指数累计上涨 22.4%，最大振幅达到 39.6%。虽然美元指数在 1998 年 9 月和 10 月短暂降息期间回撤近 10 个百分点，但是美国经济并不允许美联储货币政策转向。

当前也有相似之处。本轮美联储激进加息，推动美元指数于 2022 年 9 月底升至 115 附近，创亚洲金融危机以来新高。随后，市场宽松预期抢跑，导致美元指数快速回撤，到 2023 年 7 月中旬一度跌破 100，最多下跌 12.6%。但此后，美元指数又创年内新高，10 月初一度升破 107。值得注意的是，汇率的基础和美联储的政策依据一样都是经济基本面。目前看美国经济基本面依然有韧性，2023 年第三季度 GDP 季调环比折年率达到 4.9%，较第一、第二季度分别高了 2.7 个和 2.8 个百分点，第四季度环比折年率初值仍有 3.3%。据彭博经济学家预测统计，美国经济的中长期前景依然是发达经济体中最好的。如果美国经济骤冷，美元或难以为继。如果美国经济不出大问题和失业率维持低位，美联储即便在 2024 年讨论或者执行降息，可能也是维持"鹰派"立场（详见第三章第三节的讨论）。

（三）不同的是经济形势"异位"

上次危机是新兴经济体经济下行更多。据 IMF 统计，1997 年危机爆发初期，由于风险源在新兴市场，新兴经济体实际 GDP 增速较 1996 年下降了 0.2 个百分点至 5.0%，而全球和发达经济体实际 GDP 增速同比分别上升了 0.3 个和 0.6 个百分点。1998 年，新兴经济体经济增速同比大幅下降了 2.7 个百分点，而发达国家下降了 0.9 个百分点。

这次是发达经济体经济下行更多。据 2024 年 1 月 IMF 更新后的《世界经济展望》，全球经济增速的基线预测值将从 2022 年的 3.5% 降至 2023 年的 3.1% 和 2024 年的 3.1%，远低于 3.8% 的历史（2000—2019 年）平均水平。在发达经济体，随着政策收紧开始产生负面影响，经济增速预计将从 2022 年的 2.6% 放缓至 2023 年的 1.6% 和 2024 年的 1.5%。新兴市场和发展中经济体 2023 年和 2024 年的经济增速预计将保持在 2022 年

4.1%的水平。在此背景下,2022年第四季度至2023年第四季度,外需对中国经济增长已经连续五个季度为负贡献。

(四)更为严峻的是大国博弈形势

20世纪90年代,虽然中美在部分领域存在分歧,但是经贸总体相向而行,整体上是合作多于竞争。中国需要加入WTO扩大出口,美国也需要中国加入全球供应链提供新的增长点。美国政府每年帮助中国获得最惠国待遇,并支持中国完成"入世"谈判、于2001年底顺利加入WTO。

当前,百年变局下,中美求同存异愈加困难。美国对华政策充斥了"修昔底德陷阱"和"丛林法则",从实体清单到芯片法案、对华投资限制行政令等,美国对华双边打压、多边围堵不断。随着美国构筑"小院高墙","脱钩断链",中美经贸联系逐渐降温。1998—2002年,中国在美方统计的商品出口和进口中占比分别上升了1.3个和3.5个百分点,2018—2022年则分别下降了1.0个和5.0个百分点。美方统计的外资美债持有中,2001—2002年中国投资者持有占比上升5.9个百分点,2018—2022年则下降7.2个百分点。中方统计的中国对外证券投资资产国别和地区分布中,2018—2022年中国对美国证券投资占比下降了8.1个百分点。

二、内部环境更具挑战性

(一)相似的外生性"灾害"冲击

1998年我国遭遇了百年一遇的特大洪水。根据《中国水旱灾害公报》数据显示,1998年长江和松花江洪涝灾害造成直接经济损失2551亿元,约占当年经济总量的3.0%,为历史之最。外部亚洲金融危机和内部自然灾害,导致1998年中国未实现年初制定的"保八"目标,实际经济增长了7.8%,较1993—1997年均速低了3.5个百分点。

当前是三年世纪疫情持续冲击。2020—2022年年均增长4.5%,较2015—2019年平均增速低了2.2个百分点。虽然2023年防疫平稳转段,但疫情疤痕效应继续存在,导致经济恢复呈现波浪式发展、曲折式前进,引发市场预期震荡。

（二）相似的物价下行压力

亚洲金融危机是中国第一次在开放经济下面临经济产出快速下滑的情景。1997年底，PPI已经陷入同比负增长，CPI较1996年下降了6.6个百分点至0.4%。1998年初，《政府工作报告》依然维持从紧的财政和货币政策，担忧好不容易控制住的高通胀会死灰复燃。而且，当时还有国企改革和金融系统整顿等一系列抑制需求的因素。1997—2002年，中国CPI和PPI负增长月份累计分别为39个月和51个月，最低值分别为-2.2%和-5.7%。

当前虽无通缩之实，却有通胀持续疲软之忧。2023年7月起，CPI同比多次阶段性跌入负增长区间，而PPI自2022年10月起已持续同比负增长。前期结构性改革和当前外需周期性下降共振，内生性需求恢复慢于预期。此次同时发起对多个行业改革的需求抑制作用，可能与当年国企员工下岗"旗鼓相当"。政府也意识到当前中国经济运行好转主要是恢复性的，内生动力还不强，需求仍然不足。

（三）今非昔比的内需发力点

当时扩内需、促消费主要是住房市场化改革和促进汽车消费，同时设置节假日"黄金周"。1998年7月，中央正式发布《关于进一步深化城镇住房制度改革，加快住房建设的通知》，决定自当年起停止住房实物分配，建立住房分配货币化，住房供给商品化、社会化的住房新体制。1998—2002年，房地产业增加值对经济增长贡献率均值较前5年上升了2.3个百分点。2000年第十个五年计划首次阐明要大力振兴汽车制造业，首次提出要鼓励轿车进入家庭。《中国汽车工业年鉴》显示，1999—2022年，中国汽车产量平均增长19.4%，较1995—1998年平均增速提高了14.6个百分点。

当前扩内需、促消费手段依然类似，但内涵已经发生重大变化。虽然没有类似"黄金周"这样的新假期，但是全面落实带薪休假的倡议依然能够促进假日消费。汽车消费依然是当前消费增长点，但房地产托而不举。2020—2022年房地产业增加值对经济增长贡献率均值较前5年均值回落了6.3个百分点。尽管基础设施投资依然在做，但是中国经济总量比1998年大了13倍，较2008年大了近3倍，政策效果不可同日而语。

（四）不同的储蓄行为

当时是居民"存不住钱"。1998年国企改革和市场化建设激发民企活力，民营经济开始大展拳脚。1998年，城镇就业总人数较1993—1997年均值上升了12个百分点，但同期城镇国企就业人数占比42%，较1993—1997年均值下降了15个百分点。伴随就业结构改变和对未来美好生活的向往，居民开始追求生活品质改善。1998—2002年国民储蓄率均值为38.4%，较1993—1997年均值下降2.7个百分点。值得注意的是，当时房地产已经开始腾飞，但居民储蓄率依然下降。

当前是民间投资持续低迷和居民预防性储蓄。2021年，城镇国企就业人数环比上升1.3%，为1996年以来首次就业增速超过非国企。2022年，就业总人数减少842万人次，同比下降1.8%，民企在不招人的情况下无法解决就业问题。由于近年来经济波动加剧和疫情"疤痕效应"持续，即便收入增速下降，居民依然"存得住钱"，提前还贷追求持续走低的无风险收益，背后是信心不足和预期转弱。2020—2022年国民储蓄率均值为45.1%，较2015—2019年均值上升0.4个百分点。

第三节　两次内外部冲击的政策应对比较

任何政策选择都有利有弊，都是在给定约束条件下的利弊的权衡和目标的取舍，所以，世上没有免费的午餐，也没有无痛的政策选择。中国应对1998年亚洲金融危机和2008年全球金融危机的经验，就是政策选择"短痛"与"长痛"的两个典型案例。

一、1998年危机的政策应对

1998年，内外部两大挑战对中国经济带来了超预期冲击。从外部看，

1997年7月2日泰铢崩盘,引爆了东南亚货币危机,逐渐演变成席卷全球新兴市场的亚洲金融危机。中国也遭遇了危机传染,外贸出口负增长,经济下行并伴随失业增加和物价下跌。从内部看,国内发生百年一遇的洪涝灾害,许多企业停工停产,部分航运中断,造成直接经济损失2551亿元,相当于当年经济总量的3%。

有鉴于此,中央及时果断地提出"坚定信心,心中有数,未雨绸缪,沉着应付,埋头苦干,趋利避害"的指导思想,推出了四个方面的应对措施。

一是宏观政策及时转向。1993年以来,面对国内经济过热,中国坚持实行从紧的财政货币政策,到1996年实现了经济"软着陆",并将实施适度从紧的宏观政策写入了"九五"计划。1997年底召开的中央经济工作会议强调继续实行适度从紧的财政和货币政策。然而,东南亚货币危机不断扩散升级,其影响深度和广度远超预期。中国自1998年下半年起果断实施积极的财政政策和稳健的货币政策。国务院增发1000亿元财政债券,重点用于增加基础设施建设投资,并采取了调整税收政策支持出口,增加社会保障、科教等重点领域支出,以及降低银行存贷款利率和存款准备金率等措施。同时,财政发行2700亿元特别国债补充国有银行资本金,以及成立四大资产管理公司剥离上万亿元国有银行不良资产,增强银行放贷能力。

二是实施扩大内需政策。1998年初,中央就提出应对亚洲金融危机最根本的是要做好国内经济工作,以增强承受和抵御风险的能力,要努力扩大内需,发挥国内市场的巨大潜力。同年底中央经济工作会议强调,扩大国内需求、开拓国内市场,是中国经济发展的基本立足点和长期战略方针。除加强基础设施建设外,中国自1998年以来启动了教育、医疗和住房的全面市场化改革,推出了"黄金周"、促进汽车消费等措施。配合扩大内需工作,1998年初《政府工作报告》指出,要加快职工基本养老保险、医疗保险、失业保险等社会保障制度的改革。2000年《政府工作报告》进一步强调,要坚持和完善国有企业下岗职工基本生活保障、失业保险和城镇居民最低生活保障的"三条保障线"制度。

三是大力推进国有企业改革。1997年,党的十五大明确提出,用3年左右的时间,通过改革、改组、改造和加强管理,使大多数国有大中型亏损企业摆脱困境,大多数国有大中型骨干企业初步建立现代企业制度。亚洲金融危机全面爆发后,1998年底中央经济工作会议将深化国企改革排在来年经济工作重点的第二位。

四是以"入世"为契机推动对外开放。首先,千方百计扩大出口,增加贸易收汇。坚持以质取胜和市场多元化战略,调整出口结构,巩固传统市场、开拓新兴市场。适当增加国内产业结构升级所需设备进口和技术引进。其次,大力改善投资环境,尽可能多地吸引外资。合理引导外资投向,提高利用外资质量。最后,在坚持经常项目可兑换原则下,加强和改进外汇管理,打击出口逃汇、进口骗汇,严格资本项目用汇管理,在人民币汇率不贬值的同时增加外汇储备,阻止亚洲金融危机的传染。此外,做好加入WTO的各项准备工作。

二、2008年危机的政策应对

2008年中国又遭遇了历史罕见的内外部冲击。从外部看,2004—2006年美联储激进紧缩刺破了房地产泡沫,引爆了2007年初美国次贷危机,到2008年9月,以雷曼兄弟公司破产、两房接管为标志,升级为全球金融海啸,引发了世界经济衰退。中国遭遇了外贸出口负增长、农民工大规模返乡、经济增长阶段性失速。从内部看,2008年初中国南方部分地区遭遇严重低温雨雪冰冻灾害,同年5月四川汶川发生特大地震,两大自然灾害分别带来直接经济损失1517亿元和8451亿元,合计相当于当年经济总量的3.1%。

根据内外部形势变化,2008年两次及时调整宏观政策。2007年底中央经济工作会议明确,2008年宏观调控主要是防止经济增长由偏快转为过热、防止价格由结构性上涨演变为明显通货膨胀。故2008年上半年主要是"两防",实施稳健的财政政策和从紧的货币政策。由于内外部超预期冲击,加之上半年中国经济有放缓迹象,同年7月中央政治局会议提出宏观调控转为"一保一控",即保持经济平稳较快发展、控制物价过快上涨。但随着9月美国次贷危机演变成全球金融危机,西方主要经济体陷入衰退的风险不断加大,中国国内房地产、钢铁、汽车等重要支柱产业产销大幅度下滑,年底宏观调控转向"保增长",转为实行积极的财政政策和适度宽松的货币政策。

财政政策方面,2008年11月,国务院常务会议针对美国次贷危机引发的国际金融危机,推出了两年"四万亿投资"的一揽子计划,并要求扩大投资出手要快、出拳要重、措施要准、工作要实,主要用于加快民生工程、基础设施、生态环境建设和灾后重建,提高城乡居民特别是低收入群体的收入水平。货币政策方面,2008年下半年,中国人民银行五次下调存贷款基准利率,四次下调存款准备金率,其中大型存款类金融机构和中小型存款类金融机构分别累计下调2个和4个百分点,明确取消对金融机构信贷规划的硬约束,积极配合国家扩大内需等一系列刺激经济的政策措施。

在政策刺激之外,政府还提出了加快发展方式转变,推进经济结构战略性调整的要求。具体措施包括,一是以提高居民收入水平和扩大最终消费需求为重点,调整国民收入分配格局;二是要以提高自主创新能力和增强三次产业协调性为重点,优化产业结构,着力突破制约产业转型升级的重要关键技术,精心培育一批战略性产业;三是要以推进城镇化和促进城乡经济社会发展一体化为重点,改善城乡结构;四是要以缩小区域发展差距和优化生产力布局为重点,调整地区结构。

三、两次危机应对措施的比较及启示

(一)应对思路的差异

1998年应对以结构调整为主、政策刺激为辅。1998—2001年,M2年均增长14.6%,较1993—1997年年均增速下降14.0个百分点;公共财政支出年均增长19.6%,较1993—1997年年均增速下降0.2个百分点;社科院口径的实体经济部门杠杆率上升17.0个百分点。由于坚持实施国企改革，其间出现国企"下岗潮"，1998年国有单位就业人数减少1986万人次，1999—2002年平均每年减少474万人次。到2002年末，城镇就业中国企占比由1997年末的53%降至28%。

2008年应对以政策刺激为主、结构调整为辅。2009—2010年，M2年均增长23.6%，较2004—2008年年均增速上升6.9个百分点；公共财政支出年均增长19.3%，较2004—2008年年均增速下降1.1个百分点；实体经济部门杠杆率累计上升35.8个百分点。至于结构改革方面，印象最深的是汇率市场化改革放缓。尽管2006年底中央经济工作会议提出要把促进国际收支平衡作为保持宏观经济稳定的重要任务，不再追求外汇储备越多越好，但危机初期中国主动收窄了人民币汇率波幅。2008年前9个月，人民币汇率中间价从上年底的7.30升至6.81，累计上涨6.7%，此后基本维持在6.80—6.84区间窄幅波动，直到2010年"6·19"汇改重启，增加汇率弹性。之后，随着经济"V"形反弹，国际资本回流，中国选择以增加外汇储备的方式阻止人民币过快升值。到2014年6月底，中国外汇储备余额一度接近4万亿美元，较2006年底增加了近3万亿美元。

（二）刺激工具的差别

1998年以财政政策为主。1998—2001年，政府部门杠杆率上升12.3个百分点，贡献了同期实体经济部门杠杆率涨幅的72%。而且，财政政策不仅仅是促进投资，还在扩大消费中发挥了重要作用。1999—2001年，最终消费支出对经济增长平均贡献率为72.5%，居"三驾马车"之首，较1994—1998年提升了22.1个百分点，其中政府消费支出平均占比26.4%，较1994—1998年均值高出3.1个百分点。同期，资本形成对经济增长平均贡献率为35.3%，较1994—1998年均值仅高出4.1个百分点，这对应着同期非金融企业部门杠杆率下降3.0个百分点。

2008年则以货币政策为主。2009—2010年，政府部门杠杆率上升2.8个百分点，仅贡献了同期实体经济部门杠杆率涨幅的7.8%；非金融企业部门杠杆率上升24.5个百分点，贡献了68.4%。同期，资本形成对经济增长平均贡献率为74.2%，居"三驾马车"之首，较2004—2008年均值高出27.1个百分点。这意味着2008年危机后的经济反弹虽然是投资驱动，但是主要来自货币政策的支持，而非财政扩张。

（三）政策效果的不同

1998年危机期间，国企"下岗潮"导致失业增加、居民收入减少、总需求不足、信贷增速放缓，经济下行压力加大并面临通货紧缩趋势。1998—1999年，中国经济分别增长7.8%、7.7%，连续两年低于8%。自1998年2月起，CPI连续24个月同比负增长。但后续随着金融危机影响逐渐消退，结构改革调整到位，中国经济再度焕发新的活力，综合国力全面提升。国有大中型企业建立现代企业制度的改革取得重要进展，其中相当一部分在境内外上市，国企扭亏增盈成效显著，1999年全国工业企业利润增速由上年下降17%转为增长52%，2000年继续增长86%，其中国有及国有控股工业企业实现利润2392亿元，为1997年的2.9倍。同时，中国于2001年底顺利加入WTO，2005年7月退出人民币不贬值政策并回归真正的有管理浮动。

2008年危机期间以强刺激为主，2009年和2010年中国经济分别增长9.4%、10.6%，但随后经济增速逐年下滑，2012年再度跌破8%。2013年中，中共中央政治局会议首次提出，中国经济正处于增长速度换挡期、结构调整阵痛期、前期刺激政策消化期的"三期叠加"阶段。2015年底，中央经济工作会议提出，启动"三去""一降""一补"的供给侧结构性改革，其中"一去"就是"去产能"。但直至2019年底，中央经济工作会议仍然强调，中国经济中结构性、体制性、周期性问题相互交织，"三期叠加"影响持续深化，经济下行压力加大。2020年以来，尽管疫情给经济带来外生冲击，但随着防疫转段、经济重启，前期积累的结构性和体制性问题再度暴露出来，对中国疫后经济复苏形成制约。

综上，两次危机的政策应对目标基本一致，都是千方百计扩大内需，但采取了不同的政策思路，产生了不同的政策效果。如果以结构改革为主，其见效更为缓慢，短期内可能要承受经济下滑，甚至面临负产出缺口、通货紧缩的风险，但中长期有助于完成经济发展转型，增强经济内生增长动力。相较而言，强刺激可以带来短期的经济反弹和信心提振，但也会造成产能过剩、债务激增、资产泡沫和通胀高企等问题。①

第四节　中国经济稳增长的机遇与挑战②

新冠疫情暴发以来，中美经济均呈现"两低一高"的运行态势。只不过美国是低增长、低失业、高通胀，指向正产出缺口；中国是低增长、低通胀、（结构性）高失业，指向负产出缺口。在负产出缺口的背景下，中国稳增长的政策应对在用好正常的财政货币政策空间的同时采取了大量的"调结构"措施，这与市场期待的"强刺激"政策有较大的差距。

一、疫情暴发以来中美均面临经济下行压力但性质不同

世纪疫情冲击下，近年来中美经济均处于下行通道。2020—2023 年，美国和中国分别实现年均经济增长 2.3% 和 4.7%，较 2019 年分别低了 10.8% 和 30.0%。

同样身处经济逆风，美国印象是经济韧性超预期，其亮点是低失业率。据 CBO 测算，2023 年美国自然失业率为 4.4%。美国平均 3.63% 的实际失业率明显指向劳动力市场偏紧。2022 年 9 月美联储议息会议纪要表示，由于近年来技术进步放缓和劳动参与率降低，美国潜在经济增速下滑。故美国实际经济增速下行但仍高于潜在增速，存在正产出缺口，是当前美国经济运行"两低一高"（即低增长、低失业、高通胀）的根源。鉴于自然失业率取决于结构性因素，属于慢变量，2023 年 8 月 1 日纽约联储前主席达德利撰文指出，除非 3.6% 的失业率成为新常态，否则美联储

---

① 易纲. 货币政策的自主性、有效性与经济金融稳定 [J]. 经济研究，2023（6）：19-29.
② 本节核心观点发表于 2023 年 9 月 4 日的《第一财经日报》，原文标题为《政策底已现，耐心等待市场底》，链接为 https://www.yicai.com/news/101850410.html。

需要额外的紧缩。同时，他还警告，尽管美国经济最近表现较好，但仍然没有走出困境，"硬着陆"可能只是推迟而非被避免。①

中国经济印象有别于美国，主要差异在于劳动力市场。当前中国经济运行也是"两低一高"，只不过是低增长、低通胀和（结构性）高失业。即便2021年中国经济录得近十年来最快的增速，但政府从年头到年尾一直在强调就业优先。2023年前三季度中国经济持续恢复，但就业压力依然较大。4月中旬国务院常务会议专门研究部署优化调整稳就业政策措施，7月底政治局会议提出要把稳就业提高到战略高度通盘考虑。由于就业不充分，导致国内需求不足、物价走势低迷。这表明近年来中国实际经济增速下行，低于潜在增速，指向负产出缺口。

此外，中国PPI自2022年10月起连续同比负增长，这成为通缩论者的重要依据。然而，全球主要央行没有使用PPI作为物价稳定目标的，美联储是用PCE，其他主要央行大都用CPI。而且，若PPI为负就是通缩的话，欧洲央行继续抗通胀可能纯属多此一举，因为欧元区自2023年5月起PPI也转入同比下降且降幅不小。当然，美国的高通胀不是稳态，有预期脱锚的风险，而中国的低通胀也不应是常态，实际利率上升可能会引发类"债务—通缩"螺旋。而且，还要警惕更为广泛的物价下行压力。日本、韩国20世纪90年代通胀中枢"断崖式"下降正是发生在经济增速换挡、资产价格大幅下跌以后。

二、三大因素制约中国经济达到潜在增速

一是旧动能下降较快。旧动能的重要组成之一是土地财政。当前市场关注的房地产下行和地方债务问题实则是土地财政"失灵"的一体两面。2021年，政府性基金收入预算为9.45万亿元，其中国有土地使用权出

---

① Dudley B. A US Soft Landing? Even the Fed Doesn't Believe It [EB/OL].(2023–08–01)[2023–10–30]. https://www.bloomberg.com/opinion/articles/2023-08-01/a-us-soft-landing-even-the-fed-doesn-t-believe-it?srnd=undefined.

让金8.21万亿元，占比87%。2023年前9个月，国有土地出让收入3.09万亿元，同比下降19.8%，基本上回到了2017年前的水平。同期，商品房销售额8.91万亿元，同比下降4.6%，仅相当于2019年同期的80%。参考2017年和2021年土地出让预算差异，地方政府性基金将少收近3.5万亿元，专项债额度可能都无法补上缺口。地方政府维持存量债务流动性都有压力，更别提加大投资来稳增长。更为关键的是，若房地产销售额中枢确定性下降，进入存量更新置换的阶段，土地收入中枢下降也将是地方政府面临的新常态。2021年第三季度至2023年第四季度，除2023年第一季度外，其他9个季度房地产业增加值对经济增长均为负贡献。

二是疫情疤痕效应。从2022年第二季度开始，国内实体部门资产负债表修复缓慢的问题越来越受到社会各界的重视，中国经济"日本化"的讨论甚嚣尘上。前文所述的产出负缺口、就业不充分和低通胀均与疫情疤痕效应有关。疤痕效应的另一重要表现是企业和居民现金流受损，信心不足。企业预期不稳就会推延投资计划。2023年前9个月，民间固定资产投资累计同比下降0.6%，5月起连续5个月累计同比负增长；占固定资产投资比重降至51.6%，基本回到了2010年的水平。居民信心不足就可能会"多存少贷"甚至提前还贷。2023年前9个月，居民新增贷款3.85万亿元，同比多增4400亿元，但新增存款14.42万亿元，存贷差达到10.57万亿元，较2022年同期高了7700亿元，而2015—2021年同期存贷差平均为1.21万亿元，仅仅是2023年的零头。2023年第二季度，央行居民问卷调查数据多项环比改善，但更多储蓄占比较2019年底上升12.3个百分点，投资和消费分别低了3.5个和8.8个百分点。

三是外部形势复杂严峻。首先是全球总需求依然趋于下行，美国、韩国、欧元区和英国的PPI增速在2023年相继落入同比负增长区间。此外，欧美消费韧性主要体现在服务消费而非商品消费。9月，全球服务业PMI指标依然处于景气区间，而且比制造业PMI高了1.7个百分点，5月高达5.9个百分点。其次是地缘政治风险加剧，"去风险"逐渐替代"脱钩论"，措辞上看似温和，实则行动上延续着"去中国化"的"遏制拼图"。最后是没有央行能完全独立于美联储，美国经济韧性和高通胀是其他国家央行最难受的情形。2023年8月底，鲍威尔在杰克逊霍尔年会上继续表示，经济持续高于趋势增长使反通胀的进展面临风险，未来可能需要进一步收紧货币政策。2023年6月、8月两次意外降息已表明了中国央行"以我为主"的态度，人民币汇率承压则是中美货币政策分化、中美负利差走阔的结果，美联储紧缩的负溢出效应持续显现。

三、四大政策发力点推动经济持续回升向好

一是加大宏观调控力度。如前所述，中国实际经济增速低于潜在增速，意味着经济面临下行压力，但同时也意味着中国潜在经济增速可能仍有5%左右，仍处于中高速增长轨道，经济追赶势头并未结束。此外，负产出缺口还意味着经济复苏不会导致高通胀回归，反而让中国有条件也有必要用好正常的财政货币政策空间。所以，2022年底中央经济工作会议明确提出，要继续实施积极的财政政策加力提效、稳健的货币政策精准有力。2023年7月底政治局会议强调要延续、优化、完善并落实好减税降费政策，发挥总量和结构性货币政策工具作用，大力支持科技创新、实体经济和中小微企业发展。在下半年货币政策降息降准、继续宽松的基础上，10月底批准第四季度增发1万亿元国债和将赤字率从3%升至3.8%，财政政策也进一步加码。有鉴于此，11月初IMF上调2023年中国经济增长预测值至5.4%，较10月上调了0.4个百分点。

二是全面深化改革开放。疫情三年给中国企业、家庭、政府的资产负债表带来较大影响，即所谓的疫情疤痕效应。但疫情前就存在的结构性问题同样不容忽视。如2019年底中央经济工作会议强调，我国正处在转变发展方式、优化经济结构、转换增长动力的攻关期，结构性、体制性、周期性问题相互交织，"三期叠加"影响持续深化，经济下行压力加大。这说明当前经济下行压力并不完全由疫情造成的。党的二十大指出，"着力破解深层次体制机制障碍"，"把我国制度优势更好转化为国家治理效能"。2023年7月6日，李强总理在经济形势专家座谈会上指出，当前

我国正处在经济恢复和产业升级的两个关键期，结构性问题、周期性矛盾交织叠加。因此，稳增长不能仅靠强刺激，还要通过全面深化改革开放，消除体制机制障碍，激发市场活力。

三是积极培育经济增长新动能。如前所述，当前经济增速不及潜在产出还有一个很重要的原因——旧增长动能放缓较快，而新增长动能没能跟上。长期以来，国内经济主要依靠房地产、债务驱动，但随着房地产市场深刻调整，土地财政难以为继，旧动能快速衰减。2023年7月底中央政治局会议只是将边际优化房地产调控政策、制定一揽子化债措施作为防范化解重点领域风险的举措，属于托而不举。10月底中央金融工作会议进一步明确，要建立防范化解地方债务风险的长效机制，建立同高质量发展相适应的政府债务管理机制，要促进金融与房地产良性循环，完善房地产金融宏观审慎管理，构建房地产发展新模式。因此，根本上还是要培育增长新动能，包括科技创新、绿色发展、数字转型等，以此解决新旧增长动能转换的问题。更长远来看，要通过推动高质量发展，加快建设现代化经济体系，着力提高全要素生产率，以此应对人口红利消退、人口负增长的情况，尽可能长时间地将中国潜在经济增速维持在一个中高速的水平上。

四是着力扩大国内需求。根据WTO的统计，2023年前三季度中国外贸出口（美元计价）同比负增长，但出口市场份额同比基本持平，展现了中国在全球产业链供应链中的韧性。但是，2022年第四季度到2023年第四季度，外需连续5个季度对中国经济增长负贡献。显然，稳增长的关键是要扩大国内需求。投资方面，主要是加快地方政府专项债的发行和使用，通过政府投资带动社会投资。特别是第四季度增发1万亿元国债，通过转移支付划拨地方政府使用，其中5000亿元2023年底用完，5000亿元结转到下年，这有助于缓解地方财力紧张，增强地方资本支出能力。消费方面，一方面，沿用疫情期间稳市场主体的政策，继续减税降费，保住就业机会，稳定收入，进而拉动消费；另一方面，围绕"能消费、敢消费、愿消费"，疏通经济循环的卡点和堵点，通过最终消费需求带动增加有效供给，将扩大内需战略与深化供给侧结构性改革结合起来。

四、稳增长政策选择是利弊的权衡和目标的取舍

大家耳熟能详的日本安倍经济学的"三支箭"，核心是财政政策、货币政策和结构性改革的政策组合，前二者可以归总为政策刺激。其实，各国稳增长的政策应对，大都可以区分为政策刺激和结构调整的孰轻孰重。中国本次应对经济下行压力，是以结构性调整为主、政策刺激为辅。如本章第四节所述，强刺激为主的政策应对短期内经济有可能会"V"形反弹，但后遗症不少；调结构为主的政策应对短期效果不明显，但中长期有可能更加可持续。

在明确各种政策选择的利弊之后，下一步稳增长就是要趋利避害，管控好三大挑战。一是预期引导。很多人讲稳住预期才能稳住增长，但是，当市场预期转弱已经讲了两年，现阶段稳预期不仅要靠说更要靠做，或许只有稳住了增长，才可能稳住预期、提振信心。为此，一方面，要努力达成各项经济社会发展的预期调控目标，2023年第四季度财政刺激加码的措施释放了积极的信号；另一方面，要努力实现让市场主体有获得感和认同感的经济增长和发展，即有就业的、物价稳定的增长。二是风险防化。无论是房地产风险还是地方政府债务问题，都长期存在。在经济下行过程中，相关风险可能会进一步暴露，并相互交织、相互影响。对此，我们既要采取切实有效的化险措施，守住风险底线，又要坚持标本兼治，避免重走老路。三是大国博弈。百年变局加速演进过程中，全球政治经济格局正在经历深刻调整，大国竞争与合作关系也发生新的变化。中国能否做好自己的事情，保持经济运行在合理区间，决定了中国在大国关系中所处位置的强弱。

此外，2024年经济工作有一项重要任务是切实改善社会预期。中央经济工作会议明确要求，2024年要"稳中求进、以进促稳、先立后破"，多出有利于"稳预期、稳增长、稳就业"的政策。稳预期置于"三稳"之首，其重要性不言而喻。现在主要的矛盾在于我们的很多政策措施处

于落后于市场曲线的状态。稳预期不仅要靠说,更要靠做。2024年要坚持结果导向、问题导向,从三个方面实现超预期,提振市场信心:第一,通过实施超预期的宏观调控措施,推动经济运行回归到合理区间。当务之急是要推动经济运行回归长期趋势值或潜在增速,扭转经济持续下行的局面。第二,通过超预期的改革开放举措,用标志性事件重塑市场信心。要针对市场急难愁盼的问题,落地一批实质性的改革开放重大举措,用一些如同当年小岗村、"傻子瓜子"那般的标志性事件,重塑政府的市场公信力。第三,通过超预期的防范风险政策,引导主要风险因素趋于收敛。必须长短结合、标本兼治,统筹化解房地产、地方债务、中小金融机构等风险,守住不发生系统性风险的底线。同时,无论是房地产健康发展新模式,还是地方化债长效机制,都应该有一个较为清晰的框架,并着手一些基础制度建设。

第五节　理性看待中美经济总量对比的波动

2023年,中国GDP实际增长5.2%,名义增长4.6%,按市场汇率(年均人民币兑美元汇率中间价)折算,名义GDP为17.89万亿美元;美国实际增长2.9%,名义增长6.6%,名义GDP达27.72万亿美元。同期,中美名义GDP之比为65.4%,继上年下降6.4个百分点后又回落了4.3个百分点。前述经济现象引发了关于中国经济追赶是否见顶的讨论。

一、中国经济追赶"见顶论"恐言之尚早

2022年和2023年,中国实际GDP增速分别高出美国0.5个和2.3个百分点。在中国实际GDP增速领先美国的情况下,两国经济规模差距连年扩大,一是因为美国通胀高而中国通胀低,中美名义GDP增速差距逆转。2017—2021年,中国名义GDP复合平均增速高出美国4.4个百分点,2022年和2023年却分别低了5.0个和2.0个百分点。二是因为在内外部因素综合作用下,人民币汇率遭遇阶段性调整。过去两年,年均人民币

汇率中间价分别下跌 4.1% 和 4.6%。

然而，当前两国经济均是"两低一高"，只是产出缺口方向不同，中国经济潜在增速领先美国较多的状况并未改变。2020—2023 年，中美复合平均增速分别为 4.7% 和 2.3%，较 2015—2019 年分别低了 30% 和 11%。只不过，美国实际经济增速高于潜在增速，指向正产出缺口，低增长伴随低失业、高通胀。中国实际经济增速低于潜在增速，指向负产出缺口，低增长伴随低通胀、（结构性）高失业。这是中国实际 GDP 增速快于美国，却给人感觉中"冷"美"热"的关键所在。但同时也意味着中国经济的潜在增速仍在 5% 左右，依然超出美国潜在增速约 3 个百分点。

实际经济增速偏离潜在增速较多、物价涨幅过高或过低均非常态，未来都要向均值回归。在经济过热的背景下，美联储启动了 40 年来最快、最陡峭的紧缩周期。到 2023 年底，美联储青睐的 PCE 和核心 PCE 通胀同比分别为 2.6% 和 2.9%，较 2022 年 7.1% 和 5.6% 的高点明显回落。自 2023 年 9 月起，美联储连续四次跳过加息，于 12 月会议暗示加息结束，并在 2024 年 1 月的声明中删除了考虑额外紧缩的表述。即便如此，美联储依然强调在对通胀持续迈向 2% 更有信心之前不认为降息是适宜的。

2024 年 1 月，IMF 上调 2024 年美国经济增长预测值至 2.1%，1 月美国新增非农就业和 CPI 数据超预期，均显示美国经济有"不着陆"迹象，反映美联储反通胀任务尚未完成。鲍威尔曾多次表示，为让通胀进一步回落，需要容忍美国实际经济增速低于趋势值。这意味着美联储或将更迟更少地降息，进一步抑制美国名义 GDP 过快增长的势头。相反，为弥合负产出缺口，中国将加大宏观调控力度，强化逆周期和跨周期调节，这将推动国内通胀温和抬升，改变名义 GDP 增速偏低的局面。2023 年底，中国增发 1 万亿元国债并提高赤字，2024 年 1 月接着又宣布了 2022 年以来最大幅度的降准。

二、汇率影响是非线性的且不同的汇率估算方法结果不尽相同

在汇率灵活的情况下,没有只涨不跌也没有只跌不涨的货币,而且涨多了会跌、跌多了也会涨。当汇率由市场供求决定时,市场汇率是内生而非外生的,围绕经济基本面对应的均衡汇率水平上下波动,同时会经常出现偏离基本面的过度升贬值。

汇率涨跌是经济运行的结果而非目标。将"强大的货币"列为建设金融强国的六大核心关键金融要素之一,不等于追求人民币对外升值,而是让汇率反映经济基本面,发挥促进宏观经济稳定和国际收支平衡的稳定器作用。中国政府提出,到 2035 年人均 GDP 达到中等发达国家水平,有人将人民币升值列为其实现的前提条件之一。然而,更为可能的路径是,若中国经济持续回升向好,回归潜在产出水平,将有助于顺利实现前述远景目标,同时人民币对外币值企稳回升也将水到渠成。

此外,进行各国经济比较,除用市场汇率折算外,还可以用购买力平价(PPP)汇率。购买力平价是根据同一种商品和服务在不同国家的售价是相同的一价定律,来反映各国商品和服务综合价格的比例关系。以此作为国际经济比较的货币转换系数,可以消除各国间的价格水平差异,能更真实地反映各国及世界经济实际规模和发展变化。与市场汇率相比,购买力平价受短期因素影响较小、稳定性较强。当然,该方法也有不足之处,即不可贸易的商品和服务是不可比的,难以准确估价。

根据 IMF 测算的购买力平价折算,中国相对美国的经济差距近两年是继续收窄而非扩大。受益于国内低通胀,2022 年和 2023 年人民币购买力平价汇率分别为 3.99 元和 3.81 元人民币 / 国际元,各同比上涨 4.7%。同期,中国名义 GDP 分别折合 28.35 万亿和 29.84 万亿国际元,与可比口径的美国名义 GDP(美元的购买力平价汇率为 1 美元 / 国际元)之比为 117.3% 和 121.0%,分别同比上升 0.7 个和 3.6 个百分点。

市场汇率与购买力平价汇率各有优劣、各有用途,难以相互替代,可以相互补充。故 IMF、世界银行等国际机构通常会提供这两种方法测

算的各国及世界经济总量,以及购买力平价加权的世界经济增长及各国经济发展对世界经济的贡献。

综上,应理性看待近年来中美经济规模对比的波动,既不能掉以轻心,也不必过分渲染。能否实现中华民族复兴伟业,取决于我们能否做对事情。我们要保持战略定力,坚持宏观调控与结构调整并重,坚持深化改革开放和科技创新引领,着力推动高质量发展,着力提高全要素生产率,推动中国实际经济增速回归趋势值,并尽可能长时间地将潜在增速维持在中高速区间。

后　记

患得患失的美联储[①]

9月降息是大概率事件，那么降息之后又会怎样？我想从三个方面给大家作个汇报。一是预防式降息或即将来临。二是美联储谋求的是经济"软着陆"，但实际上我个人认为在"软着陆"道路上有很大的不确定性，面临两个风险：资产价格超调、货币政策滞后。三是回顾历史，上一次美国经济"软着陆"是20世纪90年代中期，但从最后的情况来看是"不着陆"、重新加息，最后美国经济还是陷入了衰退，而且当时伴随着资产泡沫的破灭。

一、预防式降息或即将来临

20世纪70年代美国经济滞胀时期，正值伯恩斯任美联储主席。当时，只要美国通胀，美联储就加息；通胀一下去，美联储就降息，结果通胀又起来了。折腾了几次以后，通胀变得根深蒂固。20世纪70年代末，沃尔克上台后用两位数利率反通胀，付出了两次经济衰退的代价才将通胀降至个位数，沃尔克也因此一战成名，成为"最伟大的"美联储主席。

尽管到目前为止美国的反通胀取得了积极进展，CPI通胀由9%降到了3%左右，PCE通胀由7%降到了3%以下，但是不管怎么样，这两个通胀指标实际上离2%还有一定差距。而且，从2023年2月起，核心CPI和PCE通胀都持续超过了整体通胀水平。目前，鲍威尔仍

[①] 本后记内容摘编自2024年8月1日作者管涛在"中国首席经济学家论坛暨第三届大湾区（黄埔）经济峰会"上的演讲。

面临"当伯恩斯还是当沃尔克"的选择。

这次美国的通胀也是混合型的,既有需求侧的原因,也有供给侧的原因。根据旧金山联储的研究,这两个影响美国通胀的因素是"按下葫芦浮起瓢"。2024年,美国通胀仍然有韧性,主要反映为供应侧因素的影响有所上升。例如,6月欧央行首次降息以后,7月的通胀又有所反弹,这反映了供给侧冲击其实还没有完全消退。由于大宗商品价格回落带来的通胀改善已经触底,因而不论是能源价格还是食品价格都存在上行反弹的压力,加上地缘政治的冲击,全球供应链又出现了一定的扰动,这些都令未来美联储的抗通胀之路并不平坦。

美联储7月31日召开的议息会议有一些新的变化:一方面肯定了最近几个月美国通胀回落取得了进一步进展,另一方面修改了措辞,从过去的高度关注通胀风险转为关注双重目标——既要关注通胀也要关注就业问题,给市场一个比较积极的信号。但是大家不要忽略了,实际上在新闻发布会上,鲍威尔仍警告,美联储目前仍然面临紧缩不足或者紧缩过度的风险,既担心降息过早过多导致通胀反弹,也担心高利率持续时间太长导致就业出现急剧恶化。所以,昨天(7月31日)晚上鲍威尔打的是"太极拳",一方面肯定9月降息是合适的,另一方面强调美联储仍然需要获得更多的数据,未来一段时间的降息可能是零到多次,而并没有肯定9月一定降息。只不过市场选择它愿意相信的东西,这个解读被认为是"鸽派"信号,此次美联储会议结束之后,美股大幅上涨。

未来两个月,美国通胀不出现反复的话,9月美联储降息很可能是大概率事件,年内降息两到三次。我个人认为,9月降息是大概率事件,因为高利率对美国经济的影响在持续释放,比如2023年3月爆发的硅谷银行倒闭事件,2024年3月的纽约社区银行股价崩盘,最近一段时间又出现了日本第五大银行农林中央金库止损,还有一些商业地产作为底层资产的抵押贷款支持证券(CMBS)产品暴雷。这意味着高利率持续时间越长,其对美国经济金融及其他国家伤害越大。

美联储肯定希望能够把利率降下来，采取预防式降息。但未来还会存在很大不确定性，因为美国通胀回落不一定是线性的，未来存在反弹的可能性。

二、谋求"软着陆"可遇不可求

这一次"软着陆"面临的挑战很大。为什么美国经济到目前为止没有衰退？很多人说美国就业市场强劲、个人消费强劲，我觉得这是不衰退的结果，而不是原因。这次美联储紧缩之后，美国经济没有衰退的主要原因，一是虽然美联储紧缩，但美国政府采取扩张性的财政政策，对冲了货币紧缩带来的影响。二是虽然美联储加息，但实际上全国金融条件仍然偏宽松，还接近本轮加息前的水平。总体上，美国企业的信用风险溢价到目前为止仍处于较低水平。三是美联储虽然缩表了，但美联储总资产占名义 GDP 的比重仍较疫情暴发前高出五六个百分点。

当然，按照美国前财长萨默斯的说法，他认为从美国经济表现来看，美联储的货币政策很可能限制性不够，美国的中性利率可能是 4.5%，政策性利率应该到 6% 以上。若果真如此，那就更恐怖了。当然，萨默斯是很有影响力的，他此前讲 2008 年金融危机之后美国经济陷入长期停滞，2021 年初接受采访时说美国高通胀将不可避免，这些似乎都"猜"对了。

当前美国消费强劲，除了前期政府给家庭发钱形成的超额储蓄外，还有疫情以来大水漫灌催生的股市和房地产价格上涨造成的正财富效应。但资产价格具有超调的属性，这给美联储的调控带来了很大挑战。这意味着美联储与市场沟通轻不得、重不得，否则可能会导致资产市场的剧烈振荡。而且，关于美国高科技公司的投资价值，现在市场也有一些讨论——今天的英伟达会不会是昨天的思科？这种高投入、低产出的 AI 增长模式是不是可持续？关键是美联储放弃前瞻性指引以后，丧失了对经济前景的预见性，所以基本上也和我们券商分析师干一样的活儿，拿到数据以后现场解说。这就是数据驱动带来的后果。当年，特朗普是"推特治国"，让金融交易员不胜其扰。现在，美联储官员成为"现场解说员"，也让他们很是困扰。

另外，依靠数据驱动相机决策，还面临货币政策滞后性的挑战。因为从看到经济数据做出判断，到采取货币政策措施，再到货币政策作用到实体经济层面，这里有一个时间差，也就意味着届时采取行动可能为时已晚。2024年5月9日，美联储发布了半年度《金融稳定报告》。过去四期《金融稳定报告》中，都将持续的通胀和货币收紧列为近期最大的金融风险。最近这期报告，受访者将先前政策收紧的潜在滞后效应列为关键观察点，并暗示美联储可能在降息方面落后于曲线，或者可能在经济突然下滑的情况下行动不够迅速。

6月底的时候，大家还在"特朗普交易"，美元指数走强，现在已经切换到"衰退交易"，主要是美国就业数据出现了变化，连续3个月跳升，而且5月、6月连续升到了4%以上，美元指数走弱。根据所谓的"萨姆法则"，如果3个月移动平均的失业率超过12个月内的低点0.5个百分点以上，通常会触发经济衰退。这个指标似乎比长短端利率倒挂更灵：长短端利率倒挂不一定会有衰退，但衰退之前通常会长短端利率倒挂；然而，一旦触发"萨姆法则"的门槛，20世纪70年代以来都伴随经济衰退，准确率为100%。

2024年4—6月移动平均失业率是4.0%，较低点已高出0.43个百分点，接近0.5个百分点的触发门槛。当然，这一次的美联储议息会议之后的新闻发布会上，鲍威尔还是比较乐观的，排除了这种可能性。但是，对市场来说，大家担心就业市场突然恶化。而且，美联储也没有排除这种可能性，即不用等到通胀降至2%以后才降息，如果就业市场突然恶化，美联储也可以降息。9月会有多少个基点的降息，除了通胀，还要关注就业数据。

三、上次"软着陆"终点并不好

以史为鉴,即使这次紧缩之后,美国经济实现了"软着陆",最终结果也可能不会太好。

有人总结过,从20世纪60年代以来,不含这一次紧缩周期,十一轮紧缩周期中有八次结果都是衰退,只有三次"软着陆"。其中,成功的"软着陆"非常有代表性的就是1994—1995年,紧缩之后,美国经济"软着陆"。但萨默斯在2023年初接受采访时讲,现在大家对于美国经济的运行状况存在过度解读,美国经济可能像卡通形象威利狼,这匹狼跑在悬崖边上,没有掉下去的时候在平地上是正常状态,一旦掉下悬崖就是自由落体。

首先来看20世纪90年代中期美联储紧缩之后的"软着陆"是怎么演进的。当时正值格林斯潘任美联储主席,他偏好先发制人的货币政策;现任主席鲍威尔放弃前瞻性指引、依靠数据驱动后,偏好后发制人。经历了1994年2月至1995年2月累计七次加息共300个基点,1995年7月开始,美联储采取了预防式降息,但是在"软着陆"的背景下,实际上不是连续降息,降息幅度也不大,到1996年1月累计降息三次共75个基点,然后按兵不动。之后看到美国经济又有过热的迹象,于1997年3月重新开始加息。如果没有后面的东南亚货币危机、亚洲金融危机,美联储大概率会渐进加息。

1997年3月美联储加息,叠加市场传闻日本央行也要加息,导致7月2日泰铢失守,引爆了东南亚货币危机,逐渐演变成为席卷全球新兴市场的亚洲金融危机。这是20世纪80年代经济全球化以来遭遇的第一场国际金融危机。这场外部冲击让美联储搁置了进一步的货币政策行动。到了1998年底,亚洲金融危机蔓延到欧洲,引发了俄罗斯金融风暴和美国长期资本公司倒闭,美国金融市场动荡,美联储于1998年9—11月采取了连续三次预防性降息、累计75个基点的措施,来对冲外部冲击可能对美国经济造成的负面影响。值得一提的是,

20 世纪 90 年代后半期，美国经济长期处于非理性繁荣的互联网泡沫之中，思科公司成为那个时代的标志性企业。

进入 1999 年，美联储发现亚洲金融危机的影响只是虚惊一场，美国经济继续面临过热的风险。随后，美联储于 1999 年 6 月重启加息，到 2000 年 5 月累计加息六次、175 个基点，最终将利率提升至 6.5%，比 1995 年 2 月加息之前的终点利率还高出 50 个基点。这最终导致了 2000 年底的互联网泡沫破裂，并在 2001 年引发了美国经济的衰退。

这段历史告诉我们，在"软着陆"的情况下，美联储不会有大幅度的降息空间。同时，"软着陆"不可能永远"软"下去，最终要么是"硬着陆"，要么就是"不着陆"。从上一次的情况来看，最终又出现了"不着陆"，所以重新加息。但由于美国经济经历了比较长时间的景气，资本市场非理性繁荣造成了资产泡沫，紧缩刺破泡沫导致了经济衰退，因此，从上次的情况来看，"软着陆"的最终结果也不是很好。

四、主要结论

第一，如果未来两个月美国的通胀数据不出现反复，9 月美联储很可能会采取预防性的降息措施。现在有观点认为，降息多少不重要，什么时候开始降息最重要。这值得商榷。市场总是认为得不到的才是最好的。现在还没有启动首次降息，所以市场高度关注美联储何时开始降息。一旦美联储完成了第一次降息，接着市场就会不断猜测何时会有第二次、第三次降息。这种对后续降息的预期同样可能引发市场的波动。

第二，预计下半年某些因素或将增加美国通胀的黏性，制约美联储的降息空间。当然，也不排除"萨姆法则"发挥作用，如果美国的失业率出现显著变化，美联储也可能会更多更快地降息。

第三，历史上美联储紧缩周期大都以衰退收场，即便是 20 世纪

90年代中期紧缩之后的"软着陆",最后也因"不着陆"再度加息,最终引爆资产泡沫,使经济陷入衰退。所以,在高利率结束之前,任何结论都言之尚早。

第四,预计美联储和市场都将在紧缩不足或紧缩过度之间反复切换,这将加剧金融市场波动。此种情形下,对于投资者来讲,预案比预测更重要,承受得了多大的回撤才敢追求多高的收益。投资者需要考虑,以往盈利的投资标的是否仍能继续带来收益,并对此保持警惕。

第五,较为确定的是,美国经济不衰退,美联储则不会大幅降息,美元也不会趋势性走弱。若特朗普重返白宫,将增加美联储货币政策的不确定性。